Homeschooling – Tradition und Perspektive

herausgegeben von
Ralph Fischer und Volker Ladenthin

SYSTEMATISCHE PÄDAGOGIK

herausgegeben von

Ines M. Breinbauer, Lutz Koch,
Volker Ladenthin, Jürgen Rekus

Band 8

ERGON VERLAG

Homeschooling – Tradition und Perspektive

herausgegeben von
Ralph Fischer und Volker Ladenthin

ERGON VERLAG

Bibliografische Information Der Deutschen Bibliothek

Die Deutsche Bibliothek verzeichnet diese Publikation
in der Deutschen Nationalbibliografie;
detaillierte bibliografische Daten sind im Internet
über http://dnb.ddb.de abrufbar.

© 2006 ERGON Verlag · Dr. H.-J. Dietrich, 97080 Würzburg
Umschlaggestaltung: Jan von Hugo
Satz: Sandra Kloiber, Ergon Verlag

www.ergon-verlag.de

Printed in Germany
ISBN 3-89913-482-6
ISSN n.n.

Inhalt

2. Homeschooling – Perspektiven

Vorwort

Die Ergebnisse der Evaluationen des bundesdeutschen Schulsystems haben die Themen Bildung und Schule in den vergangenen Jahren aus einem Schattendasein in den Mittelpunkt des öffentlichen Interesses gerückt. Wurden Fragen der Qualität und Organisation unseres Bildungswesens nach dem Abflauen der letzten großen Schuldebatte Mitte der 80er Jahre zumeist nur noch im Elfenbeinturm der Fachwissenschaft diskutiert, so ist diese Problematik nun allgegenwärtig und auch alte Grabenkämpfe sind wieder entfacht. Angesichts der Behauptung, daß in kaum einem westlich geprägten Land die soziale Herkunft eines Schülers so entscheidend über den Erfolg seiner schulischen Laufbahn zu sein scheint wie in Deutschland und angesichts des weitgehenden Scheiterns der Einbindung von Kindern mit Migrantenhintergrund in das Bildungssystem werden schon historisch geglaubte Dispute wie die über Gesamt- und Ganztagsschule wieder neu geführt. Und wie schon vor 20, 30 Jahren scheinen eher ideologische Erwägungen als denn die Frage nach der wirklich besten Schule für alle Kinder – ganz gleich welcher Herkunft – den Verlauf der Diskussion zu bestimmen.

Verteidigen die Einen das herkömmliche dreigliedrige Schulsystem (eine bundesrepublikanische Besonderheit) setzen die Anderen auf Gesamtschule (und ihre Varianten).

Der Umstand, daß in der BRD schon seit über mehr als drei Jahrzehnten beide Schulsysteme parallel existent sind und sich bislang keines dem anderen als wirklich überlegen erweisen konnte und immer nur in Teilsegmenten die gesetzten Hoffnungen erfüllte, wird in der Diskussion jedoch weitgehend ausgeblendet. Es wird ersichtlich, daß die Qualität einer Schule nicht allein bestimmt wird von ihrer Organisation. So wenig es zu leugnen ist, daß Gesamtschule ihre Vorzüge erst dann zur vollen Entfaltung bringen kann, wenn sie nicht mehr in Konkurrenz zu dem Gymnasium des dreigliedrigen Schulsystems um die leistungsstärksten Schüler steht, so wenig kann man auch die Augen davor verschließen, daß mit der bloß äußeren Umwidmung von herkömmlichen Schulen in Gesamt- und Ganztagsschulen das Problem nicht gelöst wird. Über die Qualität von Schule entscheidet nicht das Schild neben dem Eingangsportal, sondern der Unterricht der in ihren Mauern stattfindet. Guter Unterricht aber benötigt motiviertes Personal, exzellente Ausstattung und überschaubare Lerngruppen. Das alles sind Faktoren, die Geld kosten, egal ob in Schulen des dreigliedrigen Schulsystems oder in einer Gesamtschule.

Der Verlauf der Reformbemühungen des Bundes und der Länder in den vergangenen Jahren hat allerdings deutlich werden lassen, daß, wenigstens zur Zeit, trotz anders lautender Beteuerungen, noch wenig Bereitschaft besteht wirklich in Schule zu investieren. Vielmehr begnügt man sich mit der Errichtung immer neuer Reformbaustellen.

In Anbetracht dieser Verzagtheit und chronisch klammer öffentlicher Kassen ist es nicht verwunderlich, daß von interessierten und besorgten Eltern auch andere Möglichkeiten erprobt werden der Misere des staatlich geführten Schulwesens zu begegnen. Weichen die Einen noch auf etablierte Alternativen wie Schulen in kirchlicher oder privater Trägerschaft aus, so erwägen die Anderen den völligen Bruch mit einer wie immer institutionalisierten Schule und wollen die Bildung ihrer Kinder selbst in die Hand nehmen. „Homeschooling" wird dieses Phänomen in den USA genannt und hat dort bereits eine lange Tradition.

Auch in vielen europäischen Ländern ist es durchaus möglich, Kinder dem öffentlichen Schulsystem zu entziehen und in Eigenregie zu unterrichten. Daß hierzulande der Besuch einer staatlichen Schule oder einer anerkannten Alternative zwingend vorgeschrieben ist, ist im internationalen Vergleich eher die Ausnahme und nicht die Regel. Dennoch hat die Idee „Homeschooling" auch die BRD erreicht. Sind es zur Zeit noch vornehmlich christlich-fundamentalistische Gruppierungen, die ihre Kinder aus ethischen Erwägungen dem staatlichen Schulsystem entziehen wollen, so ist der Zweifel an seiner Zweckmäßigkeit auch in säkulare Kreise vorgedrungen und es entsteht eine Reihe von Initiativen zur Auflösung des staatlichen Schulmonopols.

Die vorliegende Anthologie stellt sich die Aufgabe, in exemplarischen Texten die Tradition des häuslichen Unterrichts nachzuzeichnen. Die frühesten Texte stammen aus einer Zeit, in der ein Hofmeister die Kinder adliger Familien unterrichtete und öffentliche Schulen nur eine Notlösung waren für jene, die sich keinen Hauslehrer leisten konnten. Andere Texte entstanden im 19. Jahrhundert, in dem ein staatliches Bildungssystem für das aufstrebende Bürgertum immer mehr an Bedeutung gewann. Diese Texte wurden unverändert übernommen. Die Rechtschreibung der Originale wurde beibehalten, allerdings wurden ungebräuchliche Abkürzungen aufgelöst. Einige wenige der besseren Lesbarkeit der Texte geschuldete Auslassungen wurden durch (...) kenntlich gemacht und betreffen lediglich Querverweise in nicht selbständigen Texten auf andere, hier nicht wiedergegebene Teile der Quelle. Aktuelle Texte schließlich, in denen das Für und Wider staatlich organisierter Bildung diskutiert werden und deren Autoren aus ganz unterschiedlichen Überlegungen für das Homeschooling Partei ergreifen, runden die Sammlung ab. Dabei werden auch bereits etablierte Formen des Homeschoolings vorgestellt, wie beispielsweise privat organisierter Nachhilfeunterricht, der, ergänzend zu staatlichen Angeboten, aus der Bildungslandschaft kaum mehr wegzudenken ist.

Bonn im Frühsommer 2005

Volker Ladenthin
Ralph Fischer

Einleitung:
Homeschooling – eine Anfrage an die öffentliche Bildung

Ralph Fischer

I.

Das Phänomen des Homeschoolings, also des Unterrichtens der Kinder zu Hause durch die Eltern statt durch eine Institution in staatlicher oder auch privater Trägerschaft, wird oft noch als eine typisch U.S.-amerikanische Kuriosität betrachtet. Dabei ist das Erstaunen und auch die oft gönnerhafte Abwertung des Homeschoolings hierzulande eigentlich unhistorisch, kehrt damit doch die ursprüngliche Form der Erziehung und des Unterrichts nach Deutschland zurück, nämlich die Bildung von Kindern im familiären oder häuslichen Umfeld. Die Selbstverständlichkeit, mit der wir heutzutage ein institutionell organisiertes Bildungssystem akzeptieren, verdeckt den Blick auf den Umstand, daß auch im deutschsprachigen Raum und in Europa insgesamt die allgemeine Schulpflicht noch sehr jung ist, gerade mal 250 Jahre alt. Erst im 18. Jahrhundert konnte sich die Idee der allgemeinen Beschulung der gesamten Bevölkerung in den deutschen Kleinstaaten durchsetzen. Die Vorstellung, daß diese Schulpflicht einzig und allein in einer staatlich organisierten oder zumindest staatlich kontrollierten Institution abgeleistet werden kann, ist sogar noch jünger.[1]

Es waren nicht nur altruistische Beweggründe, aus denen heraus die deutschen Kleinstaaten etwa ab 1750 die Schulpflicht nach und nach flächendeckend einführten, sondern auch die Einsicht in die Notwendigkeit einer qualifizierten Bevölkerung um ihres eigenen Erhaltes willen. Nur gebildete Menschen können die Existenz eines Staates auf einem akzeptablen Niveau in Verwaltung, Versorgung und Kultur garantieren. Allerdings handelte es sich bei den im 18. Jahrhundert staatlich bereitgestellten Schulen nicht gerade um pädagogische Mustereinrichtungen in unserem heutigen Verständnis. Unterrichtet wurde nicht etwa von ausgebildeten Pädagogen, für die der Beruf Berufung war, sondern häufig von ausgemusterten Beam-

---

[1] Erst das reformierte Schulgesetz der Weimarer Republik aus dem Jahre 1919 sah keine Möglichkeit der häuslichen Beschulung von Kindern mehr vor.

ten oder gar Soldaten, die für ihren eigentlichen Beruf nicht mehr geeignet
waren und so ins „lehrende Gewerbe" abgeschoben wurden. Dementsprechend unprofessionell darf man sich eine Dorfschule in Preußen etwa anno
1780 vorstellen:

> „Die Schulstube war die einzige im Hause, zwar geräumig genug: aber für das, was
> sie alles fassen sollte, doch immer zu klein. Als wir hereintraten, schlug uns widri-
> ger Dampf entgegen., der uns das Atmen eine Weile sehr beschwerlich machte.
> Das erste, was wir erblickten, war ein Hühnerhahn, und weiterhin zwei Hühner
> und ein Hund. Am Kamin stand ein Bett, worauf ein Spinnrad, ein Brot, und al-
> lerlei zerrissene Kleidungsstücke lagen. Zunächst am Bette stand eine Wiege;
> daneben saß die Hausfrau und besänftigte ihr schreiendes Kind. An der einen
> Wand war eine Schneiderwerkstätte aufgeschlagen, woran ein arbeitender Geselle
> saß. An der anderen war ein großer Kasten, ein Speiseschrank, Kleidungsstücke
> und andere Sachen angebracht. Den übrigen Raum nahmen Schulkinder an ei-
> nem Tisch und auf mehreren Bänken ein. Es waren ihrer 50 von verschiedenem
> Alter und Geschlecht, aber alle untereinander dicht zusammengepfropft. Wir
> mußten stehen, weil zum Sitzen kein Platz war. Am Ende des Schultisches er-
> blickten wir den Lehrer. Er war beschäftigt, die Lektion der Kinder, mit der Kar-
> batsche in der Hand, zu überhören ... er tat es, und ließ seine größten Schüler et-
> was Auswendiggelerntes hersagen, wovon wir anfangs beinahe nichts verstehen
> konnten, denn das saugende Kind schrie immerfort und der Hahn, welcher sich
> bei unserem Eintritt in einen kleinen Alkoven zurückgezogen hatte, krähte von da
> aus so mächtig dazwischen, daß uns die Ohren gellten."[2]

Die Einsicht in die Notwendigkeit der Bildung der breiten Volksmassen in
den wichtigsten Kulturtechniken wie Lesen und Schreiben geht in Europa
aber noch weiter zurück, bis tief hinein ins 16. Jahrhundert, und ist eng
verbunden mit der Reformation. Zu nennen ist Martin Luther (1483-1545),
der dem Anspruch der katholischen Kirche auf die Vermittlung des ewigen
Heils durch das Spenden der Sakramente neben dem „sola fide" auch das
„sola scriptura" entgegensetzte.

Der geschichtliche Einschnitt, den die reformatorischen Erkenntnisse
bewirkten, kann man sich nicht groß genug vorstellen. Konnte sich der
Christ bis dahin auf das Lehramt der katholischen Kirche als Autorität in
Fragen der „letzten Dinge" verlassen, so wies ihn gerade das „sola scriptura"
auf sich selbst zurück. Denn die „Freiheit eines Christenmenschen"[3] bedeu-

---

2   Anonymus, Ein Schulbesuch in B. im Januar 1782, in: Johann Bernhard Basedow/
    Joachim Heinrich Campe (Hg.), Pädagogische Unterhaltungen, 1782, zit. nach:
    Herwig Blankertz, Die Geschichte der Pädagogik. Von der Aufklärung zur Gegen-
    wart, Wetzlar 1982, S. 58 f.
3   Vgl. Martin Luther, Die Freiheit eines Christenmenschen, in: Ders., Ausgewählte
    Schriften, herausgegeben von Karin Bornkamp und Gerhard Ebling, Band 1, Frank-
    furt am Main 1982, S. 138 ff.

tete, daß der Mensch als Sünder nun alleine vor Gott stand, nur gerechtfertigt durch den Glauben an die Heilstat Jesu („sola fide"). Er sollte seinen Teil der Sorge um sein Seelenheil nicht an eine Institution deligieren. Die reformatorische Freiheit bürdete dem Menschen also auch die Last der Mündigkeit auf. Mündigkeit aber, die den Menschen als selbständiges, autonomes Individuum denkt, das sich nur vor Gott als höchstem Richter verantworten muß und damit, zumindest in Hinblick auf sein ewiges Schicksal – und nur das interessierte die Reformatoren – frei ist von den Zwängen weltlicher wie geistlicher Instanzen, war eine revolutionäre Entdeckung, die das Menschenbild des 16. Jahrhunderts erschütterte und die Neuzeit einläutete. Zwischenzeitlich hat die Moderne Gott als letzte Instanz für tot erklärt, tut sich aber schwer damit, ein gleichwertiges Äquivalent anzubieten.[4]

Da nun nicht mehr eine Kirche zwischen Gott und den Menschen vermittelte, forderte „sola scriptura" („allein die Schrift") den Gläubigen auf, selbst die Bibel zu lesen um von der Heilstat Christi zu erfahren und ein gottgefälliges Leben zu führen. Damit der evangelische Christ dieser Anforderung gerecht werden konnte, mußte er auch in die Lage versetzt werden, überhaupt lesen zu können. In seiner Schrift „An die Ratsherrn aller Städte deutschen Landes, daß sie christliche Schulen aufrichten und unterhalten sollten" entwirft Luther von diesem Gedanken ausgehend ein erstes reformatorisch gesinntes Bildungsprogramm, das nicht nur die Vermittlung der Fähigkeiten des Lesens und Schreibens für Jungen und Mädchen (!) vorsah, sondern darüber hinaus auch Unterricht in den alten Sprachen, damit jeder Christ an Hand des Urtextes überprüfen konnte, ob das, was ihm sonntags von der Kanzel herab gelehrt wurde, wirklich Gottes unverfälschtes Wort war: *„Denn der Prediger und Lehrer mag wohl die Bibel so oft durchlesen, wie er will, so mag er den Sinn treffen oder auch verfehlen, wenn niemand da ist, der beurteilt, ob er's richtig mache oder nicht."*[5]

Somit waren es die Reformatoren und reformatorisch gesinnte Christen, die im 16. Jahrhundert, mithin zu einer Zeit, in der die überwältigende

---

[4] Zu der Problematik, daß Bildung, möchte sie der Gefahr der Verzweckung durch gesellschaftliche Mächte entgehen, immer einer ihr übergeordneten regulativen Idee bedarf, die weder in dem Akt der Bildung an sich noch in den ökonomisch-sozialen Gegebenheiten, in deren Rahmen sie sich vollzieht, zu finden sein kann sondern ins Transzendentale verweisen muß vgl. auch Volker Ladenthin, Jan Amos Comenius und PISA. Bildung als Aufgabe der Gesellschaft in: studia comenia et historica 34, 2004, Heft 71-72, S.305-319.

[5] Martin Luther, An die Ratsherrn aller Städte deutschen Landes, daß sie christliche Schulen aufrichten und unterhalten sollen, in: Ders., Ausgewählte Schriften, a. a. O., Band 2, S. 59

Mehrheit der Bevölkerung nicht alphabetisiert war, die ersten öffentlichen Schulen gründeten und den Grundstein für die große Tradition protestantischer Lehranstalten legten, die dann im 17. und 18. Jahrhundert so wichtige Pädagogen wie Amos Comenius (1592-1670), Philipp Jacob Spener (1835-1705), Hermann Heinrich Francke (1663-1727) und andere an sich binden konnten, die ihre pädagogische Tätigkeit jedoch immer noch von ihrem christlich geprägten Menschenbild ableiteten, nicht etwa von einer aufgeklärten Bildungstheorie.[6]

II.

Die Einsicht in die Bildsamkeit des Menschen, aber auch in die Notwendigkeit seiner Bildung entstammt einer Epoche und einer Bewegung, die den Menschen als ein von Gott bestimmtes Wesen gedacht hatten. Sein Recht auf Bildung konnte der Mensch also nicht etwa einfordern, weil er ein Mensch und damit a priori bildsam war, sondern weil Bildung unabdingbare Notwendigkeit war, um gottgefällig zu leben. Der Mensch war bildsam, weil Gott ihn bildsam erschaffen hatte. Und eben Gott und nicht irgendeine andere philosophische oder politische Erwägung war der Garant seines Rechtes auf Bildung.

Dennoch hat der Gedanke der Volksschule und damit die Idee der Beschulung breiter Massen hier seinen Ursprung. Die Erkenntnis, daß der Mensch für sein Heil selbst verantwortlich ist, birgt die Notwendigkeit seiner Bildung in sich.

Allerdings hatten öffentliche Schulen eher den Charakter einer Notlösung, da sie auch von politischen Interessen vereinnahmt wurden. Gewährleisteten sie eine Grundbildung auf oft eher fragwürdigem Niveau, so galt als der wirklich bildsame Unterricht der „Privatunterricht", den Hofmeister und Hauslehrer den Kindern aus zumeist adeligen oder reichen bürgerlichen Familien erteilten. Dieses Bildungsideal hielt sich in einigen Milieus bis in das frühe 20. Jahrhundert hinein.

Hier unterrichteten die Gräfin, der Geheimrat oder der erfolgreich Handel treibende bürgerliche Protestant ihre Kinder nicht selber, vielmehr übertrugen sie diese Aufgabe Hofmeistern oder Hauslehrern. Bei diesen Männern handelte es sich zumeist um blutjunge Universitätsabsolventen, die

---

6   Vgl. hierzu Theodor Ballauf/ Klaus Schaller, Pädagogik. Eine Geschichte der Bildung und Erziehung, Band 2, Vom 16. zum 19. Jahrhundert, München 1970, S. 317 ff.

auf der Suche nach akademischen Aufstiegsmöglichkeiten zur Überbrük-
kung erst einmal eine Hofmeister- oder Hauslehrerstelle antraten.

Daß hier unterschiedliche Erfahrungen gesammelt werden konnten, zeigt
die vielfältige Literatur zu dem Themenbereich, aber auch die Zeugnisse der
Hauslehrer selber, unter denen sich so illustre Namen wie Immanuel Kant
(1724-1804) oder die in unserer Textsammlung vertretenen Johann Friedrich Herbart (1776-1841) und Johann Gottlieb Fichte (1762-1814) finden.
So erlebte Herbart seine Zeit als Hauslehrer durchaus positiv[7], während sie
Fichte als wahrer Alptraum im Gedächtnis blieb[8] (was möglicherweise auf
ihre späteren Haltungen zum Hauslehrertum Einfluß gehabt haben könnte). Natürlich hing das Gelingen einer Hauslehrerzeit von mehreren Faktoren ab, angefangen von der Haltung, welche die Eltern dem Hauslehrer
entgegenbrachten (also ob sie seine Arbeit wertschätzten oder ob sie ihn als
besseren oder gar schlechteren Domestiken betrachteten, wie sie ihn vergü-
teten, unter welchen Bedingungen er im Haus der Familie lebte und letztendlich welche Freiheiten sie ihm bei der Unterrichtung einräumten), über
die Kinder, die zu unterrichten waren bis hin zu der Arbeitseinstellung, die
der Hauslehrer selber mitbrachte. Sah der Hauslehrer seine Beschäftigung
nur als lästige Durchgangsstation zu höheren akademischen Weihen, so
dürfte er wesentlich weniger Enthusiasmus investiert haben als ein Kollege,
der in seiner Tätigkeit voll aufging, und solche Hauslehrer gab es ja auch.
Ob nun ungeliebter Brotberuf oder Herzensangelegenheit, das Hofmeister-
und Hauslehrertum erlebte in Folge der Aufklärung und des Siegeszuges
des Bildungsgedanken gerade in der zweiten Hälfte des 18. und im frühen
19. Jahrhundert eine wahre Blüte und Jakob Michael Reinhold Lenz (1751-
1792) setzte ihm in seiner Komödie „Der Hofmeister – oder die Vortheile
der Privaterziehung" (1774) ein berühmtes, freilich nicht letztes literarisches
Denkmal.[9]

Wesentlich weniger bekannt ist ein Singspiel Felix Mendelsohn-Bar-
tholdys (1809-1847) aus dem Jahre 1821, betitelt „Die beiden Pädagogen",
in dem ein zu Geld gekommener Neureicher namens Herr von Robert den
passenden Hauslehrer für seinen etwas aus der Art geschlagenen Sohn Carl
sucht, der sich weniger für Bildung denn für seine reizende Cousine Hann-

---

[7] Vgl. Ludwig Fertig, Der Hofmeister. Ein Beitrag zur Geschichte des Lehrerstandes
     und der bürgerlichen Intelligenz, Stuttgart 1979, S. 82 ff.
[8] Vgl. Wilhelm G. Jacobs, Johann Gottlieb Fichte. In Selbstzeugnissen und Bilddo-
     kumenten, Reinbek 1984, S. 16 f.
[9] Vgl. Fertig, a. a. O., S. 14 f. Auf Fichtes und Herbarts Hauslehrertätigkeit geht spezi-
     ell auch ein die Dissertation von Heinrich Gerbracht, Das Problem der Hauslehrer-
     pädagogik von der Reformation bis Herbart, Köln 1928

chen interessiert. Das von dem Mediziner Johann Ludwig Casper (1796-1864) nach einer Vorlage des französischen Theaterautors Eugene Scribe (1791-1861) verfaßte Libretto, welches reichlich satirische Anspielungen auf das Hauslehrertum enthält, dürfte Mendelsohn-Bartholdy nicht wenig entzückt haben, spiegelte es doch seine eigene Lebenswelt satirisch gebrochen wider: Auch Mendelsohn wurde von Hauslehrern unterrichtet, unter anderem von dem Goethe-Freund Carl Zelter (1758-1832) und er war zum Zeitpunkt der Komposition gerade mal 12 Jahre alt[10].

Ein bis heute in Frankreich noch gerne gehörter Operetteneinakter von Emmanuel Chabrier (1841-1894) „Une Éducation manquée" (1879) setzt sich ebenfalls satirisch mit den möglichen Folgen des Hauslehrertums auseinander: Ein von seinem Hauslehrer Pausanias abgeschirmt von der Welt unterrichteter junger Mann gerät in seiner Hochzeitsnacht in arge Bedrängnis, weil er bei seinem Meister zwar den gesamten klassischen Bildungskanon inklusive aller nur denkbaren Naturwissenschaften studiert hat, lebensweltliche Bezüge aber konsequent ausgeklammert wurden. Am Schluß obsiegt das Prinzip des entdeckenden Lernens.

Die Notwendigkeit eines öffentlich organisierten Bildungssystems entsteht eigentlich erst dann, wenn die Allgemeinheit zwar wünscht, daß jedes Kind gebildet wird, es aber Eltern gibt, die ihren Kindern einen Hauslehrer nicht finanzieren können. Hier muß der Staat aktiv werden und die Bildung der nachwachsenden Generation organisieren. Natürlich könnte er jedem Kind des Landes einen eigenen Hauslehrer stellen, doch wäre dies ein ineffizienter Umgang mit knappen Ressourcen (wenn auch eine interessante Lösung für die hohe Akademikerarbeitslosigkeit). So ist es sinnvoll, möglichst viele Kinder in einer von einem Lehrer geleiteten Lerngruppe zusammenzufassen und diese zu institutionalisieren. Schulen, in denen sich mehrere Kinder aus unterschiedlichen Familien zum gemeinsamen Lernen unter Anleitung zusammenfinden, sind also immer auch Institutionen zur möglichst effizienten Organisation und Zusammenstellung von Lerngruppen.

III.

Neben dem Effizienzgedanken steht dabei aber auch die Idee der staatlichen Räson, denn indem der Staat Lerngruppen organisiert, ist er auch in der Lage, Lerninhalte zu kontrollieren und zu steuern. Dies war so im alten

---

[10] Vgl. hierzu Karl Schumann, Die beiden Pädagogen, Klappentext zur Gesamtaufnahme der Oper, Emi Electrola 1C 065-45 416, 1980

Preußen und hat sich bis heute nicht verändert. Nach wie vor werden Curricula von Kultusministerien erstellt und nicht vor Ort in der Einzelschule von der Schüler- oder Elternvollversammlung basisdemokratisch beschlossen.

So finden sich in der pädagogischen Diskussion des frühen 19. Jahrhunderts, als sich staatlich organisierte Schulsysteme im deutschen Sprachraum weitgehend etabliert hatten, starke Zweifler an der staatlichen Kontrolle über das Bildungswesen, aber ebenso auch glühende Befürworter. Die Argumente bewegten sich zwischen den Polen der Elternrechte und der Rechte der Kinder auf freie Entfaltung ohne staatliche Einmischung einerseits und der Notwendigkeit der staatlichen Organisation des Bildungsprozesses seiner Bürger zur Gewährleistung der Wohlfahrt aller und der Fürsorgepflicht des Staates für heranwachsende Generationen anderseits.

Johann Gottlieb Fichte war überzeugter Befürworter der staatlichen Organisation des Bildungswesens und wollte das Hauslehrertum am liebsten ganz abschaffen. Dieser Ansatz steht durchaus im Einklang mit seiner Staatslehre, in der der Staat Organisator aller Lebensbereiche seiner Bürger und Garant ihres Lebensglücks aber auch berechtigt ist, wenn es die Wohlfahrt aller erfordert, nach Dafürhalten in das Leben seiner Bürger einzugreifen.

Dieser beinahe schon frühsozialistisch zu nennenden Staatsgläubigkeit Fichtes stellt sich Johann Friedrich Herbart entgegen (und nennt Fichte auch namentlich in einer Reihe mit Xenophon [um 430-nach 355 v. Chr.], Plutarch [um 46-120 n. Chr.] und Johann Heinrich Pestalozzi [1746-1827]), indem er die Notwendigkeit eines öffentlichen Bildungssystems zwar nicht negiert, aber der privaten Lösung den Vorzug gibt. Erst wenn private Lösungen nicht durchführbar sind, soll der Staat Alternativen bieten.

Allerdings ist es nicht Staatsverachtung, die Herbarts Position bestimmt (quasi als Gegenbewegung zu Fichtes Staatsgläubigkeit), ihm behagt nur nicht die Vorstellung, daß Kinder mehr oder minder willkürlich zusammengefaßt und in einer entfremdeten Umwelt fabrikmäßig „abgerichtet" werden. Herbart benutzt tatsächlich das Wort „Fabrik"[11] und greift damit dem gerne geäußerten Diktum vor, die modernen Massenschulen seien Lernfabriken, was in Anbetracht von PISA ebenso naheliegend und griffig wie undifferenziert ist.

---

[11] Vgl. den Text ‚Über Erziehung unter öffentlicher Mitwirkung' in dieser Sammlung, in dem Herbart schreibt: „... *jedes Individuum bedarf der Erziehung für sich, und darum kann die Erziehung nicht wie in einer Fabrik arbeiten...*" (zit. nach: Johann Friedrich Herbart, Pädagogische Schriften, herausgegeben von Walter Asmus, Band 1, Kleinere pädagogische Schriften, Düsseldorf/ München 1964, S. 146).

Für Herbart haben Schulen also den Flair des Industriellen, in dem Bildung nicht vermittelt, sondern als Einheitsprodukt am Fließband produziert wird. Dem stellt er sein Konzept des Erziehungskünstlers gegenüber, womit klar wird, daß für Herbart Bildung nicht etwa nur Vermittlungstechnik, sondern eine Kunstform ist, nicht Beruf sondern Berufung. Der Erziehungskünstler, Lehrer für wenige Kinder im häuslichen Umfeld, vermag es, seinen Schützlingen optimale Förderung zuteil werden zu lassen und leistet damit zu guter Letzt eine wichtige Arbeit zum Besten der Allgemeinheit. Denn Herbart ist durchaus bei Fichte, wenn er das Recht des Staates auf ein vitales Interesse an der Bildung seiner Kinder anerkennt, um die Wohlfahrt der Allgemeinheit zu gewährleisten. Doch bezweifelt er, daß staatliche Intervention dem Bildungsprozeß sonderlich zuträglich sei, denn so charmant der Gedanke auch sein mag, daß der Staat durch die Kontrolle des Bildungsprozesses seinen Fortbestand und das Wohl aller am besten sichern kann, so trügerisch ist er auch. Nur wenn Bildung von allen staatlichen Vorgaben frei ist und sich allein der Idee der sittlichen Selbstbestimmung und Mündigkeit verpflichtet weiß, ist der so Gebildete fähig, sich auch allen möglichen Anforderungen erfolgreich zu stellen und zur Wohlfahrt aller beizutragen. Herbart hat hier bereits das Zukunftsparadoxon der modernen Pädagogik vorweggenommen, also die Erkenntnis, daß jede Bildung auf eine Zukunft vorbereitet, die zur Zeit des Bildungsprozesses noch gar nicht voraussagbar ist und daher Bildung deshalb so beschaffen sein muß, daß sie universell anwendbar ist.

Bei seiner Idee des Erziehungskünstlers ist Herbart aber durchaus Pragmatiker. Er sieht, daß es Familien gibt, die nicht die Mittel haben, alleine für ihre Kinder einen Hauslehrer zu finanzieren. Solchen Familien schlägt er vor, sich zusammenzuschließen und gemeinsam einen Hauslehrer zu engagieren, der die Kinder der Familien in Kleingruppen unterrichtet. Der Hauslehrer ist somit ein Freiberufler aus Berufung, der mehrere Familienzusammenschlüsse bzw. deren Kinder im Auftrage der Eltern betreut und bildet. Er wird gerufen *„wie ein Arzt"*. Öffentliche Schulangebote stehen dem ergänzend gegenüber, so daß vertiefende Erkenntnisse bestimmter Disziplinen, in denen der Hauslehrer kein Meister ist, in einer Art Kurssystem auf öffentlichen Schulen belegt werden sollen, aber erst nach fundierter Grundbildung durch den Hauslehrer.

IV.

Blickt man näher in die Geschichte des Heimunterrichtes, so läßt sich feststellen, daß er mit dem Erstarken des Bürgertums in der Mitte des 19. Jahrhunderts seinen Zenit überschritten zu haben scheint. Zwar forderte erst
das Schulgesetz der Weimarer Republik aus dem Jahre 1919 den Besuch öffentlicher oder privater Schulen von allen Kindern, doch wurde schon lange zuvor die Möglichkeit des Hausunterrichts immer weniger wahrgenommen.

Noch im 18. und frühen 19. Jahrhundert hatte das Bürgertum versucht,
den Adel zu imitieren und wie dieser seine Kinder durch Hauslehrer zu unterrichten. So sahen weder der junge Johann Wolfgang von Goethe (1749-
1832), noch der berühmte, einer begüterten Bankiersfamilie entstammende
Komponist Giacomo Meyerbeer (1791-1864) oder der Schriftsteller Theodor Fontane (1819-1898) je eine öffentliche Schule von innen. In bildungs-
beflissenen Familien hingegen, in denen es die finanzielle Situation nicht
zuließ, daß eigens ein Hauslehrer engagiert wurde, oder es auf Grund äuße-
rer Zwänge unumgänglich war, daß die Kinder öffentliche Schulen besuchten, übernahmen oftmals die Eltern den Heimunterricht.

Zum Beispiel blieb dem in Köln als Sohn eines Synagogenkantors geborenen Jacques Offenbach (1819-1880) und seinen Geschwistern schon auf
Grund des Amtes seines Vaters der Besuch der von der örtlichen jüdischen
Gemeinde bereitgestellten Elementarschule nicht erspart – einer Schule, die
so viele Mißstände aufwies, daß diese sogar von der nichtjüdischen Öffentlichkeit diskutiert wurden.[12] Um seinen Kindern dennoch eine erstklassige
Bildung zukommen zu lassen, glich Offenbachs Vater Isaac Juda Ben (ca.
1779-1850), gelernter Buchbinder, aber brillanter Autodidakt im Gebiet der
Musik, Literatur, Theologie und Philosophie, die schulischen Defizite mit
häuslichem Unterricht aus.

Im Laufe seiner Emanzipation im 19. Jahrhundert kam das Bürgertum
hingegen nach und nach von der feudalen Sitte des Hauslehrers ab und
schickte seine Kinder auf öffentliche Schulen. Mag hierbei vielleicht auch
eine gewisse selbstbewußte Abgrenzung von den Gepflogenheiten der Ari-
stokratie mitursächlich gewesen sein, so ist der Hauptbeweggrund doch in
der Tatsache zu finden, daß in bürgerlichen Gesellschaften Bildung nicht
mehr allein Selbstzweck ist, sondern auch formale Qualifikation zu sozia-
lem Aufstieg bedeutet. Formale Qualifikationen aber werden von Institu-

---

[12] Vgl. Anton Henseler, Jakob Offenbach, Berlin 1930, S. 40 f.

tionen vergeben und nicht privat erworben.[13] Else Urys (1877-1943)
Nesthäckchen Annemarie Braun und Thomas Manns (1875-1855) Hoch-
stapler Felix Krull im späten 19., frühen 20. Jahrhundert haben denn auch
keine Hauslehrer mehr, sondern besuchen öffentliche Schulen. Allerdings
handelte es sich dabei selten um die erstbeste Schule um die Ecke. Die bildungsbeflissene und „klassenbewußte" Bürgersfamilie legte Wert auf Repu-
tation und Qualität einer Bildungsanstalt, und gab es eine solche nicht vor
Ort, so konnte der Nachwuchs zum Schulbesuch durchaus auch einmal in
eine andere Stadt verschickt werden. Es war die Blütezeit humanistischer
Knabengymnasien und der Lehranstalten für höhere Töchter. Einen Einblick in dieses Milieu gibt Franz Werfels (1890-1945) Novelle „Abiturien-
tentag" (1929). Sie beschreibt auch, was geschehen konnte, wenn ein Schüler aus der Unterschicht sich auf Grund von Begabung und Fleiß einen
Platz in einer dieser bürgerlichen Edelinstitutionen erkämpft hatte: Der
Neid der weniger Fleißigen, aber Begüterteren und habituell Erfahreneren
konnte vernichtend sein.

Trotz seines Standesbewußtseins überließ aber auch das Bürgertum die
Erziehung seiner Kinder nicht allein den Schulen, mochten diese auch
noch so gut sein. Vielmehr kam es zum Phänomen der Gouvernante und
des Kindermädchens, deren Aufgabe es war, die Nachkommen begüterter
Familien in die Tradition des Bürgertums einzuweisen, also Tugenden zu
vermitteln, die gemeinhin als „bürgerlich" galten und von denen man an-
nahm, daß sie in der Schule nicht ausgiebig genug behandelt wurden. Zwar

---

13 E. Schwertfeger spricht in seinem in unserer Sammlung wiedergegebenen Lexikon-
Artikel aus dem Jahre 1906 von dem „Prüfungs- und Berechtigungswesen, das für alle, die
im öffentlichen Leben einmal eine Stellung einnehmen wollen, seine Geltung hat" und „fast gebieterisch den Besuch einer Schule" erfordert (zit. nach: E. Schwertfeger, Artikel Hauslehrer, in: W. Rein (Hg.), Encyklopädisches Handbuch der Pädagogik, Band 4, 2.
Auflage, Langensalza 1906, S. 84). Ähnliches konstatierte J. J. Wolff 1913 auch für
die Erzieherin (Text ebenfalls in dieser Sammlung enthalten), die gleich dem Hauslehrer in bürgerlichen Haushalten immer mehr zurückgedrängt wurde: „Als neues be-
deutungsvolles Moment ist in das weibliche Bildungswesen die Prüfung und Berechtigung nach
Muster der Knabenschulen eingetreten (...). Das Streben durch Ablegung von Prüfungen an
Staatsschulen bildungsvollwertig zu sein, drängt Mädchen zusehends in die öffentlichen höhern
Mädchenschulen (...) und Studienanstalten" (zit. nach: J. J. Wolff, Artikel Erzieherin, in:
Ernst M. Roloff (Hg.), Lexikon der Pädagogik, Band 1, Freiburg 1913, Sp. 1153).
Dazu in neuerer Zeit Herwig Blankertz: „... seit der Humboldtschen Bildungsreform 1810
führte der Weg zu leitenden Ämtern für jedermann über Reifeprüfung und Staatsexamen: Der
Geburtsschein war durch den Befähigungsnachweis ersetzt." (Herwig Blankert, Die Ge-
schichte der Pädagogik, a.a.O., S. 126. Vgl. außerdem auch Christina Berg, Familie,
Kinder, Jugend, in: Dies. (Hg.), Handbuch der deutschen Bildungsgeschichte, Band
2, 1870-1918. Von der Reichsgründung bis zum Ende des Ersten Weltkriegs, München 1991, S. 103.

hätten Eltern diese Unterweisung auch selber unternehmen können, doch waren diese, wie Else Ury und Thomas Mann exemplarisch aufzeigen, gemeinhin derartig mit Geschäften und Freizeit ausgelastet, daß zur Kindererziehung keine Zeit mehr blieb. Neben der Aufgabe, in die bürgerliche Sitte und Tradition einzuweisen, sollten Gouvernanten und Kindermädchen aber auch allgemeine Kulturtechniken vermitteln, die zum bürgerlichen Fertigkeitskanon des späten 19. Jahrhunderts gehörten, beispielsweise das Klavierspiel oder die französische Sprache. Deshalb waren besonders Französinnen aus verarmten Familien als Gouvernanten im deutschen Sprachraum sehr begehrt. Deutsche Gouvernanten gingen zur Not aber auch, wenn sie denn über die notwendigen Sprachfähigkeiten verfügten und musikalisch waren. Dabei konnte es durchaus auch geschehen, daß die ein oder andere Gouvernante ihren speziell männlichen Zögling ein wenig zu sehr in die Tradition einwies, so wie Genoveva es mit Felix Krull tat. Die sofortige Entlassung war die natürliche Folge.

War der Hauslehrer für das Bürgertum spätestens ab der 2. Hälfte des 19. Jahrhunderts also ohne größere Bedeutung, so fand er neben dem Adelshof, an dem er nach wie vor seine Daseinsberechtigung hatte, einen weiteren Wirkungskreis, der zwar eng bemessen, aber sicher nicht ohne Reiz war, und zwar in Künstlerfamilien, die sich zumeist quer zum bürgerlichen Tugendkanon stellten und auch für bürgerliche Institutionen nur wenig Sympathie hatten. Alma Mahler-Werfel (1879-1964) hat als Tochter des Malers Emil Schindler (1842-1892) eine solche privat organisierte Bildung erfahren. In ihrer Autobiographie gibt sie einen interessanten Einblick in den von ihr genossenen Bildungsprozeß, der nicht nur auf mehr oder minder professionelle Hauslehrer zurückgriff, sondern bereits Elemente des Homeschoolings im heutigen Verständnis enthielt. Vater Schindler gelang es höchst erfolgreich und mit erstaunlichem didaktischen Geschick das Interesse seiner Kinder an Literatur zu wecken[14], während Almas Mutter bei dem Versuch, ihren Kindern das große Einmaleins näherzubringen, grandios versagte: sie sollten es an einem einzigen Tag auswendig lernen.[15] Zusammenfassend urteilte Alma Mahler über ihre Bildung: *„Gelernt wurde eigentlich nie und nichts systematisch. Keine Jahreszahl blieb in meinem Kopf, nichts interessierte mich außer Musik."*[16]

Interessant ist es, diesem Urteil Almas über den von ihr genossenen Heimunterricht eine Äußerung ihres späteren Gatten Gustav Mahlers

---

[14] Vgl. Alma Mahler-Werfel, Mein Leben, Frankfurt a. M. 1960, S. 16
[15] Vgl. ebd.
[16] Ebd., S. 17

(1860-1911) gegenüber zu stellen, der über seine Zeit auf einer öffentlichen Schule meinte: *„Meine Jugend auf dem Gymnasium verbracht – nichts gelernt"*[17]. Über das Gelingen eines Bildungsprozesses scheint also weniger seine äußere Organisation als mehr die Qualität der individuellen Lehre zu entscheiden.

V.

Mit der Weimarer Republik hatte die Idee der privaten Bildung ausgedient. Der Staat war nun der alleinige Bildungsträger und diskreditierte sich auch gleich zwischen 1933 und 1945, denn die Nationalsozialisten versuchten die Zöglinge ihrer Schulen für ihre verbrecherische Ideologie rundum zu vereinnahmen.[18] Hier zeigte sich exemplarisch, was öffentliche Bildung anrichten kann, wenn sie von einem menschenverachtenden Staatswesen ausgeht. Es zeigte sich aber auch, daß häuslicher Unterricht in entsprechenden historischen Situationen keine abseitige Exzentrizität, sondern ein wirksamer Schutz von Kindern vor Indoktrination sein kann.

Dennoch wurde die Möglichkeit des Hausunterrichtes in der jungen Bundesrepublik von vorne herein versperrt, was in Anbetracht der negativen Erfahrungen, die mit einem öffentlichen Schulsystem gemacht wurden, eigentlich erstaunt. Möglicherweise waren es aber gerade jene negativen Erfahrungen gewesen, die zu der Überzeugung führten, daß eine gelingende Demokratisierung des neuen Staates nur gewährleistet ist, wenn die Bildung seiner Kinder von lupenreinen Demokraten organisiert und überwacht würde. Der Theologe Thomas Schirrmacher weist in seinem Beitrag in dieser Sammlung zu Recht auf den bezeichnenden Umstand hin, daß in keinem anderen freien Land der Welt Eltern, die ihre Kinder zu Hause unterrichten möchten, derartig kriminalisiert werden wie in Deutschland. Auch die Gründung von Schulen in privater Trägerschaft ist in der Bundesrepublik ungleich schwieriger als in vergleichbaren westlichen Ländern. Schirrmacher erwähnt allerdings auch die Tatsache, daß sich die überwältigende Mehrheit bundesdeutscher Eltern an den unbestreitbar recht restriktiven Schulpflichtbestimmungen überhaupt nicht zu stören scheinen – was für ein freies Land ebenfalls äußerst untypisch sei.

---

[17] Zit. nach Alphons Silbermann, Lübbes Mahler-Lexikon, Bergisch-Gladbach 1986, S. 216

[18] Vgl. hierzu u.a. Harald Scholz, Die Schule als Erzieher, in: Manfred Heinemann (Hg.), Erziehung und Schule im Dritten Reich, Band 1, Kindergarten, Schule, Jugend, Berufserziehung, Stuttgart 1980, S. 31 ff.

Man darf mutmaßen, daß es nach den Verbrechen des Nationalsozialismus zu einem stillen Einvernehmen zwischen Eltern und Staat gekommen ist, daß Erziehung zur Demokratiefähigkeit für ein gelingendes Allgemeinwesen unabdingbar ist und daß diese Erziehung am effektivsten durch den Staat organisiert wird. Hier ist tatsächlich ein großer Vertrauensbonus zu konstatieren, den bundesdeutsche Eltern der demokratischen Verfassung unseres Staates und seiner Fähigkeit, Kinder in diesem Sinne zu bilden, entgegenbringen – zumindest bislang, denn der Vertrauensbonus scheint in letzter Zeit, insbesondere im Licht der Ergebnisse der PISA-Studien, rapide zu schwinden.

VI.

Wie eingangs angeklungen hat seit einiger Zeit das Phänomen des Homeschoolings, also das Unterrichten von Kindern durch ihre Eltern als Alternative zu dem Besuch einer öffentlichen oder privaten Schule, auch die Bundesrepublik erreicht. Der Impuls geht dabei von den USA aus, wo es, insbesondere im Milieu des konservativen Protestantismus, eine lange Tradition des häuslichen Unterrichtes gibt. Und auch hierzulande sind es in erster Linie (noch!) konservative Protestanten, die für sich das Recht, ihre Kinder selber und ohne staatliche Vorgaben zu bilden, in Anspruch nehmen möchten.

Das wirklich Neuartige an der Konzeption des christlichen Homeschoolings ist aber nicht, daß die Eltern die Regie des Bildungsprozesses übernehmen und damit die weitgehende Entscheidungsgewalt über Inhalte, die ihren Kindern gelehrt oder auch vorenthalten werden (auch der Hofmeister oder Hausleher hatte elterliche Vorgaben bei seinem Unterricht zu berücksichtigen), sondern daß Eltern auch die Tätigkeit des Unterrichtens selbst ausüben. Hier unterscheidet sich das Homeschooling nun fundamental von den tradierten Formen häuslicher Bildung, so wie sie in begüterte Familien und in der Adelsklasse in ganz Europa betrieben wurden.

Nicht uninteressant ist es, die Rechtfertigung des häuslichen Unterricht der Vertreter des christlichen Homeschoolings näher zu untersuchen, denn bezeichnenderweise argumentieren sie ebenso wie einst die reformatorisch gesinnten Pädagogen, als diese die flächendeckende öffentliche Beschulung einforderten. Der Unterschied ist, daß die christliche Homeschooling-Bewegung dieses Konzept für gescheitert hält.

Sie lehnt das Bildungsangebot der Schulen in öffentlicher und privater Trägerschaft als unzureichend ab. Zum einen, weil es als Massenbetrieb der Bildsamkeit der Kinder nicht gerecht werde (ein pädagogisch durchaus be-

denkenswerter Einwand), zum anderen aber auch, weil die gelehrten Inhalte
nur schwer mit christlichen Grundüberzeugungen vereinbar seien (Streit-
punkt Sexualkunde). Aus diesen Gründen hält sie es für legitim, das Recht
einzufordern, Kinder in Eigenregie zu Hause zu unterrichten und Inhalte
und Werte zu vermitteln, die sie für wahrhaftig, gültig und richtig hält.

Das amüsierte Lächeln einiger Außenstehender über engagierte Homeschooling-Eltern, die teilweise große Opfer in dem Kampf für das Recht, ihre Kinder zu Hause unterrichten zu dürfen, auf sich nehmen, ist allerdings
unangebracht. Denn christliche Homeschooling-Eltern folgen nun einmal
nicht dem letzten Sektentrend aus dem „Land der unbegrenzten Möglichkeiten". Vielmehr haben sie eine alte reformatorische Idee neu entdeckt,
nämlich die Bildsamkeit des Menschen als eine von Gott verliehene und
für ein gottgemäßes Leben unumgänglich notwendige Eigenschaft, auf deren optimale Förderung Kinder ein Anrecht haben. Wenn aber Bildung ein
von Gott verliehenes Recht der Kinder ist, dann bedeutet dies auch, daß
gottesfürchtige Eltern die Pflicht haben, ihren Kindern eine hinreichende
Bildung zu garantieren. Unter diesem Aspekt stellt sich, gerade in Anbetracht der momentanen Diskussion über den Zustand unserer öffentlichen
Schulen die berechtigte Frage, ob eben jene Institutionen diese Bildung
noch garantieren. Daß christliche Eltern, die sich ihrem Denken nach vor
Gott für die Bildung ihrer Kinder zu verantworten haben, versuchen, ihre
Kinder einem defizitären staatlichen Bildungssystem zu entziehen, ist nur
allzu verständlich.

Dennoch ist das Konzept eines christlichen Homeschoolings aus der
Perspektive einer aufgeklärten Bildungstheorie kritisch zu befragen, nicht
etwa, weil der Unterricht zu Hause stattfindet, sondern weil er ideologisch
überfrachtet sein könnte. Es war immerhin die große Erkenntnis der Aufklärung, daß jeder Mensch autonom ist und seine Rechte nicht etwa von
einem höheren Wesen ableitet, sondern diese in seiner Conditio humana
selbst begründet liegen. Der Mensch hat ein Recht auf Bildung, nicht etwa,
weil Gott ihn erschaffen hat, sondern weil er ein Mensch ist.

Dieser Gedanke, der über die Einsichten der Reformatoren weit hinaus-
geht, ist nicht etwa eine Absage an Religion. Im Gegenteil bekommen Religion und Glauben erst ihren wahren Stellenwert verliehen, denn sie werden
nicht länger als anzuerziehende Charaktereigenschaften angesehen, sondern
als persönliche Wertdispositionen, für die sich ein Individuum selbsttätig
und mündig entscheidet. Diese Selbsttätigkeit und Mündigkeit des den
Glauben ergreifenden Menschen entspricht denn auch viel eher biblischen
Vorstellungen eines Bekehrungsprozesses, der immer als ein Akt kritischer
Selbsttätigkeit und nie als Indoktrination geschildert wird (man denke an

Paulus Ausspruch „Prüfet alles und behaltet das beste")[19]. Glauben kann nicht anerzogen werden, sondern ist immer ein Akt mündiger Entscheidung, sonst ist er kein Glauben, sondern Tradition.

Für die volle Tragweite dieser Erkenntnis war in dem geschlossenen Weltbild der Reformatoren aber noch kein Platz, obwohl sie dem Menschen, der allein vor Gott steht, zumindest implizit bereits Mündigkeit und Verantwortungsfähigkeit für seine Taten unterstellen. Vor den Konsequenzen aus dieser Entdeckung sind die Reformatoren jedoch offensichtlich noch zurückgeschreckt, was sich beispielsweise in Johannes Calvins (1509-1564) rigider Prädestinationslehre niederschlägt, die die gerade postulierte evangelische Freiheit gleich wieder relativiert und den Menschen determiniert. Erst der Aufklärung gelang es, den Menschen als wirklich frei und autonom zu denken. Diese Erkenntnis ist für die Pädagogik denn auch unhintergehbar, möchte sie nicht in repressive Muster zurückfallen.

Gerade aber der Vorwurf einer (noch so gut gemeinten) Indoktrination läßt sich nicht völlig entkräften, beschaut man sich das (teilweise erstaunlich gut aufbereitete) didaktische Material, welches die christliche Homeschooling-Bewegung auch hierzulande bereitstellt. Der christliche Glaube wird nämlich nicht etwa nur dargestellt, er wird zur Grundlage allen menschlichen Erkennens und Handelns und somit zum Mittelpunkt des Unterrichtes erhoben. Die christliche Homeschooling-Bewegung ist also nicht etwa zu kritisieren, weil sie das Recht von Kinder auf häusliche Beschulung postuliert (es gibt keinen Grund anzunehmen, daß öffentliche Schulen immer dem häuslichen Unterricht vorzuziehen sind, man denke nur an diktatorische Systeme, immerhin waren auch die „Napolas" ‚öffentliche' Schulen, wenn auch nur für eine ausgesuchte Elite)[20]. Problematisch ist sie, wenn sie sich in ihrer Ideologie zwar auf die Tradition der Reformation berufen kann, diese Tradition aber nur unvollständig aufnimmt.

Auch in dem Denken Herbarts, der einem öffentlichen Schulsystem eher kritisch gegenüber stand, dürfte das christlich motivierte Homeschooling nur schwer einen Kronzeugen finden. Denn obwohl Herbart ihren Skeptizismus gegen die Möglichkeiten des Staates, ein ideales Bildungssystem zu gestalten, teilt, hat er doch ein fundamental anderes Menschenbild. Herbart

---

[19] 1. Thess. 5, 21

[20] Vgl. zu den Nationalpolitischen Erziehungsanstalten (‚Napolas') des Dritten Reiches auch Christian Schneider/ Cordelia Stilke/ Bernd Leineweber, Das Erbe der Napola. Versuch einer Generationsgeschichte des Nationalsozialismus, Hamburg 1996, S. 33: „Mit der ‚Nationalpolitischen Erziehungsanstalt' (...) suchte der nationalsozialistische Führerstaat ein Instrument zur Auslese von geeigneten Nachwuchs für Führungspositionen in den zivilen Bereichen der Gesellschaft, Wirtschaft und Verwaltung, in den freien Berufen und für das Militär zu schaffen".

sieht den Menschen im Sinne der Aufklärung als autonomes Wesen, das sich für Gott entscheiden kann oder aber auch nicht. Keinesfalls aber begreift er seine Bildsamkeit als Teil seiner Geschöpflichkeit, sondern als Teil seiner Menschlichkeit schlechthin.

Ebenfalls dürfte der christlichen Homeschooling-Bewegung der Begriff des Erziehungskünstlers fremd sein. Denn das Homeschooling-Ideal ist ja nicht, daß Familien einen Außenstehenden zur Bildung ihrer Kinder engagieren, sondern daß Eltern die Aufgabe des Unterrichtens weitgehend selber übernehmen. Einerseits, weil sich ein durchschnittlicher Gehaltsempfänger den Luxus eines Hauslehrers kaum noch leisten können dürfte, aber auch, weil es, in ihrem Verständnis, das von Gott gegebene Recht der Eltern ist, ihre Kinder selber zu bilden. Das Problem, daß die wenigsten Eltern in der Lage sein dürften, alle Fächer einer üblichen Stundentafel profund zu unterrichten, hat aber auch die Homeschool-Bewegung erkannt, so daß die Kooperation mehrerer Familien mit unterschiedlichen Professionen der Eltern empfohlen wird. Auch wird das staatliche Schulsystem nicht völlig verschmäht, ab einer gewissen Reifestufe der Kinder sogar empfohlen. Zumindest hierzulande hat noch niemand gefordert, daß Eltern bis zum Abitur ihre Kinder unterrichten sollten.

Der christlichen Homeschooling-Bewegung scheint es also stets darum zu gehen, die frühen Entwicklungsphasen ihrer Kinder zu überwachen, mithin die Zeit, in der sich Wertekonzeptionen im Denken der Kinder fundamental etablieren. Auf diesen Aspekt richtet sich denn auch ihr Zweifel gegenüber dem staatlichen Bildungssystem. Den Bereich der gymnasialen Oberstufe hingegen soll Homeschooling nicht mehr abdecken, denn immerhin sind wichtige Entwicklungsschritte beim Eintritt in das 11. Schuljahr im Alter von ca. 16 Jahren bereits abgeschlossen. Deshalb fordern viele Homeschooling-Eltern auch die Möglichkeit der Verzahnung von Homeschooling und staatlicher Bildung. Es gereicht Homeschooling-Eltern durchaus zur Ehre, daß sie auch ihre Grenzen erkennen.

VII.

Nicht erst das christliche Homeschooling stellt Anfragen an die Wirksamkeit und die Berechtigung des bundesrepublikanischen Bildungssystems. Die Vorstellung, daß Kinder halb- oder teilweise sogar ganztags institutionell betreut werden und dann auch noch lernen sollen, also einen selbsttätigen Akt in einem völlig fremdbestimmten Umfeld auf Zuruf vollbringen sollen, fand zu allen Zeiten auch säkulare Kritiker. Einer ist Hans Magnus Enzensberger, dessen „Plädoyer für den Hauslehrer", eine Polemik gegen die Schule als Institution schlechthin, in unserer Sammlung nachzulesen ist. Andere Kritiker sehen in der institutionalisierten Schule gar einen eklatanten Verstoß gegen Kinderrechte. Der sich gegen die Schulpflicht einsetzende Verein der „Kinderrechtszänker" *Krätzä e.V.* bezeichnet Schule beispielsweise als „Staatsknast".[21]

Dem ließe sich gegenüberstellen, daß institutionalisierte Schule auch viele Vorteile hat. Dafür muß man nicht einmal das Argument der organisatorischen Effizienz bemühen. Schule bietet viele Erfahrungen, die, pädagogisch begleitet, äußerst wertvoll sind, und die ein Elternhaus nicht bieten kann, daß immer doch nur einen beschränkten Erfahrungshorizont vermittelt, selbst wenn sich mehrere Familien zur Heimbeschulung ihrer Kinder zusammenschließen.

In Schulen hingegen begegnen Kinder dem berühmten „wirklichen Leben" und müssen lernen, damit zurecht zu kommen. Hier treffen Kinder auf andere Kinder, die aus völlig anderen sozialen und ethnischen Hintergründen kommen. Und nicht nur das, sie müssen auch noch einen großen Teil ihres Tages mit ihnen leben und arbeiten, also eine erhebliche Akzeptanz- und Flexibilitätsleistung erbringen, die aber, in einem geschützten Raum, äußerst gewinnbringend sein kann. Wo sonst, wenn nicht in einer Schule, kann ein Zehnjähriger lernen, daß das, was zu Hause gilt, nicht die letzte Wahrheit, sondern nur ein winziger Ausschnitt der gesamten Lebenswirklichkeit und längst nicht überall anerkannt und gültig ist? Und wo sonst könnte dieses Wissen so pädagogisch und fürsorglich aufbereitet werden wie in einer Schule, denn schließlich soll der Umgang mit Andersartigkeit vermittelt und kein Kulturschock ausgelöst werden? (Bezieht der Film „Der Prinz von Zamunda" nicht den größten Teil seiner Komik aus der Schilderung der Tatsache, daß ein von allem Irritierenden abgeschirmter und von Hauslehrern unterrichteter Mensch auf das reale Leben losgelassen wird, also von einem geschlossenen System in ein offenes tritt?)

Dies setzt aber voraus, daß Schule funktioniert. Wenn aber die Evaluation unseres Schulsystems in den vergangenen Jahren, angefangen bei TIMMS bis hin zu PISA I etwas gezeigt hat, dann das, daß sie nicht so funktioniert, wie es eigentlich wünschenswert wäre. Dies muß auch derjenige anerkennen, der berechtigte Zweifel an dem methodischen Vorgehen dieser Evaluationen vorbringen kann. Denn wenn in diesen Studien teilweise etwas evaluiert wurde, was in unserem deutschen Schulsystem gar nicht gelehrt wird und auch nicht zwingend gelehrt werden muß, so ist der fi-

---

[21] Kinderrechtszänker: http://www.kraetzae.de/schule/willkommen_im_knast/, Seite besucht am 20. 12. 2004

nanzielle und personelle Notstand, in den unsere Schulen in den letzten
Jahren hineingeraten sind, auch ohne PISA deutlich erkennbar: Dächer,
durch die es regnet; veraltete Schulbücher die noch in DM rechnen und
Kartenmaterial, auf dem der ehemalige Ostblock noch in seiner ganzen
Pracht zu bewundern ist; eklatanter Stundenausfall über den zu reden den
Schulen verboten wird; mangelnde Integration ausländischer Schüler; das
Verkommen der Hauptschule zur Restschule; ungenügende Lesefähigkeit
jedes vierten Achtklässlers etc.

Diese Mißstände sind in letzter Zeit in das Bewußtsein der breiten Öffentlichkeit gedrungen und hat Zweifel an der Fähigkeit des Staates geweckt, tatsächlich alle Kinder ideal beschulen und bilden zu können. Das
oben konstatierte Einverständnis zwischen Eltern und Staat über die Berechtigung nicht etwa einer Schulpflicht, sondern einer *Beschulungspflicht* in
Institutionen ist ins Wanken gekommen.

VIII.

Natürlich ist die Frage nicht unwichtig, ob Kinder in institutionalisierten
Großgruppen oder lieber im häuslichen Umfeld im Eins-zu-Eins-Verhältnis
oder doch zumindest in Kleinstgruppen unterrichtet werden sollen. Ganz
im Gegenteil, für die Entwicklung eines Menschen dürfte es von gravieren-
der Wichtigkeit sein, ob er bis zu seinem 16. oder gar 18. Lebensjahr den
Einflußbereich des Elternhauses nie verlassen hat oder aber von seinem
sechsten Lebensjahr an lernen mußte, sich mit anderen Kindern aus anderen „Hintergründen" irgendwie zu arrangieren.

Allerdings darf man nicht vergessen, daß diese Frage geschichtlich gesehen noch recht jung ist. Wie unsere Sammlung aufzeigen will, sind öffentliche Schulen und die Schulpflicht überhaupt immer noch ein Novum. Vor
ihrer Einführung haben bereits Jahrtausende lang Menschen recht gut ohne
Schulpflicht gelebt und die Erziehung und Bildung ihrer Kinder im häuslichen Umfeld vollzogen, wobei natürlich ein mittelalterlicher Hufschmied,
der seinen Sohn in sein Handwerk einwies, eine andere Vorstellung von Erziehung und Bildung gehabt hat als ein heutiger Universitätsprofessor.
Deswegen war sein Leben aber nicht zwangsläufig weniger glücklich oder
erfüllter. Auch viele noch unter ursprünglichen Bedingungen lebende Kulturen kommen gut ohne öffentliche Schulen und Schulpflicht aus, und ihre
Mitglieder sind deshalb nicht ungebildet, nur haben sie andere Bildungsin-
halte als wir und andere Formen der Vermittlung.

Die Notwendigkeit einer allgemeinen Bildung für alle tritt überhaupt erst
immer dann auf, wenn, wie in Europa durch die Aufklärung im 18. Jahr-

hundert initiiert, eine geschlossene Gesellschaft in eine offene Gesellschaft übergeht und somit bis dahin sicher geglaubte Selbstverständlichkeiten schwinden. In einer offenen Gesellschaft ergreift der Sohn nun einmal nicht automatisch den Beruf des Vaters, sondern möchte vielleicht etwas völlig anderes machen. Dafür muß er gebildet werden, auch wenn er zum Zeitpunkt des Bildungsprozesses noch überhaupt gar keine Idee davon hat, wie er sich einmal entwickeln wird (wie viele Erstkläßler nennen als Berufswunsch Astronaut oder Tierpflegerin und wie viele ergreifen wirklich diese Berufe? Würde sich Bildung nachdem richten, wie Kinder beim Eintritt in die Schule die Welt sehen und erleben, wäre sie überschwemmt von arbeitslosen Astronauten und Tierpflegerinnen).

Die Frage, wie der Bildungsprozeß organisiert wird, tritt aber nun tatsächlich hinter der Notwendigkeit von Bildung an und für sich zurück. Wir haben uns an eine institutionalisierte Organisation gewöhnt, doch ist diese nicht zwangsläufig.

Allerdings dürfte es schwer sein, das christlich motivierte Homeschooling als Alternative zum staatlich organisierten Schulsystem anzusehen, denn so sympathisch der Gedanke auch ist, daß der Mensch nur von Gott her gedacht werden kann, stellt er auch eine ideologische Falle dar, die den Unterricht anachronistisch werden läßt. Er fällt hinter den Grunderkenntnissen der Aufklärung von der Autonomie des Menschen zurück und postuliert letztendlich ein geschlossenes Weltbild, das an der Pluralität der Wirklichkeit scheitern muß.

Es ist so desillusionierend wie frappant: Glaube ist keine Frage der Erziehung, sondern der Selbsttätigkeit des Glaubenden. Außerdem ist die Frage zu stellen, ob Homeschooling die didaktischen und intellektuellen Fähigkeiten vieler Eltern nicht völlig überfordert.

Hingegen ist der Zweifel des christlichen Homeschoolings an der Effektivität und Effizienz der realexistierenden staatlichen Bildungsorganisation der gegenwärtigen Bundesrepublik durchaus berechtigt, denn in der Tat liegt unser Schulwesen im Argen, weniger, weil es nicht zum christlichen Glauben hin erzieht, sondern weil es oftmals auch sonst nicht mehr seinen Aufgaben nachkommt. In Zeiten leerer Kassen wurden Schulen kaputt gespart, und das rächt sich nun durch Qualitätseinbußen. Auch die Tatsache, daß angedacht ist, im Bereich der nach PISA I hastig und didaktisch unreflektiert eingerichteten Ganztagschulen für die Nachmittagsbetreuung „Ein-Euro-Jobber" einzusetzen, stimmt nicht wirklich optimistisch, denn hier werden die von Herbart eingeforderten Erziehungskünstler verdrängt von ALG II-Empfängern, die möglicherweise nicht einmal eine pädagogische

Ausbildung haben, sondern nur elegant aus der Arbeitslosenstatistik heraus gerechnet werden sollen. Engagierte Bildungspolitik sieht anders aus.

Unter diesen Umständen ist es denn auch fraglich, inwiefern ein Staat, der bei der Bildung spart, anstatt in sie zu investieren, noch das Recht hat, Eltern vorzuschreiben, wie sie ihre Kinder zu bilden haben.

In der Tat haben wir bereits ein Zwei-Klassen-Bildungssystem, in dem bildungsnahe Eltern ihren Kindern Bildungsangebote zur Ergänzung der Angebote der Schule bieten, beispielsweise durch Musikunterricht oder häusliche Vertrautmachung mit Bildungsgütern über den Rahmen der Schule hinaus. Auf der anderen Seite hingegen haben wir bildungsferne Eltern, die dieses Aditum weder finanzieren noch selber leisten können. Hier sollte Schule eigentlich kompensatorisch wirken, tut es aber auf Grund fehlender Mittel immer weniger. Selbst Gymnasien können oft kaum noch ein sinnvolles Bildungsangebot aufrecht erhalten, sei es, weil sie über zu wenig Personal verfügen, die Lehrmittel veraltet sind oder das Schulgebäude ungeeignet ist. Wie sehr müssen dann Hauptschulen in der Bredouille sein, ist die Betreuung ihres Schülerklientels doch oftmals viel problematischer.

Ist es in Anbetracht solcher Verhältnisse noch gerechtfertigt, das staatliche Bildungsmonopol aufrecht zu erhalten und jene Eltern, die ihre Kinder in Eigenregie bilden wollen, rigide zu verfolgen? Immerhin handelt es sich um wertvolle Lebenszeit der Kinder, die in der Institution Schule verbracht wird. Es ist keinem Kind zuzumuten, diese Zeit an einem Ort zu verschwenden, an dem es keine umfassende Betreuung und Bildung erhält.

Zwar hat die Institution Schule gegenüber einer häuslichen Unterrichtung Vorteile. Doch ist ein rigides Schulpflichtgesetz und die Sanktion allen Heimunterrichtes nur zu rechtfertigen, wenn der Staat seinen Bildungsaufgaben wirklich nachkommt und bereit ist, in diesen Bereich zu investieren. Es wäre bedauerlich, wenn eine breite Bewegung entstünde, in der bildungsbeflissene Eltern versuchen, ihre Kinder aus den öffentlichen Schulen zu nehmen und in Eigenverantwortung zu unterrichten, weil dann Kinder aus bildungsfernem Hintergrund isoliert würden und in der Folge dann noch mehr ins Hintertreffen geräten. Verübeln könnte man es diesen Eltern aber nicht. Immerhin ist jedem Menschen die Kindheit und Jugend nur einmal gegeben, und es geht nicht an, daß sie bei dem Absitzen von Stunden in einer suboptimalen Einrichtung verschwendet wird.

1. Homeschooling – Tradition

Ueber die Erziehung durch Hauslehrer
(1788)

F. A. Come

Einige allgemeine Bemerkungen über den Werth der Erziehung durch Hauslehrer.

Wenn man über den Werth einer Sache urtheilen will, so denkt man sich dieselbe nach ihrer bestmöglichen Beschaffenheit. Die meisten der obenangeführten Unvollkommenheiten des Hauslehrerwesens, nach seinem jetzigen Zustande, können also hier nicht in Betracht kommen, da sie demselben nicht wesentlich sind. Ich setze daher die angegebenen nothwendigen Bedingungen voraus: werde aber nur einige Punkte kurz berühren können, da eine genauere Untersuchung dieser Sache für eine eigene Abhandlung gehört, worin eine sorgfältige Vergleichung der verschiedenen Erziehungsarten angestellt wird.

Zuerst, denke ich, hat die Erziehung durch Hauslehrer einen unstreitigen Werth in Rücksicht auf die beträchtliche Anzahl junger Männer, welche sie unterhält und beschäftiget. Die Candidaten des Predigtamts insbesondere haben fast kein anderes Mittel, die Zeit, welche zwischen den Universitätsjahren und der Beförderung in der Mitte liegt auszufüllen, sich bei ihren gewöhnlich dürftigen Vermögensumständen zu erhalten und ihre Kräfte auf eine nützliche Art anzuwenden. Wäre das ganze Erziehungswesen in den Händen des Staats, dann würden sich freilich leicht andre Wege finden sie zu versorgen. Da aber das nicht ist und nie seyn wird, wie traurig würde ihre Lage seyn, wenn sie nicht unterdeß als Privatlehrer ihre Versorgung finden können? Soll ihr Schicksal gar keine Aufmerksamkeit verdienen? Soll das Hauslehrerwesen nicht schon um deswillen eine gute und achtungswürdige Sache seyn, weil es den Staat von dieser Sorge befreiet und künftige brauchbare Mitglieder desselben in Thätigkeit setzt?

Aber es ernährt und beschäftiget sie nicht allein, es kann ihnen auch, wenn es das wäre, was es seyn könnte und seyn sollte, manche anderweitige Vortheile gewähren. Wie nützlich ihnen der Unterricht und die Erziehungsgeschäfte werden können, wird jeder leicht einsehen. Das Hauslehrerleben kann ferner Gelegenheit geben, die Welt, die verschiedenen Lebensarten und Stände, und die Handlungsweise mehrerer Menschen näher kennen zu lernen. Es bringt oft mit den angesehensten Männern in Verbindung, welches nicht anders als lehrreich seyn kann. Wenigstens wird durch den Aufenthalt in vornehmen Häusern an feinen Sitten und an der Fähigkeit mit höhern Ständen umzugehen vieles gewonnen werden können. Auch für die specielle Menschenkenntniß findet der Hauslehrer oft die beste Schule. Er kann einzelne Charactere recht genau beobachten, indem er sie in mehreren, und vorzüglich in ihren Privatverhältnissen, handeln siehet. Das häusliche Leben zeigt sich ihm von mehreren Seiten. Er kann die Wichtigkeit desselben für die menschliche Glückseligkeit, die Einflüsse der Gewohnheit und häuslicher Verbindungen auf das Thun und Lassen der Menschen recht wahrnehmen: kann Bemerkungen über das menschliche Herz und die geheimeren Triebfedern desselben machen, die ihm in jedem andern Verhältnisse entgehn würden. Dabei kann er sich so manche Klugheits- und Lebensregel abstrahiren und so weiter. Wie wichtig müssen solche Einsichten insbesondre dem künftigen Volks- und Sittenlehrer werden? – Auch sein eigner Character kann hier eine vortheilhafte Bildung erhalten, durch die größere Aufmerksamkeit auf sich selbst, welche sein Beruf von ihm fordert, durch die Vollkommenheiten, welche er an seinen häuslichen Gesellschaftern bemerkt und von ihnen annimmt, und dergleichen. In jedem Falle lernt er sich in andre Menschen schicken, sich biegsam und gefällig bezeigen. Bescheidenheit, Vorsicht, Geduld, Nachgeben und Standhaftigkeit zu rechter Zeit – alle diese Tugenden kann er täglich üben. Und wer denn Erfahrung und erworbene Vorzüge des Verstandes und Herzens als den größten Gewinn betrachtet, der wird gewiß auch nachher mit Vergnügen auf ein Verhältniß zurücksehen, welches ihm dazu so viele Gelegenheit gab; sollte ihm jener Erwerb auch oft theuer zu stehen gekommen seyn.

Sieht man zweitens auf die Eltern, so ist es eben so wenig zu leugnen, daß sie oft gegründete Ursache haben, die häusliche Erziehung der öffentlichen vorzuziehen. Schon das ist wichtig genug, wenn sie ihren Vermögensumständen am angemessensten ist. Wie viele sind jetzt im Stande eine größere Anzahl Kinder außer Hauses und zwar gerade da erziehen zu lassen, wo sie wegen des glücklichen Erfolgs am sichersten seyn könnten? Solche Oerter sind entweder zu weit entfernt und zu kostbar; oder die Eltern können es, wegen des jungen Alters der Kinder, noch nicht wagen, sie von sich zu lassen. Sie wünschen selbst noch an ihrer Erziehung arbeiten zu können; nur können sie nicht alle dazu gehörige Zeit ihnen widmen. Kann ihnen etwas willkommner seyn, als die Gelegenheit, einen guten Hauslehrer zu erhalten? Soll der auf dem Lande wohnende seine Kinder sogleich den Gefahren der Stadt aussetzen? Sollen um der älteren Geschwister willen die Jüngern versäumt werden? – Wenn in den Städten die Amtsgeschäfte es den Vätern nicht erlauben, sich um jede Erziehungsangelegenheit zu bekümmern: so ist es ihnen oft ganz unentbehrlich, einen Mann zu haben, dessen eigentliches Geschäft es ist, für das Beste der Kinder zu sorgen. Überhaupt aber muß es den Eltern zu großer Beruhigung dienen, wenn sie ihre Kinder einem Mann anvertraut wissen, welcher aus der Erziehung sein eigentliches Studium macht, und bei dem, als einem Fremden und Unpartheiischen nicht zu befürchten ist, daß ihn übertriebene Zärtlichkeit irre führe, als vor welchem Fehler auch die besten Eltern nicht genug auf ihrer Hut seyn können.

Drittens hat die Erziehung durch Hauslehrer auch in Ansehung der Kinder unstreitige Vorzüge. Das ist doch gewiß, daß bei ihr unzählige Versuchungen zum Bösen wegfallen, denen die Kinder auf den Schulen, zumal wenn sie diese sehr früh besuchen, leider! nur zu sehr ausgesetzt sind. Der Schulunterricht kann doch nur selten mit einer genaueren Aufsicht, mit recht würksamen Anstalten für die sittliche Bildung verbunden seyn. Gewöhnlich sind die Schüler außer den Lehrstunden ganz sich selbst überlassen, oder es findet eine klösterliche Disciplin statt, wodurch die jungen Leute zwar mehr eingeschränkt werden, aber nun auch fast niemand als ihre Lehrer und Mitschüler sehen, und durch den Zwang destomehr Versuchung finden, ihre Vorgesetzten auf mancherlei Art zu täuschen und unter einander geheime, und desto schädlichere Sünden zu begehen. Wie viel mehr kann dagegen bei der häuslichen Erziehung für die sittliche Bildung der Kinder geschehen? Hier haben die Eltern und Lehrer vieles in ihrer Gewalt. Sie können das Schädliche leichter verbannen. Sie können die, zu der Erziehung mitwürkenden, Umstände so einrichten, wie sie es für die jedesmaligen Bedürfnisse der Kinder nöthig finden. Sie würken auf diese zu jeder Stunde des Tages. Ihr Beispiel steht ihnen immer vor Augen. Sie können durch die unmerklichsten Einwürkungen gute Gewohnheiten und Fertigkeiten erwecken. Die Kinder sind ihnen genauer bekannt. Sie können also wissen, was jedes für eine besondre Behandlungsart fordre. Das häusliche Leben nährt und erhält die unschätzbaren häuslichen Tugenden der Eltern- und Geschwisterliebe, der Ordnung und häuslichen Geschäftigkeit. Jedes Kind findet hier leichter seinen Würkungskreis und weiß sich leichter vor Langerweile zu bewahren. Es sehnt sich nicht nach außerhäuslichen Vergnügungen, empfindet keine Unzufriedenheit und kein Heimweh, wodurch manchem der Aufenthalt außer Hauses verbittert und unnütz gemacht wird. Dabei lernen die Kinder auch das gemeine menschliche Leben besser kennen, welches ihnen auf den Schulen, oder auf den Erziehungsinstituten, oft zu sehr aus den Augen gerückt wird. Leben sie in vornehmen und geschäftsvollen Häusern, so haben sie hier mehr Gelegenheit nützliche Begriffe und Kenntnisse zu erhalten. Sie können mehr mit Erwachsenen, mit Personen von verschiedenem Geschlechte, Stande und Lebensart umgehen. Durch dieses alles kann ihrem Character eine solche Fertigkeit gegeben werden, daß die gute Stimmung desselben nachher, auch unter den verschiedensten und gefährlichsten Eindrücken, fortzudauren im Stande ist.

Die großen Vortheile des Aufenthalts in dem Hause der Eltern, die Rücksicht auf die körperliche Erziehung, auf die Wartung, die Pflege, und die Leibesübungen, müssen auch nicht vergessen werden. Auch in Ansehung des wissenschaftlichen Unterrichts finden sich einige unleugbare Vorzüge. Der Hauslehrer kann bei jeder Veranlassung den Kindern neue Ideen darreichen und die alten berichtigen. Er kann mehr die Zeit, wo sie zum Lernen recht aufgelegt sind, wahrnehmen, kann sich mehr nach der Fassungskraft und den intelectuellen Bedürfnissen eines jeden einzelnen Kindes richten, die Thätigkeit seiner Zöglinge besser lenken und ordnen, auch die Erholungsstunden ihnen nützlich machen. Jede ihm bekanntgewordene bessre Methode kann er, ohne weitere Umstände, anwenden. Er braucht sich, sobald er mit vernünftigen Eltern zu thun hat, an keine einmal vorgeschriebene Formeln zu binden. Ein bessers Lehrbuch kann er sogleich einführen, alte Pedantereien abschaffen, und die Kinder mehr auf das hinführen, was für ihre künftige besondre Bestimmung das Wichtigste ist.

Von den Hauslehrern ist insbesondre ein großer Beitrag zur Verbesserung der Erziehung des weiblichen Geschlechts zu erwarten. Da dasselbe immer zum häuslichen Leben bestimmt ist, so wird, in Ansehung seiner, die häusliche Erziehung stets die beste bleiben. Alles, was junge Frauenzimmer an wissenschaftlichen Kenntnissen bedürfen, können sie mit der leichtesten Mühe von den Privatlehrern erhalten; wenn diese gelernt haben, ihr Wissen so von aller Pedanterei zu sondern, daß sie ihnen nur das würklich Nützliche und Brauchbare auf die schicklichste und vortheilhafteste Art mittheilen können. Wer den Unterricht verstehet, dem muß die Belehrung der weiblichen Kinder stets ein angenehmes Geschäft seyn, da man bei ihnen (versteht sich, wenn sie noch nicht verwahrloset sind) gewöhnlich mehr Aufmerksamkeit und schnellere Auffassung des Unterrichts findet; den schwerfälligen Schulton ganz vermeiden, und so viel Unnützes, was die Knaben nun einmal lernen müssen, ganz übergehen darf. Welch ein großes Verdienst, auch unter dem weiblichen Geschlechte die zum glücklichen Leben nöthigen Kenntnisse mehr zu verbreiten, ihm früh die Grundsätze der Religion und Tugend einzuflößen, und es von den Uebeln der Unwissenheit, des Aberglaubens und der Vorurtheile zu befreien! Dieses Verdienst können sich Hauslehrer fast ausschließlich erwerben.

Um endlich noch etwas von den, auch unter den besten Bedingungen, unabänderlichen Mängeln und Nachtheilen des Hauslehrerwesens zu sagen, so scheinen mir diese nur dann einzutreten, wenn man diese Art der Erziehung über ihren Zweck ausdehnt, mehr von ihr erwartet, als sie, ihrer Natur nach, leisten kann. Und dieses geschiehet alsdann, wenn man die ganze Bildung der Zöglinge, besonders der zum Studiren bestimmten, bis zur Beziehung der Universität, bloß durch sie erreichen will. Meiner völligsten Überzeugung nach, ist diese Erziehungs- und Unterweisungsart nur für die früheren Jahre. Höchstens bis ins 15te Jahr mag der junge Studirende von seinem Informator überwiegenden Nutzen haben können: nachher werden seine Fortschritte gewiß aufgehalten, wenn er keine andre Bildung erhält. Es mag einzelne Fälle geben, wo ein sehr geschickter Hofmeister seine Untergebenen auf den academischen Unterricht hinreichend vorbereiten kann: allein dieses sind Ausnahmen. Und selbst hier wird oft der Nachtheil eintreten, daß der nur von Einem ertheilten Unterricht zu einförmig und zu einseitig ist. Man kann diesen Fehler manchmal noch lange nachher an denjenigen bemerken, welche nie aus ihrer häuslichen Schulstube traten und daher nie die Wissenschaften aus einem andern Gesichtspunkt ansehen lernten, als aus dem, worauf sie ihr Informator stellen konnte.

Auch in mancher andern Rücksicht ist es jungen Leuten schädlich, wenn sie zu lange bloß unter häuslicher Zucht und in häuslichen Verbindungen leben. Eintönigkeit und Ungeschliffenheit in den Sitten, Mangel an Bekanntschaft mit der Welt, Unfähigkeit sich in Fremde zu schicken und sich bei ihnen beliebt zu machen, Familienstolz, Verzärtelung, Unvermögen sich selbst zu regieren und ohne beständige Verwandten- und Hausgenossenhülfe fertig zu werden – das alles sind die gewöhnlichsten Fehler derer, welche zu spät das väterliche Haus verließen.

Dazu kommt, daß in großen Familien oft so viele Kinder von verschiedenem Alter sind. Für alle diese soll der einzige Hauslehrer sorgen. Natürlich wird hier eins das andre hindern; die älteren aber werden gewöhnlich den Schaden haben, daß sie nicht genug beschäftiget werden. Sie gewöhnen sich alsdann leicht an Unthätigkeit und verderben durch ihre Thorheiten die jüngern.

Endlich bleibt eine von den Hauslehrerwesen nie zu trennende Unvollkommenheit: das junge Alter und die darin gegründete Unerfahrenheit und mangelhafte Ausbildung der Lehrer selbst, welche wenigstens beim ersten Anfange nie ganz ohne nachtheilige Folgen seyn kann. Diese Unvollkommenheit liegt in der Natur der Sache. Das Hauslehrerwesen kann, seiner Beschaffenheit nach, nur eine Bestimmung für noch junge Männer seyn. Der Mann von reiferem Alter ist zu andern Geschäften da, und wie könnte man es von ihm verlangen, sich einer Lebensart zu unterziehen, womit so

manche Unbequemlichkeiten verbunden sind, welche sich in jüngeren Jahren zwar leicht ertragen lassen, welche dem ältern Manne aber höchst be-
schwerlich und seiner Zufriedenheit und Thätigkeit hinderlich seyn müssen? Ja es wäre vielmehr sehr zu wünschen, daß keiner, ohne seinen freie-
sten Willen, es nöthig finden dürfte, noch nach dem 30sten Jahre Hauslehrer zu seyn. Es gehört wol nur gewöhnliches Menschengefühl dazu, sich zu
überzeugen, daß eine häusliche Abhängigkeit um diese Zeit anfangen müsse drückend zu werden; daß gerade der geschickteste und thätigste Mann
sich alsdann nach einem freieren und größeren Würkungskreise sehnen,
und, wenn er den Werth häuslicher Freuden kennet, sie zu genießen wünschen werde, ehe die besten Jahre seines Lebens dahinfließen. Wenigstens
ist viel Selbstbeherrschung nöthig, um gegen das Ende eines langen Infor-
matorlebens nicht in seiner Pflicht zu ermatten. Wer also jene Unvollkommenheit, daß nur junge noch nicht ganz gebildete Männer die häusliche Erziehung übernehmen, für zu groß hält, um dabei vor aller Besorgniß
sicher zu seyn, der muß für die Erziehung seiner Kinder andre Veranstaltungen treffen. Uebrigens kann man auch nicht einmal ohne Unbilligkeit,
von Einem Manne alle diejenigen Kenntnisse fordern, welche zur völligen
Ausbildung eines academischen Bürgers nöthig sind. Fordert man doch
selbst von den Schullehrern nicht, daß jeder in jeder Wissenschaft vortref-
lich sey. Auf einer wohleingerichteten Schule sind gewiß ihrer mehrere,
welche sich in die Wissenschaften theilen, damit jeder sein Fach vorzüglich
bearbeite. Durch eine lange Reihe von Jahren können sie sich diejenige Fertigkeit und Gründlichkeit in ihren Unterweisungen erwerben, welche den
Hauptvorzug eines jeden wissenschaftlichen Unterrichts ausmacht, und
wodurch allein eine zweckmäßige Vorbereitung auf die systematischen academischen Studien bewerkstelligt werden kann. Ein einziger und noch dazu
junger Lehrer ist nicht vermögend, dies alles zu leisten.

Man könnte es daher, wenn die Schulen das wären, was sie seyn sollten,
den Eltern nicht genug empfehlen, die Kinder wenigstens nach dem 14ten
Jahre der häuslichen Erziehung zu entnehmen und sie der Schule anzuver-
trauen. Noch besser, wenn sie Gelegenheit haben, die Kinder schon früher,
wenigstens auf einige Stunden des Tages, an einem öffentlichen Unterrichte
Theil nehmen zu lassen. Sie können dann die Hauslehrer dazu behalten,
um auch außer der Schule für die Kinder zu sorgen, und ihnen den Schulunterricht durch seine Hülfe desto nützlicher zu machen.[1]

---

[22] Dies wäre wol in mancher Hinsicht das Beste, was begüterte Eltern für ihre Kinder
thun könnten. Sie müßten dann besonders dahin sehen, mehr einen Erzieher als einen eigentlichen Lehrer in dem jungen Manne zu bekommen, der die Freistunden
der Kinder zu Hause ausfüllen soll. Trapp.

Allein hier erwartet die Verbesserung des Erziehungswesens wiederum thätige Hülfe von Seiten des Staats. Der Staat muß für die Anlegung solcher Schulen sorgen, denen die Eltern ihre Kinder mit Sicherheit anvertrauen können; er muß dem verderblichen Luxus wehren, welcher jetzt, auch schon auf Schulen, so sehr sich verbreitet, daß es das Vermögen der meisten Privatpersonen übersteigt, ihre Kinder daselbst zu unterhalten. Alsdann könnte der Staat von jedem, welcher nachher eine Bedienung wünschte, verlangen, wenigstens einige Jahre eine solche Landesschule besucht zu haben; eben so gut wie man jetzt das Triennium auf der Universität fordert. Nur auf diese Art könnte dem großen Unheile gesteuert werden, welches jetzt dadurch gestiftet wird, daß man den Hauslehrern mehr überträgt, als die Natur der Sache erlaubt; ein Schade, auf den man nicht genug aufmerksam machen kann.

Ob nun aber die jetzigen Schulen von jener wünschenswerthen Beschaffenheit sind; dieses habe ich hier nicht zu untersuchen. Nur mache man es doch nicht zu einem Vorwurfe gegen das Hauslehrerwesen überhaupt, wenn es über seinen Zweck hinausgetrieben wird. Schlimm genug, wenn die Eltern sich genöthiget sehen, das letzte als das kleinste unter zweien Uebeln zu wählen! Bleibt aber die Bestimmung der Hauslehrer nur für die frühere Jugend; sind sie dann selbst, was sie seyn könnten und sollten; nimmt der Staat sich ihrer, wenigstens durch Vorsorge für ihre Bildung, an, und thun die Eltern das Ihrige: so müßte man aller Vernunft und Erfahrung widersprechen, wenn man die Nutzbarkeit dieser Erziehungsart leugnen wollte.

Aus: J. H. Campe (Hg.), Allgemeine Revision des gesamten Schul- und Erziehungswesens von einer Gesellschaft praktischer Erzieher, 10. Teil, Wien/Braunschweig, 1788

Von den Bedingungen einer nützlichen Amtsführung des Hauslehrers von Seiten der Eltern
(1796)

August Herrmann Niemeyer

42.

[I.] Nur der wohlvorbereitete Hauslehrer darf hoffen nützlich zu werden.

Der Hauslehrer, welcher so vorbereitet und ausgebildet sein Amt antritt, besitzt alles, was *von seiner Seite* eine nützliche Amtsführung sichert. Die Zweckmässigkeit seiner erworbnen Kenntnisse, die Güte seines sittlichen Charakters, die Bildung seiner äusseren Sitten, muss nothwendig aufs vortheilhafteste auf seine Zöglinge würken. Selbst in dem Fall, dass es ihm noch in einem oder dem andern Stück fehlen sollte, wird er gleichwohl mit weit mehr Zuversicht seine Stelle antreten, als wenn er bey dem Antritt zum erstenmal daran denkt, was dazu erfordert werde, zu lehren und zu erziehen.

43.

Auch von den Eltern hängt die Nutzbarkeit des Hauslehrers ab.

Aber es gehören auch *andre Personen* dazu, um seinem Amt die volle Nutzbarkeit zu verschaffen. Er lehrt und erzieht in den meisten Fällen unter den Augen von Eltern oder Stellvertretern der Eltern, die ihn zum Gehülfen annehmen, von denen er abhängt, und die folglich sehr viel Einfluß auf seine ganze Lage haben. Es findet zwischen diesen und ihm ein gegenseitiger Vertrag statt, dessen Erfüllung zur Erreichung des Zwecks von beyden Seiten gleich nothwendig ist. Da nun dieser Zweck nur zu oft nicht ganz erreicht wird, so ist nichts gewöhnlicher und vielleicht natürlicher, als dass *jeder Theil* den andern wegen Verletzung dieses Vertrages anklagt, und es kaum der Mühe werth hält zu fragen, ob er ihn selbst erfüllt habe. Die *Eltern* klagen über die *Hauslehrer*; die *Hauslehrer* über die *Eltern*. Von beyden Seiten ist nicht selten gleich viel Partheylichkeit; zuweilen liegt die Wahrheit in der Mitte; zuweilen ist sie entschieden auf der einen oder andern Seite.

44.

[II. A] Viele Klagen der Hauslehrer über die Eltern sind ungerecht.

Man kann nicht in Abrede seyn, dass bey allen Fehlern, welche sich Eltern zu Schulden kommen lassen, dennoch auch in den Klagen mancher jungen Männer über ihre Lage, sehr vieles ungerecht und übertrieben ist. *Einige* von ihnen machen es durch ihre eigne *Ungebildetheit,* den vernünftigsten Eltern unmöglich, sie so zu behandeln, wie der Gebildete behandelt zu werden verlangen kann. Wenn sie sich selbst nicht genug achten, wenn ihr Ton und ganzes Betragen, entweder etwas Niedriges und Kriechendes, oder etwas Rauhes und Abstossendes, oder etwas unschicklich Freyes und Zudringliches hat, das sie vielleicht noch von der Akademie her für guten Ton halten, weil er da in manchen Gesellschaften sein Glück gemacht haben mag, so ist es sehr natürlich, dass sie verständige Eltern in einer gewissen Entfernung halten, und wenn *Winke* nicht bemerkt werden, auch wohl ganz offne Erinnerungen darüber machen. Statt dankbar angenommen zu werden, pflegen diese gemeiniglich zu missfallen und man legt sie für Stolz aus. *Andre vernachlässigen unverzeihlich ihre Pflichten,* besonders die, welche mit ihrer Bequemlichkeit streiten. Sie betrachten entweder ihr Amt als Nebensache, oder leisten wenigstens gerade nur so viel, als die höchste Noth erfordert; entziehen sich besonders dem lästigsten Theil desselben, der genauen Aufsicht, und leben nach vollbrachten Lehrstunden dem Vergnügen oder ihren Privatgeschäften. Wenn sich dann Eltern darüber beschweren, so finden sie sich gedrückt, und murren über eine Lage, die, wie jedes Amt allerdings ihre Beschwerden hat, aber die sie doch vorher berechnen konnten und mussten, und die sie gleichwohl oft so ängstlich und vielversprechend gesucht haben.

45.

Fortsetzung.

Andre Klagen haben ihren Grund in den *übertriebnen Ansprüchen,* welche auch wohl übrigens sehr geschickte und einsichtsvolle Hauslehrer, an die Eltern machen. *Einige* diese Ansprüche beziehen sich auf solche *Auszeichnungen,* die dem Verhältniss, worin ein junger Mann gegen Personen von einem gewissen Alter und Rang steht, nicht angemessen sind, folglich auch von den billig denkendsten Eltern nicht gewährt werden können. Ein gewisser *Freyheits- und Gleichheitsschwindel,* lässt sie die gesellschaftlichen Einrichtungen und Convenienzen übersehen, und verleitet sie zu Unschicklichkeiten, die durch noch so viel Gelehrsamkeit nicht gut gemacht werden können. *Andre* haben nichts geringeres als eine *völlige Unabhängigkeit,* oder wie man es nennt, *ganz freye Hand in Unterricht und Erziehung* zum Zweck,

die ein verständiger Hauslehrer in den meisten Fällen – denn einige Ausnahmen kann es geben – eher verbitten als wünschen sollte. Man nimmt es
daher übel, wenn auch noch so schonend und unbeleidigend – nach der
Einrichtung der Lectionen, nach den Arbeiten der Kinder, nach der
Eintheilung der Zeit, gefragt wird; wenn man sich für gewisse wichtigere Er-
ziehungsfälle die Entscheidung vorbehält; wenn man die Anwendung gewisser Erziehungsmittel ausschliesst; wenn man nicht immer mit den ge-
nommenen Maassregeln einig ist und eine gewisse Verantwortlichkeit verlangt. Und diese Rechte fordern oft Männer, die noch nie erzogen, folglich
auch noch nie bewiesen haben, dass sie dem Geschäft gewachsen sind; die
dankbar seyn sollten, wenn man sie unterstützt und die Sorge mit ihnen
theilt; die selbst dann, wenn die Meinung der Eltern nicht immer die beste
ist, doch bey misslungenem Erfolg allezeit eher gerechtfertigt sind, als wenn
sie jeden Rath verschmähten.

46.
[B] Sehr viele Klagen der Hauslehrer sind gerecht.

So weit sind ohnstreitig die Klagen vieler Hauslehrer, dass die Schuld ihrer
geringeren Nutzbarkeit *allein* oder auch nur *vorzüglich* in den Eltern liege,
übertrieben und *ungerecht*. Aber es giebt auch sehr wohlgegründete *Klagen*, die
man eben so laut zur Sprache bringen muss, in der Hofnung, dass manche
mehr aus Unüberlegtheit, als aus üblen Willen fehlen. Es sind nicht bloss
rohe, ungebildete, der Welt unkundige, oder eingebildete und anspruchs-
volle Erzieher, die sich in ihrer Lage bedrückt wähnen; es sind gerade die
gebildetsten, fein fühlendsten, und bescheidensten, denen man durch eine
unwürdige Behandlung, durch den Mangel an aller Delicatesse, durch elen-
den Sold, durch noch elenderen Stolz, allen Muth benimmt, und sie oft
zur Verzweiflung bringt. Sie ertragen zuweilen diesen Druck, weil ihnen die
Veränderung ihrer Lage die Aussicht zu einer künftigen Beförderung
nimmt; oder weil sie das Beyspiel ihrer Mitbrüder lehrt, dass eine *Veränderung* bloss ein *Tausch*, keine *Verbesserung* seyn würde. Aber ihre Kräfte er-
schlaffen; ihr Eifer erkaltet; der schöne Enthusiasmus, mit welchem sie vielleicht das Amt antraten, verschwindet; das Wohlwollen, womit sie anfangs
alles umfassten, verwandelt sich in Bitterkeit, und die Kinder werden das
Opfer. Oder, wenn der Charakter weniger befestigt ist, verliert er bey einigen das Gefühl für wahre Würde, wird durch niedrige Behandlung selbst
niedrig, und rechtfertigt am Ende die, welche ihn verdorben haben. Bey
andern wird er bösartig, sucht und findet Theilnehmer seiner eignen Unzufriedenheit, oft an den Kindern selbst, und verbindet sich mit ihnen gegen
die, welche sie achten und denen sie gehorchen sollen.

47.
[III.] Übersicht der Pflichten der Eltern.

Wollen Eltern diesen Übeln zuvorkommen, und denen, welche sie zu Gehülfen in ihrer wichtigsten Angelegenheit wählen, die ganze Würksamkeit
verschaffen, deren ihr Amt fähig ist, so müssen sie nothwendig auch *an ihrer
Seite gewisse Bedingungen erfüllen,* und der Hauslehrer muss nach dem Maass
der Erfüllung beurtheilen, ob er in seiner Lage Nutzen stiften könne oder
nicht. Es lassen sich aber die *Pflichten der Eltern gegen den Hauslehrer,* auf folgende Hauptpuncte zurückbringen.

1) Gründung und Erhaltung seines Ansehens (48 – 54).
2) Anständige Belohnung seiner Arbeit (55 – 57).
3) Weise Mitwürkung zur Erziehung (58 – 61).
4) Weise Mitwürkung zum Unterricht (62 – 63).
5) Billigkeit in dem, was man von dem Hauslehrer fordert (64 – 69).

48.
[A. 1a] Erste Elternpflicht.
Gründung und Erhaltung des Ansehens-
Vermeidung jeder stolzen Behandlung.

Der Lehrer muss *Ansehen* haben – zunächst bey denen, welche er bilden
soll – dann überhaupt bey allen, die zum Hause gehören. Dieses Ansehen
kann er nicht bekommen, oder muss es bald verlieren, sobald er von *Seiten
der Eltern auf eine Art behandelt wird, welche andeutet, dass man ihn bloss als einen
bezahlten Diener nicht für einen Gehülfen und Mitarbeiter in der wichtigsten Angelegenheit, betrachtet, folglich selbst diejenige Achtung versagt, auf welche seine Bestimmung Ansprüche machen könnte.* Dies geschieht *zufördenst durch den verach-
tenden Stolz, womit man auf ihn herabsieht,* und es ihn, wie besonders in vielen
Häusern, wo Reichthumsstolz oder Adelstolz herrscht, der Fall ist, empfin-
den lässt, dass er – *von geringerer Extraction* – sich nicht mit Personen von
Geburt und *Stand* in eine Linie setzen müsse; es geschehe dies nun gerade
zu, oder durch indirecte Hindeutungen.

Anmerk. Unter andern geschieht dies in adlichen Häusern, durch die so
gewöhnliche, zuweilen mehr unüberlegte, als böse gemeinte Erinnerung,
dass die Kinder als *Cavaliere,* als *Fräuleins behandelt* werden müssten. Als ob
irgend ein *gutes Bürgerkind* im geringsten unwürdiger oder unmanierlicher
behandelt werden dürfte, was doch wohl jeder seinen Menschenwerth füh-
lende nichtadliche Civilbediente, Prediger, Arzt, Kaufmann, usw. höch-
lichst verbitten würde. In solchen Bemerkungen liegt überdies allemal etwas
demüthigendes für den, welcher in jedem unartigen Knaben, den *Cavalier*
respectiren und sich erinnern *soll,* dass er *anders* als jener *gebohren sey.*

49.
[b]Fortsetzung. Herabsetzende Begegnung.

Es geschicht *ferner* durch eine jede *Begegnung, welche ihn wenigstens den angesehensten Lohndiener des Hauses gleich, wo nicht unter sie setzt.* Dahin gehört nicht nur die unartige, wenn gleich oft nicht übel gemeinte, Gewohnheit, gerade so von dem Erzieher, vielleicht gar zu seinem Lobe zu sprechen, wie man von Domestiquen zu sprechen pflegt, [1] – sondern auch die Anmuthung solcher Dienste, zu denen er durchaus nicht angenommen ist, und sich nicht gebrauchen lassen muss, wenn er bey den Kindern in Achtung bleiben will – die Anweisung solcher Stellen, z. B. auf Reisen, die man Bedienten anzuweisen – die Abfindung mit solcher Kost, womit man sie abzufinden gewohnt ist – die Zurücksetzung hinter die eignen Kinder des Hauses, die er erziehen soll – oder die Entziehung dessen in der Gesellschaft andrer Personen, was man allen übrigen nicht entziehen würde. [2]

Anmerk. [1] Der Sprachgebrauch ist ein Tyrann und also entscheidet er auch über die Bedeutsamkeit gewisser Worte. So lange man daher den Ausdruck *der Mensch, ein guter Mensch, usw.* gewohnt ist, von sehr subordinirten Personen, und meist in Verbindungen zu brauchen, wo man mehr eine gewisse Zufriedenheit mit Diensten, als Achtung ausdrücken will, so kann es auch nicht gebilligt werden, wenn man, – wohl gar in Gegenwart der Zöglinge, – in dieser Sprache lobt oder tadelt. Die Zöglinge selbst gewöhnen sich dadurch, ihrem Lehrer gelegentlich das Zeugniss zu geben, *„dass er ein recht guter Mensch sey."* – An die edlere Bedeutung des Wortes *Mensch,* worin es freylich ein hoher Ehrennahme ist, wird dabei gewiss nicht gedacht.

[2] Es giebt Häuser, wo der Lehrer *keinen oder schlechteren Wein* bekommt, vielleicht gar nach Belieben des Bedienten, indess alle übrige Gäste, wohl gar seine Zöglinge selbst, *guten Wein* trinken. – Aber – was nicht minder wundersam ist, es giebt auch Lehrer, die sich diesen schlechten Wein dennoch herzlich wohl schmecken lassen, oder *durch die Güte der Bedienten,* unter der Hand ein besseres Glas zu bekommen suchen. – Wem fehlt es in solchen Fällen am meisten an richtigem Gefühl? Den *Eltern* oder dem *Lehrer?*

50.
[c] Tadel des Hauslehrers in Gegenwart andrer – wohl gar der Kinder.

Man mindert ferner das Ansehn des Hauslehrers, durch *herabsetzende Urtheile in Gegenwart solcher Personen, die ihm Achtung erweisen sollen.* Die Urtheile können *an sich* gerecht seyn; man kann das Recht und sogar die Pflicht haben, ihn aufs ernsthafteste zu tadeln. Aber dann geschehe es mit Offenheit, unter vier Augen, in der Absicht zu bessern oder sich zu verständigen.

Selbst gegen fremde Personen oder Bekannte des Hauses – der Bedienten nicht zu erwehnen – halte man sein Urtheil so lange als möglich zurück, weil man ihrer Discretion nicht immer sicher ist. Aber in *Gegenwart der Kinder* ihren Erzieher zu tadeln, er sey nun abwesend oder gegenwärtig, ihm da, wärs auch noch so unbemerkt, etwas ins Ohr sagen, oder Winke geben, die der Scharfsichtigkeit der Kinder doch nicht entgehen und den Bösartigen einen Triumph bereiten, dies bleibt einer der unverzeihlichsten und dennoch sehr gewöhnlichen Erziehungsfehler. Es nährt sich natürliche Geneigtheit, Fehler an denen zu finden, die ihnen Vorwürfe über die ihrigen machen; es schwächt den Glauben an die Worte des Erziehers, auch da, wo er würklich Glauben verdient; es setzt den Getadelten in eine Verlegenheit, die man jedem Mann von Gefühl ersparen muss, und die ihn abgeneigt macht, das Wahre, was im Tadel liegen kann, ruhig zu prüfen.

Anmerk. Es gibt allerdings Fälle, wo der Tadel den vorsichtigsten Eltern oder Schuldirectoren so nahe gelegt wird, dass es fast nicht möglich ist, ihn zu unterdrücken. Diese Fälle sind von doppelter Art und wollen verschieden behandelt seyn.

1) Zuweilen begeht der Lehrer in Gegenwart derer Personen, denen er Achtung schuldig ist, die offenbarsten Unschicklichkeiten. Er fällt Urtheile, denen man – sogar aus Pflicht gegen die zuhörenden Kinder, nicht beystimmen, – er behauptet Ungereimtheiten, die man nicht zugeben kann; er vergisst sich bis zu Leidenschaftlichkeiten, wo es nothwendig wird, ihn zur Ruhe zu verweisen. – Am häufigsten geschieht dies freylich dann, wenn man sich bey andern Gelegenheiten zu viel vergeben und einen gewissen familiären Ton, der in keinem Verhältniss etwas taugt, aufgemuntert hat. Dann theilt sich die Schuld. – Ist dies auch nicht, so wird es gleichwohl rathsam seyn, den sich Übereilenden oder Vergessenden, vor der Gesellschaft so gut als möglich aus der Sache zu ziehen und die eigentliche Zurechtweisung auf eine ungestörte Unterhaltung zu versparen; dem Gespräch eine andere Wendung zu geben, statt es durch Widerspruch nur noch heftiger zu machen; auf eine gute Art die Aufmerksamkeit der Kinder abzulenken, oder sie zu entfernen.

2) Zuweilen sind es aber mehr die Zöglinge selbst, welche entweder die Schwächen des Lehrers bemerken, oder sich bey den Eltern über seine Ungerechtigkeiten beklagen. Oft sind sie in mancher Hinsicht gebildeter, gewandter und klüger, als der Mann, der sie erziehen soll; fühlen, dass sie ihn an Sitten, an Gefühl für das Schickliche übersehen, und man kann sie beynah nicht blind machen, wo einmal ihr Blick richtig ist. Oft beurtheilen sie das Verfahren des Lehrers, besonders wo ihr eignes Interesse nicht ins Spiel kommt, völlig unpartheyisch, und werden die großen Erziehungsfehler ge-

wahr, welche er z. B. in der Behandlung ihrer Geschwister oder Mitschüler begeht. Man würde sich selbst widersprechen, wenn man ihnen geradezu unrecht geben wollte. – In diesem Fall ist wohl zu unterscheiden a) *von was für Schwächen die Rede sey* ? Es lässt sich doch bey gut gezognen Kindern, die Achtung gegen ihren Lehrer noch immer erhalten, wenn man ihnen gleich nicht verbergen kann, dass er wenig in der Welt war, und gerade an feinere Lebensart noch nicht gewöhnt ist, sobald er nur durch Kopf und Herz eine wahre Achtung gegen sich in seinen Zöglingen begründet hat. Aber Schwächen des Verstandes und Flecken des Herzens zu verschleyern oder zu entschuldigen, ist weit schwerer und weit bedenklicher. Es kommt b) darauf an, *in welchen Alter* die Zöglinge sind? Je jünger, desto mehr muss man den Lehrer so lang in Schutz, und seine Parthey gegen sie zu nehmen suchen, als es nur immer möglich ist. Je älter, verständiger und eines eignen Urtheils fähiger, desto behutsamer muss man gehen, und ihm Brücken bauen, um von seinem Fehler selbst auf eine gute Art zurückzukommen. Man muß zu genaue Erörterungen verhüten, mehr auf Beylegung der Sache, als zu weitläufiges Abhören der Partheyen denken. Auch der Jüngling hat so viel Billigkeitsgefühl, einzusehen, dass der Mann in Augenblicken der Leidenschaft fehlen könne. Kommen indes c) die Fälle *zu oft*, und sieht man deutlich, dass der Lehrer mehr verdirbt, und den Sinn seiner Anvertrauten erbittert, *so* ist der Zeitpunkt da, ihn seines übel verwalteten Amts zu entlassen. *Zu lange* schwache Nachsicht, kann äusserst gefährlich für die ganze Erziehung werden.

51.

[2a] Erhaltung des Ansehens durch Achtung seines Standes und durch edle Behandlung.

Wollen nun Eltern ihrem Hauslehrer das Ansehen bey seinen Zöglingen verschaffen, ohne das keine Erziehung gelingen kann, so ist vor allen Dingen nothwendig, *dass sie sein Geschäft, zu lehren und zu erziehen, als eines der wichtigsten betrachten, und danach seinen Rang, im Verhältniss gegen andre Personen, die in ihren Diensten sind, bestimmen.* Es zeigt sich diese Achtung seines Geschäfts schon dadurch, dass er *als eigentliches Mitglied der Familie* aufgenommen und – sobald er sich nur einigermassen dieser Behandlung würdig zeigt – so behandelt wird. Er soll nicht Herr im Hause seyn, er soll nicht über die Gränzen seines Amts und Geschäfts hinausgehen, nicht zu eignem befehlenden Ton gegen alles, was unter ihm ist, berechtigt werden. Aber man soll ihn für einen Freund des Hauses, für eine bedeutende Person in dem Familienkreise, besonders in allen Angelegenheiten, welche die Kinder betreffen, ansehen. Hat er nur Kenntnisse, Verstand und Charakter, wenn gleich noch wenige Erfahrung, so soll man ihm zu Hülfe kommen, nach und nach durch ein gewisses ihm bewiesnes stufenweise zunehmendes Vertrauen, zu heben suchen, aufmerksam auf seine Bedürfnisse, sein Vergnügen, und die Achtung seyn, die ihm von untergeordneten Personen des Hauses zu leisten ist. Man muss ihm vorzüglich in Gegenwart dieser, so wie überhaupt fremder Personen, freundschaftlich begegnen, den Schüchternen und Blöden aufmuntern und hervorziehen, und ihm von Zeit zu Zeit ein öffentliches ehrenvolles Zeugniss der Zufriedenheit mit seinen Bemühungen geben.

52.

[2b] In wie weit ist Theilnehmungen des Hauslehrers an den Gesellschaften nothwendig?

Es ist nicht nothwendig, es ist nicht einmal rathsam und wünschenswürdig für den Hauslehrer, dass er in grossen Häusern *an allen Gesellschaften und Lustpartien Theil nehme.* Darunter leiden die Zöglinge offenbar. Denn die grosse Welt ist nicht der rechte Bildungsort für Kinder, und die Ehre zu allem gezogen zu werden, muss der Lehrer nur zu oft mit den tödtendsten Langenweile büssen. Aber die Entfernung von den grösseren Zirkeln, müsste doch auf keine Art den Schein von *Ausschliessung* und *Zurücksetzung* haben, es müsste mehr eine natürliche Folge, des mit ihm gemeinschaftlich besprochnen Erziehungsplans seyn, in welchen solche Unterbrechungen, solche langen Mahlzeiten, durchaus nicht passen; er müsste sich mehr durch die Dispensation *verbunden,* als *zurückgesetzt* halten. Dagegen müsste man von Zeit zu Zeit bey festlichen Gelegenheiten zeigen, dass man sich seines Gehülfen nicht schäme, sondern dass man nur seiner Zeit schone. Man müsste ihn dann den Fremden eben so gut, als andere Personen der Gesellschaft *nennen* und *vorstellen.* Er müsste nicht der letzte seyn, der erst *mit der Schüssel zugleich* im Zimmer erschiene und nach aufgehobener Tafel sofort wieder verschwände. Am allerwenigsten müsste *Er* je bey fehlendem Raum die einzig ausgeschlossne Person seyn, indess die Kinder des Hauses Platz finden. Wie können sie sonst glauben, dass er *ihr Vorgesetzter* sey?

Anmerk. Ein Mann, der den ganzen Tag mit Kindern umgeben und beschäftigt ist, bedarf von Zeit zu Zeit der Erheiterung. Die Gesellschaft fremder Personen, die Mittheilung neuer Ideen, der Umtausch der Meinungen, kann dazu etwas beytragen. Wie hart aber für ihn, wenn er bey Tische wieder in die Mitte der Kinder verbannt wird, wo er oft gar nicht, oft nur mit halbem Ohr, die interessantesten Gespräche von weitem anhören kann, die am Ende der Tafel geführt werden. Darf man sich wundern, wenn sich da eine gewisse Bitterkeit in den Charakter festsetzt? Und sollte man nicht auch in solchen Fällen auf eine Aufmunterung bedacht seyn? Für ihn ists nicht schicklich, sich den Platz zu wählen.

53.

[2c] Sorge der Eltern für die äussere Bequemlichkeit des Hauslehrers.

Auch durch manche *äussere Anstalten* kann man zu erkennen geben, dass der Hauslehrer eine *geachtete Person des Hauses* ist. Man weise ihm nicht das elendeste Zimmer an, indess man an Prunkzimmern einen Überfluss hat. Man finde ihn nicht mit dem schlechtesten Hausgeräthe ab, indess, wo es auf Luxus ankommt, alles nach dem besten Geschmack eingerichtet ist. Eine geräumige, heitre, wohlversehne Wohnung, gehört zu den grossen Annehmlichkeiten des Lebens, und man sorgt ja für seine eignen Kinder mit, wenn sich der Ort, wo sie wohnen, lernen, schlafen, durch Reinlichkeit, gesunde Luuft, nette Einrichtung und Geschmack empfiehlt. Es würde selbst mancher Hauslehrer, der vielleicht wenig Sinn dafür mitbringt und die Entbehrung kaum bemerkt, dadurch gewöhnt werden, mehr auf sich, und alles was ihn umgiebt, zu halten. – Man habe endlich auch ein Auge darauf, wie er von den Domestiquen bedient wird. Der Bescheidenste leidet oft Jahre lang unter ihrer Nachlässigkeit, eh er sich entschliesst, ein klagendes Wort fallen zu lassen.

54.

[2d] Anhalten der Kinder zur Achtung gegen den Hauslehrer.

Das allerwichtigste ist aber, die Kinder anzuhalten, nie durch Ungehorsam, Unhöflichkeit, unbescheidne Urtheile, die Achtung aus den Auge zu setzen, welche einem Vorgesetzten gebührt; vielmehr von ihnen eben die Achtung für seinen Stellvertreter zu fordern, welche man für sich selbst verlangt. Dies wird zum Theil schon eine natürliche Würkung der von Kindern wohl bemerkten Achtung seyn, womit man ihn behandelt. Es wird aber unterhalten werden, wenn sich die Zufriedenheit, die man ihnen beweist, nach dem Zeugnis richtet, das er ihnen giebt. Die Benutzung aller Gelegenheiten, wo ihm Kinder besondre Beweise ihrer Hochachtung und Dankbarkeit geben können, wird aufmerksamen Eltern nicht entgehen.

55.

[B. 1] Zweyte Elternpflicht.
Anständige Belohnung des Hauslehrers.

Für den Mann von feinerem Gefühl, ist eine solche Behandlung mehr werth als *Geld* und *Lohn*. Aber er *muss* gleichwohl für sein Geschäft belohnt werden, weil er Bedürfnisse hat, und weil Dürftigkeit seinem Ansehn schaden kann. Eine zweyte Hauptbedingung einer nützlichen Amtsführung, deren Erfüllung wiederum den Eltern obliegt, ist also *anständige Belohnung seiner Arbeit*. Nicht alle Eltern sind im Stande, hierin gleich erkenntlich zu seyn, und der billige Mann wird auch seine Forderungen nicht überspannen, zumal da im Ganzen genommen, der Gehalt der Hauslehrer gegen vorige Zeiten beträchtlich verbessert, und die Denkungsart über diesen Punct in vielen Häusern liberaler geworden ist. Aber gewisse Forderungen kann er und darf er machen, weil seine Zufriedenheit und seine Würksamkeit mit davon abhängt.

56.
Angemessener Gehalt und pünctliche Erfüllung der Versprechungen.

Er darf Erwarten, dass 1) der *Gehalt* in einem gehörigen Verhältniss mit dem übrigen Aufwande des Hauses, und mit dem stehe, was man andern untergeordneten, für unwichtigere Geschäfte bestimmten Personen giebt. Es würde dies sonst eine stillschweigende Erklärung seyn, dass man die Dienste, welche Er der Familie leistet, weit geringer als solche schätze, die eine unmittelbare Beziehung auf das ökonomische haben. Man sollte nicht vergessen, wie sich alle Bedürfnisse vermehrt haben, wie alle Preise der Dinge gestiegen sind; nicht vergessen, dass oft durch die Unterlassung einer einzigen willkührlichen Ausgabe, für die Ehre und den Luxus, durch das, was oft in einem Abend am Spieltisch verlohren wird, ein arbeitsamer Mann sehr glücklich gemacht werden könnte. Er darf 2) um so mehr einen *anständigen Gehalt* zur Bedingung machen, da mit dem Aufwand eines Hauses, mit dem höheren Fuss, auf welchem es lebt, auch seine eignen Ausgaben steigen, und man gewöhnlich von ihm verlangt, dass er durch sein Äusseres, z. B. seine Kleidung dem Hause Ehre machen solle. Noch mehr versteht es sich, dass man 3) was versprochen ist, genau erfülle, und auf keine Art, weder durch spätere oder unregelmässige Zahlung, noch durch eigentlichen Abzug verkürze. Eine nicht genug beachtete Art des Abzugs, ist das Vergessen solcher *kleinen Auslagen,* welche das Vergnügen der Kinder oft nothwendig gemacht hat. Für den Lehrer ist es unangenehm, einzelne Groschen zurückzufordern, oder durch die Kinder zurückfordern zu lassen. Es giebt ihm den Anschein von *Ärmlichkeit.* Aber für Eltern hat die sorgfältigste Genauigkeit darin nichts herabsetzendes, und sie können durch Anlegung einer kleinen dazu bestimmten Casse, worüber ein Zögling Rechnung führen muss, allen Unannehmlichkeiten zuvorkommen. Sie können auch die Kinder dazu anhalten, dass ihm genau ersetzt werde, was er für sie ausgelegt hat. Gute Kinder pflegen darin sehr sorgfältig zu seyn.

57.
[B. 2] Delicatesse bey ausserordentlichen Geschenken.

Was die *ausserordentlichen Belohnungen,* oder *freywilligen Geschenke* betrift, so kommt alles auf die Art an, wie sie gegeben werden. Man muss die Idee, dass der Lehrer für seinen Unterricht, seine Sorgen, seine Erziehungsmühe *bezahlt* werde, so entfernt als möglich von den Kindern halten, weil dadurch bey minder gutartigen, so leicht das Gefühl der Dankbarkeit geschwächt wird. Daher ist es nie rathsam, *Kindern* kleine Geldsummen zu übergeben, um sie dem Lehrer, besonders zu der Zeit, wo alle Bedienten des Hauses dergleichen bekommen, einzuhändigen, oder gar *durch den Bedienten Geldgeschenke zu* überschicken. Dergleichen wird weit anständiger aus der Hand des Vaters oder der Mutter empfangen, und erhält durch die *Art des Gebens,* durch den Ausdruck des Wohlwollens und der Zufriedenheit, der die Gabe begleitet, seinen eigentlichen Werth, statt dass es, von dem Zöglinge überbracht, schaamroth macht. Etwas anders verhält es sich, mit manchen andern Arten von Geschenken und Aufmunterungen, in welchen mehr die Idee Freude zu erwecken, als zu bezahlen herrschend ist. Jedoch behält die geräuschlose Sorge für das Vergnügen oder das Bedürfniss des Lehrers, und die unbemerkte, aber wesentliche Verbesserung seiner Lage, immer den meisten Werth. Es würde für manchen jungen unwirthschaftlichen Mann, sogar eine weit grössere Wohlthat seyn, wenn die gütige Hausmutter für ihn als einen Theil ihrer Familie sorgte, und ihm die Anschaffung reeller Bedürfnisse erleichterte. Dies ist eine Art zu schenken, die nicht sehr gemein, aber eigentlich aufmunternd und vortheilhaft ist.

58.
[C. 1] Dritte Elternpflicht. Weise Mitwürkung zur Erziehung.

Eine *dritte Hauptbedingung* ist *weise Mitwürkung zur Erziehung.* Eltern können und sollen sich des Rechts, an der Bildung ihrer Kinder Theil zu nehmen, und selbst die Hauptdirection derselben zu behalten, in der häuslichen Erziehung nicht begeben. Selbst auf öffentlichen Erziehungsanstalten kann dies nur so weit verlangt werden, als ihre Verfügungen mit den Ordnungen und Gesetzen der Anstalt in Widerspruch treten würden. Der Grad der Mitwürkung aber wird allerdings bestimmt, *theils* durch die eigne Geschicklichkeit der Eltern zum Geschäft der Erziehung, deren Mangel die Unpartheyischen wohl selbst bemerken, und daher bereit sind, mehr zurückzutreten, – *theils* durch die Beschaffenheit des Hauslehrers, der entweder noch selbst Anfänger in diesem Geschäft, und also einer näheren Aufsicht und Unterstützung mehr bedürftig, oder schon geübt, folglich auch eines höheren Grades von Vertrauen würdig ist, – *theils* durch die äussere Lage, worin sich Eltern befinden, und die ihnen beyden, oder wenigstens einem Theil, die nähere Sorge für die Kinder unmöglich macht.

59.
[2a] Allgemeine Mitwürkung der Eltern zur Erziehung.

Die *Mitwürkurg zur Erziehung* selbst ist *theils* eine *allgemeine, theils* eine *besondre*. *Die allgemeinere* beruht auf der immer fortgehenden *Aufmerksamkeit auf das Physische und Moralische der Kinder.* Sie steht der tragen Sorglosigkeit entgegen, welche bey so manchen Eltern, mit dem angenommenen Gehülfen zugleich eintritt. Eltern sollten nie aufhören, sich um die Kinder zu bekümmern; nie, was sie an ihnen bemerken, ungerügt, oder unaufgemuntert lassen. Sie sollten sich nie einbilden, dass, was *sie* durch ihre Nachsicht, Weichlichkeit, Unvorsichtigkeit im Gespräch und Urtheil, durch die Wahl ihrer Gesellschaften in Gegenwart der Kinder, durch ihr eignes Beyspiel verderben, der Hofmeister wieder gut machen könne. Können sie nicht alles verhüten, was auf Kinder schädlich würkt, so müsste sich wenigstens ihre fortgesetzte Erziehungssorge, in der Absonderung der Kinder zu rechter Zeit, beweisen.

60.
[2b] Besondre Mitwürkung der Eltern.

Die *besondre (speciellere) Mitwürkung* besteht in der eigentlichen *überlegten und planmässigen Beförderung der Nutzbarkeit des Erziehers.* Dahin könnte man in manchen Fällen die *Bemühung* rechnen, *selbst noch zu der vollkommneren Ausbildung des Hauslehrers mitzuzwürken.* Dies setzt voraus, dass die *Eltern* selbst vorzüglich verständige, gebildete und von Seiten des Charakters durchaus achtungswürdige Personen sind; der *Lehrer* aber mehr *Anfänger* als *geübter Mann* ist. Er kann vortreffliche Anlagen des Kopfs und des Herzens haben; er kann den besten Willen, mit Treue und Einsicht seinem Amt ein Genüge zu leisten, mitbringen; es kann ihm aber dabei gleichwohl noch vieles fehlen, was zu seiner völligen Nutzbarkeit von Wichtigkeit wäre; – Welt- und Menschenkenntniss, die Kunst sich zu benehmen, – der rechte Ton mit Kindern – die gehörige Eintheilung der Zeit – die vernünftige Wahl der Erziehungsmittel – die Anordnung der Vergnügungen – die gehörige Sorge für die Gesundheit. – Wie wohlthätig wäre es in diesem Fall für ihn, und von welchem Einfluss für sein Geschäft, wenn sich solche Eltern vereinigten, an ihm selbst zu erziehen und zu bilden; wenn sie ihn auf das was ihm fehlt, aufmerksam machten; stets mit Rath beystünden; ihm durch eine solche väterliche und mütterliche Behandlung, Muth und Vertrauen zu sich selbst einflössten, und dadurch vor so vielen Fehltritten verwahrten, welchen auch der beste, aber noch Unerfahrne nicht entgehen kann. Wenn er einer solchen Behandlung werth ist, so wird er sich ihrer eben so wenig schämen, als ein verständiger junger Schulmann, den Rath und die Leitung eines erfahrneren Mitlehrers oder Vorstehers verschmähen wird.

61.
[2b] Fortsetzung.

Nächstdem gehört zu der besondern Mitwürkung der Eltern 2) eine öftere *gemeinschaftliche Besprechung* mit dem Hauslehrer über seine Zöglinge. Anfangs werden ihm wohl die meisten Eltern ein Gemählde von ihnen entwerfen, das zwar nicht immer gleichend, aber für ihn doch interessant seyn muss, wärs auch nur um sein Verhältniss gegen die Eltern, und die Art, wie sie ihre Kinder zu beurtheilen gewohnt sind, kennen zu lernen. Noch wichtiger wäre aber die Fortsetzung dieser Gespräche, die öftere gegenseitige Mittheilung gemachter Bemerkungen; die Aufsuchung der Hindernisse der Fortschritte; die Überlegung der zu wählenden Maassregeln. Dazu kommt 3) eine auf solche Gespräche gegründete *thätige Unterstützung seiner Bemühungen*, durch weisen Gebrauch von den Bemerkungen des Lehrers gegen die Kinder; durch Annehmen eines kälteren oder aufmunternden Betragens gegen sie, je nachdem sein Urtheil ausgefallen ist. Ein diensames Erinnerungsmittel an diese Art der Mitwürkung, würde die Forderung *wöchentlicher schriftlicher Zeugnisse seyn*, welche an einem, bestimmten Tage den Eltern überbracht werden müssten. Man verbinde damit 4) die thätige *Beförderurug* dessen, was der Erziehung *förderlich*, und die *Entfernung* dessen, was ihr *hinderlich* seyn kann. Jenes zu erhalten und dieses zu verhüten, ist in den meisten Fällen die elterliche Auctorität nöthig. Aber der Erzieher, der oft unpartheyischer als sie sieht, muss sie darauf aufmerksam machen.

Anmerk. Es giebt leider viele Fälle, dass in der Erziehung der Eltern selbst wenig Harmonie ist, dass daher einer wohlthätigen Einwürkung von einer Seite, oft eine sehr nachtheilige Gegenwürkung von der andern entgegensteht. Wie sich der Erzieher in einer solchen Lage zu benehmen habe, wird im *fünften Abschnitt* gezeigt werden. Ist er ein verständiger, Zutrauen ertragender und verdienender Mann, so können sich Eltern seiner oft vortheilhaft bedienen, um wenigstens den Schaden so gering als möglich zu machen. Gesetzt, zum Beyspiel, eine einsichtsvolle Mutter bemerkte, daß sich der Vater bey manchen Gelegenheiten in Gegenwart der Kinder vergesse, und durch Reden oder wohl selbst Handlungen schade, so würde eine Verabredung mit dem Hauslehrer, sie auf eine geschickte Art in solchen Fällen zu entfernen, eine weise *Mitwürkung* zur Erziehung seyn. – Bemerkte ein Vater, dass der Lehrer durch die Weichlichkeit der Mutter abgehalten würde, nach seiner besseren Einsicht zu handeln, so würde eine Unterstützung seines Muths, oder ein Wink, wie er sich in mancher, misslichen Lage zu benehmen habe, ebenfalls mit Dank zu erkennen seyn. – Zuweilen würde selbst die Veränderung des Aufenthalts (bey Besitzern mehrerer Häuser und Güter) auf die Erziehung einen guten Einfluss haben. Sie wäre hie und da vielleicht das einzige Mittel, Kinder aus mancher schädlichen Verbindung zu reissen.

62.

[D. 1] Vierte Elternpflicht.

Mitwürkung der Eltern zum Unterricht.

Die *vierte Hauptbedingung* betrift die *Mitwürkung zu einem fruchtbaren und Zweckmässigen Unterricht*. Sie bezieht sich *theils* auf den *Lehrplan, theils* auf die Lehrmittel. Zu der *ersteren* wird von Seiten der Eltern, besonders des Vaters, eigne Einsicht und Sachkenntniss, wenn gleich nicht Gelehrsamkeit erfordert. Wem es an beydem gänzlich fehlt, der müsste sich freylich auf den Lehrer verlassen. Doch würde es, wenn dieser noch ein Neuling in dem Geschäft ist, rathsam seyn, irgend einen einsichtsvollen Mann, von Zeit zu Zeit darüber urtheilen und eine Art von Oberaufsicht führen zu lassen. Denn die Erfahrung lehrt, wie äusserst zweckwidrig so mancher, auch wohl nicht ungeschickter junger Hauslehrer, den Plan anlegt; wie viel wichtiges er versäumt, und wie viel unnützes er treibt. Der Lehrer selbst würde bey dem Antritt der Stelle, sobald er sich nur einige Kenntnisse von dem, was die Kinder wissen, erworben, einen Unterrichtsplan zu entwerfen, und entweder dem Vater, oder dem Consulenten des Vaters, vorzulegen, und nachdem er berichtigt oder gebilligt wäre, genau danach zu unterrichten haben. Dieser Plan müsste wenigstens alle Jahr erneuert, erweitert und mit den würklich gemachten Fortschritten der Kinder verglichen werden. Man müsste von Zeit zu Zeit *Prüfungen* der Kinder, im Beyseyn Sachverständiger anstellen lassen, die unpartheyisch beurtheilten, ob alles geschehen sey, was hätte geschehen können, und an wem im Gegenfall die Schuld liege. Wie ist es sonst möglich, sicher zu seyn, dass das Lehrgeschäft nützlich betrieben wird? Auch der *Besuch der Lehrstunden* hat seinen Nutzen, sobald nur die gemachten Bemerkungen, dem Lehrer nie in Gegenwart der Zöglinge mitgetheilt werden. Selbst der Vater, welchem die Gegenstände, die getrieben werden, fremd sind, wird wenn er sonst Bildung und besonders praktischen Verstand hat, doch beurtheilen können, ob alles immer in gehöriger Ordnung sey, ob die Stunden nach dem Plan regelmässig gehalten werden, ob auch würklich von den Kindern fleissig gearbeitet werde, ob ihre Arbeiten sich auch durch äussere Reinlichkeit und Nettigkeit empfehlen und gehörig durchgesehn sind; ob der Lehrer die Aufmerksamkeit der Kinder zu fesseln versteht; ob Leben im Unterricht; ob er seiner Sache selbst gewiss ist; ob er endlich über manche Gegenstände auch mit gehöriger Vorsichtigkeit spricht. In letzterer Hinsicht, ist es auch bey manchen Lehrstunden Eltern gar nicht zu verdenken, wenn sie beständig dabey gegenwärtig sind. Mütter, die heranwachsende Töchter unterrichten lassen, versäumen dies oft zu sehr.

63.
[D.2] Mitwürkung durch Anschaffung der nöthigen Lehrmittel.

Wenn aber auch Eltern sich noch so wenig fähig fühlen, oder zu wenig in der Lage befinden sollten, um über den *Unterricht selbst* zu urtheilen, so können sie doch alle dafür sorgen, *dass es an den nöthigen Lehrmitteln nicht fehle.* Zu diesen Lehrmitteln gehören *theils* solche, deren der *Lehrer* selbst, *theils* solche, deren die Lehrlinge bedürfen, vorzüglich *Bücher, Karten,* überhaupt *Materialien* und *Instrumente des Unterrichts* und der *Künste.* Man kann es in Ansehung der *ersteren* wenigstens nicht verlangen, dass er sie alle selbst schon besitzen, oder von der oft so mässigen Besoldung anschaffen soll, und es würde auf jeden Fall eine Aufmerksamkeit auf ihn und eine Vermehrung seiner Nutzbarkeit seyn, wenn man, auch unaufgefordert, dergleichen in das Haus schafte, und seine Vorschläge darüber hörte. In Ansehung dessen aber, was *Kinder* haben müssen, wenn der Unterricht gedeihen soll, ist gar keine Frage, *wer* es zu besorgen habe. Nun räumt man dies zwar im Allgemeinen wohl ein. Dennoch ist man gar zu oft schwürig, wenn dergleichen Ausgaben häufig vorkommen. Man will immer die *wohlfeilsten Bücher,* die *schlechtesten Ausgaben* haben; man verlangt, dass sie viel länger ausreichen sollen als möglich ist. Man giebt weit lieber viel Geld für ganz unnützen Putz, oder kindisches Spielzeug, als für *Hülfsmittel des Lernens* aus. So wenig schätzen viele Eltern den grossen Vorzug unsrer Zeit, wo so treflich für Kinder gesorgt, wo selbst ihre Spielwerke in Bildungsmittel ihres Geistes verwandelt sind. Dass in diesem Stück nicht von allen Eltern gleich viel verlangt werden könne, und dass der Hauslehrer seine Wünsche nach dem Vermögen der Eltern mässigen müsse, versteht sich von selbst. Aber gemeiniglich trift man gerade in den reichsten Häusern, in diesem Stück die unverzeihlichste Kargheit an.

64.
[E] Fünfte Elternpflicht.
Billigkeit in den Forderungen an den Hauslehrer.

Endlich sollte auch *fünftens* von Seiten der Eltern eine gewisse *Billigkeit in den Forderungen an ihren Hauslehrer* beobachtet werden. Das beste Mittel, was überhaupt Menschen gegen Menschen billig macht, ist, sich oft in seine Lage hineinzudenken. Die Forderungen selbst beziehen sich *theils* auf seine *Lehrer- theils* auf seine *Erziehergeschäfte.* Er hat sich verbindlich gemacht in beyder Hinsicht pflichtmässig zu handeln und das Beste der Kinder nach allen seinen Kräften zu bewürken. Mit Recht also kann man dies von ihm fordern. Aber man sollte in diesen Forderungen nichts überspannen.

65.

[1] Billigkeit in den Anforderungen an ihn als Lehrer.

Sofern er *Lehrer* ist, würde es unbillig seyn, eine *unverhältnissmässige Anzahl von Lehrstunden* von ihm zu verlangen, wodurch ja ohnehin für die Kinder nichts gewonnen wird. Man vergisst dabey, *theils* dass Lehren ermüdet, und zu viel Lehren die Munterkeit raubt, wodurch er doch eigentlich der Jugend angenehm bleiben soll; *theils* dass Lehren auch *Vorbereitung* erfordert, und dies bey dem Hauslehrer um so mehr, da er sich nicht, wie so mancher Schullehrer, einem oder einigen Fächern ausschliessend wiedmen kann, sondern fast in allem unterrichten soll; *theils* dass je mehr Stunden gegeben werden, desto weniger Zeit zum Privatfleiss der Lehrlinge übrig bleibt, wodurch doch, zumahl in gewissen Jahren, bey weiten das meiste gewonnen wird. Eine allgemeine Regel lässt sich darüber übrigens nicht wohl annehmen. Die Beschaffenheit der Zöglinge, Alter und Fähigkeiten, die Gegenstände des Unterrichts, ändern darin viel selbst ab. Jedoch sollte man in seinen Forderungen wohl *nie über fünf* tägliche Stunden hinausgehen, und dabey einen oder zwey Nachmittage frey lassen.

Anmerk. Die Bestimmung der Lehrstunden der blossen Willkühr überlassen, und gar nichts darüber festsetzen, ist weder bey einem nachlässigen, noch bey einem gewissenhaften Lehrer rathsam. Jener würde es im hohen Grade mißbrauchen. Dieser wird sich selbst lieber durch eine äußere Ordnung gebunden halten, und es wünschen, daß man ihm genau nachrechnen könne, ob er auch würklich sein Pflicht erfülle. Er ist dabey ruhiger.

66.

[2] Billigkeit in den Forderungen an den Hauslehrer als Erzieher betrachtet.
a) In Absicht der Aufsicht.

Sofern er *Erzieher* ist, liegt ihm *zuförderst* die *Aufsicht und Beschäftigung der Kinder auch ausser den Lehrstunden ob,* und Eltern haben das Recht, hierin vorzüglich auf seine Hülfe zu rechnen. Aber da gerade dies der allerlästigste Theil des Amtes ist, so sollte sich auch darin am meisten Billigkeit zeigen. Man sollte es nicht verlangen – was oft so leicht hingesagt und so wenig nach seinem *ganzen Umfang* gewürdigt wird, dass er die Kinder *nie aus den Augen lassen dürfe.* Denn das heisst doch im Grunde, er dürfe keine einzige Stunde *sein* nennen; müsse auf alle eigne Beschäftigung, alle eigne Gesellschaft und Erholung Verzicht thun; nie ausser dem Hause, in der Natur, oder in irgend einem freundschaftlichen Umgang Erholung suchen, ohne von seinen Zöglingen begleitet zu seyn. Bedarf er dessen nicht, findet er in dem Umgang mit den Kindern und der Familie, alle Bedürfnisse seines Herzens befriedigt, ist vielleicht in dem Hause selbst genug Gelegenheit sich aufzuheitern, und wählt er diese selbst – desto besser! Aber es muss kein *Gesetz* seyn. Denn jedes Gesetz drückt. Wie vielmehr ein so unbilliges! – Oder sollte man es würklich billig finden, dass ein junger Mann, in den besten Iahren, für vierzig, fünfzig, siebzig oder auch hundert Thaler, seine Freyheit so ganz verkaufen solle, dass er keinen andern Wunsch, kein andres Augenmerk, keine andre Neigung, als das Interesse eines ihm fremden Hauses haben dürfe? Ein Interesse das Eltern oft selbst nicht für ihre eignen Kinder fühlen – oft selbst äussern, dass nichts unerträglicher sey, als Kinder immer um sich zu haben! Glaubt man ihm durch solchen Zwang dieses Interesse einzuflössen, oder wird es nicht vielmehr verschwinden? Wird er Kinder, die ihm keinen Augenblick, auch nur seinen Geist zu sammeln, übrig lassen, noch lieben können? Und wenn ihm denn endlich eine solche Sclaverey zur Gewohnheit wird, wie viel wird ein so abgestumpfter Mann noch zu würken im Stande seyn?

67.
Erleichterung der Aufsicht.

Billige Eltern fühlen dies von selbst. Sie begreifen, dass wenn sie das Gelärm ihrer *eignen Kinder* kaum eine Stunde ertragen können, und sie, sobald es ihnen zuviel wird, in die Kinderstube oder zum Hofmeister verbannen, es diesem unmöglich leicht werden könne, jenes Gewühl von *fremden Kinder* ganze Tage ertragen zu müssen. Sie müssen daher eine solche Einrichtung machen, dass er von Zeit zu Zeit erleichtert werde. *Sie* müssen sich mit ihm über die Stunden besprechen, wo sie die Last mit ihm theilen wollen. Es muss dies nicht bloss vom Zufall abhängen, sondern genau bestimmt seyn, damit er ruhig und sicher auf gewisse Stunden, als sein freyes Eigenthum rechnen, und sie, ohne Befürchtung etwas im Amt zu versäumen, oder scheele Gesichter zu finden, anwenden könne. Selbst in dem Fall, dass er, wie leicht geschieht, anfinge zu einsiedlerisch zu leben, müssten Eltern ihn aufmuntern, sich zuweilen in anderm Umgange zu zerstreuen, und ihm die Sorge für seine Zöglinge abnehmen. Hat er einigen inneren Werth, einiges wahres Pflichtgefühl, so wird er dieses Wohlwollen um so weniger missbrauchen, je freywilliger man ihm damit entgegenkommt.

68.
b) Vergönnung einiger Zeit zum eignen Studiren.

Nicht bloss um des Vergnügens und der Aufheiterung willen, ist es Pflicht, dem Hauslehrer einige Zeit für sich selbst zu vergönnen. Man darf auch nicht vergessen, dass sein itziges Amt nicht seine *letzte Bestimmung* ist, und dass er die Pflichten gegen sich selbst verletzen müsste, wenn er bloss in der Gegenwart leben wollte. Man kann von ihm so gut als von dem Lehrer an einer Erziehungsanstalt fordern, dass er *die meiste Zeit* seinem Amt wiedme; dass er folglich nicht durch unaufhörliches Studiren höherer Wissenschaften, durch häufiges Predigen, durch überhäufte litterarische und schriftstellerische Arbeiten, die Geschäfte *versäume* oder lässiger treibe, zu denen er sich verpflichtet hat. Aber er muss, selbst um in seinem Amt nützlicher zu werden, fortfahren, seinen Geist auszubilden, muss so viel möglich in Verbindung mit der Litteratur bleiben; muss an seine künftige Bestimmung denken und sich durch Wiederholung und Fortsetzung seines akademischen Hauptstudiums, dafür geschickt zu machen suchen, auch von Zeit zu Zeit praktische Versuche (z. B. durch Predigen) wagen. Dazu bedarf er freyer Stunden, und es ist sehr hart, wenn man ihm bloss vergönnt, was man ohnehin nicht wehren kann, sie dem Schlaf abzudarben. Gewährt man sie ihm so wird er desto froher sein Amt treiben, weil er das Bewusstseyn mit sich herumträgt, durch dies Amt nicht ganz von seiner künftigen Bestimmung abgezogen zu werden. Schon der blosse Gewinn an Heiterkeit und guten Muth, ist ja weit wichtiger, als der scheinbare Verlust der Stunden, die er aus Zwang, und doch ohne Nutzen den Kindern gewiedmet haben würde.

Anmerk. Von der besten Art sein eignes Studium fortzusetzen, wird am Ende des *fünften Abschnitts* gehandelt werden.

69.

c) Billigkeit in der Beurtheilung des Erfolgs seiner Bemühungen.

Gleiche *Billigkeit* sollte man endlich auch *in dem Urtheile über den Erfolg seiner Bemühungen* beweisen. Es kann allerdings die Schuld seiner Ungeschicklichkeit oder seiner Untreue seyn, wenn weder Unterricht noch Erziehung gedeihet. Aber sie ist es bey weiten nicht immer, und es ist eben so ungerecht, sie allezeit nur in ihm zu suchen, als die Schule oder Erziehungsanstalt anzuklagen, wenn der Sohn nicht gerathen ist. Es giebt Köpfe, in die nichts zu bringen ist, und Herzen, an denen alle Besserungsversuche vergebens scheinen. Man frage sich also doch lieber erst selbst, was man denn bisher an seinen Kindern ausgerichtet, als dass man, aus blinder Neigung, nur auf die unzuverlässigen Urtheile dieses und jenes Hausfreundes, oder demüthigen Clienten hört, der dem Dummkopf Fähigkeiten, und dem Taugenichts wenigstens ein *gutes* Herz zuschreibt. Kennt man den Lehrer als verständig und gutmeinend, so gehe man lieber desto öfter mit ihm zu Rath, und muntre ihn auf, auch bey dem schwächsten Erfolg, doch nicht müde zu werden, oder selbst Vorschläge zu thun, ob sich vielleicht von einer andern Lage mehr erwarten liesse.

70.
IV. Resultat aus den vorigen Betrachtungen.

Es fällt hoffentlich in die Augen, dass, wenn von Seiten der Eltern dies alles geleistet wird, die Amtsführung ihres Gehülfen, sofern er nur selbst der Mann danach ist, ohnfehlbar an Nützlichkeit unendlich gewinnen müsse. Viele fehlen dagegen, mehr aus Mangel an Einsicht, als an gutem Willen. Sie sind, besonders in den höheren Ständen, zu wenig mit der eigentlichen Lage eines Hauslehrers bekannt, und ahnden gar nicht, welch ein beschwerliches und verantwortungsvolles Amt er führe. Oft darf man hoffen, dass wenn sie nur auf eine bescheidene und vorsichtige Art, mit manchen Ideen näher bekannt gemacht, und darauf geführt würden, *wie* sie mitwürken könnten, sich bald vieles ändern würde. Hat sich nur ein junger Mann erst recht viel Vertrauen erworben, fängt er sein Amt besonders nicht mit grossen Ansprüchen an, zeigt er vielmehr, dass *ihm* seine *Pflichten* über alles heilig sind, so wird er bald auch von seinen *Rechten* mit Freymüthigkeit reden und sich selbst geltend machen können

Anmerk. Der Vorschlag, den einige gethan haben, der Staat solle dem Stande der Hauslehrer mehr Ansehen zu verschaffen suchen, dürfte sich schwerlich in der Erfahrung bewähren. Das einzige sichere Mittel, wäre die *Anlegung guter Seminarien*, (§ 4 – 7) aus welchen recht viel achtungswürdige Hauslehrer hervorgehen könnten. Sonst thut überhaupt die bürgerliche Auctorität wenig in der Erziehung. Die wichtigste bleibt immer die, welche sich ein Erzieher selbst zu verschaffen weiss. Davon im *fünften Abschnitt.*

Aus: August Herrmann Niemeyer, Grundsätze der Erziehung und des Unterrichts für Eltern, Hauslehrer und Erzieher, herausgegeben von Hans-Hermann Groothoff und Ulrich Herrmann, Paderborn 1970, S.54-72

Der Staat hat das Recht der Aufsicht
(1796)

Johann Gottlieb Fichte

§. 5.

Der Staat macht es den Eltern zur Pflicht, ihre Kinder zu erziehen. Er garantirt ihnen sonach nothwendig die Bedingungen der Möglichkeit dieser Erziehung. Es gehört dahin zuvörderst dies: dass kein Anderer sich ihrer Kinder bemächtigen dürfe, um sie zu erziehen. Also – *der Staat garantirt nothwendig den Eltern gegen andere Bürger das ausschliessende Recht, ihre Kinder für sich zu behalten.* Wenn ein Rechtsstreit darüber entstehen sollte, so müssten die Gesetze zum Vortheil der wahren Eltern entscheiden.

Zur Erziehung gehört ein fortgesetzter Plan, Gleichförmigkeit der Maximen, nach denen die Kinder behandelt werden. Dieser würde gestört, wenn ein Fremder sich in die Erziehung mischen, und einen Einfluß auf die Kinder haben wollte. Es würde über eine solche Einmischung Klage stattfinden, und der Staat müsste stets zum Vortheil der wahren Eltern entscheiden.

§. 51.

Vorausgesetzt, dass die Eltern moralisch denken, so ist die Erziehung der Kinder ihnen Gewissenssache. Sie wollen dieselben so sittlich gut erziehen, als sie nur immer können: aber jeder hält nothwendig seine eigenen Maximen für die besten und richtigsten; – ausserdem wäre es ja gewissenlos von ihm, dass er dieselben beibehielte. Aber der Staat kann keinen Eingriff in Sachen des Gewissens thun. Er selbst also kann sich auch nicht in die Erziehung mischen.

Er hat das Recht, öffentliche Erziehungsanstalten zu machen; aber es muss von den Eltern abhängen, ob sie sich derselben bedienen wollen, oder nicht. Er hat kein Zwangsrecht auf den Gebrauch derselben.

§. 52.

Ueber die Maximen der Erziehung ist weder der Staat Richter, noch irgend ein anderer Bürger, noch das Kind, weil das letztere ja das Object der Erziehung ist; sonach sind hierüber die Eltern ihre eigenen Richter. Es kann zwischen Kindern, die noch erzogen werden, und Eltern keinen Rechtsstreit geben. Die Eltern sind in dieser Angelegenheit die höchste Instanz, und souverain. Der Staat kann ober dieses Verhältniss keine Gesetze geben, sowenig als er über das Verhältniss zwischen Mann und Weib Gesetze geben darf.

§. 53.

Die Herrschaft der Eltern über ihre Kinder gründet sonach sich lediglich auf die Pflicht der Eltern, ihre Kinder zu erziehen. Diese Pflicht der Erziehung ist durch die Natur eingesetzt, und durch den Staat garantirt. Die Kinder für ein Eigenthum der Eltern zu halten, und die Rechte der letzteren auf die ersteren als Eigenthumsrechte zu betrachten, ist eine grundlose Meinung.

§. 54.

Der Staat hat, nach obigem, das Recht der Aufsicht, ob überhaupt das Kind erzogen werde; er hat sonach das Recht, jeden Gebrauch desselben, der die Erziehung offenbar aufhebt, zu verhindern; und darum kann er gar nicht zulassen, dass dasselbe als Eigenthum behandelt werde, z. B. dass der Sohn verkauft werde.

Aus: Johann Gottlieb Fichte, Grundlage des Naturrechts nach Principien der Wissenschaftslehre, in: Johann Gottlieb Fichtes sämtliche Werke, herausgegeben von J. H. Fichte, Band 3, Leipzig o. J., S. 363-364

Familienerziehung und Staat
(1807/1813)

Johann Gottlieb Fichte

Nun eine neue Untersuchung! – Was liegt in der Erziehung des Volkes zur Freiheit, als eines organischen Ganzen? Einer Gemeine der Freiheit, die da, wie ein lebendiger Körper, ihre besonderen Organe, ihr leitendes Auge, ihre Hände und Füsse habe? Diese sollen eben durch Bildung aus der gegebenen *Masse* sich abscheiden, welche darum von der Erziehung völlig durchdrungen werden muss. Keines wird vorausgesetzt (nach der Platonischen Vorstellung) als golden oder eisern, sondern es hat erst in der Probe sich zu bewähren.

Der *äussere* Zweck ist Naturherrschaft: zu dieser ist zu bilden durch ein leitendes Auge, um zu erhalten, was man hat, und zugleich diese Herrschaft stets zu steigern. Der *innere* – die Menschenbildung eben zu diesem geschlossenen Organe, was nur durch den Rath der Erzieher möglich ist.

In diese beiden *Grundklassen* demnach zerfallen die Menschen, und erst von da an in die weitern, untergeordneten. Alle diese formirt die Erziehung nun, so gut sie kann, aus dem gegebenen Stoffe der im Volke Geborenen. Ob es edle Racen gebe, das muss sich da zeigen; aber man darf in keinem Falle es voraussetzen. Und wenn in 1000 Generationen lauter Edle und Grosse erscheinen, was verhindert, dass in der tausend und ersten es anders sey? Durch die allgemeine Erziehung muss doch jeder hindurch. So wird allerdings ein organisches Ganze gebildet, in welchem jeder frei ist, und aus sich selbst geworden, was er werden kann: (giebt ein herrliches Gemälde).

Hierbei die Nebenfrage: wie die Bildung der niederen Stände von der der höheren verschieden sey? – 1) Einsicht über die Freiheit, drum über Sittlichkeit und Recht, ist allgemein. 2) Nun kommt bei ihnen eine technische Fertigkeit hinzu, die die Anderen nicht zu haben brauchen. Die höheren haben statt dessen theoretische Ansicht der Wissenschaft, historische Kenntniss u. s. w.; kurz Philosophie, Encyklopädie, Geschichte. – Sich selbst im Zusammenhange des Begriffes anzuschauen, bedarf der Volksmann nicht; – er bedarf es, nicht, doch wird er, falls er es vermag, nicht davon ausgeschlossen. Ueberhaupt bleibt ihm immer das *Recht*, sich in die höhere Einsicht und den ihr angemessenen Stand aufzuschwingen. Nur der Gelehrte soll jeden, und sich selbst, in seiner Genesis begreifen. Dies wäre also der Unterschied: *factische* und *genetische* Erkenntniss.

Der Erzieher *regiert* insofern, schon als Erzieher; denn er macht als solcher möglich, was das Gesetz wirklich machen wird. Der Erziehungsplan und Regierungsplan ist ganz derselbe. –

Greife ich nun den anderen Punct auf, über die Gültigkeit der Wahl zum Erzieherstande überhaupt. – Die Verordnungen sind: so viele müssen für die höheren Stände ausgehoben werden, die übrigbleibende Summe fällt den niederen anheim. Dies thun die alten Erzieher stets nach ihrer besten Einsicht. Sir drum sind eigentlich die Wähler der Folgezeit.

Aber aus welchem Rechte? Sie nemlich nehmen die Richtigkeit ihres Urtheils allerdings auf ihr Gewissen. Die Sache verhält sich so: was in den bisherigen Staaten eine factische Begebenheit thut, das Geborenwerden in einer Familie; dies thut hier der Verstand: dies ist besser. (Daher der Aristokratismus der Alten: sie legten, um dies zu rechtfertigen, dem Ohngefähr Verstand bei: daher die Platonische Fiction.) Nun mag wohl dieser Verstand durch seine eigene Natur beschränkt seyn; dies ist Sache der Endlichkeit, diesem Schicksale muss man sich unterwerfen.

(Beiläufig: Können auf diese Weise die Menschen Familiennamen haben? Es scheint nicht. Ueberhaupt geht, wie es scheint, die Familie gänzlich zu Grunde. So ungefähr war auch Plato's Ansicht. Dies ist nun anstössig gewesen. Der Grund dieses Anstosses scheint der zu seyn, dass von der Familie alle Bildung ausgegangen ist, weil kein Staat war: dass in den bisherigen Staaten es drum allerdings die *Stämme* sind, die ewig dauernden Familien, die den Staat bilden; daher auch Grundeigentum, Erbe und so fort, über welches Alles der Staat kein Ermessen hat. Dies das als absolut unbegreiflich Vorausgesetzte. – Dass dies nun durch meine Theorie der Freiheit, als durchaus in der *Individualität* begründet, gänzlich wegfällt, ist demonstrirt. – Jenes Verhältniss kam daher, weil die *Natur,* der *Instinct* die Menschen bildete, desshalb in der Familie, und weil der Staat eigentlich Notiz nahm nur von den *Mündigen,* diese erst seine Glieder wurden. – Was jetzt eingreift in die Erziehung, ist die Religion, und der Staat nur als Schutzherr derselben. Dies ist bei dem historischen Ermessen wohl zu überlegen. Die Kirche hat in vielen Stücken dem Staate vorgegriffen. *Sie* bildet zum Himmel; dem Christenthume verdanken wir den Begriff der Gleichheit Aller in ihrer höchsten Beziehung, vor Gott. Die Bildung zum Staate und für die Welt bleibt der Familie überlassen, und da kann denn eben nichts Besseres herauskommen, als vorliegt, und die Menschheit kommt nicht weiter. – 1) Wie ist es so gefasst, mit der *Ehe?* 2) Wie ist das Schreien über Familienleben, Liebe u. dgl. zu beseitigen? – *ad* 1) Die Ehe ist die Weise des erwachsenen Menschen, zu leben. Das wäre ja aber eben in der Familie. Ich will jedoch die Ehen alle kinderlos, auch allen ferneren Zusammenhang zwischen Eltern und Kindern aufgehoben, durchaus wie Plato. An die Stelle der Eltern treten die Erzieher. – Auf die Tiefe zurückgeführt, wäre die Frage zu stellen: hat jeder Erzeuger ein *natürliches* Recht, Erzieher zu seyn, und die Liebe und Ergebenheit einzuernten, die in diesem Verhältniss liegt? – Dies Recht müsste liegen in der Herrschaft über die Natur: Kinder in ihrer Unmittelbarkeit sind Natur. Nun ist es durchaus unverständig, dass dies nicht Übertragen werde den Besseren, eigentlich Kundigen. Also ein solches Recht für jedermann, bloss weil er Vater ist, wäre zu *läugnen.* – *ad* 2) Darin liegt nun jenes Schreien über Familienleben mit darin; es liegt dies mit in den rohen Begriffen von den Kindern, als einem Eigenthum der Eltern. Es kann seyn, dass unter gewissen Verhältnissen die Familienerziehung gut sey; aber du hast kein *Recht* dazu; und dies wichtigste aller Institute kann nicht dem Zufall überlassen werden. – Aber die Ehe, überhaupt die Bestimmung des *Weibes,* wenn man ihr den Einfluss auf die Kinder, auf die Töchter raubt? Es könnten da doch mancherlei unaufgehellte Begriffe obwalten: *res altioris indaginis.*

Aus: Johann Gottlieb Fichte, Politische Fragmente aus den Jahren 1807 – 1813, in: Johann Gottlieb Fichtes sämtliche Werke, herausgegeben von J. H. Fichte, Band 7, Leipzig o. J., S. 582-584

Die Privaterziehung
(1805/ 1817/ 1835)

Heinrich August Christian Schwarz

§. 5.

1. Denken wir uns ein Kind von allen übrigen Menschen, außer Vater und Mutter (einem von beiden Eltern, oder irgend einer stellvertretenden Person), so völlig getrennt, daß nur diese und die umgebende Natur auf dasselbe Einfluß hätten, und denken wir uns dieses auch in der folgenden Entwicklungsperiode fortgesetzt, so wäre das die Privaterziehung im strengsten Sinne (...). In den drei ersten Lebensjahren findet sie nicht selten statt, und nicht gerade ohne Nachtheil, nur in dem dritten sehnt sich schon der Bildungstrieb nach mehreren Menschen. Indessen kann sich doch auch eine solche einsame Entwicklung in der zweiten, ja selbst noch in der dritten Lebensperiode ereignen, sey es durch das Schicksal oder durch Absicht. Für den ersten Fall müßte der erziehende Mensch in Geist und Gemüth das, was andere darbieten könnten, von sich allein in den Zögling ausgehen lassen, und dabei in dem Buche der Natur lesen lehren; der letztere Fall könnte unter Umständen zuläßig oder räthlich seyn, und man müßte dann ebenfalls jenen Weg einschlagen, wenn der Zögling gebildet werden soll. Es gibt nämlich (seltne) Individualitäten, welche nur auf diesem Weg gedeihen. Vielleicht wäre er bei manchem Schwachsinnigen anzurathen; auch könnte er Heilmittel für manchen verdorbenen Knaben (auch Mädchen) oder Jüngling seyn. Mehr mag das der Weg seyn, auf welchem ein Unterricht für ausgezeichnete Talente z. B. der Musik ertheilt würde, wobei jedoch der übrige Einfluß der Gesellschaft nicht grade abgeschnitten ist.

Anm.1. Diese Fälle darf der Pädagoge der neuesten Zeit nicht mehr unbeachtet lassen. Wenn sie gleich kaum irgend grade so vorkommen, so nähern sich ihnen doch manche an, und diese müssen eine Norm in jenen Grundzügen finden. Nicht selten treten sie mehr oder weniger bei dem Unterricht ein, welcher dann der Autodidaxie sich nähert. Der Fall, wo die Bücherwelt zu Hülfe genommen worden, erscheint uns hier und da in der Gelertengeschichte; von Malern und Musikern ist uns ein ähnlicher Bildungsgang bekannt. Im Alterthum bildete wohl manchmal abgezogen von der Welt ein Lehrer seinen Jünger, wie wir auch von manchem im Mönchthume wissen. Auch ist eine solche Bildungsweise ein schöner Stoff für die Poesie, und dann für unsere Kinder eine nützliche Lectüre, so der ROBIN-

SON CRUSOE, Original, und Nachbildung von Campe, so GUMAL UND LI-NA und andere mehr. Wir verweisen auch auf eine solche pädagogische Dichtung von einem arabischen Schriftsteller des Mittelalters GESCHICHTE DER ERZIEHUNG II, S.34. Wer was Einzelnes in einem Zögling vorzüglich ausbilden, pädagogische Kunststücke machen, somit auch Menschenopfer der Art bringen will, muß diesen Weg einschlagen (...).

Anm. 2. Die Nachtheile der isolirten Erziehung sind leicht bemerkbar, und pflegen es das ganze Leben hindurch zu seyn. Ungesundheit, Ungewandtheit, Unverträglichkeit, Pedantismus, und ein selbstsüchtiges Wesen der widerlichsten Art, dergleichen pflegt die Folge zu seyn. Die Muttersöhnchen gehören auch in diese Kategorie. Auch Rousseau's Emile.

§. 6.

2. Diejenige Privaterziehung, welche zugleich Familienerziehung ist, hat als die häusliche den Vorzug, daß sie den naturgemäßen Einfluß liebender Menschen, und zwar einen mehrseitigen, dem Kinde vergönnt; nicht nur dem Kinde, sondern auch dem Knaben und Mädchen bis in das Jünglingsalter hin. Denn auch noch in der späteren Jugendperiode ist das Wohlthätige dieses Einflusses nicht zu verkennen. Ist ja doch die Liebe die wahrhaft bildende Kraft (...). Vollkommen ist die häusliche Erziehung, wenn die Eltern gebildete edle Menschen sind, welche ihre Kinder gut zu erziehen verstehen, wenn die Geschwister, die etwa da sind, ältere und jüngere, freundlich mit einander umgehen, wenn alle Hausgenossen in den guten Ton einstimmen, wenn reine, schöne Sitte die Natur des Hauses ist, und wenn die Seele von allem gebildeten und bildenden Leben, christliche Frömmigkeit, in allen Gemüthern waltet. Eine christliche Familie ist die Heimath der wahren Erziehung (...). Indessen reicht das nicht hin, wo das Leben weniger ein patriarchalisches als ein civilisirtes ist, und reicht in dem Grade weniger hin, als die Cultur größere Ansprüche macht. Bei uns würde der junge Mensch weder genugsam moralisch noch intelektuell für die Welt, in welche er eintreten soll, durch die bloße Familienerziehung vorbereitet seyn, besonders wenn diese, wie gewöhnlich, selbst nicht alle Bedingungen erfüllt.

Anm. Wenn gleich das Gemüth und die Lebenseinfachheit in dem Familienleben so viel auch für den Charakter gewinnen kann, daß dieser würdig in der Gesellschaft dasteht, so bildet sich dieser für unsere Zeit doch eigentlich am besten „im Geräusche der Welt"; und wenn auch öfters „das Talent sich in der Stille" am besten bildet, so bedarf doch selbst der geniale Künstler mehr als das für das Leben. Ein allmähliges Eintreten in die gesellige Verhältnisse unserer Cultur ist überall zu wünschen, und die Beschränktheit des Hauses läßt immer Einseitigkeit zurück. Übrigens läßt sich die häusliche Erziehung schön idealisiren; HEUSINGERS FAMILIE WERTHHEIM.

§. 7.

Der Unterricht, den das Kind erhalten soll, wird naturgemäß zuerst von der Mutter ertheilt, und weiterhin von dem Vater (...); allein nur selten hat dieser dazu die Zeit, oder ist dazu fähig, und unser Culturstand macht wenigstens für den heranwachsenden Knaben und Jüngling die Hülfe anderer Lehrer in der Regel nöthig. Daher erweitert sich manchmal die Privaterziehung durch solche Hülfe, welches denn auf mehrfache Weise geschehen kann. Entweder wird ein Gehülfe für die Erziehung ins Haus aufgenommen, oder es wird dieser oder jener Zweig des Unterrichts einem oder mehreren Lehrern übertragen, es sey nun, daß diese in das Haus kommen, oder daß der Schüler zu ihnen geschickt wird, entweder einzeln oder zum Lernen mit mehreren. Für den ersten Fall tritt der Hauslehrer in das Familienleben ein; der 2te Fall findet mit seinen Modificationen in den sogenannten Privatstunden statt.

Anm. Da diese Fälle in mancherlei Form unter uns vorkommen, so verdient jeder besonders betrachtet zu werden, da man sie bisher zu wenig unterschieden hat.

§. 8.

3. Der Hauslehrer ist der Gehülfe der Eltern entweder für das Ganze der Erziehung, oder nur für den erziehenden Unterricht. Die Eltern übergeben ihm hierzu Rechte, welches sie jedoch nur unter der Bedingung dürfen, daß sie auf ihn völliges Zutrauen für diesen Zweck setzen können, und sie sich ihres Elternrechts nicht ganz begeben. Das hat zwar immer als ein künstliches Verhältniß seine Nachtheile, die nur dadurch gemindert werden, daß der Erzieher in Einstimmung und Freundschaft mit den Eltern steht, gleichsam als ein Familienglied; aber dann hat es auch den Vortheil der mehrseitigen Bildung. – Übertragen sie ihm blos den Unterricht, so ist das zwar das natürliche Verhältniß, allein der Hauslehrer ist zu sehr wegen der Unarten der Kinder beschränkt, so daß er beständig genöthigt seyn kann, sich an die Eltern zu wenden; und nur wenn diese die Kinder gut erzogen haben und erziehen, kann die Sache gut gehen. Das beste Verhältniß ist, wenn die Eltern mit dem Erzieher sich freundschaftlich in das gemeinsame Geschäft so theilen, daß der Vater, wie es die Natur verlangt, die Leitung behält, und der Lehrer sein verständiger Gehülfe ist. Beide berathen sich zusammen, theilen sich weiter in die Wirksamkeit, und wo der Hausleher als Erzieher eintritt, geschieht es nur so, da er dem Kinde unmittelbar als Stellvertreter seines Vaters erscheint. Ist kein Vater da, so findet dasselbe

statt zwischen dem Hauslehrer und derjenigen Person, die an des Vaters
Stelle ist, z. B. der Mutter, wodurch das Verhältniß mißlicher wird, und in
der Regel dem Hauslehrer das väterliche Ansehen fast ganz übertragen werden muß.

Anm. Es ist viel über Hofmeister und Hauslehrer, für und wider, geschrieben worden; aber die Sache entscheidet sich einfach, wenn man die
Rechte, die Pflichten und die Folgen des Naturverhältnisses betrachtet. BÜ-
SCHING, BRÜCKNER, W. SNELL, K. H. HEYDENREICH, J. M. SAILER, CAMPES
REV. W., NIEMEYERS GRUNDSÄTZE, J. P. FR. RICHTERS LEVANA und Andere
haben über den Gegenstand wichtige Belehrungen ertheilt. Es herrscht aber
da noch manche irrige Meinung, und öfters leidet die Würde des Hauslehrers; nicht selten aber maaßt er sich Rechte an, die nur den Eltern zukommen. Die Wahl eines Hauslehrers ist immer etwas Mißliches, und die Regeln, die man darüber geben möchte, beweisen sich selten in der Anwendung nützlich, denn es kommt dabei mehr als man glaubt auf die Persönlichkeit an, wie der in die Familie eintretende junge Mann den Eltern und
diese ihm zusagen. Gewöhnlich sind da im Anfange manche gegenseitige
Befremdungen, aber bei guter Denkart findet man sich doch meist zusammen, und oft desto besser, wie dieses gezeigt ist in meinen DARSTELLUN-
GEN AUS DEM GEBIET DER PÄDAGOGIK I in der WEIHE DES PÄDAGOGEN –
Die Benennung „Hofmeister" ist mit Recht veraltet; besser war noch jene
alte „Magezoge".

§. 9.

4. Schwieriger noch ist die Aufnahme von Erzieherinnen in die Familie.
Denn sie treten mehr in ein mütterliches Verhältniß ein, und als Lehrerinnen bedürfen sie einigermaßen auch väterliches Ansehen. Seltener sind
auch Frauenzimmer für einen solchen Beruf genugsam gebildet, und grade
sie müssen sehr rein weiblich gebildet seyn, wenn sie wirken sollen. Über-
das hängt, bei der so leicht gegen ungünstigen Stimmung des weiblichen
Geschlechts, eben für dieses Verhältniß noch mehr von der Persönlichkeit
ab, und so gehört es unter die Seltenheiten, daß die Erziehung und der Unterricht der höheren Töchter durch Hauslehrerinnen gelingt. Indessen ist
doch manchmal ihre Hülfe nothwendig, besonders wo sie etwa in den Geschicklichkeiten der weiblichen Hand, wie auch im Zeichnen, in der Musik,
und dergleichen Unterricht ertheilen. Am häufigsten werden für die französische Sprache Lehrerinnen gesucht, deren Muttersprache sie ist, welches
auch der beste Weg wäre sie zu erlernen (...); allein die Nachtheile, die
hierbei oft genug beklagt werden, und die hauptsächlich durch das Fremd-
artige in der Erziehungsweise einer andern Nation kommen, lassen sich
selbst durch die größere Beschränkung solcher Französinnen selten beseiti-

gen. Den wissenschaftlichen Unterricht der Mädchen werden in der Regel Hauslehrer besser besorgen als Lehrerinnen, noch weniger würden letzteren Knaben zu übergeben seyn.

Anm. Indessen gibt es erfreuliche Ausnahmen, und ein edel gesinntes und gebildetes Frauenzimmer kann für die Stimmung und Bildung der ganzen Familie sehr wohlthätig wirken, wie manchmal eine Tante im Hause oder eine ältere Schwester ein schönes Vorbild gibt. „Gouvernanten" jener älteren Art, wie sie BÜRGER in der Mlle. la Regle besingt, und sie nicht bloß in solchen Satyren vorkommen, scheinen mit den alten Methoden verschwunden zu seyn, erscheinen aber wohl hier und da im neuesten Kostüme. Wir würden überhaupt rathen, den Hauslehrer und noch mehr die Erzieherin auf gegenseitige Probe zu wählen (...).

§. 10.

5. Ganz besonders wird für die P r i n z e n e r z i e h u n g der Privatunterricht und ein besonderer Führer verlangt; denn die Stellung des künftigen Regenten, wie auch derer gewöhnlich, die seiner Familie verwandt sind, ist sehr verschieden von den Verhältnissen aller derer, die unter ihres Gleichen in das öffentliche Leben eintreten. Weil aber die Jugend für ihre künftige Bestimmung erzogen werden soll, so muß auch schon der Knabe für jene höhere Stellung vorbereitet werden, damit nicht ein greller Gegensatz späterhin die Einheit und Gradheit des Charakters unterbreche, und der junge Mensch der Gewöhnung für seine künftige Lage entbehre. Zwar bleibt es dahin gestellt, ob nicht einige Verbindung der Privaterziehung mit der öffentlichen nach Maaßgabe des Alters und Charakters räthlich sey. Wenigstens muß in mehrfacher Hinsicht für die Vielseitigkeit gesorgt werden. Nur von einer Seite kann die Bildung durch zwei Führer dafür sorgen. Der eine ist dann mehr der eigentliche Führer (Hofmeister), der andere mehr der Lehrer. Weil aber das Lehren mehr etwas väterliches ist, so wird der Lehrer eines jungen Herrn von der einen Seite über dem Hofmeister stehen, von der andern Seite aber doch diesem wegen der Wichtigkeit der äußeren Verhältnisse untergeordnet seyn müssen. Wie mißlich und verwickelt dieses sey, und wie schwierig die freundschaftliche Einstimmung zwischen beiden, bedarf keiner Erinnerung.

Anm. Auch über die Prinzenerziehung geben BASEDOW, BÜSCH, EHLERS, LIEBERKÜHN und Andere noch mehr NIEMEYER und die LEVANA Belehrung. Die Schriften mehrerer Franzosen gehören hierher, welche auch viel über Erziehung des Adels geschrieben; unter den Deutschen ABBT und Andere. Noch fehlt uns eine Anweisung zur Erziehung eines künftigen Regenten, welche nicht nur dem Bedürfnisse der Zeit entspräche, sondern auch diesen wichtigen Gegenstand aus seiner Idee gründlich entwickelte.

§.11.

6. Wenn es rathsam gefunden würde, mehrere Gehülfen in der Familienerziehung anzunehmen, sey es nun zu größerer Vielseitigkeit im Unterricht,
oder zu vollständigerem Einfluß auf die Charakterbildung der Kinder, so
müßten doch zugleich die Nachtheile beseitigt werden, die schon überhaupt durch die Vielherrschaft hier aber in der schlimmsten Weise entsteht.
Denn die Erziehung fordert Einheit im Plan und in der Ausführung. Es
müßten also thätigen Mitglieder unter einem Manne stehen, der alles leitet
und welches am schicklichsten der Hausvater wäre. Allein dieser müßte
dann diejenige Einsicht besitzen, welche jedem einzelnen Gchülfen das
Seinige in diesem Geschäfte so zutheilte, daß dieser selbst darin das Richtige anerkennete, müßte überhaupt die Erziehung verstehen, den ganzen Or-
ganismus durchschauen, und jede in demselben thätige Kraft zur Freudigkeit beleben. Wie selten ist das aber möglich! Daher ist in der Regel einem
der Hauslehrer die oberste Stelle zu übertragen, mit einer solchen Leitung
des Ganzen, in welchem die andern Lehrer sich nur nicht beeinträchtigt
fühlten. Da auch dieses nicht leicht zu erwarten ist, liegt in der Natur. Am
schwierigsten ist die Sache, wenn auch Gouvernanten zu regieren sind.
Noch am ersten ausführbar erscheint der Vorschlag durch zwei Hauslehrer,
deren Persönlichkeit die zwei verschiedenen Kräfte, welche organisch zusammenwirken, repräsentiren, die Naturwirksamkeit nachzubilden (...),
wenn nur solche junge Männer so leicht zusammenzufinden wären.

Anm. Mann kann wohl ein Ideal dichten, wie J. P. RICHTER, der in seinem TITAN einen Knaben durch 2 verschiedenartige aber harmonisch ein-
wirkende Führer erziehen läßt, auch mag Ähnliches in der Erfahrung hier
und da vorkommen, allein wer kann auf so etwas rechnen? Nur Vater und
Mutter sind die natürlichen Organe der in liebevollem Einklang erziehenden Strenge und Milde. – Aber wie sind die Übel alle zu vermeiden, wo
mehrere Personen männlichen und weiblichen Geschlechts im Hause zu
erziehen und lehren haben! – Zwistigkeiten – Liebesverbindungen etc. –
und zu allem dem noch die Dienstboten! Schwer ist das für die Hausregie-
rung.

§. 12.

Weil die Erziehungsweise durch Hauslehrer eine sehr gewöhnliche ist, so
sollten nicht nur die Eltern, sondern jeder junge Mann, der sich dem Erziehungsgeschäfte widmet, mit den Grundsätzen, wonach dieses Verhältniß
zu ordnen ist, sich vorher vertraut machen. Noch vor dem Eintritt sollte
man sich offen gegenseitig erklären, den Vertrag den die beiderseitigen Leistungen verspricht, möglichst bestimmt ausmachen, damit alle Spannungen

verhütet werden, wie sie aus unklaren Puncten zu entstehen pflegen; aber nicht mit Mißtrauen, sondern dabei das volle Zutrauen äußern, weil die Hauptsache das Innere ist, welches nicht wie die äußeren Rechte erzwungen werden kann; und doch nur erst auf eine Zeit lang sich zu diesem Verhältnisse verbinden, weil so vieles dabei auf die persönliche Zuneigung ankommt. Ist nun die Verbindung zwischen Principal und Hauslehrer eingegangen, so soll dieser gewissenhaft nicht bloß äußerlich, sondern mit Herzenslust sein übernommenes Geschäfte betreiben, sich nichts anmaaßen was ihm nicht übertragen ist, die natürlichen Rechte der Eltern auch von seinen Zöglingen anerkennen lassen, und wo die Eltern Fehler machen, welches häufig genug zu beklagen ist, diesen mit Gründen Vorstellungen machen, aber überall Bescheidenheit, Sittlichkeit und anständige Lebensart beweisen, auch wenn es im Hause daran fehlt; grade dann darf es am wenigsten an seinem Beispiele fehlen. Von Seiten des Principals (der Eltern oder Versorger) soll ihm überall Achtung, Liebe, Gefälligkeit entgegenkommen, ja von allen Hausgenossen. Der Hauslehrer muß überhaupt aufgemuntert und gehoben werden, wenn er mit Kraft und Erfolg arbeiten soll; es ist der Vortheil des ganzen Hauses. Mängel und Fehler wird man an jedem finden, auch an dem besten, aber warum sie mit Verdruß rügen, und nicht lieber mit sanftmüthigem Geiste und Zutrauen ihm bemerkbar machen, ohne ihn herabzusetzen? Das wirkt ja mehr. Vielleicht ist auch nur Nachsicht nöthig, da sie sich wahrscheinlich bei längerem Eingewöhnen in diese neue Lage von selbst verlieren. Überhaupt will dieses Verhältniß, weil es zugleich ein inneres ist, gegenseitig mit Freundlichkeit behandelt seyn; würde dabei mehr das äußere Recht geltend gemacht, als die vertrauliche Gesinnung, so wäre das Wesen desselben zerstört, und müßte dann abgebrochen werden. Nur wo diese Gesinnung waltet, wird es gut bestehen, und vielleicht mit jedem Tage sich angenehmer befestigen.

Anm. 1. Es ist mit diesem Verhältniß fast wie mit dem ehelichen; übel steht es dann, wo nur das Rechtsgesetz und nicht das Herzensband es festhält. Und auch mit der Empfehlung des Hauslehrers ist es eine mißliche Sache, wenn er sich nicht selbst erst persönlich bekannt macht; außerdem ist auf Empfehlung nicht sicher zu gehen, auch dann nicht, wenn sie von Schul- oder Universitätslehrern kommen, am wenigsten, wenn diese bloß auf die Kenntnisse des jungen Mannes ihre Empfehlung stützen, da doch Lehr- und Erziehungstalent so wie edler Charakter die unerläßlichen Bedingungen sind. Erzieherinnen auf bloße Empfehlungen hin anzunehmen, ist noch mißlicher. Schlägt aber die Wahl gegenseitig gut ein, so ist es ein desto glücklicheres Verhältniß, das der Prinzipal wie der Hauslehrer wohl schätzen möge. Der letztere kann alsdann die Kinder in Berathung mit den

Eltern so genau, wie es irgend möglich ist, nach ihrem Naturell, ihrer Ge-
müthsart, ihren Fähigkeiten usw. kennen lernen, sie desto richtiger behandeln, und auf das ganze Haus segensreich wirken, dabei auch sich selbst
trefflich fortbilden. Waltet nun vollends der Geist des Christenthums in
der Familie, dann wird da ein schönes Erziehungsleben erscheinen. Eine
Schilderung findet man in meinen DARSTELLUNGEN AUS DEM GEBIET DER
PÄDAGOGIK I im oben angeführten Aufsatz „Die Weihe des Erziehers".
     Anm. 2. NIEMEYER hat in seinen GRUNDSÄTZE DER ERZIEHUNG im
zweiten Buch über die Erziehungsgehülfen, ihre Bildung etc. vorzugsweise
belehrt; wie auch J. P. RICHTER in seiner LEVANA den zweiten Buch diesem
Gegenstande hauptsächlich gewidmet hat und besonders auch von den
Gouvernanten redet (...).
     3. Die Lehrmittel sind in der häuslichen Erziehung besonders nöthig,
weil sie die Erregung des Bildungstriebes, und auch die Erholung, welches
beides sonst durch das Gesammtleben unter Mitschülern kommt, möglichst ersetzen müssen. Daher sind hier Bücher zur unterhaltenden Lectüre,
schickliche Spiele, belehrende Apparate und dergleichen nöthig. Das Wichtigste aber ist der Umgang des Hauslehrers mit seinen Zöglingen, der ihm
selbst eine angenehme Unterhaltung gewähren kann, und wobei er „Spa-
ziergänge" wie die von ANDRÉ UND BECHSTEIN (1796-1799) und „Reisen",
wie die der SALZMANNSCHEN ZÖGLINGE (1784-1793) machen möge.

§. 13.

7) Die Privatstunden. Unter diesem Namen versteht man denjenigen Unterricht, welcher von Lehrern ertheilt wird, die nicht für den Erziehungsplan aufgenommen sind, sondern nur für einzelne Gegenstände eintreten,
also gewöhnlich ab- und zugehen, und auch öfters wechseln. Genau genommen sollte aber auch dieser Unterricht ein ergänzender Theil der Erziehung, und hiermit den Gesetzen des erziehenden, so wie die Lehrer
selbst dem Plane desselben unterworfen seyn. Indessen kann man leider nur
selten darauf rechnen. Einige Lehrgegenstände werden da wohl ziemlich
gut besorgt, namentlich Geographie, Mathematik und andere Realien, auch
die alten Sprachen, weil man für dieselben eher gebildete Lehrer findet;
weniger ist man glücklich solche für die neueren Sprachen zu finden, und
am wenigsten pflegt die französische in solchen Privatstunden gut erlernt
zu werden (...). Am besten gelingt noch dieser Unterricht in den schönen
Künsten wie Musik und Zeichnen. Man muß froh seyn, wenn man nur
Lehrer für Gegenstände findet, die der Hauslehrer nicht besorgen kann,
und welcher vermöchte Alles! und man suche dann den Unterricht in den
Plan des Ganzen, und die Lehrer in die rechte Methode hereinzuziehen.
Können mehrere Schüler an einer Privatstunde Theil nehmen, so ist es für

die gegenseitige Erregung gut, nur muß die Zahl der Schüler darnach berechnet seyn.

Anm. Wenn aller Unterricht durch Privatlehrer ertheilt wird, so hat das mancherlei Nachtheile, ohne noch den Vortheil zu haben, daß das Individuelle des Schülers genugsam beachtet wird, welches nur der Hauslehrer zu erkennen vermag. Die Bestimmung des Mädchens widerspricht solches vereinsamte und verstückte Lernen weniger als der Natur des Knaben, für welches höchstens bis zum zehnten Jahre der Privatunterricht dienen kann. Ganz anders verhält es sich mit dem Religionsunterricht, der vorerst dem einzelnen Schüler erteilt wird, dann aber den Katechumenen zusammen, als denen, die in die Kirchengemeinschaft eintreten. – Sieht man den Privatunterricht an, wie er gewöhnlich in den Städten vorkommt, so kann man nur den Verlust der edlen Zeit, und noch mehr das Erkranken der Lernkraft beklagen(...).

§. 14.

8. Die erweiterte Familie. Wir meinen damit die bisweilen vorkommende Anstalt, wo mehrere Familien zusammentreten, und sich zur Erziehung ihrer Kinder vereinigen. Sowohl der äußere Zweck der Kostenersparniß, als der innere der vielseitigen Bildung kann eine solche Einrichtung anrathen. Sie kann in verschiedenen Formen erscheinen. Entweder wohnen die Familien zusammen, mit einem oder mehreren Hauslehrern, oder eine Familie nimmt noch einige Kinder zu den ihrigen auf, oder es wird ein Lehrer (etwa mit Gehülfen) außer dem Hause zu der gemeinsamen Erziehung für die Kinder mehrerer Eltern angenommen. Die erste Form setzt eine seltene Vereinigung von befreundeten Eltern voraus, und dabei das Vertrauen zu Einem unter ihnen, dem die Leitung übertragen wird; und das könnte ein schönes Erziehungsleben werden. Die zweite Form ist leichter einzurichten, und kommt auch eher vor; für die mehrseitige Bildung kann sie den Kindern dienen, wenn übrigens alles darauf angelegt ist, namentlich durch Gehülfen. Die dritte Form findet sich hier und da an Orten, wo mehrere Familien wohnen, die etwas auf eine bessere Erziehung ihrer Kinder verwenden; sie beweiset sich nützlich, wenn die Wahl der Lehrer glückt. Diese letztere Einrichtung macht den Übergang zu den eigentlichen Erziehungs- und Schulanstalten.

Anm. Wenn Geistliche auf dem Lande ihre Familie durch Aufnahme von Zöglingen erweitern, so ist das oft für beide Theile sehr vortheilhaft. In manchen Gegenden pflegen die Familien mit den Kindern auf eine Zeit lang zu tauschen, welches den Vortheil hat, daß die Kinder nicht an das elterliche Haus verwöhnt, sondern mehrseitig für das Leben vorbereitet werden. Der Lehrplan wird zwar dann unterbrochen, und das wohl mit Zurücksetzung des besseren Lernens auf längere Zeit hin, aber es kann ein Heilmittel für manche Kinder, und auch außerdem der Gewinn für die sittliche Erziehung überwiegend seyn. Für das Erlernen einer ausländischen Sprache beweiset sich solcher Tausch als vorzüglich, wie z. B. in der französischen und deutschen Schweiz schon seit länger her.

Aus: Heinrich August Christian Schwarz, Lehrbuch der Erziehungs- und Unterrichtslehre, herausgegeben von Hans-Hermann Groothoff und Ulrich Herrmann, Paderborn 1968, S. 229-237

Über Erziehung unter öffentlicher Mitwirkung -

Vorgelesen in der Deutschen Gesellschaft zu Königsberg am 5. Dezember 1810[1]

Johann Friedrich Herbart

Einladend und scheinbar groß ist der Gedanke, die Jugend einer Nation in größeren Massen unter einer gemeinschaftlichen Disziplin heranwachsen zu lassen. Frühzeitig verbrüdert, durch gemeinsame Bildung gleich gestimmt, werden sie in den bürgerlichen Verein die echte gesellige Stimmung mitbringen. Der Staat wird in der Schule keimen, Verbesserung der Schule ist die Verbesserung der Erziehung und der Völker.

So haben Männer gesehen, die mit ebensoviel Gemüt als Geist ein langes Leben der steten Aufmerksamkeit auf die Bedürfnisse der Nation gewidmet haben. In diesem Punkte begegnen sich Alte und Neue: *Xenophon* und *Plutarch*, einstimmig mit *Fichte* und *Pestalozzi*, rühmen uns Gesetzgebungen, deren Grundlage eine öffentliche Erziehung ausmachte.

Ich wage es, darüber meine Meinung vorzutragen. Ich hoffe dies ohne Unbescheidenheit zu können. Man traut mir zu, so darf ich glauben, daß weder die Gefühle noch die Gründe mir fremd sind, von denen jene Meinung getragen wird. Was ich aus genauerer Ansicht der Pädagogik in ihrem mannigfaltigen Detail darüber zu sagen habe, dies wird vielleicht einen passenden Stoff darbieten, um die Aufmerksamkeit zu benutzen, womit diese Versammlung mich heute zu beehren versprochen hat.

Treten wir noch nicht gleich in die Pädagogik hinein! Lassen Sie uns, nachgiebig gegen die fremde Meinung, gleich jenen Männern zuerst vom Staate aus auf die Schule hinunterschauen, wohl wissend zwar, daß dies keineswegs die rechte Art ist, das Bedürfnis und die Möglichkeit der Erziehung zu erforschen. Denn niemals lernt derjenige eine Sache recht kennen, der damit anfängt, sie als Mittel zu etwas anderem zu betrachten. Und ebensowenig verstehn diejenigen sich auf Erziehung, die, nachdem sie lange vorher mit staatskünstlerischen Theorien und frommen Wünschen sich getragen hatten, nun endlich aus Verzweiflung die Pädagogik nicht etwa zu Hilfe rufen, – nein, eine neue Pädagogik erfinden wollen, so wie sie sein müßte und müßte sein können, um für jene politischen Theorien einen Strebepfeiler abzugeben. Aus Nachgiebigkeit aber begebe ich für einen Au-

---

[1] Vorgelesen zur Anregung des Gesprächs, nicht um den Gegenstand erschöpfend abzuhandeln.

genblick mich selbst auf diesen verkehrten Weg. Ich suche also mit andern eine Pädagogik im Dienst des Staats, versteht sich für den Staat, wie er sein sollte, nicht wie etwa ein wirklicher Staat mag beschaffen sein.

Soll nun diese Art von Betrachtungen angestellt werden, so ist *Platon* der Allererste, welchen zu nennen sich gebührt. Platon, der Ideenlehrer, hat seine Idee vom Staate so hoch gestellt, daß vieles zwar übrigbleibt hinzuzufügen und zu berichtigen, niemandem aber es möglich ist, seinen Grundgedanken zu überfliegen. Gleichwohl fängt dieser begeisterte Mann höchst besonnenerweise damit an, umständlich von der Teilung der Arbeiten im Staate zu reden, von den verschiedenen Gewerben, von der Verschiedenheit der Lebensarten, die dadurch notwendig werde, ja von der Verschiedenheit der Ausbildung, die zu diesen verschiedenen Lebensarten gehöre. Hiermit verbindet er die Betrachtung der verschiedenen Naturanlagen; nach seiner Vorschrift soll jeder diejenige Bildung erhalten, wofür seine Anlage paßt. Vernachlässigung dieser Vorschrift ist nach ihm die furchtbarste, ja die einzig furchtbare Ursache alles politischen Unheils. Er rechnet nur auf eine geringe Zahl der glücklichen Naturen, die einer feinern Bildung – der Musik, wie er sich ausdrückt – fähig sein werden. Und noch viel geringer denkt er sich die Zahl derer, welche man in die wahre Weisheit, die zugleich Metaphysik, Mathematik und Regierungsweisheit ist, werde einweihen können. Von Volksbildung ist in der ganzen Platonischen Republik gar keine Rede, aber ein großer Teil des Werks ist der Erziehung der Auserwählten gewidmet, welche für die Gewerbe zu gut sind und denen dagegen der Staat soll anvertraut werden.

Dies gänzliche Schweigen von der Bildung des Volks ist unleugbar ein Fehler, der wahrscheinlich nicht vollends so groß wäre, hätte Platon mehr als die großen Hauptzüge des Gemäldes kräftig entwerfen wollen; denn die Auszeichnung mangelt allenthalben. Aber das Hinweisen auf die Teilung der Lebensarten und der Schluß von da auf die Verschiedenheit der Erziehung ist ganz wesentlich und unvermeidlich, sobald jemand mit voller Besonnenheit, von der Politik herkommend, in die Pädagogik hineingeht. Nicht bloß in den wirklichen Staaten, sondern recht eigentlich in der Idee des Staats, wie er sein sollte, kommt es darauf an, sich das richtige Zusammenwirken Vieler und Verschiedener zu der Verwaltung und Kultur deutlich zu denken. Wer dies verfehlte, der müßte wohl in die Rousseauschen Träume versunken sein, die nicht etwa deshalb Träume sind, weil sie sich nicht ausführen lassen, sondern deshalb, weil sie nicht ausgeführt werden sollen und dürfen. Denn *Rousseaus* Freiheit und Gleichheit ist gleiche Willkür aller, *Platons* Ungleichheit ist Unterordnung aller unter Vernunft und Pflicht.

Es mögen demnach die Freunde der Volksbildung mir ja nicht zürnen, wenn ich behaupte, der Weg von der Politik in die Pädagogik sei ein verkehrter Weg. Auf diesem Wege kann nichts andres gefunden werden als eine immer feinere und genauere Untersuchung dessen, was jeder werde leisten können und worauf eben deshalb seine besondere Bildung solle gerichtet werden. Der Staat ist zwar eins, aber eine Einheit der Zusammenwirkung möglichst verschiedener Elemente. Und so würde er zwar Schulen nötig haben, aber sehr mancherlei verschiedene Schulen, auf ebendiesen Schulen aber ebensoviele verschiedene Verbrüderungen, einen ebenso mannigfaltigen Stil der Schulfreundschaften, also eine verfrühte Trennung der Kinderwelt durch die Trennungen im Staate, eine voreilige Bezeichnung von Gegensätzen unter Menschen und Menschen statt der gewünschten Vereinigung und Gleichförmigkeit. Die Folge dieser Trennungen kann keine andre sein, als daß die Heranwachsenden, die sich abgesondert fühlen von den Andersgebildeten, nun ihr Erlerntes zu Markte bringen, um es so teuer als möglich zu verkaufen gegen den Gewinn, den sie aus der Tätigkeit andern zu ziehen hoffen. So läuft die vom Staate aus geordnete Erziehung am Ende dem Staate selbst zuwider, während die rechte Erziehung, die sich um den Staat nicht bekümmert, die gar nicht von politischen Interessen begeistert ist, gar nicht einen für den andern, sondern jeden nur für sich selbst bilden will, eben darum dem Staate aufs beste vorarbeitet, weil sie die ohnehin verschiedenen Individualitäten insoweit gleichförmig bildet, daß sie sich in den Jahren der Reife einander anschließen können.

Weit milder in jeder Hinsicht fällt also das Resultat aus, wenn wir die Pädagogik, wie sich's ohnehin gebührt, auf ihre eignen Füße stellen, wenn wir sie ansehn als die Wohltäterin der Einzelnen, deren jeder ihrer Hilfe bedarf, um das zu werden, was er einmal wünschen wird geworden zu sein. Alsdann aber verschwinden uns sogleich die Schulen; denn jedes Individuum bedarf der Erziehung für sich, und darum kann die Erziehung nicht wie in einer Fabrik arbeiten, sie muß jeden Einzelnen vornehmen. Oder wenn gleichwohl die Schulen bleiben, so bleiben sie als das, was sie sind nämlich als Nothilfen, weil es so viele Zöglinge gibt und so wenige Erzieher. Bleibt nun aber auch *das* Übel, daß nicht einmal diese wenigen Erzieher zugleich Schullehrer sind, daß vielmehr die Schullehrer bloß nach Kenntnissen und nach derjenigen Art von Lehrgeschicklichkeit geschätzt und ausgesucht werden, die das Einzelne mitteilt, ohne sich um seine pädagogische Zusammenwirkung mit dem Übrigen zu bekümmern, – alsdann freilich sind die Schulen nicht einmal Nothilfen, sondern sie treten in völligen Gegensatz gegen die Erziehung und sinken eben dadurch völlig zur alltäglichen Gemeinheit herab.

Sollen wir nun, um solchem übel zu wehren, um die Pädagogik ganz in ihre Rechte einzusetzen, vielleicht jenen verkehrten Gang wieder umkehren? Sollen wir von der Pädagogik in die Politik hinübergehn, sollen wir alle zur guten Erziehung gehörigen Hilfsmittel von den Staatsmännern fordern? Die nächste Antwort, die wir erhalten würden, läßt sich voraussehen. Der Staat sorgt zuerst für die jetzige Generation der Erwachsenen; er sorgt für sich selbst, er hat genug Arbeit, genug Aufwand nötig, um nur ganz Staat zu sein. Will die Pädagogik kein Gesetz von der Politik annehmen, so läßt sich noch weniger die Politik der Pädagogik unterordnen. Sollte der Staat vom Notwendigen noch etwas übrigbehalten, so will er dies Übrige der Erziehung wohl als milde Gabe spenden – eine Antwort, gegen die sich selbst von seiten der *Idee* des Staats nicht viel einwenden läßt. Denn diese Idee weiß nicht einmal davon, daß die Menschen nur allmählich heranwachsen, daß sie der Erziehung bedürfen, um vernünftige Menschen zu werden. Die Idee des Staats setzt vorhandene und fertige Vernunftwesen voraus. Diesen bezeichnet sie die rechte Art ihrer Gesellung. Sie ist darin genau und streng; sie macht es den Menschen gar nicht leicht, sondern nimmt alle Kräfte in Anspruch, *schon dazu*, damit der wahre und vollkommene Staat entstehe und beharre. – Die Staatsmänner aber würden vielleicht noch mehr antworten als nur jenes, und dieses Mehr mit ebenso gutem Grunde als das erstere. „Wollt ihr denn uns", könnten sie sagen, „uns, die wir alles Einzelne unter allgemeine Regeln beugen, uns, die wir den vorgeschriebenen Formen die Herrschaft sichern, die wir eine Form höchstens darum verlassen, um eine neue Form an deren Stelle zu setzen, die wir keine Selbständigkeit anerkennen als nur in dem Ganzen und in jedem Teile nur einen Ausdruck des Ganzen oder ein Mittel zum Ganzen erblicken, – uns wollt ihr den weichsten aller Stoffe, das menschliche Kind, zur Ausbildung empfehlen, zur langsamen, durch kaum unterscheidbare Stufen fortgehenden, durch die zarteste Liebe allein und durch den feinsten Kunstsinn möglichen Ausbildung? Wir dachten doch, ihr hättet einen klareren Begriff von einer Kunst und von einer künstlerischen Sorgfalt! Wollt ihr nicht etwa auch uns fürs Gedeihen der Musik und der Plastik und der Dichtung verantwortlich machen? Wie freilich manche getan haben, vergessend, daß der Künstler geboren wird und daß die Gunst ihm zwar nötig, aber zugleich gefährlich wird. Eine zu helle und zu warme Sonne vertragen die Musen nicht wohl, ein leichtes Obdach gegen Frost und Regen mögen wir ihnen wohl bereiten. Und so wie wir für alle Künstler sorgen, also auch würden wir gern für den Erziehungskünstler sorgen, erschiene uns einer, der von echter Begeisterung deutliche Proben in vollendeten Werken vorzeigen könnte."

Reden so die Staatsmänner, so würden sie gerade an den Hauptpunkt erinnern, von dem das Heil der Erziehung abhängt, daran, daß die Kunst des Erziehens einen *Künstler* fordert, nicht einen Staatsmann, nicht einen Gelehrten, nicht einmal das Gefühl eines Vaters. Widerspenstig gegen diese Forderung ist zwar nicht der Staat, nicht die Wissenschaft, nicht das Familienband, aber widerspenstig stemmt sich dagegen die Einbildung derjenigen Menschen, die da meinen Erzieher zu sein, weil sie Väter sind oder Mütter, Pädagogik zu verstehn, weil sie Gelehrte sind, der Pädagogik gebieten zu können, weil sie Staatsmänner sind! Diesem verderblichen Wahn, was soll man ihm entgegensetzen? Was, wenn es nicht hinreicht, zu erinnern an die genaue Kenntnis der menschlichen Natur, nicht in ihrer gewöhnlichen Beschränktheit und Verdorbenheit, sondern in ihrer ursprünglichen unendlichen Bildsamkeit? An die Durchforschung aller Verhältnisse des mannigfaltigen Wissens zu den verschiedenen Interessen des Menschen? An die Beurteilung der höchst verschiedenartigen und vielfältigen Bedingungen unter denen die Charakterbildung, insbesondere die sittliche Charakterbildung, steht? Denn so vielfältig und so versteckt sind diese Bedingungen, daß sie ebendeshalb den Schein veranlassen, als wäre ein inneres oder ein äußeres Übersinnliches, Freiheit oder Gnadenwahl, was, eingreifend in die Sinnenwelt, die Erscheinung der Tugend oder der Bosheit vor unsre Augen stelle. Alles dieses muß dem Erzieher geläufig sein, und damit muß er noch den feinsten Beobachtungsgeist, die engste Anschließung an das Individuum verbinden. Wer wird dieses fordern oder erwarten von dem Vater, weil er Vater ist, von den Gelehrten, von den Staatsmännern, insofern sie Gelehrte sind und Staatsmänner?

Eigne Talente, eigne Gelegenheiten, eigne Übungen und einen eignen Platz in der menschlichen Gesellschaft braucht der Erziehungskünstler. Seiner aber bedürfen so viele Menschen, als es Väter gibt und Mütter, die ihre Kinder lieben, und als es Waisen gibt, die weder Vater noch Mutter haben. Möchte man nun dieses anerkennen! Möchte man statt des schädlichen Selbstvertrauens lieber behaupten, es habe noch *keiner* unter den Menschen Pädagogik, diese tiefe Wissenschaft, Erziehungskunst, diese schwere und nie auszulernende Kunst, wirklich verstanden. Durch eine solche Behauptung würde sich gereizt fühlen, wer von der Pädagogik etwas und ein wenig mehr als die andern zu verstehen meint, gereizt und getrieben zu dem Versuche, dies wenige allmählich so weit auszudehnen, bis sich leidliche und nicht unkenntliche praktische Resultate dadurch hervorbringen ließen.

Hätte man also die Erziehung als Kunst und als Kunst in dem höchsten Sinne des Worts, hätte man die Pädagogik als Wissenschaft einmal wirklich

begriffen und anerkannt, dann ergäbe sich sogleich was dafür der Staat zu
tun habe. Der Staat, der die künstlerische Kraft nicht schaffen kann, der
kann sie gleichwohl in eine angemessene Wirkungssphäre setzen. Die Wirkungssphäre braucht nicht sehr groß zu sein. Wäre sie das, so würde die
darin wirkende Kraft andern ähnlichen Kräften den Raum beengen, ja sie
selbst würde sich in vergeblichen Versuchen, den allzu weiten Raum auszufüllen, erschöpfen und verderben. Für manche Erzieher, die ohne Sinn für
die Grenzen eines Kunstwerks ins Große wirken, ohne Kenntnis des bürgerlichen Vereins Nationen umschaffen wollten, für diese ist hier und da zu
viel getan worden. So war es der Fall bei *Basedow* und seinem übergroßen
philanthropischen Plane. Dagegen hat man für *Pestalozzi* so ziemlich in
dem rechten Maße gesorgt, indem man ihm ein Institut möglich machte,
worin er für seine Person nicht nur, sondern auch für seine Gehilfen Spielraum fand. Bei größerer Begünstigung möchte wohl über der Lust, die Wirkung ins Große zu treiben, der Künstlersinn noch mehr zurückgetreten
sein, als es ohnehin schon geschehen ist. – Arbeit und Brot und den nötigen Apparat, das braucht jeder Künstler, das braucht auch der Erzieher,
ohne Überfluß an Genuß und Ehre. Das brauchen aber auch *alle* die, in
welchen der künstlerische Trieb sich regt, sowie der Staat sie *alle* gebraucht.
Denn es kann nicht mehr Erziehung im Staate geben, als erziehende Gei-
steskraft vorhanden ist, und an dieser haben wir noch lange nicht genug,
vielweniger mehr als genug.

Wird aber gefragt nach den Kennzeichen und Proben dieser künstlerischen Kraft, so liegt allerdings die erste aller Proben in der Begeisterung und
Anstrengung, womit jemand arbeitet, in Vergessenheit seiner selbst und des
zu erwartenden Lohns. Dann aber fragt sich's auch nach der künstlerischen
Selbstbeherrschung, die, wenn das Allzukleine mit Recht verschmäht war,
doch auch das Allzugroße sich zu versagen wisse. Wir suchen die höchsten
Meister in der Plastik nicht unter denen, die kleine Figürchen in Alabaster
schnitzen; wir würden aber auch das nicht als Probe der Meisterschaft ansehen, wenn jemand einen nicht zu übersehenden Koloß zu fertigen unter-
nähme. So verstößt *Rousseau* gegen den pädagogischen Takt, indem er einen Mann darstellt, der zwanzig Jahre der Bildung des einzigen *Emil* aufop-
fert; aber auch diejenigen machen ihren feinern Sinn verdächtig, die sich
nur in großen Instituten gefallen und lieber viele als ausgebildete Zöglinge
um sich sehen wollen. Zwar auch diesen gebührt Unterstützung, sie können
leidlich gute, wennschon rohe Arbeit fertigen, und bei der Größe des Be-
dürfnisses muß man die Menge der Leistungen als Empfehlung gelten lassen. Aber der Preis gehört nicht ihnen, sondern vielmehr solchen, welche,

ganz im kleinen anfangend, nur mit ihren Kräften ihre Sphäre ausdehnen wollen.

Seine eigentliche Schule macht der Erzieher als Hauslehrer für einen oder zwei Zöglinge von beinahe gleichem Alter. Wer pädagogischen Künstlerberuf hat, dem muß es in dem kleinen dunkeln Raume, in welchem er vielleicht anfangs sich eingeschlossen fühlt, bald so hell und so weit werden, daß er darin die ganze Pädagogik findet mit allen ihren Rücksichten und Bedingungen, welchen Genüge leisten eine wahrhaft unermeßliche Arbeit ist. Sei er noch so gelehrt, der Kreis seines Wissens muß ihm verschwinden gegen all das Wissen, worunter er zu wählen haben sollte, um für seinen Zögling das Angemessenste auszuheben. Sei er stark und biegsam zugleich, dennoch muß ihm *die* Stärke und die Biegsamkeit, die er nötig hätte, um die verschiedenen Stimmungen seines Anvertrauten vollkommen zu beherrschen und zu schonen, idealistisch erscheinen. Das Haus mit allen seinen Verhältnissen und Umgebungen muß ihm unendlich schätzbar werden, sofern es hilfreich mitwirkt, und was an der Mitwirkung fehlt, das muß er vermissen um es herbeiwünschen zu lernen.

So beginnt die Bildung des echten Erziehers. Und von hieraus würde sie in gerader Richtung fortlaufen, ja in der Tat bei so vielen talentvollen jungen Männern, die sich unter den Hauslehrern befunden haben und noch befinden mögen, fortgelaufen sein, wäre nur auf diesem Wege ein Ziel zu sehen, welches den Eifer spornen, welches auch nur einer mäßigen Anstrengung wert scheinen könnte. Aber was wird aus unsern Hauslehrern? Welche Aussicht ist ihnen offen? Welche Hoffnung, – nicht etwa auf ein Auskommen, auf eine anständige gesellschaftliche Existenz, denn daran fehlt es nicht, – sondern welche Hoffnung eines pädagogischen Wirkungskreises, worin sie die vorgeübte Kunst und Kraft des Erziehers nun ferner und schöner gebrauchen könnten? Sollen sie Schulmänner werden? Aber die Schule erweitert nicht, sie verengt vielmehr die pädagogische Tätigkeit, sie versagt die Anschließung an Individuen; denn die Schüler erscheinen massenweise in gewissen Stunden. Sie versagt den Gebrauch mannigfaltiger Kenntnisse; denn der Lektionsplan schreibt dem einzelnen Lehrer ein paar Fächer vor, worin er zu unterrichten hat. Sie macht die feinere Führung unmöglich; denn sie erfordert Wachsamkeit und Strenge gegen so viele, die auf allen Fall in Ordnung gehalten werden müssen.

Darum nun gerade, weil für die Meister in der pädagogischen Kunst kein Platz vorhanden ist, hält es schwer, daß diese Meisterschaft entstehe. Es ist zwar nicht zu leugnen, daß ein hoher Grad von Energie vieler Künstler endlich solche Plätze zu verschaffen pflegt; doch nur, wenn sie eine Umgebung finden, die ihre Werke zu schätzen weiß. Es ist ferner nicht zu leug-

nen, daß die Schulämter einen viel bessern Spielraum als bisher gewöhnlich
für pädagogisches Wirken darbieten könnten, wenn die ganze Schuleinrich-
tung darauf hinarbeitete und wenn das Publikum der Schule sie gehörig un-
terstützte. Aber dies alles setzt einen allgemein verbreiteten pädagogischen
Geist schon voraus, der nicht eher entstehen wird, als bis die Kunst in ihrem wahren Glanze, das heißt in ihren Werken hervortritt, und ebendazu
suchen wir die Bedingungen.

Ich habe oft und seit Jahren darüber nachgedacht, was für ein Standpunkt das sein müßte, auf den ein geübter ausgebildeter Erzieher nach
überstandnen Lehrjahren sich sollte stellen können, um ganz seiner Kunst
zu leben. Was für ein Standpunkt, den zu erringen die jungen Hauslehrer,
die selbst noch in der Vorschule sind, sich beeifern könnten. Was für eine
Lage, in welcher die feine Behandlung der Individuen nicht durch große
Haufen von Knaben erdrückt, die Benutzung eines mannigfaltigen Wissens
nicht durch vorgeschriebene Lehrpläne beschränkt, aber die Vielwisserei,
welche man den Hauslehrern anzumuten pflegt, erlassen und für gründli-
ches Studium einzelner Fächer durch gelehrte Kenner dieser Fächer gehörig
gesorgt würde. Was für ein mittleres Verhältnis zwischen dem des Hauslehrers, der, unbemerkt vom Staat, nur dem Hause gehört, und dem des
Schulmannes, der, allzu entfernt den Familien und allzu bestimmt verantwortlich gegen den Staat, über der öffentlichen Persönlichkeit die Freiheit
des Künstlerlebens eingebüßt hat.

Zwischen dem Staat und dem Hause stehen die Städte, die kleineren
Kommunen, die sich unmittelbar aus den Familien zusammensetzen und
die zusammengenommen wieder den Körper des Staates ausmachen. An
diese habe ich mich in Gedanken gewendet. Ungefähr wie in einer Kommune die Ärzte leben, die man in Häuser ruft, weil man die Not kennt, der
sie Hilfe verheißen, so würden in den Städten auch Erzieher gefunden werden, die man allenfalls die Häuser zu kommen einlüde, wofern man die
Not einer falsch gerichteten jugendlichen Fortbildung besser zu beurteilen
wüßte. Nur nicht so desultorisch würde das Geschäft dieser Erzieher sein
wie das der Ärzte, etwas regelmäßiger und stetiger, oder etwa so, wie bei
langwierigen, wennschon nicht mit plötzlicher Gefahr verbundenen
Krankheiten der Besuch des Arztes zu sein pflegt, so würde ein solcher Erzieher das Haus besuchen, worin er Arbeit fände. Wie der Arzt Rezepte ver-
schreibt, so würde der Erzieher Beschäftigungen und Studien anordnen;
wie der Arzt das Ausgehn verbietet oder verlangt, wie er Reisen in ein andres Klima vorschreibt, so würde der Erzieher den Umgang mit solchen
und solchen Gespielen bestimmen und die engern oder weitern Grenzen
der nötigen Aufsicht angeben.

Mehrere Familien könnten sich vereinigen, einem solchen Erzieher den größten Teil seiner Einnahmen zu sichern, ohne ihn darum ganz an sich zu binden. Noch besser würde der Erzieher selbst die Familien verbinden, die samt ihren Kindern für eine gemeinsame Besorgung der Jugendbildung sich paßten. Bei weitem nicht alles würde der Erzieher selbst lehren; er würde Gesprächsstunden halten und die schriftlichen Übungen leiten, von den Wissenschaften aber das meiste den öffentlichen Schulen überlassen, indem er nur bestimmte, welche Schulstunden seine Anvertrauten zu besuchen hätten. Die Schulen würden alsdann Verzicht darauf tun, an einen streng zusammenhängenden Lehrkursus jeden ihrer Schüler zu binden. Dieses ist zwar jetzt eine notwendige Maßregel, aber sie ist es gerade nur deshalb, weil es an jenen Erziehern fehlt Beschäftigungen und Studien anordnen; wie der Arzt das Ausgehn und weil die unvorbereiteten und ausgewählten Subjekte, welche alle die Schule aufnehmen muß, nur unter dieser Bedingung einigermaßen gleichförmig fortschreiten können.

Wie weit vollkommener aber würden die einzelnen Studien auf der Schule getrieben werden, wenn die Schüler von jenen Erziehern gesucht, vorbereitet, unterstützt würden. Wieviel reiner würde sich nun die gründliche Gelehrsamkeit in einzelnen Fächern, die man von den Schulmännern mit Recht verlangt, abscheiden von der pädagogischen Gewandtheit und Umsicht, welche die erste Tugend der Erzieher ausmachen müßte. Endlich, welcher Grad der pädagogischen Ausbildung würde in der ganzen Kommune verbreitet werden, wenn die gewünschte Wechselwirkung zwischen Familien und Erziehern stattfände! Wieviel würden alle Eltern lernen und wieviel sorgfältiger ihren Pflichten nachkommen!

So als Kommunalangelegenheit betrieben, würde die Erziehung zugleich öffentlich und häuslich sein und die vielbesprochenen Vorteile der einen und der andern Art vereinigen. In den größern Städte müßte diese Einrichtung beginnen, in den kleinern könnte sie fortgehn, auf das Land aber und zu dem Volke herab müßte sie nicht sowohl die Einrichtung als der dadurch aufgeregte pädagogische Geist verbreiten. Wir brauchen ihm dazu die Wege nicht vorzuzeichnen, er würde sie von selbst finden.

Aus: Johann Friedrich Herbart, Pädagogische Schriften, Band 3, herausgegeben von Otto Willmann und Theodor Fritsche, Leipzig 1919, S. 226-237

Häusliche Erziehung
(ca. 1811)

Johann Friedrich Herbart

E a) Häusliche Erziehung

Die häusliche Erziehung war früher gedrückt durch den gewöhnlichen Mangel an Schulkenntnissen der Hauslehrer. Sie kann und muß sich jetzt allmählich und teilweise wieder heben, weil die Schulen jetzt mehr Gelehrsamkeit verbreiten als früher.

A. Die Erziehung ist wesentlich Sache der Familien. Der Staat bekümmert sich nur um die, welche ihm wichtig werden können. Eine Menge von Menschen, deren Dasein nur im engsten Kreis etwas bedeutet, und mit ihrem Leben vergeht, läßt er ihre Unbedeutsamkeit. Er braucht Soldaten, Bauern, Handwerker, Beamte, Geistliche, er bekümmert sich um ihre Leistungen, aber nicht um ihr Innerstes, nicht um *sie selbst*.

B. Der Staat kann das Innere eines Menschen nicht beobachten, nicht bessern. Seine Schulvorschriften beziehen sich auf Prüfungen dessen, was sich prüfen läßt – aufs Wissen, soweit es auf der Oberfläche hervortritt.

C. Selbst die Schullehrer können nicht die Tiefe der Einzelnen durchforschen. Sie ermessen vielmehr die *Summe des Wissens*, die sie im ganzen verbreiten. Das ist ihr natürlicher Gesichtspunkt.

D. Die Erziehung *soll* also als ein häusliches Geschäft betrachtet werden, welches zwar Hilfe von außen annimmt, sich aber niemals auf sie allein verläßt. Alle Schulen, alles Zusammenleben der Schüler ist nur eins der Mittel zum Zweck.

Ein sehr großer Teil nicht bloß der weiblichen sondern auch der männlichen Tugend besteht im Ertragen und Leiden ohne Gegenwehr. Das ist für den Staat eine bloß negative Tugend; für den Einzelnen aber ist es – oder *soll* es doch sein – eine ganz positive; und gerade von der Erziehung wird ihre Ausbildung gefordert. Der Staat wird in der Regel nur diejenigen heranziehen, welche viel Oberfläche zeigen. Die Familie hat das Innere zu schätzen und womöglich durch Achtung zu belohnen.

Vom Stande des Hauslehrers:

A. Das Nachteilige seiner Stellung ist, daß (die wenigen *Knaben*, denen er sich widmet, dadurch sich wichtig gemacht finden) er zwischen zwei gegebenen Punkten eingeschoben wird. Den einen findet er fest: Die Zöglinge sind einmal so und so weit vernachlässigt. Den andern muß er, um etwas Ganzes zu vermögen, herauszuschieben suchen, nämlich den Eintritt in die höheren Klassen einer öffentlichen Schule. Er muß also *die Kinder der Eltern zubilden;* damit diese letzteren um so geneigter seien, die Zeit, die sie ihre Kinder bei sich behalten zu verlängern. Er muß zunächst als eigentlicher Erzieher wirken, damit die Vorteile der Häuslichkeit hervortreten, und die Bedenklichkeit, sie fortzuschicken, größer werde. Er muß aber auch als Lehrer gute und sichtbare Fortschritte bewirken, damit man nicht den Unterricht anderswo suche. Bei schwachen Köpfen und bei Eltern, die Hindernisse in den Weg legen, lohnt's nicht, Hauslehrer zu sein. Einige Rücksicht muß sein Lehrplan auf die Schule legen, welcher die Zöglinge wahrscheinlich später übergeben werden.

B. Er muß sich mit denjenigen Kenntnissen, die ihm zum pädagogischen Gebrauch dienen sollen, vorzugsweise versehen. Beide alten Sprachen, Geographie und Geschichte liegen ihm zunächst. Der analytische und darstellende Unterricht müssen ihm geläufig sein. Anschauungsübungen, Kombinationslehre, Geometrie, Arithmetik – aber auch Naturgeschichte und Physik sollte nicht fehlen. Sein Lehrplan sei im voraus überlegt; die nötigen Veränderungen muß er bald nach dem Anfange des Geschäfts ohne Eigensinn aber auch ohne Wankelmut zu erkennen suchen.

C. Er muß für Beschäftigung und Aufsicht sorgen, – mit dem mindesten Zeitaufwande, da er seine Zeit zum eigenen Studium gerade in pädagogischer Hinsicht sehr nötig haben wird. Die Vorfrage, ob man ihm in jenen beiden Rücksichten zu Hilfe kommen könne und wolle? ist wichtig – Ein Schreiblehrer, der zugleich für Orthographie und für das nötigste Grammatische im Deutschen sorge, ist ihm als Gehilfe zu wünschen, damit ihm manche Korrekturen abgenommen werden.

D. Entweder er mußte einen sehr guten Vorgänger haben, oder die Zöglinge müssen zwischen 7 bis 9 Jahre stehen.

Aus: Johann Friedrich Herbart, Schemata zur Vorlesungen über Pädagogik, in Ders.: Pädagogische Schriften, Band 3, herausgegeben von Otto Willmann und Theodor Fritsche, Leipzig 1919, S.554-556

Die eigentliche Volksschule
(1826)

Friedrich Schleiermacher

Es kommt darauf an, *das Verhältnis der Volksschule zur häuslichen Erziehung* festzustellen.

Die ganze Öffentlichkeit des Unterrichtes betrachten wir aus zwei Gesichtspunkten; einmal als ein Heraustreten aus dem engeren Kreise der häuslichen Erziehung, als Vorbereitung zum öffentlichen Leben; sodann als Sache der Not, weil die entwickelnde pädagogische Tätigkeit kunstgerecht sein muß, und nur von Sachkundigen geleitet werden kann, solche aber im Volke nicht alle sind.

Das letztere ruft eine gewisse Scheidung zwischen dem Leben der Jugend in der Schule und dem häuslichen Leben hervor, denn in diesem kann wenigstens im Anfang das Schulleben nicht fortgesetzt werden; erst späterhin, wenn die Zöglinge so weit gediehen sind, daß sie auf vorgezeichnetem Wege auch im häuslichen Leben die Übung der Schule fortsetzen können, vermindert sich diese Scheidung, verliert sich aber nicht. Die Maxime ergibt sich von selbst, daß, weil in der Familie die kunstgerechte Anleitung fehlt, in der Volksschule der eigentliche *Unterricht* muß abgeschlossen sein, in sich vollendet. Und nur in einigen Beziehungen, insofern späterhin notwendig wird, daß die Jugend ihre Kräfte auf eigene Hand versucht, erleidet diese Maxime Beschränkung. Darüber aber kann erst in der Folge das Nötige gesagt werden, für den Anfang dieser Periode gilt die Maxime in ihrem ganzen Umfang.

Da nun infolge dieser Scheidung der Unterricht als der hauptsächliche Gegenstand für die Schule hervortritt, so fragt man: Soll die Schule bloß Unterrichtsanstalt sein, oder auch Erziehungsanstalt im engeren Sinne des Wortes?

Die Frage kommt mir wunderlich vor. Betrachtet man den Unterricht rein von seiner materiellen Seite, dann läßt sich noch begreifen, wie man die Frage aufwerfen kann, weil er so als etwas rein in sich Abgeschlossenes erscheint. Aber betrachten wir ihn in seiner formalen Beziehung und im Verhältnis zu dem Vorhergehenden, so ist er wesentlicher Teil der Erziehung. Denn die Erziehung ist ja nichts anderes als Entwicklung der Kräfte, vermöge deren Tätigkeiten und Fertigkeiten eingeübt und Kenntnisse erlangt werden. Davon kann also gar nicht die Rede sein, daß die Schule nicht auch Erziehungsanstalt sei. Wäre der Unterricht bloß von seiner materiellen Seite zu betrachten, so würde der schlechteste Mechanismus dominieren.

Wenn man aber es nur so mit der Frage meint, daß auch die erziehende Tätigkeit sich solle über die Schule hinaus erstrecken und die elterliche Autorität teilen, also die Autorität eigentlich schwächen, so muß ich das gänzlich verneinen. Wollte man die Frage bejahen, so müßte man eine Lebensweise einführen wie in der Platonischen Republik. Es ist allerdings wahr, daß diejenigen, welche die Erziehung in der Schule leiten, auch in ethischer Hinsicht auf einer höheren Stufe stehen als die Masse der erziehenden Generation, also auch als die Eltern; würde nun aber die ganze Erziehung, auch die ethische Entwicklung in die Hände jener gebracht, so würde die größte Verwirrung in der Familie entstehen. Betrachten wir die Sache im Zusammenhange mit dem Früheren, so hat die ganze bisherige ethische Entwicklung an der Familie gehaftet, es ist dies ein natürliches Band und so ganz in seiner ursprünglichen Stärke, wenn das Kind der Schule übergeben wird, daß Gewalt müßte angewendet werden, um es zu zerreißen. Würde es jetzt zerrissen und die Jugend mit ihrer ethischen Abhängigkeit an Fremde geknüpft, so würde unausbleiblich dem Gehorsam sein natürliches Fundament genommen werden und eine Unterordnung der Familie unter die Schule herbeigeführt. Das sind Prätensionen, die von denjenigen häufig gemacht werden, welche des Volksschulwesens mit großem Eifer und großer Lebendigkeit sich annehmen; aber ein Despotismus würde daraus entstehen, der, wenn er auch das Gute will, doch die wahre Entwicklung mehr hindern als fördern würde.

Soll aber nun das Verhältnis der Schule zum häuslichen Leben so sich gestalten, daß jene gar keinen Einfluß auf die Jugend äußern als durch den Unterricht? Damit hat es keine Not. Sie übt einen großen Einfluß aus, der schon aus ihrer Natur folgt als eingeistiges, größeres Gemeinleben, welches ohne bestimmte Gesetze nicht bestehen kann.

Aber freilich äußert sie diesen Einfluß rein in der Zeit, in welcher die Kinder ihr angehören, so daß die Frage nicht überflüssig ist, was die häusliche Erziehung für sich in dieser Periode zu leisten habe. Die Schule als das neue Element, das in der zweiten Periode hervortritt, bleibt aber für uns die Hauptsache, und die Frage, welches die richtige Konstruktion der Schule sei, bietet sich von selbst uns dar.

Wir würden uns sehr täuschen, wenn wir, um den rechten Punkt, von wo aus jenes neue Element, die Schule, zu konstruieren ist, zu treffen, ausschließlich auf das Materiale sehen wollten; sondern wir müssen sagen, die Schule hat gleicherweise nicht nur Kräfte und *Fertigkeiten* zu wecken und zu üben, sondern auch die Gesinnung zu entwickeln, insofern diese aus einem gemeinschaftlichen Leben hervorgeht.

Wir dürfen nur nicht übersehen, daß wir in Beziehung auf die Volksschule von dem politischen und intellektuellen Unterschied abstrahieren, daß die einen die Leitenden, die anderen Geleitete werden. Wir lassen in Beziehung auf die ganze Behandlungsweise keine Differenz eintreten, so daß wir also denen, die einst bloß geleitet werden, nichts vorenthalten von dem, was für diejenigen ist, die späterhin als Leitende auftreten werden. Diese Position weist mithin die angeerbten Unterschiede aus der pädagogischen Praxis als etwas Ungehöriges. Wo die Gesetze aber noch an diese Unterschiede binden, muß freilich darauf Rücksicht genommen werden. Die gegenwärtige Lage der Sache erschwert die Theorie. Wir sind in dieser Rücksicht noch nicht auf einen festen Punkt gekommen, und dies gilt von allen europäischen Staaten. Nur in der neuen Welt ist es anders. Die Staaten Nordamerikas sind, ohne den erblichen Unterschied zu machen, entstanden, und die Erziehung weiß also nichts davon. – Man hat schon seit langer Zeit angefangen, den erblichen Unterschied zu vernichten in bezug auf alles Reale und Wesentliche im politischen Leben, so daß man das Äußerliche nur noch lassen wollte. Aber es treten beständig noch Reaktionen ein; und diese erstrecken sich besonders auf das Erziehungswesen. Es gibt eine gewisse Eifersucht, die vom aristokratischen Prinzip des Staates ausgeht und den erblichen Unterschied auch möchte in die erste Erziehung hineinbringen. Den zur geleiteten Klasse Gehörenden soll nichts dargeboten werden, was sie qualifizieren könnte, einmal in den leitenden Zustand überzugehen. Da aber in der Praxis das Angeerbte nicht mehr entscheidend ist, so darf durch absichtliche Verschließung einer höheren Entwicklung kein Einzelner zurückgehalten werden von einem Punkt, der ihm den Obergang in die leitende Klasse erleichtert. Sobald die Administration eines Staates nicht mehr in den Händen einer erblich bevorzugten Klasse ist, so ist der politische Unterschied eigentlich aufgehoben; und sobald in die Gesellschaft die literarische, geistige Bildung eingedrungen ist, so ist ein leitendes Prinzip da, welches auf den Unterschied der Geburt keine Rücksicht nimmt. Kasteneinteilung kann nur da sein, wo es keine Gedankenmitteilung gibt und kein Wirken durch die Gedanken. Wenn es auch noch Länder gibt, wo man sagt, jeder Staatsbeamte müsse einen gewissen Rang haben, so ist es doch immer in den Händen des Souveräns, diesen Rang zu erteilen. Seitdem es einen durch Verdienst erworbenen Adel gibt, ist der Erbadel umgestoßen. – Wir können also jenen Satz feststellen: Es ist keinem etwas zu entziehen, und auch in die reinste Volksschule darf kein hemmendes Prinzip kommen, daß man etwa sagen könnte, es gibt gewisse Tätigkeiten, die in dieser Periode geübt werden müssen, aber man darf sie nur da ausüben, wo einige aus der leitenden Klasse sind. Wir dürfen nie annehmen, daß keiner aus der leitenden Klasse da sei.

Um die Sache von diesem Punkt aus auf eine bestimmte Formel zu bringen, müssen wir gleich auf das Ende der Erziehung sehen; und wir fragen: Was ist dasjenige, wodurch der Einzelne sich qualifiziert, der leitenden Klasse anzugehören, und was kann in dieser Periode die Erziehung dazu tun? So werden wir das finden, was wir von der Erziehung nicht ausschließen dürfen. Zweierlei ist es, wodurch eine Leitung ausgeübt werden kann, ein Intellektuelles und ein Ethisches, die *Einsicht* und der *Wille*. Diese müssen aber stets zusammen sein. Was nun geschehen kann, diese beiden Vermögen so weit zu entwickeln, daß sich jede weitere Entwicklung daran anschließen kann, das darf keinem versagt werden. Die Volksschule muß also ihre Tätigkeit so auf die Entwicklung der Einsicht und des Willens richten, daß sie ihre Zöglinge sowohl in ein rein mechanisches Gewerbsleben als auch in diejenigen Anstalten, in denen die höchste individuelle Ausbildung erreicht wird, abliefern kann.

Nun gibt es eine gewisse menschenfreundliche Form, in welche sich das Prinzip der Beschränkung des Volksschulwesens einhüllt, die wir noch betrachten müssen. Man sagt: Wenn man in der aus dem Volke hervorgehenden Jugend zu viel Kräfte entwickelt und solche Fähigkeiten, die hernach keinen Spielraum finden in den Verhältnissen, in welche die Zöglinge eintreten, so bringt man ein Mißverhältnis hervor und macht sie unglücklich. Ebenso, wenn man in dieser Entwicklungsperiode ihnen Kenntnisse beibringt, von denen sie nie Gebrauch machen können, so hat man auf der einen Seite die Zeit verloren und auf der anderen Seite leere Eitelkeit in ihnen erregt. Das klingt sehr schön. Aber wir müssen es näher beleuchten. Wenn wir absehen von einem mehr oder weniger sklavischen Zustande, so müssen wir sagen, es gibt gar keine Kraftentwicklung, die nicht in jeder Lebensweise Spielraum finden sollte. Selbst in dem Sklavenzustande werden diejenigen Sklaven teurer bezahlt, in denen eine Menge von Kräften entwickelt sind; also muß man doch wissen, daß diese Kräfte einen Spielraum finden, wenn auch nur zum Vorteil ihrer Herren. Wenn so viele Klagen im Leben darüber gehört werden, daß die Menschen für ihre Kräfte keine Gelegenheit finden, so liegt das nicht daran, daß Kräfte entwickelt sind, sondern daß sie nicht genug und nicht auf die rechte Weise entwickelt sind. Man muß die Kräfte anzuknüpfen wissen, und die da klagen, in denen ist nicht Kraftentwicklung, sondern tote Kenntnisse und Fertigkeiten.

So haben wir nun das Prinzip für die richtige Erziehung festgestellt, und es kommt nur darauf an nachzuweisen, wie ist die Aufgabe zwischen *Lehrer und Eltern* zu verteilen?

Insofern die Schule notwendige Vorbereitung für das ganze folgende öffentliche Leben ist, so steht ihr Einfluß auf die Entwicklung der Gesinnung fest; und wenn sie gleich vorzugsweise Unterricht und Übung der Fertigkeit bezweckt, so wird doch eben dadurch, wie wir angedeutet haben, auch auf die Gesinnung gewirkt. Insofern hat also Schule und Haus, wenn auch jedes in besonderer Weise, teil an der Entwicklung der Gesinnung; nennt man nun diese Entwicklung der Gesinnung Erziehung, so folgt, daß in dieser Beziehung die Schule auch erziehend ist.

Nun würde es, wie es scheint, eine Unregelmäßigkeit in der Konstruktion verraten, wenn nicht das Haus, wie die Schule die Gesinnung und die Fertigkeiten zu entwickeln hat, auch Anteil hätte an der Entwicklung der Fertigkeiten. Für viele ist diese Periode schon das Ende der Erziehung, wenigstens bei den ackerbau- und gewerbetreibenden Ständen. Diese bekommen die erste Tradition von dem Geschäftsleben schon im häuslichen Leben; es ist eine Unterweisung, die überwiegend der Familie anheimfällt, gleichviel ob der elterlichen oder einer anderen. Die Kinder der Landbauer z. B. erhalten schon sehr früh die Tradition von dem zu ihrem einstigen Geschäft Gehörenden. In den höheren Ständen finden wir etwas Analoges; die Kinder derselben gehen gewöhnlich in ein Verhältnis über, wo sie mit ihren Relationen nicht ganz in dem nationalen Kreise eingeschlossen bleiben; und da ist die Wahrscheinlichkeit, daß ihnen eine Bilinguität notwendig wird, wenn auch nur zum allgemeinen Gebrauch, ohne daß gerade auch in dieser Beziehung ein streng wissenschaftlicher Grund gelegt würde. Diese Kenntnisse werden meistenteils auch in der Familie mitgeteilt.

Wir haben also ein Gleichgewicht, und unsere Frage nach der Teilung der Aufgabe beantwortet sich auf diese Weise, *der Schule kommt alles zu, was Unterricht und Übung der Fertigkeit ist, mit Ausnahme der Kenntnisse und Fertigkeiten, die sich auf eine speziellere Geschäftstätigkeit beziehen. Diese fallen in die Familie.* Wir lassen noch unentschieden, ob in bezug auf die letzteren Kenntnisse eine besondere pädagogische Tätigkeit erfolgt. *Ebenso hat die Schule die Verpflichtung, dasjenige auf dem Gebiete der Gesinnung zu entwickeln, was sich unmittelbar auf das öffentliche Leben in seinem relativen Gegensatz zu dem Familienleben bezieht. Der Familie würde übrigbleiben, die Gesinnung weiterzuentwickeln aus dem religiösen und allgemein ethischen Standpunkt.*

Die Teilung geschieht auf diese Weise, daß der Familie das Niedrigste und das Höchste vorbehalten bleibt, die mittlere Region fällt der Schule anheim.

Wir haben aber das Verhältnis der Schule zum Hause noch von einer anderen Seite zu betrachten, nämlich mit Rücksicht auf den Gegensatz zwischen Ernst und Spiel, strenger Übung und freier Tätigkeit. Wie soll hier die Teilung gemacht werden? Je weniger man in der Familie das Geschick und die Muße voraussetzen darf, dasjenige zu leisten, was einen regelmäßigen Gang und strenge Unterweisung und Wiederholung erfordert, desto weniger darf sich die Schule auf die Familie verlassen. So scheint alle Übung der Schule, Spiel und freie Tätigkeit der Familie überlassen zu sein. Im allgemeinen ist dies auch die richtige Maxime, sie erleidet aber notwendig Modifikationen, die sich jedoch im einzelnen von selbst ergeben.

Aus: Friedrich Schleiermacher, Die Vorlesungen aus dem Jahre 1826 in: Ders., Pädagogische Schriften, herausgegeben von Erich Weniger, Band 1(2. Auflage), 1966, S.232 – 237

Hofmeister
(1873)

Hermann Rofus, Adolf Pfister

Hofmeister nennen wir einen Privatlehrer, welcher in eine Familie berufen worden ist, um nebst dem ausschließlichen oder theilweisen Unterricht zugleich einen Theil der Erziehung zu übernehmen. Der Ausdruck leitet sich von den Prinzenerziehern und den Erziehern der adeligen Familien her, welche ihre Kinder eigenen Hofmeistern übergaben, ein Beispiel, in welchem der Geldadel dem Geburtsadel nachfolgte. Während der Hauslehrer nur die Schule ersetzen soll, ist es die Aufgabe des Hofmeisters, zugleich die Stelle der Eltern zu vertreten und da für sie einzustehen, wo die Kräfte oder die Verhältnisse der Eltern es nicht gestatten, ihre Pflichten in ihrem ganzen Umfange zu erfüllen. Diese letztere Aufgabe macht die Stellung eines Hofmeisters in einer Familie zu einer hochwichtigen, aber zugleich auch zu einer mühevollen und schwierigen. Kömmt nun in Betracht, daß diese Stellen sehr oft nur von Solchen gesucht werden, welche dieselben nicht als ihren Beruf, sondern nur als zeitweilige Versorgung oder als Vorbereitung auf eine selbständige Stellung betrachten und während ihres Hofmeisterlebens stets über dasselbe hinaus, in eine für sie günstigere Zukunft blicken, und daß es ebenso oft junge Leute sind, die noch keine Praxis in der Erziehung, oft nicht einmal im Unterricht besitzen und nicht immer die Theorie der Pädagogik mit den Forderungen des Lebens in Uebereinstimmung zu bringen wissen, so ergibt sich schon daraus, daß es nicht überflüssig war, ganze Bücher über der Hofmeister Pflicht und Lage zu schreiben, wie dies schon Nambach, Büsching und Andere gethan haben, und wie dieselben in einer den Bedürfnissen der Gegenwart angemessenen Schrift darzustellen eine dankenswerte Leistung wäre, wenn eine solche Schrift auch nicht gerade Instruktionen über das Verhältniß des Hofmeisters zur Gouvernante, zum Stubenmädchen und zu den übrigen Dienstboten, oder wie Stoy tadelnd bemerkt, das A B C der Ethik zu repetiren brauchte. ([...]Die ältere Literatur siehe in Niemeyer's „Grundsätzen der Erziehung", §§. 463. und 464., der sich in den §§. 450. – 483. sehr eingehend über die verschiedenen Beziehungen des Hofmeisters verbreitet.) In der Regel sind es jedoch Kandidaten der Theologie und junge Geistliche, welche in den Beruf eines Hofmeisters eintreten und so sind doch wenigstens die Bedingungen gegeben, unter welchen bei regem Streben und der

Liebe zum Fache und zu den Zöglingen Erfolge sich ergeben können, wenn auch jeder angehende Hofmeister selbst zuerst noch zu lernen hat. Gehen wir nun auf den Gegenstand selbst ein und betrachten wir

I. das Verhältniß der Eltern zum Hofmeister. Da haben wir

a) vor Allem die Frage aufzuwerfen: Wen sollen gewissenhafte Eltern zum Hofmeister wählen? Als dem König Philipp von Makedonien sein Sohn Alexander geboren wurde, soll er dem Aristoteles geschrieben haben: „Ich thue dir zu wissen, daß mir ein Sohn geboren worden ist, und danke den Göttern für dieses Geschenk, indeß weniger, weil er geboren worden, als dafür, daß er das Glück hatte, zu deinen Lebzeiten geboren zu werden, denn ich hoffe, daß er unterrichtet und gebildet von dir, sowohl meiner Person als auch der Erbschaft meiner Plane sich würdig erzeige." Zum Erzieher soll also der Beste gewählt werden, den man finden kann. Wenn deßhalb wohlhabende Eltern den nächsten Ersten dazu nehmen, mehr damit die Familie sagen kann: wir halten auch einen Hofmeister, oder damit in der Familie neben der Stelle eines Erziehers der Kinder noch andere Nebendienste untergeordneter Art besorgt werden, so fehlen sie nicht nur gegen ihren Zweck, sondern versündigen sich auch schwer, da sie ihre leiblichen Kinder geringer schätzen als ihre Hausthiere, die sie doch nur Personen anvertrauen, von denen sie wissen, daß sie Kenntnisse von deren Wartung und Pflege haben. Selbst Locke, dessen Erziehung doch nur auf feines Betragen und Wohlanständigkeit hinausläuft, bekennt, daß man sein Geld nicht besser anwenden könne, als wenn man den Kindern einen tüchtigen Hofmeister halte. („Gedanken von der Erziehung der Kinder", Abschnitt IX.) Aber Kenntnisse allein machen den Hofmeister nicht aus, er muß zugleich jene Feinheit der Sitten besitzen, die dem Zöglinge ein gutes Beispiel darbieten und nicht verfehlen, Eindruck auf denselben zu machen. Das haben die Heiden schon erkannt. Schön schreibt Plinius der Jüngere an eine römische Dame, welche ihn wegen ihres Sohnes um Rath fragte: „Ich bin im Zweifel, ob ich deinen Vater als den würdevollsten Mann und einen wahren Heiligen mehr hochgeachtet, als geliebt habe; ich bin dir als Freund theils wegen seines Andenkens, theils auch aus Achtung vor dir innig ergeben, und es muß mir also daran liegen und ich werde auch, soweit es an mir liegt, zu bewirken suchen, daß dein Sohn seinem Großvater gleich wird. --- Das ist aber nur dann möglich, wenn er mit den edeln Wissenschaften durch und durch vertraut gemacht wird, bei welchen es am meisten darauf ankommt, von wem er am liebsten darin Unterricht erhält. Ich glaube dir den Julius Genitor als Lehrer empfehlen zu können. Er ist ein tadelloser und würdiger Mann, vielleicht selbst etwas zu schroff und zu streng für die Ungebundenheit des jetzigen Welttons. Was er als Redner leistet, darin kannst du der öffentlichen Stimme vollkommen Glauben schenken. Aber das Leben eines Menschen hat viele dunkle Stellen und geheime Tiefen. In dieser Beziehung verbürge ich mich für Genitor. Von diesem Manne wird dein Sohn nichts hören und sehen als Nützliches. Er wird nichts von ihm lernen, was ihm nicht besser unbekannt geblieben wäre. Vertraue ihn also unter göttlichem Beistande einem Lehrer an, von welchem er vor allen Dingen zu einem sittlich-reinen Menschen, sodann zu einem guten Redner herangebildet wird, was ohne Moralität nicht wohl möglich ist." (Plinii epp. III. 3.) Also der Heide. Wie nun aber erst die christlichen Eltern, die in ihren Kindern Menschenseelen wissen, bestimmt für das ewige Leben und ihnen anvertraut, um sie dahin zu führen? Sie werden gewiß nur einen Lehrer wählen, dessen Lippen Weisheit ausstreuen (Spr. 15, 7.) und der vom Wege der Lehre nicht abirrt. (Spr. 21, 16.) Einen solchen Mann beschreibt Sailer in den Worten: „Er muß nicht nur sein, was der Zögling durch ihn werden soll; er muß auch als das erscheinen, was er ist, um durch den Schein seines Seins in den rohen Stoff ein edleres Sein einzubilden. Er muß also gut, er muß gut aus Religion, er muß gut aus überfließender Fülle der christlichen Religion sein, und was er ist, offenbaren, um seinen Zögling zum guten Menschen, zum reinen Gottesverehrer, zum wahren Christen bilden zu können. Er muß selbst menschlich gegen Menschen sein, in jedem Menschen, er sei Herr oder Diener, reich oder dürftig, Landesgenoß oder Fremdling, fein oder roh, die Menschheit ehren, und in der Menschheit --- Gott, um den Zögling zum menschlichen Menschen bilden zu können. Er muß in den Eltern des Zöglings die Eltern ehren und lieben, ohne ihnen zu schmeicheln, oder vor ihnen zu kriechen, um die kindlichen Gefühle gegen die Eltern in dem Zöglinge wecken, halten und leiten zu können. Er muß mit der Tugend des Herzens die Feinheit der Sitte, mit der Wissenschaft die Bescheidenheit, mit der Reinheit des Innern die Reinlichkeit des Aeußern, mit dem Ernste die Milde, mit der Ordnungsliebe die Gefälligkeit, mit der Kultur des Geistes die Gewandtheit des Körpers verbinden, um seinen Zögling zum guten und verständigen, zum guten und feinen, zum guten und gefälligen Manne bilden zu können. Er muß ein deutscher Mann sein, um seinen jungen Freund zum deutschen Manne heranziehen zu können. Er muß nicht nur das sein, was durch ihn ein Menschenkind werden soll, nicht nur als das erscheinen, was er ist, er muß auch die Bildungsgabe besitzen, das, was er ist, dem weichen Stoffe, den er vor sich hat, ein- und anbilden zu können." („Ueber Erziehung für Erzieher", München 1807, S. 368 ff.) Daß aber das Ideal eines Hofmeisters besser aufstellen als finden ist, hat Sailer selbst zugestanden. Es handelt sich also darum, einen Mann zu wählen, welcher möglichst viele oder doch wenigstens die hauptsäch-

lichsten Bedingungen: Einheit der Sitten, Liebe zum Zöglinge und eifriges
Streben nach Erreichung seiner Aufgabe in sich vereint.

b) Aus den Anforderungen, welche die Eltern an den Hofmeister machen und aus den trefflichen Eigenschaften, die sie an ihm gefunden haben
und vorauszusetzen berechtigt sind, ergibt sich das Verhältniß, in welches
die Eltern zum Hofmeister treten sollen. Zu allererst ist er für die Eltern ein
Mann des Vertrauens. Sie schenken ihm deßhalb alle Hochachtung als Einem, der würdig im Reiche Gottes neben ihnen, ja über ihnen steht, wenn
er auch seinem Stande nach untergeordnet ist. Dieses Vertrauen und diese
Hochachtung läßt es sie vergessen, daß er ihnen fremd ist und läßt sie denselben, wenn auch nicht als das Glied der eigenen Familie, doch als den besten Freund betrachten. Sie bezeugen ihm deßhalb ihre Hochachtung auch
äußerlich und insbesondere vor den Zöglingen. Sie schenken seinen
Rathschlägen alle Aufmerksamkeit, und bescheiden sich gerne, daß derselbe
als ein wohlwollender, eifriger und nicht von blinder Elternliebe geleiteter
Freund ihrer Kinder, in Fragen der Erziehung besser Bescheid wisse, als sie
selbst. Da der Hofmeister bei den Kindern zugleich ihre Stelle vertreten
muß, so gewähren sie ihm die dazu nothwendige Autorität und strafen die
Vergehungen der Kinder gegen ihn und die Uebertretung seiner Gebote,
wie Fehler, die gegen sie selbst begangen wurden. Im Zweifel an der
Zweckmäßigkeit der vom Hofmeister vorgeschlagenen Maßregeln lassen sie
gerne zu, daß dieselben versuchsweise ergriffen werden. Etwaige Mängel
und Blößen, wie jeder Mensch zeitweilig sie zeigt, wenn sie nicht ständige
werden, erinnern sie an ihre eigenen Fehler, die sie vor den Kindern zeigen;
sie tadeln deßhalb nicht vor den Kindern und hüten sich sorgfältig, das Ansehen ihres Stellvertreters herabzuwürdigen. Namentlich beschäftigen sie
den Hofmeister nicht immer vollauf, sondern räumen demselben auch eine
gewisse Zeit ein, um sich ergänzenden und weiterbildenden Studien widmen zu können. Ein Hofmeister, der nicht studirt und stets vorwärts strebt,
kann auch in dem Zögling keinen Wissenstrieb erwecken. Einsichtsvolle Eltern betrachten den Hofmeister nicht als ein Hauskreuz, das sie eben einmal nicht entbehren können, und legen demselben auch kein Hauskreuz
auf. Ein solches Hauskreuz z. B. legen sie nach Sailer (a. a. O.) ihm auf,
wenn die Mutter den Hofmeister für nichts ansieht, als für einen Diener
des Hauses, der die Unarten des Kindes, die in die Augen fallen, magisch
bannen, vor der Frau des Hauses kriechen, dem Herrn des Hauses nichts als
Tugend und Geschicklichkeiten des Muttersöhnchens vorlügen und dafür
den dreifachen Lohn eines Taglöhners empfangen soll. Wir dürfen wohl
hinzufügen, ein solches Hauskreuz legen die Eltern einem berufstreuen
Hofmeister auf, wenn sie ihn bald als Secretär, bald als Schreiber des Ver-

walters, bald als Aufseher über das Gesinde, bald als Gesellschafter für müßige Stunden und zu allen Diensten verwenden, nur nicht seinem Hauptdienste seine Zeit widmen lassen. In katholischen Familien werden hofmeisterliche Verhältnisse, wie sie Rabener in seinen Satiren persiflirt, wohl selten vorkommen, aber Mängel gibt es überall. Doch die richtige Erwägung dessen, was sie von einem Hofmeister verlangen und was sie demselben anvertrauen, wird die Eltern sicherlich am ehesten den Maßstab des Verhältnisses finden machen, in welches sie den Hofmeister eintreten lassen sollen.

II. Die (schwierige) Lage des Hofmeisters haben wir a) einmal an und für sich zu betrachten. Der Hofmeister soll durchdrungen sein von seinem Berufe. Wohl ist er aus äußeren Rücksichten in dieses Amt eingetreten, allein dafür ist er doch kein Miethling und kein Lohnknecht. Er ist nicht der Pädagoge der heidnischen Familie, also nicht der Diener des Herrn und des Zöglings zugleich, sondern er ist der christliche Lehrer einer christlichen Familie; er steht nicht im Dienste, sondern er bekleidet ein Amt. Und was für ein Amt! Er soll ein Instructor, ein Unterweiser sein und soll bei dem Zöglinge die Stelle mehrerer Lehrer vertreten und ihm das beibringen, wozu in öffentlichen Schulen mehrere Lehrer angestellt sind. Er soll also gewissermaßen die Kenntnisse Mehrerer in sich vereinigen und zwar nicht bloß bruchstückartig, sondern in einem abgerundeten Ganzen. Und diese Kenntnisse soll er, ächt pädagogisch, genau in dem Maß und dem Umfange der Fassungskraft des Zöglings – oder in der Mehrzahl der Fälle in dem Maß und dem Umfange der Fassungskraft mehrerer Zöglinge von überdies verschiedenen Altersstufen – mittheilen können, sie beständig consolidirend und angemessen erweiternd. Ueberdies hat er die Verantwortung für den ganzen Bildungsgang seiner Zöglinge. Während in einer öffentlichen Schule kein Lehrer die Verantwortung für Diejenigen übernimmt, welche zurückgeblieben sind, und keiner sich darum kümmert, wenn auch manches Bäumchen keine Früchte bringt, so will man vom Hofmeister, daß seine Arbeit eine fruchtbringende sein soll und verlangt wesentliche reelle Erfolge. Sein Unterricht ist also viel mühsamer und heikler. Aber er soll nicht nur unterrichten, er soll nicht nur Lehrer, er soll auch Vater und Mutter und Freund des Zöglings sein. Er soll, um mit Sailer zu reden, fremde Kinder bilden, wie sie der beste Vater und die edelste Mutter, wenn sie Kenntnisse und Muße genug hätten, bilden würden. Er soll Hofmeister fein und doch nicht für den Hof arbeiten, er soll Meister sein, und doch soll er keine Meisterschaft treiben. Nur die Liebe soll in seinem Amte den Meister spielen, durch Liebe soll er nur die Wahrheit herrschend machen. Er soll seine Zöglinge der Liebe und der Wahrheit, er soll sie Gott und Jesus Christus zuführen und eben darum muß er vor Allem selbst mit Gott und Jesus

Christus in Harmonie sein, um an seinem Menschengebilde ein Gebilde Gottes zu gestalten und dem Herzen des Kindes das Bildniß Christi einprägen zu können. Und dieses Unterrichten und Erziehen soll geschehen, trotzdem nicht nur die Schüler, sondern selbst die Eltern dem Hofmeister widerstreben. Wer sich nun des ganzen Umfanges dieses Berufes nicht bewußt ist, und nicht die Kraft in sich fühlt, solche Last neben der allgemeinen Menschenlast seinen Schultern aufbürden zu können, der trete ja kein Amt als Hofmeister an.

b) Das Verhältniß des Hofmeisters zur Familie ist ein sehr delikates. Meist sind die Eltern reicher an Welt- und Lebenserfahrung, gewandter in dem gesellschaftlichen Umgange, und geübteren Blickes in der Auffassung der Personen und der Verhältnisse. Hier gilt es zu lernen, was man lernen kann, um nicht stets übersehen zu werden. Andererseits gilt es, die Hochachtung, mit welcher die Eltern dem Hofmeister entgegen kommen, zu erhalten und mehr und mehr zu befestigen. Obwohl die Zöglinge in der Regel ganz und gar dem Hofmeister Anvertraut sind, so darf derselbe die Eltern doch nicht in den Hintergrund treten lassen; die Befehle des Hofmeisters sollen mehr als von den Eltern ausgehend den Kindern sich darstellen; dies verstärkt die Autorität, mit welcher aus die Befolgung der Gebote gedrungen werden kann. Da die Kinder insbesondere zur Achtung des vierten Gebotes anzuhalten sind, so muß der Hofmeister der Erste sein, der den Eltern ungeheuchelte Verehrung bezeugt, und überall gerne nachgibt, auch um des Friedens willen gerne auf das Recht und das letzte Wort verzichtet, so lange das Gewissen – wohl zu unterscheiden von der Eigenliebe und dem Eigensinn – nicht das Gegentheil gebietet. Wenn dann um des Gewissens willen ein ernster Widerspruch eingelegt werden muß, so sei derselbe nicht weniger bescheiden, als fest. Dabei erinnere sich der Hofmeister, daß er um so mehr an Ansehen steigen werde, je mehr er leistet, und daß seine Ansichten um so eher Beifall finden werden, je geziemender das Gewand ist, in das er sie kleidet. Weit entfernt von aller Kriecherei, von aller Speichelleckerei und heuchlerischem Wesen sei die christliche Demuth, welche sich, wenn sie nur ächt ist, auch der weltlichen Formeln der Höflichkeit bedienen darf, die Grundlage der Beziehungen zu der Familie, in die der Hofmeister eingetreten ist. Den Verwandten des Hauses gegenüber gilt meist dasselbe. Obwohl dieselben in die Erziehung sich nicht einzumischen haben, so dürfen der Einfluß und die Ansichten derselben schon Anstandshalber nicht unberücksichtigt bleiben. Oft erfordert es diesen gegenüber mehr Klugheit, als gegenüber den Eltern. Zur Familie des Hauses gehören in gewisser Hinsicht auch die Dienstboten. Vielleicht ist noch eine Gouvernante da, welche von ihrem Standpunkte aus dieselben Rücksichten in Anspruch nehmen darf, wie der Hofmeister. Oft haben Hofmeister und Gouvernante bei der Erziehung zusammen zu wirken, z. B. bei noch jungen Mädchen. Wie dem auch sein mag: der Gouvernante erweise der Hofmeister dienstfertige und bereitwillige Freundlichkeit, ferne von jeder näheren Vertraulichkeit gegen die Dienstboten sei die Freundlichkeit mehr eine liebevolle Leutseligkeit, die sich herzlich freut, wo sie schonen oder helfen kann. Aber Vorsicht gegen Alle. Mangel an Vorsicht führt in der Regel eine Vertraulichkeit herbei, die – wenn nichts Böseres – doch Geringschätzung zur Folge hat.

c) In seinem Verhältnisse zum Zöglinge sei der Hofmeister ein väterlicher Freund; die Liebe, die er zu ihm trägt, muß zugleich ein herzinniges Erbarmen sein, das einen Unwissenden und Unmündigen aus der Unwissenheit erlösen und vor dem Bösen bewahren will. Die Liebe ist also gepaart mit hohem Ernst, der die Schüler in den Schranken der Achtung erhält. Dazu gebe er seinem Zöglinge das Beispiel einfacher Sitten, geordneter Lebensweise, der Nüchternheit, der Mäßigkeit wie der Mäßigung. Namentlich lege er selbst alle überflüssigen Bedürfnisse (Schnupftabak, Zigarre, Spiel, Besuch der Gesellschaften etc.) ab, um nicht Gelüste zu erwecken und dem Nachahmungstrieb unberechtigte Nahrung zu geben. Als Lehrer und Erzieher sei er, um mit Jean Paul zu reden, weder ein Sauertopf voll Kinderbeize und eine lebendige Ekelsuppe, noch ein füßlicher, honigthauiger, bleizuckerner Immerlehrer, der immer in Angst ist, ob die Froscheier, die er in einem Trunk Teichwasser dem Zöglinge beigebracht hat, auch sich entwickeln. Schon dies ist lästig, daß der Zögling stets von demselben Manne begleitet, stets von dem Nähmlichen unterrichtet, begleitet, „gehofmeistert" wird. Man hüte sich deßhalb ja, daß dies Verhältniß nicht Ueberdruß und Unlust erzeuge und der Informator --- wie die Hofmeister früher häufig genannt wurden--- nicht nur für den Beutel des Vaters, sondern auch für den Zögling ein Hauskreuz werde. Namentlich auf Spaziergängen lasse man den Mentorton bei Seite und wisse die Lehren, die man geben will, an das anzuknüpfen, was sich zunächst dem Auge darbietet. Man lasse die Reflexionen fahren, auf welche der Zögling doch nicht horcht, und spreche vernünftig von Dem und Jenem, wie sich gerade das Gespräch ungezwungen ergibt. Auch der Munterkeit lasse man freien Lauf und sehe die natürlichen Ausbrüche jugendlicher Keckheit nicht ängstlich für Waghalsigkeit oder Muthwillen an. Dagegen halte man im Unterricht und in der Lebensweise streng an der festgesetzten Ordnung und lasse sich darin weder durch eigene Bequemlichkeit und eigene Gelüste, noch durch Besuche und ähnliche eintretende Veranlassung stören. Wenn irgendwo, so ist der Beobachtung der Ordnung Pedanterie erlaubt. Wird das Söhnlein

unartig, so ahme man das Beispiel Fenelons nach, der Hofmeister des Her-
zogs von Burgund, des Enkels Ludwig XIV. war. Als der Prinz eines Tages
einem Befehle Fenelons sich nicht unterwerfen wollte und in die Worte
ausbrach: „Nicht so, mein Herr. Ich weiß wer ich bin und wer Sie sind"; da
schwieg Fenelon, behielt aber den ganzen Tag einen traurigen Ernst. Am
anderen Tage aber trat er vor den Prinzen und sprach in ruhigem, aber ern-
stem Tone: „Sie werden sich erinnern, was Sie mir gestern sagten. Ich muß
Ihnen pflichtgemäß erwidern, daß Sie weder wissen, wer ich bin, noch was
Sie sind. Wenn Sie sich einbilden, mehr zu sein, als ich, so irren Sie sich
sehr; Ihre Geburt hing nicht von Ihnen ab und ist nicht Ihr Verdienst; höher stehe ich aber, als Sie, durch Einsicht und Wissenschaft – Sie wissen ja
nur, was Sie von mir lernten – und höher stehe ich durch die Vollmacht,
welche mir der König und Ihr Herr Vater über Sie gaben. Aus Gehorsam
gegen diese habe ich das schwere, wie es scheint undankbare Amt Ihres Erziehers übernommen; aber da Sie zu glauben scheinen, daß ich mich in der
Ausübung dieses Amtes besonders glücklich fühle, so werde ich sogleich zu
Seiner Majestät gehen und diese bitten, mich meiner Pflicht zu entbinden
und Ihnen einen anderen Lehrer zu geben, dem ich von ganzer Seele bessere Erfolge seiner Thätigkeit wünsche". Diese Erklärung erschütterte den
Prinzen. Thränen und Seufzer, Furcht und Scham ließen ihn kaum seine
Reue, das Versprechen sich zu bessern und die Bitte aussprechen, nicht
zum Könige geführt zu werden. Auch jetzt noch blieb Fenelon ernst, ver-
sprach nichts und ließ den Reuigen noch den ganzen Tag in bangen Zwei-
feln. Erst als er sah, daß Furcht und Reue den Prinzen ganz zerknirscht hatten und daß es ihm mit der Besserung Ernst sei, schien er dessen wiederhol-
ten, flehentlichen Bitten nachzugeben. (Kellner: „Skizzen und Bilder aus
der Erziehungsgeschichte", I.336.) Nun kann freilich nicht jeder Hofmeister
mit dem Davongehen drohen, und nicht jeder benimmt sich dem Zöglinge
gegenüber so, daß es demselben leid ist, wenn er davon geht. Dagegen kann
jeder Fenelon wenigstens in so weit nachahmen, daß er seine Ueberlegen-
heit zu wahren, seinen Zorn zu unterdrücken und erst bei ruhigerem Ge-
müthe des Zöglings wie des eigenen Zurechtweisungen zu ertheilen lernt.
Ganz besonders wird das Verhältniß zwischen Hofmeister und Schüler
durch die Religion geheiligt. Deßhalb ist ein Einführen nicht nur in die
Lehre, sondern auch in den Kult und die Institutionen der katholischen
Kirche und der gemeinsame Empfang der heiligen Sacramente, sowie die
tägliche gemeinsame Andacht, wobei der Lehrer – öfters wenigstens – aus
dem Herzen laut vorbetet, wie die wichtigste Aufgabe so auch die Heili-
gung des Berufes. Würdige Beispiele christlicher Hofmeister haben wir außer an Fenelon, auch an Quarino und an jenem Bittorino von Feltre, der

jedesmal beim Ansehen die Glieder seiner Anstalt versammelte, mit ihnen
Gott dankte, ihn um Gesundheit des Leibes und der Seele bat, und ihm die
Eltern und das Vaterland empfahl. Dann führte er sie in die heilige Messe,
wo er seinen Zöglingen das Beispiel der innigsten Andacht gab. Nachher
ließ er einige Psalmen und die Litanei der heiligen Jungfrau laut vorlesen
und begleitete dessen Lectüre mit Bemerkungen, welche sie in der Frömmigkeit und Anhänglichkeit an ihre Kirche befestigen konnten. An den
Festtagen mußten sie zur Erbauung der Bürger die öffentlichen Tempel besuchen und jeden Monat die heiligen Sacramente empfangen. Ein solcher
christlicher Eifer wird alsdann die Hochachtung des Zöglings befestigen
und das Vertrauen der Eltern erhöhen. Am Hofmeister aber wird in Erfüllung gehen: „Mancher ist geschickt, viele Andere zu belehren und thut dabei seiner Seele wohl." Sirach 37, 22.

Hat nun das Hofmeisterleben sein Schwieriges, so hat es auch sein bil-
dendes und förderndes Element. Gar manche Einsicht in das Wesen und
das Herz des Menschen wird gewonnen, manche Einseitigkeit gibt man auf,
manches Eckige schleift sich ab. Mit der Menchenkenntniß lernt man auch
Weltkenntniß und in der Regel ist man in der Lage und hat Hülfsmittel zu
tätigen Studien. Kant, Herbart, Fichte, Haman waren Hauslehrer und haben in diesem Berufe den Grund zu dem gelegt, was sie geworden sind.
Man vergleiche übrigens über die Amtsführung der Hofmeister: Jean Paul:
„Levana", Band II, Komischer Anhang. Wilhelm Harnisch: „Leben des
fünfzigjährigen Hauslehrers Felix Kaskorbi", Breslau 1817. Hamans Ge-
ständnisse über seine Hofmeister an verschiedenen Orten seiner Schriften,
besonders die Briefe an Lindner. Raumer: „Geschichte der Pädagogik",
(1847) III. Theil, 1. Abtheilung, S. 19 ff. und den unübertrefflichen Sailer
(a. a. O.) II. Theil, II Hauptstück, 2. Abtheilung, sowie dessen: „Hundert
Nummern für Erzieher", 1798.

*Artikel Hofmeister aus: Hermann Rofus/ Adolf Pfister (Hg.), Real-Encyclopädie des
Erziehungs- und Unterrichtswesens nach katholischen Principien, Band 2, Mainz
1873, S. 483-489*

Hauslehrer
(1906)

E. Schwertfeger

l. Begriff

Hauslehrer sind Lehrer, die von den Eltern zum Unterrichte ihrer Kinder in das Haus genommen werden. In früheren Zeiten hatte das Hauslehrertum eine größere Bedeutung als jetzt. Der Hauslehrer hatte gewöhnlich den Kindern des Hauses die gesamte Schulbildung zu vermitteln, war durchgehends eine längere Reihe von Jahren im Hause und war, wenn auch nicht immer ausgesprochenermaßen, auch der Erzieher der Kinder. In vielen Familien war auch das Amt eines Hofmeisters als des wirklichen Erziehers der Kinder ein ausdrücklich bestehendes; es gehörte eben zu den Kennzeichen eines vornehmen Hauses, einen eigenen Hofmeister oder Erzieher zu haben. – In neuerer Zeit ist hierin ein Wandel eingetreten. In fast allen, auch den vornehmen Häuscrn hat der Grundsatz Anerkennung gefunden, daß die Eltern selbst die Erzieher ihrer Kinder sind, und Hofmeister, Gouverneure usw. findet man fast nur noch in fürstlichen Häusern. Der eigentliche Hauslehrer ist in der Tat zur Zeit mehr oder weniger nur Lehrer. Und auch nach dieser Seite hin spielt der Hauslehrer gegen früher eine geringe Rolle. Die Zahl der öffentlichen und privaten Schulen höherer und niederer Art ist gegen früher bedeutend gewachsen; es gibt kaum einen Kreis, der nicht mehrere höhere Schulen besäße. Dazu sind die Anforderungen im Unterrichte in einem solchen Maße gestiegen, daß ein einzelner Lehrer, ein Hauslehrer, ihnen kaum gerecht zu werden vermag. Das Prüfungs- und Berechtigungswesen, das für alle, die im öffentlichen Leben einmal eine Stellung einnehmen wollen, seine Geltung hat, erfordert fast gebieterisch den Besuch einer Schule: und so ist es dahin gekommen, daß in Familien, an deren Wohnsitz eine Schule sich befindet, der Hauslehrer eine unbekannte Erscheinung geworden ist, und daß nur solche Eltern, die fern von eine (höheren) Schule zu wohnen gezwungen sind, einen Lehrer ins Haus nehmen. Aber auch hier geschieht dies gewöhnlich nur für kürzere Zeit, da man aus den angedeuteten Gründen die Kinder, sobald sie einigermaßen erwachsen sind, doch gern einer Schule zuführt.

Wegen dieser im allgemeinen geringe Bedeutung, die das Hauslehrertum in der Gegenwart hat, kümmert die Behörde sich um dasselbe so gut wie gar

nicht; an amtlichen Vorschriften, den Hauslehrer betreffend, ist darum eigentlich nichts vorhanden. Der Behörde genügt es, daß durch einen Hauslehrer unterrichtete Kinde das Bildungsziel der einfachen Volksschule erreicht haben; im übrigen wird das Hauslehrertum als reine Privateinrich-
tung betrachtet und behandelt. Man wählt seminarisch und akademisch
vorgebildete Lehrer, Theologen und Philologen, Neusprachler und Mathe-
matiker, Kandidaten mit vollen und solche mit unvollständigem Zeugnis.
Die Stellung des Hauslehrers entbehrt jeder Beziehung des öffentlichen
Charakters. Der Hauslehrer steht in einem reine Privatverhältnis zu den Eltern, die ihn angestellt haben; Anstellung und Entlassung richteten sich
gänzlich nach den zwischen Person und Person festgesetzten Bestimmungen. Seine Wahl erfolgt gewöhnlich auf Grund privater Empfehlungen;
Vermittlungsbureaux, wie solche für Lehrerinnen bestehen, fehlen hier;
auch fehlt es für Hauslehrer an jeglichem Zusammenschluß in Vereinen
oder dergleichen.

2. Pflichten des Hauslehrers

Bevor wir nun dazu übergehen, die Pflichten des Hauslehrers darzustellen,
sei bemerkt, daß es hier nicht unsere Aufgabe sein kann, alle jene Forderungen zu entwickeln, denen derjenige zu genügen hat, der Lehrer und Erzieher sein will. Es ist selbstverständlich, daß auch für den Hauslehrer die
Richtlinien Geltung haben, die für den Lehrer und Erzieher im allgemeinen
gelten, und daß er nach denselben Grundsätzen sein Amt zu führen hat,
die in der Pädagogik allgemein Anerkennung gefunden haben. Auch für ihn
muß das letzte Ziel aller Unterrichts- und Erziehungsarbeit sein, den ihm
anvertrauten Kindern zu helfen, daß sie zu sittlich-religiösen Persönlichkeiten werden; auch er muß, mag er kürzere oder längere Zeit seines Amtes
walten, bei jedem einzelnen Schritte, den er tut, sich dessen bewußt sein,
wie weit dieser Schritt jenem Zwecke dient oder nicht.

Aber die allgemeinen pädagogischen Grundsätze erleiden bei ihrer Anwendung in besonderen Verhältnissen gewisse Modifikationen, und diese
für den Hauslehrer hervorzuheben, soll unsere Aufgabe sein. – Denken wir
da an sein Hauptgeschäft, den Unterricht, und zwar zunächst an das Ziel
desselben, so ist schon gesagt, daß es für ihn kein anderes als das allgemein
gültige Unterrichtsziel geben kann, daß auch für ihn der Unterricht durch
Pflege eines gleichschwebend vielseitigen Interesse im Dienste der Bildung
des sittlich-religiösen Charakters stehen muß. Es ist sehr wichtig, dies für
den Hauslehrer besonders zu betonen; denn gerade für ihn liegt die Gefahr
sehr nahe, dies Ziel aus dem Auge zu verlieren. Haben doch die Eltern ge-

wöhnlich besondere Wünsche, die berücksichtigt werden sollen, und die nicht immer zu dem letzten Ziele passen. Im praktischen Leben stehende Männer und Frauen, auch die einsichtsvolleren, verlieren über den besonderen Aufgaben, die ihr Beruf ihnen stellt, so leicht den Blick für die großen und letzten Aufgaben der Unterrichtsarbeit. Da wird die Pflege dieser oder jener Seite des geistigen Lebens, dieser oder jener Fertigkeit und Fähigkeit als das durch den Unterricht zu erstrebende Ziel hingestellt und dem Hauslehrer als für den Unterricht maßgebend angepriesen. Da ist es leicht geschehen, daß dem Lehrer sein Blick enger zu werden anfängt, daß auch er die weittragenden und emporziehenden Gesichtspunkte aus den Augen läßt; und darum wird er gut tun, sich täglich vorzuhalten, daß seine Unterrichtsarbeit in letzter Linie der Begründung des sittlich-religiösen Charakters dienen soll.

Vor allen Dingen wird er im Lehrplane zu zeigen haben, daß er das Ziel des Unterrichts kennt. Verkehrt zwar wäre es, wollte er nicht besondere Wünsche der Eltern, die Individualität der Kinder, die besonderen Zwecke, die die Eltern für ihre Kinder erreichen wollen, oder die besonderen Verhältnisse der Schule, welcher sie später zugeführt werden sollen, berücksichtigen. Das ist gerade ein Vorzug des Privatunterrichts vor dem öffentlichen Unterrichte, daß dort mehr Freiheit herrschen kann als hier. Da kann ein Fach einmal besonders hervortreten, während ein anderes zurücktritt; da darf ein Fach einmal früher und ein anderes später auftreten, als in den für die öffentlichen Schulen gültigen Lehrplänen vorgeschrieben ist. Trotzdem gilt es für den Hauslehrer, bei der Ausarbeitung seines Lehrplans sich stets von den allgemein gültigen Grundsätzen leiten zu lassen und bei aller Rücksichtnahme auf Sonderzwecke doch im großen und ganzen stets innerhalb der durch die allgemein gültigen Pläne gezogenen Richtlinien zu bleiben. – Vor allen Dingen versäume der Hauslehrer nicht, überhaupt einen Lehrplan zu machen. Die Eltern werden es vielleicht nicht verlangen oder nicht nach einem solchen fragen. Möge ihn das nicht beirren. Seine erste Sorge sei, daß ein Lehrplan angefertigt und in aller Form von den Eltern genehmigt werde. In den meisten Fällen wird es angezeigt sein, bei der Ausarbeitung um Zuziehung eines erfahrenen Schulmannes zu bitten oder wenigstens den ausgearbeiteten Plan von einem solchen bestätigen zu lassen. Das ist nicht nur aus sachlichen, sondern auch aus persönlichen Gründen dem Hauslehrer zu raten. Er ist dann für alle Fälle „gedeckt".

Auch in der speziellen Unterrichtsarbeit, in der Durcharbeitung des Lehrstoffes, kommt es darauf an, die allgemein geltenden didaktischen Grundsätze zu beachten und daneben die besonderen Vorzüge des Privatunterrichtes auszunutzen, eventuell seine Gefahren zu vermeiden. Leichter

als im Schulunterrichte ist für den Hauslehrer die Stufe der Vorbereitung,
die Analyse. Auf Grund der genaueren Kenntnis seiner Schüler einerseits
und der sie umgebenden Verhältnisse andrerseits ist der Hauslehrer im
stande, die Vorbereitung aufs sorgfältigste und vollkommenste zu gestalten.
Er weiß genau, was er im Kinde voraussetzen kann, er kennt die Vorstellungen, die er wecken und auffrischen kann, und weiß, wie er nach der besonderen Individualität des Kindes dieses in die Stimmung zu versetzen
hat, die für die Aufnahme des neuen Stoffes günstig ist. Das nutze er aus! –
Auch die Darbietung kann der Hauslehrer oft anders und leichter gestalten
als der Lehrer, der vor einer Klasse steht. Manches wird er lesen lassen, was
sonst vorzutragen ist; in der Darbietung zarter Stoffe wird er den leisen und
warmen Ton anschlagen können, der in der Klasse aus äußerlichen Gründen sich verbietet; er erzähle nicht dreimal eine biblische Geschichte, wenn
sein Schüler sie nach dem zweiten Male aufgefaßt hat, weil es vor einer
Klasse vielleicht regelmäßig so oft zu geschehen hat; in Bezug auf die Ver-
anschaulichungsmittel benutze er alles, was sich ihm bietet; selbst das Bild
eines Abreißkalenders, an dessen Benutzung der Lehrer in der Schule nicht
denken kann, verschmähe der Hauslehrer nicht. Er wird durch solche Benutzung der Vorteile, die ihm der Hausunterricht bietet, seinem Schüler die
Aufnahme des Neuen bedeutend erleichtern. – Mehr Schwierigkeiten als im
Schulunterrichte wird ihm die Stufe der Assoziation bereiten. Der Gedankenkreis einer Schar ist günstiger zu Vergleichungen und Kombinationen
als der eines einzelnen, weil er größer und weiter ist. Darum ist für den
Hauslehrer auf dieser Stufe große Vorsicht geboten. Ruhiges Verweilen,
wiederholtes Sich - besinnen - lassen, ein ganz vorsichtiges, leises Lenken
und Erinnern wird hier am Platze sein, damit die vergleichende und bezie-
hende Tätigkeit des Geistes sich ungestört und ganz vollziehe und eine
möglichst selbständige sei – Dieselbe Vorsicht ist auf der System-Stufe notwendig. Im allgemeinen wird sie sich bei dem einzelnen Schüler ja schneller erledigen lassen als in einer ganzen Klasse, aber es liegt die Gefahr nahe,
daß die Fassung und Formulierung des Erarbeiteten eine zu einförmige und
einseitige werde, und das ist zu vermeiden. Bei einer größeren Anzahl von
Schülern kann, da der eine diese, der andere jene Wendung gebraucht, eine
gefährliche Einförmigkeit in der Fassung des Begrifflichen nicht hervortreten, wohl aber bei einem einzelnen Schüler. Der Hauslehrer sei sich dessen
stets bewußt und gebe seinem Schüler Gelegenheit und Anleitung, dieselbe
Sache öfter und in den verschiedensten Wendungen zum Ausdruck zu
bringen. – Die größte Gefahr bereitet dem Hauslehrer die Stufe der Übung.
Alle jene Wiederholungen und Übungen, die in einer Klasse ganz unbeabsichtigt dadurch eintreten, daß der Lehrer so und so viele Schüler einzeln

heranziehen muß, fallen im Einzelunterrichte fort. Der Schüler des Hauslehrer lernt von andern und durch andere nichts; auf sich selbst gestellt ist
er ganz allein. Da tritt leicht Ermüdung ein, die dann der Lehrer gar zu
leicht dadurch zu vermeiden bereit ist, daß er Neues bietet, eh das Alte
sitzt, daß er weiter schreitet, eh der Boden fest geworden ist; und gerade
hierin liegt der Grund der bekannten Erscheinung, daß es der Einzelunterricht so häufig nicht zu wirklich sicherem Können bringt. Möge also der
Hauslehrer auf die Übung ganz besondere Sorgfalt verwenden!

Mit der Beachtung der erwähnten Eigentümlichkeiten des Einzelunter-
richts indes hat der Hauslehrer seine Pflichten als Lehrer noch nicht völlig
erfüllt. Er findet, wenn er nicht gerade den Anfangsunterricht zu erteilen
hat, die Kinder auf einer bestimmte Stufe vor. Diese Stufe ist gewöhnlich
nicht so leicht festzustellen, wie dies im Schulunterrichte möglich ist, wo
jede Klasse planmäßig ihr bestimmtes Pensum zu erledigen hat. Außerdem
zeigen sich im Privatunterrichte die stets vorhandenen Lücken und Schwächen viel deutlicher als in einer Klasse, und jeder Mangel stört den Fort-
schritt des Unterrichts viel empfindlicher als in einer Klasse, wo man `doch
mit einem Teile der Schüler weitergehen kann. Das bedenke der Hauslehrer
und suche anfangs den Standpunkt der Schüler genau festzustellen. Etwaige
Lücken fülle er dann aus, schwankende Elemente begründe er neu, einge-
schlichene falsche Auffassungen berichtige er, – und zwar alles, ohne etwa
seinen Vorgänger verantwortlich zu machen. Er möge die Eltern seine Be-
obachtungen wissen lassen, um nötigenfalls „gedeckt" zu sein; aber er hüte
sich, mehr zu tun, als den Tatbestand festzustellen, selbst wenn die Eltern
und Kinder geneigt sein sollten, die Schuld für alle etwaigen Mißstände auf
den Vorgänger zu schieben. – Daß der Hauslehrer pünktlich und gewissenhaft in der Führung seines Amtes sein muß würde hier gar nicht Erwähnung finden, wenn es nicht zu bekannt wäre, wie schwer es gerade für ihn
ist, diese an und für sich so selbstverständlichen Forderungen zu erfüllen.
Keine Schulglocke ruft, kein Direktor mahnt ihn, er kann jede versäumte
Stunde leicht nachholen, da er ja die ganze Zeit in seiner Verfügung hat
usw. usw. Wie groß ist da nicht die Versuchung, unpünktlich und unor-
dentlich zu werden! Hiermit hängt die Gefahr zusammen, daß seine Unterrichtsstunden so leicht den ernsten Charakter verlieren, den sie haben sollen. Die Kinder, die den Lehrer nicht nur als Lehrer sondern auch als Haus-
, ja Spielgenossen kennen, sind geneigt, den leichten Ton, der zwischen ihnen und dem Lehrer außerhalb der Schulstunden angeschlagen ist, auch in
diesen fortzusetzen. Das führt aber dazu, daß der Unterricht eine nutzlose
Spielerei wird und muß dadurch vermieden werden, daß der Lehrer von
Anfang an die Unterrichtsstunden als etwas ganz Besonderes und Wichtiges

erscheinen läßt, und das wird ihm nur gelingen, wenn er es selbst peinlich
genau und ernst nimmt mit allem, was Unterricht heißt, und auch die äußeren Ordnungen, Lektionsplan usw. streng beachtet – Bei allem Halten
auf Ordnung und Pünktlichkeit indes wäre es töricht, wollte der Hauslehrer
die Vorteile, die ihm seine freiere Stellung auch nach dieser Seite hin bietet
nicht ausnutzen. Wo es im Interesse der Sache liegt, die Behandlung eines
Stoffes zu Ende zu führen statt Fremdes dazwischen zu bringen, möge er
ruhig den Glockenschlag überhören und das Ende der Lektion hinaus-
schieben; oder wenn in einer Stunde, die dem Plane nach in die Mittagszeit
oder auf den Nachmittag fällt, gerade ein Stück zur Behandlung steht, das
die Frische und Empfänglichkeit des Kindes in ganz besonders hohem Maße erfordert, lege er ruhig diese Stunde einmal an den Anfang des Tages.
Das sind Freiheiten, deren Ausnutzung, vorausgesetzt, daß sie nur aus sachlichen Gründen erfolgt, Eltern sowohl wie Kinder verstehen und billigen
werden. Auch das darf der Hauslehrer sich gestatten, daß er, wenn die Kinder ermüdet und abgespannt sind, die Lektion abbricht vor der festgesetzten Zeit. Er wird dies, da im Einzelunterrichte die Anspannung der Kinder
bekanntlich eine sehr starke ist, sehr häufig tun müssen; vielleicht tut er
gut, wenn er gleich von vornherein nicht vollstündige, sondern dreiviertel-
stündige Lektionen ansetzt. – Da endlich der Hauslehrer gewöhnlich in allen Fächern, auch in denen, die nicht gerade „seine" Fächer sind, zu unterrichten hat, so ist es seine Pflicht, durch Privatfleiß seine Bildung zu erweitern und zu vertiefen, sich jedenfalls das Wissen anzueignen, dessen er für
seine Arbeit bedarf, auch wenn ihm diese Beschäftigung an sich wenig
Freude macht und die Eltern vielleicht gern bereit sind, mit seinen Schwächen zu rechnen.

Wartet der Hauslehrer auf die angedeutete Art seines Amtes als Lehrer,
so hat er eigentlich seine Pflicht erfüllt, nicht nur, weil er des Unterrichts
wegen in erster Linie ins Haus genommen ist, sondern weil mit der rechten
Erledigung dieses Hauptgeschäftes auch das Wichtigste für das getan ist,
was man Erziehung im eigentlichen Sinne zu nennen pflegt. Es geht eben
auch für den Hauslehrer nach dem Herbartschen Grundsatze, daß ein weiter und in seinen einzelnen Teilen innigst verknüpfter Gedankenkreis, der
das Günstige seiner Umgebung aufzunehmen und das Ungünstige desselben abzustoßen weiß, das sicherste Mittel zur Begründung sittlich-
religiösen Wollens ist. Aber wegen der Schwachheit der menschlichen Natur wird die Umsetzung sittlicher Grundsätze in Wollen stets eine unvoll-
kommene sein und bleiben, vollends beim Kinde, dessen Gedankenkreis ja
noch in der Bildung begriffen ist, und das der Umgebung sich lieber hin-
gibt als ihr bestimmend gegenübertritt. Da ist haltende, bestimmende, re-

gelnde, erinnernde und berichtigende Tätigkeit, die sich direkt auf den Willen richtet und die Umsetzung des Gedankenkreises in Wollen unterstützt, notwendig; und gerade der Hauslehrer, der seinen Zögling in seinem Verhalten der Umgebung gegenüber täglich und stündlich zu beobachten Gelegenheit hat, kann gar nicht anders, als hier unterstützend, erziehend eingreifen, – gleichgültig, ob er dazu ausdrücklich verpflichtet ist oder nicht. Es mag an dieser Stelle bemerkt werden, daß, wenn in fürstlichen Häusern Erzieher und Lehrer unterschieden werden, unter Erziehung dann wesentlich die Pflege der sogenannten mittelbaren Tugenden, des äußeren Anstandes usw. verstanden wird, weshalb hierzu in der Regel auch ein Offizier, jedenfalls ein der „Gesellschaft" angehörender Herr gewählt wird. Die in unserm Sinne eigentliche Erziehung aber überläßt man nicht nur gern dem Hauslehrer, sondern erwartet von ihm, auch wenn er offiziell nur „der Lehrer" ist. Wir müssen daher auch die erziehliche Tätigkeit des Hauslehrers, und zwar von dem Gesichtspunkte aus betrachten, was sich bezüglich dieser für ihn aus der Eigentümlichkeit seiner Stellung, ihren Vorzügen und ihren Nachteilen, ergibt.

Was zunächst die formale Seite der Willensbildung betrifft, so bietet diese dem Hauslehrer viele Schwierigkeiten. Sein Zögling steht allein, er spürt also die Menge von Reizen zur Anspannung seines Willens nicht, die derjenige erfährt, der Glied einer Klasse und Zögling einer Schule ist. Im Unterrichte wird er nicht durch das Beispiel anderer angespornt, sich anzustrengen; es fehlt ihm der Zwang zu straffer körperlicher Haltung im Unterrichte, den sonst die Haltung der Klasse auf den einzelnen ausübt; er spürt nicht den Zwang zur Selbstzucht und Selbstbeherrschung, den derjenige sich auferlegen muß, der mit Klassengenossen verkehren und spielen will, ohne die geltenden Gesetze zu verletzen; ihm fehlt der Anlaß zu dem Aufgebote seiner ganzen Willenskraft, zu dem der Knabe sich zwingt, wenn es gilt, vor den Klassengenossen Schmerzen und dergleichen zu verbergen und zu verbeißen. Diesen Mangel auszugleichen muß der Hauslehrer mit allen Mitteln erstreben, damit sein Zögling kein schlaffer schwacher und unselbständiger Mensch werde. Im Unterrichte darf keine Nachlässigkeit in der äußeren Haltung, keine Halbheit in den Leistungen, kein energieloses Sprechen geduldet werden. Bei der Anfertigung der Schularbeiten darf die Aufsicht nur mit der äußersten Vorsicht geführt und niemals dazu benutzt werden, daß die Güte der Arbeiten auf Kosten der Selbsttätigkeit und Selbständigkeit des Kindes erreicht werde. Wie nahe liegt doch hier die Gefahr für den Hauslehrer, die Selbsttätigkeit zu unterdrücken statt zu heben! Auch in der Beurteilung der des Kind täglich umgebenden Dinge und Verhältnisse halte der Hauslehrer auf Selbsttätigkeit des Kindes. Er leite stets zu selbständiger Bildung des Urteils an, statt, wie es bei dem häufigen Zusammensein so leicht geschieht, fertige Urteile zu geben. Selbst wo es sich um die unbedeutendsten Angelegenheiten, etwa um die Wahl eines Spieles oder dergleichen handelt, lasse der Hauslehrer den Zögling seine Entschließungen selbst fassen; die Berichtigung einer etwaigen falschen Entschließung ist ihm, der den ganzen Tag um seinen Zögling sein kann, ja nicht schwer. Kurz: die Zucht soll „bestimmend", wie Herbart sagt, sein. — Daneben sei sie „haltend". Der Leichtsinn, an den man dabei sogleich denkt, wird in der Schule durch Schulordnung und Schulgesetze einigermaßen in Schranken gehalten, und von dem Leichtsinn seiner Schüler außerhalb der Schule erfährt der Lehrer wenig. Wie ganz anders steht in dieser Beziehung der Hauslehrer, dem der Leichtsinn seines Zöglings tagtäglich in den verschiedensten Äußerungen und Betätigungen vor die Augen tritt. Da heißt es vor allen Dingen und zunächst den Leichtsinn richtig beurteilen, ihn nicht als Herzensfehler, sondern als Mangel formaler Natur auffassen und ansehen. Und das ist schwer für jemand, der alles sieht und hört, an den wenigstens alles kommt, was den Tag über von dem Kinde versucht und ausgeführt wird. Wie leicht kann er dahin kommen, daß er das Leichte schwer nimmt, ein Versehen als Vergehen oder gar Verbrechen ansieht und behandelt! Es ist die größte Kunst des Hauslehrers, in dieser Beziehung klaren Blick zu behalten und ihn durch die kleinen Verdrießlichkeiten des Tages sich nicht trüben zu lassen. Gelingt ihm das, so wird er den Leichtsinn richtig behandeln, indem er die Herbartsche „haltende Zucht" anwendet. Er wird durch seine bloße Gegenwart die schlimmsten Ausbrüche des Leichtsinns unmöglich zu machen suchen; mit seinem Blicke wird er den Zögling in seine Schranken bannen; mit seiner Ruhe, Festigkeit und Gleichmäßigkeit in der Haltung wird er dem Zöglinge immer wieder der Stab werden, an dem dieser sich immer von neuem wieder aufrichten, sammeln und besinnen kann, bis allmählich sein Wollen selbst zur Stetigkeit und Festigkeit gelangt.

Bereitet somit die Erziehung nach der formalen Seite hin dem Hauslehrer besondere Schwierigkeiten, so hat er in materialer Beziehung insofern günstigere Verhältnisse, als die Pflege der Krone aller Tugenden, des Wohlwollens, sich fast ohne sein Zutun erledigt. Das Familienleben, dessen Grundzug das Wohlwollen ist, umgibt das Kind fast unausgesetzt und erzieht zum Wohlwollen, so daß es von seiten des Lehrers kaum noch besonderer Arbeit bedarf. Höchstens wird er bei seinem Zusammensein mit dem Zöglinge, auf Spaziergängen usw. es sich angelegen sein lassen, diesen in der praktischen Betätigung des Wohlwollens gegen andere, auch gegen die Tiere zu üben; weiterer Maßnahmen bedarf es kaum. Um so größere

Sorgfalt erfordert die Pflege des Sinnes für Recht und Billigkeit. Es ist bekannt, daß nirgends strenger auf die Beobachtung dessen, was Sitte und Regel ist, gehalten wird als unter Schulgenossen. Jede Abweichung von den Regeln des Spiels oder des sonstigen Verkehrs wird aufs strengste geahndet. Das weckt und bildet den Sinn für Recht und Billigkeit in ganz besonderem Maße. Dem Zöglinge des Hauslehrers fehlt diese Erziehung, die ohne Zutun des Lehrers, nur durch den Verkehr mit gleichaltrigen und gleichgestellten Genossen geschieht. Dieses Mangels muß der Hauslehrer sich stets bewußt sein, und er muß ihn, soweit es ihm irgend möglich ist, auszugleichen suchen. Wo er kann, verschaffe er seinem Zöglinge Verkehr mit gleichaltrigen Genossen und nutze diese Gelegenheiten gewissenhaft für seinen Zweck aus. Es wird bald Streit entstehen zwischen seinem Zöglinge und den Spielgenossen, falls ersterer überhaupt Energie und Selbstbewußtsein besitzt. Die Schlichtung dieses Streites so zu leiten, daß unter Schonung der Selbständigkeit des Zöglings doch streng den Ideen des Rechts und der Billigkeit entsprechend entschieden wird, ist eine schwere Kunst, die aber der Hauslehrer im Interesse seines Zöglings üben und lernen muß. Auch im Verkehr des Zöglings mit den Hausgenossen soll, trotzdem das Wohlwollen die Grundlage desselben ist, dem Rechte und der Billigkeit Rechnung getragen werden. Ganz besonders soll dies geschehen, wo es sich um die Benutzung von Sachen handelt, die den Geschwistern oder einem andern Hausgenossen gehören. Solche Gelegenheiten, den Sinn für Recht und Billigkeit auszubilden, versäume der Hauslehrer ja nicht. – Dem größten Hindernisse des Handelns nach Recht und Billigkeit endlich, der Leidenschaftlichkeit, der im Hause gleichfalls das natürliche Gegengewicht, Verkehr mit gleich gestellten Genossen, fehlt, begegne der Hauslehrer durch Pflege edler Interessen, am besten irgend einer Kunst. Wo dies nicht möglich, erwecke er Sinn für irgend eine Liebhaberei, für Sammeln von Marken, Siegeln usw.; das wird immerhin dazu beitragen, daß der leidenschaftliche Sinn niedergehalten und gemäßigt wird.

Wir verzichten darauf, noch andere Einzelforderungen anzuführen, und wollen nur noch darauf besonders hinweisen, daß die Hauptbedingung für ein gedeihliches erziehliches Wirken des Hauslehrers darin besteht, daß er über den vielen kleinen Sorgen und Nöten des Tages und über den Verdrießlichkeiten und Unbequemlichkeiten, die ihm der Leichtsinn seines Zöglings verursacht, die großen Gesichtspunkte der Erziehung nicht aus dem Auge verliert, sondern sich den Blick frei und klar erhält für das, was das Wesen der sittlichreligiösen Persönlichkeit ausmacht. Dazu ist notwendig, daß er sich oft und recht gründlich mit dem Studium der Ethik, die Normen für den Willen aufstellt, befasse. Das schärft das Urteil über Gesinnungsverhältnisse und befähigt ihn, aus den ihm täglich zur Beurteilung vorliegenden, oft sehr verwickelten Gesinnungsverhältnissen das Wesentliche herauszufinden, die Gesinnungs- und Handlungsweise seines Zöglings also richtig zu beurteilen. Ist er hierzu im stande, wird er auch die Fehler desselben richtig behandeln, den Leichtsinn als etwas Leichtes milde, wirkliche Charakterfehler dagegen mit aller Strenge und Unerbittlichkeit, auch wenn die Eltern, was sehr häufig der Fall sein wird, geneigt sein sollten, diese milde zu beurteilen, sie als Erbfehler, die nun einmal vorhanden, zu entschuldigen usw. Dadurch allein, daß er selbst in der Beurteilung seines Zöglings die erhabenen sittlichen Ideen seine Norm sein läßt, wird er es erreichen, daß allmählich auch für den Zögling diese Ideen zu Leitsternen seines Wollens und Handelns werden, was ja im letzten Grunde Ziel aller erziehlichen Tätigkeit sein muß.

Wenden wir uns nun noch mit kurzen Worten zu den Pflichten des Hauslehrers, die er als Hausgenosse zu erfüllen hat. In dieser Beziehung ist eigentlich nur zu fordern, daß er selbst ein sittlicher Charakter sei, daß er die Grundsätze, die er lehrt, auch vorlebe, daß sein ganzes Auftreten davon Zeugnis ablege, daß er ein feines sittliches Taktgefühl besitzt. Im Besitze eines solchen Taktgefühls wird es ihm nicht schwer fallen, sich in die besonderen Verhältnisse des Hauses hineinzufinden und zu ihnen die richtige Stellung zu nehmen. Er wird, was das Wichtigste ist, die Autorität der Eltern den Kindern gegenüber nicht zu vermindern, sondern zu stärken suchen. Er wird die besonderen Verhältnisse des Hauses, die Sitten und Einrichtungen desselben, auch wenn sie ihm fremd und vielleicht unberechtigt erscheinen, pietätvoll zu würdigen wissen. Mit den Standesvorurteilen, denen er fast immer begegnen wird, wird er zu rechnen verstehen und sich immer sagen, daß er nicht zum Reformator des Hauses, sondern zum Dienste an dem geistigen Wohle der Kinder berufen ist. In diesem Punkte den richtigen Takt zu beweisen, ist nicht immer leicht, und gar mancher Hauslehrer verdirbt sich seine Stellung dadurch, daß er sein Urteil über Fragen vorbringt, die ihn nichts angehen. Er erfülle seine Pflicht an den Kindern; mehr verlangt man von ihm nicht. Er denke ja nicht, daß er maitre de plaisir sein und in Dingen erfahren sein müsse die, wie Jagd u. dergl. im Hause vielleicht eine Rolle spielen, ihn aber absolut nicht kümmern. – Das feine sittliche Taktgefühl wird ihn auch abhalten, mit besonderen Mitteln die Liebe und Achtung des Hause zu suchen. Niemals werde er zu vertraulich gegen die Eltern, auch wenn diese einmal mehr als notwendig freundlich und offen gegen ihn gewesen sind. Er spreche von seinen persönlichen Verhältnissen möglichst wenig; dagegen sei er den Eltern gegenüber rückhaltslos offen, wenn er ein Versehen gemacht hat. Die Eltern sehen daraus, daß er frei ist von Eitelkeit, und werden ihm ihr Vertrauen doppelt gern schenken. Auch den Kindern gegenüber ist die rückhaltloseste Offenheit geboten. Bei der nahen Berührung, in die er zu ihnen tritt, – werden sie doch selbst in seine Toiletten-Geheimnisse eindringen! – wird er doch kaum etwas vor ihnen verbergen können. – Im Besitze eines feinen sittlichen Taktgefühls wird er auch die Schwierigkeiten leicht überwinden die daraus entstehen, daß es ihm vielleicht an der notwendigen Kenntnis der gesellschaftlichen Umgangsformen fehlt. Er gestehe ruhig ein, daß er dies oder jenes nicht wisse; dann werden ihm kleine Verstöße gern verziehen. Er zeige nur überall, daß er wahre Herzensbildung besitzt. Auch den dienenden Personen des Hauses gegenüber wird er dann die rechte Stellung einnehmen, indem er weder zu vertraulich mit ihnen noch zu hochmütig gegen sie ist. Das feine sittliche Taktgefühl endlich wird ihn auch davor bewahren, das Haus, dem er angehört, durch Schwatzen über häusliche Verhältnisse zu schädigen, sowie davor, durch seinen Verkehr außer dem Hause diesem Unannehmlichkeiten zu bereiten.

3. Pflichten der Eltern gegen den Hauslehrer

Soll der Hauslehrer den erwähnten zahlreichen und schwierigen Forderungen genügen, so kann und muß er erwarten, daß er von den Eltern unterstützt werde. Um im Unterrichte das leisten zu können, was gefordert wird, ist es notwendig, daß nicht zu viel verlangt werde. Drei oder vier in verschiedenem Alter stehende Kinder z. B. in allen Fächern zu unterrichten, geht über die Kräfte eines einzelnen hinaus und sollte niemandem zugemutet werden. Die Überbürdung mit Arbeit muß dem Hauslehrer ja alle Frische und Freudigkeit nehmen, deren doch gerade er so sehr bedarf. – Das Wichtigste indes, das der Hauslehrer erwarten muß, ist, daß die Eltern Interesse für den Unterricht haben und zeigen. Sie müssen gewissermaßen selbst an der Unterrichtsarbeit teilnehmen, indem sie den Lehrplan mit dem Lehrer besprechen, den Stunden ab und zu beiwohnen, sich täglich nach dem Verhalten der Kinder in den Stunden erkundigen, auch den Schularbeiten, wenn es ihnen möglich, ihre Aufmerksamkeit schenken usw. Selbstverständlich ist, daß die notwendigen Lehrmittel beschafft und würdige Unterrichtsräume zur Verfügung gestellt werden, sowie daß die Kinder nicht ohne die allertriftigsten Gründe dem Unterrichte entzogen werden. – Stehen die Eltern so zum Unterrichte, wird es auch nicht geschehen können, daß sie für etwaige Mißerfolge in den Leistungen ihrer Kinder den Lehrer allein verantwortlich machen, sondern sie werden vielmehr mit ihm gemeinsam die Gründe des Mißerfolgs erwägen und auf Mittel zur Besserung sinnen.

Mehr noch als im Unterrichte wird der Hauslehrer in der Erziehung die Unterstützung der Eltern sich wünschen. Er findet sie am schönsten da, wo das ganze Leben im Hause auf sittlich-religiöser Grundlage ruht. Da wird es an dem notwendigen Einvernehmen zwischen ihm und den Eltern nicht fehlen, und Konflikte können nicht entstehen. Wo aber jene Voraussetzung nicht zutrifft, muß der Hauslehrer das wenigstens erwarten, daß ihm seine Arbeit nicht erschwert werde. Das geschieht aber, wenn die Eltern seine Autorität untergraben. Darum dürfen die Eltern nicht in Gegenwart ihrer Kinder absprechend über den Hauslehrer urteilen. Wenn ihnen eine Maßregel desselben unverständlich oder gar verkehrt erscheint, sollen sie nicht vor den Kindern ihre abweichende Meinung kund geben, sondern sich mit dem Lehrer persönlich aussprechen und eine Verständigung suchen. Verstößt der Hauslehrer gegen die Ordnungen des Hauses, so werde darüber in Gegenwart der Kinder nie ein tadelndes Wort laut. Man zerstört eben sonst die Autorität und die Liebe, die der Hauslehrer bei den Kindern und überhaupt im Hause besitzen muß, und damit die Grundlagen für seine ganze erziehliche Tätigkeit. Auch in der äußeren Stellung im Hause, die dem Lehrer zugewiesen wird, muß sich aussprechen, daß man seine Autorität schützen will. Er darf es sich darum nicht gefallen lassen, in Bezug auf die Wohnung mit den Domestiken gleichgestellt zu werden; er muß verlangen, daß er mit an der Tafel speise, wenn die Kinder mit essen, und sein Gehalt muß so hoch sein, daß er anständig gekleidet einhergehen kann. Überhaupt muß er den Grad von Achtung beanspruchen, der ihm als dem Gehilfen der Eltern in ihrem wichtigsten Geschäfte gebührt, und darf nicht mit einer Behandlung zufrieden sein, wie sie etwa ein besserer Diener des Hauses erfährt.

Wir brechen hier ab. Mehr oder weniger wird die Stellung, die der Lehrer im Hause einnimmt, davon abhängen, ob er die rechte Persönlichkeit ist oder nicht; und damit kommen wir zum Schluß auf den Kern unsrer Ausführung zurück. Nicht ein unreifer Jüngling, wie meistens der Fall, sondern ein ganzer Mann sollte in das schwere Amt eines Hauslehrers berufen werden. Nur ein ganzer Mann ist im stande, den auch nach unsern wenigen Andeutungen doch gewiß nicht wenigen und nicht leichten Anforderungen zu entsprechen, die an den Hauslehrer gestellt werden. Nur einem ganzen Manne endlich wird es auch möglich sein, den mancherlei Gefahren, die das Hauslehrerleben in sich birgt, wie Gewöhnung an üppiges Leben und hoch gestellte Lebensführung, an Unfleiß in der Fortbildung, an Oberflächlichkeit usw., zu entgehen, seine Vorteile dagegen auszunutzen, indem er die Hauslehrerjahre anwendet, Menschen und ihm sonst fremde menschliche Verhältnisse kennen zu lernen, sich feine Umgangsformen anzueignen, einen reichen Schatz pädagogischer Erfahrung zu sammeln und sich in Selbstzucht und Selbstverleugnung zu üben.

Literatur

Neue Literatur über den Hauslehrer ist nicht vorhanden. Die älteren Werke, wie „Der wohl unterwiesene Informator" von Rambach, „Unterricht für Informatoren und Hofmeister" von Büsching, „Der Privaterzieher, in Familien . . ." von Heidenreich und andere behandeln mehr den Hofmeister des vorigen Jahrhunderts. Von den größeren pädagogischen Werken des letzten Jahrhunderts sind es nur Niemeyers „Grundsätze der Erziehung und des Unterrichts", die dem Hauslehrertum eine ausführlichere Betrachtung widmen. Vergleiche Herbarts Berichte an Herrn von Steiger.

Artikel Hauslehrer aus: W. Rein (Hg.), Encyklopädisches Handbuch der Pädagogik, 4. Band, 2. Auflage, Langensalza 1906, S. 84-92

Hauspädagogik
(1906)

E. Ackermann

1. Wichtigkeit der häuslichen Erziehung und Notwendigkeit einer Belehrung der mit ihr Betrauten über ihre Hauptfragen

„Die Erziehung ist Sache der Familie; von da geht sie aus, und dahin kehrt sie größtenteils zurück". Wären alle, die nach diesem Worte Herbarts an erster Stelle zum Erziehergeschäft berufen sind, dazu ebenso geschickt als geneigt, es stände besser um die Jugenderziehung. Denn so hoch man auch die erziehlichen Einflüsse der andern Erziehungsfaktoren, der Schule, der Kirche, des Freundeskreises und anderer mehr, zu schätzen berechtigt ist, ihre Wirkung – das kann den Ansprüchen gegenüber, die man an diese stellt, nicht oft und nicht kräftig genug betont werden – ist zum guten Teile bedingt durch das, was Haus und Familie schon vorher in den jugendlichen Seelen angebahnt haben, und was sie an ihnen dann neben den anderen Faktoren tun. Dem guten Willen, den Mutter Natur aus der Liebe zum hilfsbedürftigen Kinde in den Elternherzen erwachsen läßt, entspricht, auch wo er nicht in der Bequemlichkeit oder dem Gedränge des geselligen oder geschäftlichen Lebens eine enge Schranke findet, keineswegs immer die Einsicht, die Ziel und Wege klar vor Augen hat, und auf der der pädagogische Takt ruhen muß, wenn er auch in den verwickelten Fragen der Erziehungsarbeit das Rechte treffen will. Es ist, wo nicht für spezielle Belehrung Sorge getragen wird, auch in günstigen Fällen meist nur eine gewisse Summe überlieferter oder selbstgemachter Erfahrungen oder das Ergebnis naheliegender, aber darum noch nicht sicher leitender Erwägungen, wodurch die große Mehrzahl auch wohlgesinnter Eltern sich bestimmen läßt. Die Tatsache, daß das Bedürfnis solcher Belehrung nicht allgemein empfunden wird, ist kein Beweis ihrer Entbehrlichkeit. Auch auf andern Gebieten menschlichen Tuns beweist der Mangel an solchem Verlangen nicht, daß eine Belehrung überflüssig sei.

2. Die beste Art solcher Belehrung

Wie für die anderen Zweige der Pädagogik ist auch für eine Theorie der Hauspädagogik ein doppelter Weg denkbar. Man kann das pädagogische Wissen in Form einzelner Regeln darbieten, oder man kann es, eingedenk des Jean Paulschen Wortes: „Einzelne Regeln ohne den Geist der Erziehung sind ein Wörterbuch ohne Sprachlehre" in einem System wohlgeordneter Begriffe darzustellen suchen. Welchem Wege der Vorzug gebühre, leuchtet von selbst ein. Den rechten Geist der Erziehung gewinnt man sicherer aus einer Sprachlehre als aus einem bloßen Wörterbuch oder Rezeptbuch der Pädagogik.

3. Ziel der Erziehung und seine beste Formulierung

An die Spitze eines solchen Systems, von dem an dieser Stelle nur ein kurzer Abriß gegeben werden kann, gehört die Formulierung des zu erstrebenden Ziels. Sie ist bereits an andrer Stelle (siehe Artikel „Erziehungsziel") eingehend geboten, so daß wir nur auf jenen Artikel zu verweisen brauchen. Die Bezeichnung des letzten Zieles aller Erziehung, also auch der häuslichen, mit dem Wort „Bildung des sittlichen Charakters" oder richtiger noch „Bildung des sittlich-religiösen Charakters" hat den Vorzug, daß sie alle Unbestimmtheit bloß formal gefaßter Erziehungsziele aus-, alle einzelnen Zwecke, die dem Erzieher mit Recht als bei seinem Zögling erstrebenswert vorschweben, einschließt, dabei die ganze Erziehungsarbeit als ein geschlossenes Ganzes betrachten lehrt und endlich sofort auf die einzelnen Maßnahmen, Einflüsse und Tätigkeiten, aus denen das komplizierte Erziehungsgeschäft sich zusammensetzt, das rechte Licht fallen läßt.

4. Wert der von Erfahrung und Umgang gebotenen frühesten Eindrücke, soweit diese etwas Kontinuierliches sind. Die unbewußt wirkenden, in der einfachen Lebenslage gegebenen und die absichtlichen von der Erziehungslehre vorgeschriebenen Erziehungsmittel

Der psychische Prozeß der Charakterbildung, der in seinem Abschluß über die Grenze aller erziehlichen Einwirkung weit hinausliegt, und auf deren Anbahnung daher die Erziehung sich beschränken muß, stellt in seinen Anfängen gerade der häuslichen Erziehung wichtige Aufgaben. Und welches sind diese Anfänge?

Das, worauf es beim Charakter ankommt, ist der Wille; das Charakteristische des Charakters ist die Entschiedenheit des Wollens und des Nichtwollens. Da nun der Wille nur ein Produkt der Gedanken, diese aber Produkte der Vorstellungen sind, und da alle Vorstellungen den beiden großen Gebieten der Erfahrung und des Umganges entstammen, so sind diese beiden zuletzt auch das den Charakter Bestimmende. Nicht in dem Sinne, daß alles, was der Erfahrung und dem Umgange angehört, einen Einfluß auf die Erziehung hätte. Einen solchen Einfluß übt nur der Gesamtcharakter und die Kontinuität gleichartiger Erfahrung, gleichbleibenden Umgangs, und zwar um so nachhaltiger, je weiter sie zurückreichen in die frühe Jugendzeit. Das ist auch der Sinn des Goetheschen Wortes: „Die Umstände erziehen den Menschen, und man mache, was man will, die ändert man nicht." Dieses Wort weist zugleich darauf hin, daß wir es hier zunächst nur mit unbeabsichtigten, unwillkürlichen Wirkungen zu tun haben. Gerade in den einfachsten Lebensverhältnissen erweisen sie sich am stärksten und machen es begreiflich, daß die hier zur Geltung kommenden Mächte der Einfachheit und der Regelmäßigkeit der Lebensordnug von hoher erziehlicher Bedeutung sind. Wird doch mit ihnen die Macht der Gewohnheit (...) in den Dienst der Erziehung gestellt, die allmählich dem Denken und Streben des Kindes eine bestimmte, bleibende Richtung gibt. Damit sind für die Charakterbildung die Anfänge gegeben, von denen wir oben sprachen. Gesellen sich zu diesen unwillkürlichen Wirkungen die Autorität und die Liebe, die die Eltern bei den Kindern genießen; werden diese Mächte unterstützt und verstärkt durch ein streng häusliches Leben, das Unterbrechungen seines stetigen Einflusses und Ausnahmen in seiner Regelmäßigkeit selten nötig macht; kommt hinzu der ruhige Gleichmut von Vater und Mutter und die Konsequenz in der Handhabung der so naheliegenden Erziehungsmittel der Aufsicht und des Befehls, die in rechter Sparsamkeit anzuwenden schon die einfache Lebensform mit ihrer Gleichmäßigkeit der Lebensäußerungen lehrt, und Geduld, die nie vergißt, das die Früchte um derer Zeitigung es sich hier handelt nur langsam reifen; ist die Familie eine moralische Gesamtpersönlichkeit, in der die Rollen, wie es der rechte Familiengeist vorschreibt, verteilt sind, der Vater als Haupt der Familie diese in ihren Beziehungen zur Außenwelt vertritt, ihre gesellschaftliche, bezüglich kirchliche Stellung bestimmt und seine Herrschaft mit freundlichem, gleichmäßigem Ernste ausübt, die Mutter aber getreu dem Worte Pestalozzis: „Ich lege die Erziehung der Menschheit in die Hände der Mutter" von echter Mutterliebe durchdrungen, der an Reinheit, Stärke und Innigkeit keine andere Liebe gleicht, den vornehmsten Teil ihres Berufes erfüllt; geben die Eltern ihren Kindern das gute Beispiel der Ordnung, des Fleißes, der tüchtigen Leistung:

dann bedarf es in sonst normalen Verhältnissen nicht einer großen Kunst, um in den jugendlichen Gemütern einen guten Grund zu legen, und wir verstehen es, warum aus solchen Verhältnissen die Kinder meist zu gesinnungstüchtigen Menschen heranwachsen, auch wenn die Eltern nicht im stande sind, Rechenschaft davon abzulegen, wie sie das gemacht haben.

Nicht immer freilich sind die Lebensverhältnisse so, daß man den „Umständen" und den mehr unbewußt waltenden Mächten den Hauptteil der erziehlichen Wirkung überlassen könnte. Überall, wo das Leben komplizierter ist, wo menschlichem Streben und Wirken weitere Ziele gesteckt sind, wo zahlreichere Interessen erweckt werden und die Seelen auch der Kinder schon mit ihren zersplitternden Einflüssen bedrohen, wo die Verpflichtung, das Geistesleben vielseitiger zu entfalten, sich steigert, wo damit die Versuchungen sich mehren und die Gefahr der Ablenkung vom rechten Wege sich vergrößert, wird auch das dem Hause zufallende Erziehungswerk schwieriger und erhebt an die mit ihm Vertrauten höhere Ansprüche. Nicht als ob für die erziehenden Kräfte, von denen oben die Rede war, hier bedeutungslos würden, oder als ob für die in einfachen Verhältnissen Lebenden das, was wir weiter als Erziehungsgaben des Hauses zu verzeichnen haben, ganz wegfallen könnte. Nur darum kann es sich handeln, daß im zweiten Falle, eben weil hier das Geschäft schwieriger ist mehr mit künstlichen Mitteln erreicht werden muß, was dort unter einer gewissen Gunst der äußeren Lebenslage fast unabsichtlich geschieht.

Eine des Zieles und der Wege, die zu ihm führen, sich klar bewußte Erziehungstätigkeit hat Herbart im Auge, wenn er mit den Worten: »Familienerziehung setzt voraus, daß in den Häusern richtige pädagogische Begriffe erworben sind, und daß nicht Grillen und halbe Kenntnisse deren Stelle einnehmen«, die Vorbedingungen gelingenden pädagogischen Handelns nennt. Wenn wir im folgenden einige dieser Begriffe, soweit sie noch nicht früher genannt sind, auf ihre Bedeutung für die Hauspädagogik näher uns besehen, werden wir allerdings gut tun, eines andern Wortes des Pädagogen unter den Philosophen eingedenk zu bleiben. „In der Erziehung", sagt Herbart, „möchte sich kaum etwas vor dem andern rein abgetrennt auch nur denken lassen. Erst die intellektuelle, dann die ästhetische, dann die moralische Bildung abhandeln, – heißt es nicht das Vorurteil begünstigen, als lägen diese Ausbildungen im Gemüt nebeneinander, wie in den psychologischen Kompendien?" Trotzdem wird eine Theorie der Erziehung die in diesen Worten zugleich genannten wichtigsten pädagogischen Begriffe getrennt zu betrachten nicht umhin können.

5. Notwendigkeit, das Naturell des Zöglings zu berücksichtigen

Der Erfolg jeder absichtlichen erziehlichen Einwirkung, also auch der oben genannten Ausbildungen, hat außer dem rechten Verständnis ihrer besonderen Natur und der aus dieser sich notwendig ergebenden einzelnen Maßnahmen erst noch etwas anderes zur Voraussetzung. Das ist die Kenntnis des Naturells des Zöglings, seiner Individualität. Wer wäre für solches Erkennen geeigneter als das Auge von Vater und Mutter, wenn anders dasselbe nicht durch Vorurteile geblendet ist? Gerade in den ersten Lebensjahren gibt sich das Kind am unbefangensten, wie es ist, erleichtert der geringe Reichtum des geistigen Gehaltes an sich schon das Kennenlernen der individuellen Züge. Vereinigt sich mit solchem Studium die rechte Weisheit, die vor der Übereilung schützt, aus unsichern Symptomen sichere Schlüsse zu ziehen, also z. B. nicht jede rasche Entfaltung als einen Beweis hervorragender Begabung, jede langsame Entwicklung als ein untrügliches Zeichen geringer Naturanlage zu betrachten; die vor dem Versuch warnt, die Individualität zu überwinden und, „da ihr jede Kraft heilig ist, keine an sich zu schwächen, sondern nur ihr gegenüber die andere zu erwecken sucht, durch welche sie sich harmonisch dem Ganzen fügt": dann ist gerade für die Erziehungsmaßnahmen des Hauses der Boden bereitet, wie ihn die andern Lebenskreise, die später die Erziehung der Erwachsenden mitzuübernehmen haben, vergeblich zu gewinnen sich bemühen.

6. Intellektuelle Bildung

Jean Pauls Behauptung, daß ein Kind in den ersten drei Lebensjahren mehr lerne, als ein Erwachsener in seinem akademischen Triennium, die auch für bescheidene Verhältnisse nicht ganz falsch ist, hebt die hohe Bedeutung der intellektuellen Bildung hervor, die das Kind vor dem Beginn der planmäßigen Lernarbeit in der Schule sich aneignet. Denn nicht bloß in der letzteren wird solche Bildung gewonnen. Von kaum geringerer Wichtigkeit als die methodische Arbeit der Schule ist der ihr vorausgehende und sie begleitende gelegentliche Unterricht, möge er darin bestehen, daß nur die Sinne beschäftigt werden, diese „Korrespondenten der Seele, über deren Mitteilungen die letztere ihre Leitartikel denkt", oder daß solche Denkarbeit sich vollzieht. Was infolge der größeren oder geringeren natürlichen Reizempfänglichkeit und Regsamkeit bald mehr, bald weniger von selbst geschieht, kann durch absichtliche Einwirkung erheblich verstärkt werden. Der erste Teil solcher Arbeit ist am erfolgreichsten dann, wenn man dabei Herbarts Mahnung befolgt: „Man nütze die Zeit, worin das Kind völlig

wacht ohne zu leiden, allemal dazu, daß sich ihm irgend etwas zur sinnli-
chen Auffassung darbiete, aber nicht aufdringe. Starke Eindrücke sind zu
vermeiden; schneller Wechsel ebenfalls; sehr geringe Abwechselungen sind
oftmals hinreichend, um das schon ermattende Aufmerken wieder anzuregen. Eine gewisse Vollständigkeit in den Auffassungen des Auges und des
Ohres, so daß diese Sinne in ihrem ganzen Kreise gleichmäßig einheimisch
werden, ist zu wünschen." Die Anregung zur denkenden Betrachtung der
Dinge geschieht am besten so, daß man, was auch für den planmäßigen
Unterricht sich empfiehlt, jeden aufdrängenden Lehrton vermeidet und
seine Unterweisung an das sich von selbst bekundende oder leicht zu er-
weckende kindliche Interesse anknüpft. Der beredteste Ausdruck dessen, was
in der Seele vorgeht, ist die Sprache; das beste Mittel der geistigen Entwicklung, und zwar ganz besonders wieder nach der Seite der Intelligenz, ist die
Sprachbildung. Welch reiches und weites Feld öffnet sich hier – schon der
Name Muttersprache weist darauf hin, wem, ihn zu erteilen, an erste Stelle
zukommt – dem gelegentlichen Unterricht, mögen wir nur die Reinheit
und den Wohllaut der Sprache ins Auge fassen und die Stelle, die hier der
Nachahmung zufällt, oder die mit der Sprachbildung Hand in Hand ge-
hende oder besser noch mit ihr sich vollziehende Begriffsbildung. Daß die
Natur selbst hier für das erzieherische Einwirken die rechten Winke gibt,
lehrt die Tatsache, daß jedes Kind seine Frageperiode hat. Nur zu seinem
größten Nachteile würde die Bequemlichkeit der Eltern oder das Verkennen von der Bedeutung dieser Entwicklungsperiode durch ungeduldiges
Zurückweisen dieser Symptome vom Beginn eines regeren geistigen Lebens
dieses selbst in seiner Entfaltung hemmen. Dabei ist die Form des Antwor-
tens durchaus nicht gleichgültig. „Man muß", sagt Jean Paul, „den inneren
Menschen mehr durch geistiges Arbeiten als durch bloßes Füttern stärken
und stählen." Die Frage, wie das zu machen sei, bedarf hier natürlich nicht
erst einer ausführlichen Antwort. Was man die Kinder durch eigene Beobachtung und eigenes Nachdenken, wozu die kleinen Frager zu veranlassen
sind, hat finden, was man sie, Herbarts Wort eingedenk: »Jeder erfährt nur,
was er versucht" in eigenen Versuchen hat entdecken lassen, bringt der er-
starkenden Intelligenz mehr Gewinn als direkte Antworten. (...)

7. Sittliche Bildung

Unter den verschiedenen Gebieten für die intellektuelle Bildung, für die
schon frühzeitig das kindliche Auge geöffnet werden muß ist das allerwichtigste das sittliche. Die Ausbildung der sittlichen Einsicht ist darum noch
nicht der Anfang der sittlichen Bildung. Die häusliche Erziehung, die den

Grund zu dieser Bildung legen muß, sorgt schon, ehe solche Einsicht entstehen kann, mit den an anderer Stelle bereits genannten Erziehungsmitteln der geordneten Lebensweise, der Gewöhnung an Regelmäßigkeit in allen Betätigungen, dem richtigen Gleichmut und der in rechter Weise gehandhabten Konsequenz, für solchen Anfang, wenn sie damit zunächst nur ein gewohnheitsmäßiges Wollen des Rechten im Kinde erzeugt; wenn sie, solange im Kinde der freie Wille noch nicht erstarkt ist, der aus eigener Kraft die sittlichen Forderungen erfüllt, den blinden Gehorsam verlangt. Sie erweitert den Kreis dieser wichtigen Ausbildung, wenn sie, die Autorität und Liebe dabei kräftig unterstützen, den einzelnen sittlichen Regungen durch die Gelegenheit der Betätigung und durch eigenes gutes Beispiel in ihrer Entfaltung Hilfe leistet, bis solche Regungen allmählich zu freiem sittlichem Wollen emporwachsen; wenn sie Überschreitungen der von Sitte und Sittengesetz aufgestellten Schranken zu verhüten und etwa doch vorgekommene Überschreitungen durch entsprechende Strafen sühnt oder wenigstens vor ihrer Wiederholung abschreckt; wenn sie mit Geduld und Beharrlichkeit die feindlichen Mächte, die in der Kindesseele sich geltend machen wollen, zu bekämpfen sucht. Solche Versuche sind zugleich die besten Ausgangspunkte für die Ausbildung der sittlichen Erkenntnis, die nur in ganz allmählichem Aufsteigen von den einfachsten Begriffen zu schwierigeren sich vervollkommnet und sich am besten im Anschluß an die im häuslichen Leben so vielfach vorkommenden konkreten Fälle, die das kindliche Denken über sittliche Fragen anregen, vollzieht. Auch schon die häusliche Erziehung kann die sittliche Bildung zu einem gewissen Abschluß bringen helfen, wenn sie, hier allerdings mehr als sonst auf die Mitarbeit der Schule rechnend, um Entstehen von sittlichen Grundsätzen in den jugendlichen Gemütern zu fördern sich bemüht. Es hieße den hier gebotenen Raum weit überschreiten, wollten wir diese flüchtigen Andeutungen weiter ausführen. Das ist schon deshalb unnötig weil ein besonderer Artikel (siehe Artikel „Willensbildung!) das besorgen wird.

8. Ästhetische Bildung

„Der Sinn für das Rechte und Gute der ja selbst ein Wohlgefälliges ist gedeiht nur auf dem Boden, in dem der Sinn für das Schöne schon Wurzel geschlagen hat." Dies Wort Zillers weist auf das Recht und die Pflicht hin, auch in einem kurzen Abriß der Hauspädagogik der ästhetischen Bildung zu gedenken. Wenn der Sinn für das Schöne eine Voraussetzung für das Gedeihen des Sinnes für das Rechte und Gute ist, so muß er schon frühzeitig geweckt werden. Damit ist nicht zugleich behauptet, daß das Bewußtsein vom Wesen des Schönen nicht früh genug ausgebildet werden könne. Herbarts Wort: „Der Geschmack ist etwas Ursprüngliches, das nicht gelernt werden kann. Er muß sich vielmehr aus eigener Kraft im Anschauen und Genießen des Schönen entwickeln" gibt den Weg an, der hier einzuschlagen ist. Mannigfache Gelegenheit bieten, Schönes anzuschauen und zu genießen, das ist's, was hier not tut, und was seine naturgemäße Ergänzung findet in dem Fernhalten des Unschönen, wozu auch alle Unsauberkeit und Unordnung zu rechnen sind.

Alle ästhetischen Reize entstammen der Natur oder der Kunst. Auch wenn seine Heimat nicht mit landschaftlichen Reizen ausgestattet ist, braucht das Kind der geschmackbildenden Wirkung des Naturschönen nicht zu entbehren. Auch die ärmste Gegend besitzt dessen genug, und es ist nur nötig, des Kindes Auge dafür zu öffnen. Daß es an einzelnen Dingen, Pflanzen und Tieren, auch nach ihrer ästhetischen Seite, früher Gefallen findet, als an der Schönheit einer Gegend, daß es für einzelne Farbenreize viel früher empfänglich ist, als für Farbenwirkungen in ihrer Gesamtheit, deutet schon an, nach welcher Seite hier der kindliche Blick zunächst zu richten ist.

Viel früher als für das Naturschöne erwacht im allgemeinen im Menschen der Sinn für das Kunstschöne. Wer ihn in der rechten Weise im Kinde pflegen will, tut wohl, Herbarts Rat zu befolgen, den er mit den Worten ausspricht: „Wie viel schneller würde sich der Geschmack entwickeln, wenn man ihm die einfachsten Verhältnisse zunächst böte." Das will auf Farben und Formen in ihrer Verwendung bei Kleidern und Zimmerschmuck, bei Spielzeug und Bilderbüchern bezogen werden. Ja schon die Symmetrie in der Anordnung der Dinge ist für einen so zarten Sinn, wie der Schönheitssinn ist, nicht ohne Bedeutung. Wer für seine Pflege einen sichern Grund legen will, möge sich nur nicht irre machen lassen durch einen gewissen Reiz, den erfahrungsmäßig auch Unschönes auf das Kind ausüben kann. Daß der Struwelpeter und seine zahlreichen Nachfolger soviel Freunde unter unseren Kleinen gefunden haben, ist weder ein Beweis für die Richtigkeit der Abschreckungstheorie in der Erziehung, die nur in gewissen Strafen Verwendung finden darf, noch eine Widerlegung der oben erörterten Ansicht über die richtigen Anfänge der Geschmacksbildung. Wer diese Ansicht teilt, wird dem Auge des Kindes alle solche Karikaturen fern halten. Welche Ansprüche an die Bilderbücher für die Jugend zu stellen sind, hat der betreffende Artikel nachgewiesen.

Nicht nur das Auge, sondern auch das Ohr bedarf im Interesse der ästhetischen Bildung besonderer Pflege. Solcher Bildung dient die Reinheit und der Wohllaut der Sprache, von denen bereits früher die Rede war, und die

auch schon in der Zeit, wo das Kind noch nicht bis zur Nachahmung fort-
geschritten ist, für unsere Zwecke keineswegs gleichgültige Dinge sind;
dient die rechte Art des Erzählens und des Vorlesens; dienen die Kinderlieder und das andere reiche Gebiet der Poesie, in dem die Jugend auch schon
vor Beginn der schulmäßigen Behandlung dieses Stoffes heimisch gemacht
werden kann und soll; dient auch die gesamte musikalische Ausbildung, die
nicht nur in der eigenen Ausübung dieser Kunst, sondern mit sicher nicht
geringerem Erfolg für die ästhetische Bildung in häufigem Hörenlassen guter Musik bestehen soll. Da alle diese Dinge in besonderen Artikeln besprochen werden, können wir uns hier auf ihre Aufzählung beschränken. Auch
von den Jugendspielen in ihrer Bedeutung für diese Bildung, von dem Tanz
und der Unterweisung in dieser Kunst gilt das.

Manches von dem bisher Genannten, was den Geschmack bildet, ohne
daß der jugendliche Geist dabei der Gesetze sich bewußt wird, die dem
Schönen zu Grunde liegen, kann, wenn die Eltern selbst sie kennen, durch
eine allmähliche, behutsame Belehrung über diese Gesetze auch schon von
seiten der Familie in seiner Wirkung sehr verstärkt und so das, was die
Schule auf diesem Gebiete zu erreichen sucht, erheblich unterstützt werden. Daß wir dabei an einen systematischen Unterricht nicht denken, liegt
auf der Hand. Ein Aufmerksammachen auf das Schöne, an dem sonst die
Jugend achtlos vorübergeht, ein Hinweis auf die meist recht einfachen
schönen Verhältnisse, die sich darin zeigen, ein Hervorheben dessen, worauf es bei der Beurteilung ankommt, die Anleitung, Schönes und Unschönes zu vergleiche und so die Gründe zu entdecken für den Unterschied,
darin hat die Belehrung zu bestehen, die wir hier im Auge haben. Wer
selbst solchen Unterricht genossen hat, lernt ihn auch bald erteilen und ge-
nießt gerade hier leichter als auf anderen Gebieten die Freude des Erfolgs.

Außer der Einsicht in den engen Zusammenhang zwischen dem Schönen und dem Guten kann auch der Gedanke das Bewußtsein, daß es eine
Pflicht des Hauses ist, die ästhetische Bildung nicht zu vernachlässigen, ver-
stärken, den Herbart mit den Worten ausspricht: „Fühlbarkeit für das
Schöne macht glückliche Menschen."

9. Religiöse Bildung

Die Bildung nicht nur des sittlichen, sondern des sittlich-religiösen Charakters haben wir als Ziel der Erziehung bezeichnet. Wir gehen dabei von der
Überzeugung aus, daß am besten in einem religiös gestimmten Gemüte die
sittlichen Mächte die Stärke gewinnen, die ihnen die nötige Widerstands-
kraft verleiht gegen die Macht des Bösen. Wer Rousseau zustimmt, wenn er

die religiöse Erziehung erst dem 15. Lebensjahre beginnen lassen will, braucht in einer Hauspädagogik nicht viel Platz für die Belehrung über die Bildung des religiösen Sinnes. In vollen Gegensatz zu Rousseau stellt sich aber Herbert mit seinem Ausspruch: „Nie wird Religion den ruhigen Platz in der Tiefe des Herzens einnehmen, der ihr gebührt, wenn ihr Grundgedanke nicht zu den ältesten gehört, wozu die Erinnerung hinaufreicht, wenn er nicht vertraut und verschmolzen wird mit allem, was das wechselnde Leben in dem Mittelpunkt des persönlichen Lebens zurückließ." Wer Herbarts Ansicht zustimmt, muß auch die Folgerung daraus ziehen, daß zur religiösen Bildung frühzeitig das Elternhaus den festen Grund legen muß, und wird mit ihm die Überzeugung teilen, daß alles, was dafür später Schule und Kirche zu tun suchen, in seiner Wirkung bedingt ist durch die frühen Einflüsse des Hauses auf das religiöse Denken und Fühlen des Kindes.

Sollte es hier nötig sein, eingehend die Art und Weise zu beschreiben, in der solcher Einfluß geübt werden muß? Wer die erste Vorbedingung für solche Einwirkung erfüllt, die Jean Paul so bezeichnet: „Da die erste Regel für jeden, der etwas geben will, diese ist, daß er es selbst habe; so kann niemand Religion lehren, als wer sie selbst besitzt," braucht nach dem rechten Wege, im kindlichen Gemüt religiöse Gefühle zu erwecken und in der Kindesseele religiöses Denken anzuregen, nicht lange zu suchen. Wer aber doch guten Rat hier wünscht, dem können am besten einige Ansprüche unserer pädagogischen Klassiker ihn geben. Herbarts Worte: „Als der Endpunkt der Welt, als der Gipfel aller Erhabenheit, muß die Idee Gottes schon in früher Kindheit hervorschimmern, sobald das Gemüt anfängt einen Überblick zu wagen über sein Wissen und Denken, Fürchten und Hoffen; sobald es über die Grenzen seines Horizontes hinausschaut," und das andere: „Eine überall waltende Liebe, Fürsorge und Aufsicht bildet den ersten Begriff des höchsten Wesens, welcher anfangs auf den Gesichtskreis des Kindes sich beschränkt und nur allmählich sich erweitert und erhöht," Pestalozzis Behauptung: „Das sehe ich bald, die Gefühle der Liebe, des Vertrauens, des Dankes und die Fertigkeiten des Gehorsams müssen in mir entwickelt sein, ehe ich sie auf Gott anwenden kann. Ich muß Menschen lieben, ich muß Menschen danken, ich muß Menschen gehorsamen, ehe ich mich dahin erheben kann, Gott zu lieben, Gott zu danken, Gott zu vertrauen und Gott zu gehorsamen: denn wer seinen Bruder nicht liebt, den er siehet, wie will der seinen Vater im Himmel lieben, den er nicht sieht?" Jean Pauls Rat: „Zeigt überall, auch an den Grenzen des heiligen Landes der Religion dem Kinde anbetende Empfindungen. Diese gehen über und erschleiern ihm zuletzt den Gegenstand, sowie es mit euch erschrickt, ohne zu wissen warum," geben dem, der hier nach Belehrung sucht, deutliche Fingerzeige. Das Wirksamste bei der Erwerbung und der Pflege des religiösen Denkens und Fühlens schon in den jugendlichen Herzen ist ein gesunder und religiöser Geist, der das Familienleben durchwaltet und in der Heilighaltung aller Formen des religiösen Lebens sich bekundet, zumal wenn die zu seiner Erhaltung und Förderung Berufenen in ihrem Bemühen, das zu tun, immer dabei sich bewußt bleiben, „daß alles, was sich der Religion nähert, viel Diskretion fordert«,

10. Umgang

Von den beiden großen Gebieten, aus denen alle Geisteskultur ihre Nahrung schöpft, der Erfahrung und dem Umgange, kommt dem zweiten die größere erziehliche Bedeutung zu. Der Erklärungsgrund dafür liegt in dem eigentümlichen Zauber der persönlichen Einwirkung. Dieser besteht in dem, was man auch das Angestecktwerden durch fremde Geisteszustände genannt hat. Ein solches Angestecktwerden findet in besonders hohem Grade bei der Jugend statt, die noch nicht in dem gefestigten eigenen Wesen ein Hemmnis besitzt für eine derartige Aneignung edler Denk- und Sinnesweise, aber auch noch des Schutzes entbehrt vor den Nachteilen, die aus dieser Eigentümlichkeit der Menschennatur in dem Falle erwachsen können, wenn das Kind mit Menschen von unsauberer, sittlich bedenklicher Sinnesweise in dauernde Berührung kommt. Daß nach dieser Seite die Ansteckung stärker ist als nach der guten, deutet schon das Sprichwort an, wenn es die schädliche Wirkung der bösen Gesellschaft hervorhebt und nicht die segensreiche der guten. Unterstützt wird die Wirkung nach der einen Seite wie nach der andern durch den jedem Menschen, wenn auch nicht bei allen in gleichem Grade, angeborenen Geselligkeitstrieb. Für guten Umgang der Kinder sorgen und schlechten verhüten, das ist darum eine sehr wichtige Aufgabe des Erziehers, dessen Kunst Herbart geradezu „eine Modifikation der Kunst des Umgangs" nennt oder als „eine kontinuierliche Begegnung" bezeichnet, „welche nur dann und wann des Nachdruckes wegen zu Lehre und Strafe und ähnlichen Mitteln ihre Zuflucht nimmt". Mit dieser Definition ist zugleich ausgesprochen, daß bei dem Umgang, der zu einer Kunst sich gestalten soll, der Verkehr der Eltern mit den Kindern die erste Stelle einzunehmen hat. Freilich darf dann den Eltern die Erziehung nicht „ein System von Regeln" sein, „sich das Kind ein paar Schreibtische weit vom Leibe zu halten und es mehr für ihre Ruhe, als für seine Kraft zu formen, höchstens wöchentlich einige Male ihm unter dem Sturmwind des Zornes soviel Mehl der Lehren zuzumessen, als es verstäuben kann." Wollten wir hier die Modifikation der Kunst des Umganges zwischen Eltern und Kindern näher ausführen, wir müßten das meiste von dem bisher Gesagten wiederholen. Daß solche Kunst an die Selbstverleugnung der Eltern, die allerdings herrlich belohnt wird, nicht geringe Ansprüche stellt, ist nicht zu bestreiten. Sie wachsen mit dem Unterschied der Bildung, werden aber glücklicherweise auch wieder erleichtert durch das natürliche Geschick für solchen Verkehr. Es ist eine weise Einrichtung von Mutter Natur, daß dem weiblichen Geschlecht, dem der Hauptteil der Aufgabe zufällt, an solchem Geschick ein besonders hohes Maß beschieden zu sein pflegt.

Wegen der Gefahr, die nach verschiedenen Seiten hin in dem Umgang der Kinder mit den Dienstboten liegen kann, ist bei ihm besondere Vorsicht geboten, zumal da die Kinder schon wegen der größeren Gleichheit im Niveau des geistigen Lebens besonders gern mit ihnen zu verkehren pflegen. Daß mit der Warnung vor den Gefahren zu engen Verkehrs, die keineswegs ausnahmslos vorhanden sind, nicht das Großziehen einer Geringschätzung dieser unentbehrlichen Hausgenossen empfohlen werden soll, daß, um letzterer vorzubeugen, z. B. die in Betreff des Gehorsams nur koordinierte Stellung der Kinder und der Dienstboten streng einzuhalten ist, bedarf kaum erst der Erwähnung.

Es ist eine Erfahrungstatsache, daß Kinder, die keine Geschwister haben, schwerer zu erziehen sind, als eine größere Kinderzahl einer Familie. Fehlt jenen doch, von den andern naheliegenden Erklärungsgründen hier abgesehen, der wohltätige Einfluß des Umgangs mit den Geschwistern. Dieser Einfluß wächst mit dem „Geist der Familienhaftigkeit," er ist in seinem segensreichen Wirken bedingt durch die Gerechtigkeit und Unparteilichkeit der Eltern und wird auch so leicht nicht gehemmt durch die unvermeidlichen Reibungen im Kreise der Geschwister, wenn diese kleinen Zwistigkeiten nur nicht zu dauernder Erkältung führen.

Um dem Geselligkeitstrieb der Kinder gerecht zu werden und die gewünschte Wirkung des Verkehrs zu erreichen, macht sich, zumal da, wo die Geschwister im Alter sehr verschieden sind, eine andere Erweiterung des Umgangs nötig, wenn auch das Bedürfnis einer solchen Erweiterung vor der Zeit, wo der Schulbesuch dem Kinde leichte Gelegenheit bietet, die ihm sympathischen Genossen sich auszuwählen und an sie sich näher anzuschließen sich noch nicht sehr stark erweist. Soweit der elterliche Einfluß auf solche Erweiterung in Frage kommt, ist ihm der rechte Mittelweg zwischen zu großer Sorglosigkeit und zu großer Prüderie, die vor einer etwa „aufgeangelten Unart und Gassenmanier" zu große Furcht hat, zu empfehlen. Daß man Freundschaftsverhältnisse, die unter Umständen wichtige Erziehungsfaktoren werden können, nicht künstlich erzeugen kann, sollte besonnene Eltern nicht abhalten, zur Entstehung und Erhaltung derselben wenigstens die Gelegenheit zu bieten.

Ganz besonderer Sorgfalt in seiner Herbeiführung und Pflege bedarf der ideale Umgang, den Erzählung und Lektüre in so reichem Maße und zwar sowohl sehr segensreicher, aber auch sehr gefährlicher Art bieten kann. Über ihn hat der Artikel Jugendlektüre zu handeln

11. Spiel und Arbeit. Vergnügungen der Jugend. Fehler derselben. Strafe. Haus und Schule

Willensbildung ist die Aufgabe der Erziehung. Der Wille entsteht nur, wenn das Gefühl der Kraft sich bildet. Nur mit der wachsenden Kraft „wird die Muskel- und Bogensehne des Charakters gespannt". Die beiden Tätigkeitssphären, innerhalb denen das möglich ist, sind Spiel und Arbeit. Da denselben besondere Artikel gewidmet sind, genügt an dieser Stelle die Verweisung auf dieselben. Dasselbe ist über die Vergnügungen der Jugend zu sagen, über die sonst hier weiter zu handeln sein würde.

Auch die beste Erziehung wird nicht verhüten, daß Fehler in den jugendlichen Gemütern sich einnisten oder wenigstens sich an sie anhängen, deren Bekämpfung und Beseitigung hohe Ansprüche an die Kunst des Erziehers stellt. Für die Erziehungspraxis, die ein Artikel über Hauspädagogik vornehmlich im Auge haben muß, ist die Frage, was zur Verhütung und zur Überwindung der Fehler geschehen muß, wichtiger als die Frage nach dem Ursprung derselben. Wir dürfen die letztere hier um so eher übergehen, da der Artikel „Fehler der Jugend" dieses Thema ausführlich besprochen hat. Auch das kann unsere Aufgabe nicht sein, das ganze Gebiet jugendlicher Verirrungen und der Erziehertätigkeit ihnen gegenüber zu besprechen; schon deshalb nicht, weil in dem früher Ausgeführten manches davon indirekt zur Sprache gekommen ist. Da alle Fehler der Jugend in Spezialartikeln behandelt werden, können wir uns hier mit einer kurzen Überschau der am häufigsten vorkommenden und mit flüchtigen Andeutungen der Maßnahmen gegen sie begnügen.

Dabei ist für das erziehliche Verhalten nicht nur, sondern auch schon für das Urteil über die in ihnen liegenden Gefahren die Unterscheidung der Fehler, die mit der Kindheit sterben, von denen, die mit dem Alter wachsen, von Wichtigkeit. Zu jenen sind zu rechnen eine Menge Jugendlicher Unarten, die gerade bei dem gesündesten Herzen und dem hellsten Kopfe oft genug vorkommen und keineswegs schon Symptome eines Leidens edler Organe sind, die jugendliche Unbändigkeit und Wildheit, die oft nur Äußerungen überschäumender Jugendkraft sind, die Empfindlichkeit, die

manchmal nur die Zartheit des Gefühls bekundet, Übellaunigkeit und Ver-
drießlichkeit, die häufig nur als Begleiterscheinungen körperlicher Ver-
stimmungen angesehen sein wollen. Nicht, daß man alle diese Erscheinungen unbeachtet lassen solle, ist unsere Meinung. Sie müssen teils durch Ein-
schränkung in ihrer Ausartung gehemmt, teils durch ablenkende Beschäftigungen in ihrer verderblichen Wirkung verhindert, teils durch ernstes Zureden bekämpft werden, damit nicht aus ihnen ein dauernder Nachteil zu-
rückbleibt.

Auch der Eigensinn, der in mannigfaltigen Formen, z. B. als Rechthabe-
rei und Streitsucht sich äußert, und der Trotz, der mit dem Eigensinn nahe
verwandt ist, und in dem die Opposition gegen den Erzieher ihren starken
Ausdruck findet, in dem manchmal freilich auch nur die Verlegenheit des
Zöglings in ungeschickter Weise sich kundgibt, gehören hierher. Allerdings
ist bei diesen Fehlern die Gefahr größer, als bei den vorhergenannten, daß
aus ihnen ein bleibender Schaden für die Charakterbildung erwächst. Nicht
jedes Beharren auf dem eigenen Willen, das, wenn es an sich berechtigt ist,
als ein Zeichen erstarkender Willenskraft begrüßt werden sollte, ist schon
Eigensinn, sondern nur das vernünftigen Gründen sich verschließende,
durch das Geltendmachen derselben verstärkte und oft in dem unmotivier-
ten Wechsel zwischen Begehren und Verabscheuen sich äußernde zähe
Festhalten an der eigenen Meinung. Daß er bei kränklichen Kindern, die
ängstliche Elternliebe mehr, als gut ist, ihren Willen durchsetzen läßt, am
häufigsten sich findet, weist darauf hin, wie er entsteht, und wie ihm und
seinem Erstarken vorgebeugt werden kann. Ist schwache Nachgiebigkeit, die
in ihrer Ohnmacht gegen die Bitten und Schmeicheleien der Kinder alle ihre Wünsche erfüllt, der Boden, auf dem der kindliche Eigensinn am üppig-
sten wuchert, so ist die ruhige Konsequenz, die den wechselnden Launen
des Kindes gegenüber als eine unerschütterliche Mauer sich erweist, das beste Mittel seiner Verhütung wie seiner Heilung.

Der Trotz stützt sich manchmal auf ein gutes Recht oder auf ein bloßes
Besserwissen. In diesem Falle würde das ihm gegenüber sonst gebotene Verfahren, daß er, im Notfall mit Gewalt, zu brechen ist, nicht angebracht
sein. Wendet man es doch an, dann ist zu fürchten, daß der Trotz, der dem
Kinde berechtigt erscheint, zwar offen hervorzutreten aufhört, aber nur um
so tiefere Wurzeln im Gemüte faßt und dauernde Erkältung erzeugt, die
größte Feindin alles erziehlichen Einwirkens.

Was sich für dieses in dem oben genannten Ausnahmefall empfiehlt, ergibt sich leicht aus der Natur dieses letzteren. In leichteren Fällen von
Trotz, namentlich im frühen Jugendalter, denen jede Berechtigung fehlt,

genügt, um ihn rasch verschwinden zu lassen, auch wohl schon ein völliges Ignorieren desselben.

Unter den Fehlern, die mit dem Alter zu wachsen pflegen und darum in erhöhtem Maße das gewünschte Erziehungsresultat gefährden, sind an erster Stelle zu nennen die in dem Naturell der Kinder begründeten Fehler des Leichtsinns und der Trägheit. Dem Leichtsinn, „der alles vergessen läßt, der zu Unordnungen, unstetem Wesen, zu Unbesonnenheiten, zu nie endenden Jugendstreichen führt, der Wichtiges und Unwichtiges nie unterscheidet, aus dem Zerstreutheit und Flüchtigkeit beim Arbeiten, Nachlässigkeit im Äußern und Verstöße gegen die gesellschaftliche Sitte hervorgehen" (siehe Kern: „Grundriß der Pädagogik", § 64), und der zu der glücklichen Naturanlage des leichten Sinnes sich verhält wie Nacht zu Tag, ist charakteristisch, daß ihm das abgeht, was Herbart das Gedächtnis des Willens nennt. Wird auch ihm gegenüber die Erziehung immer eine gewisse Ohnmacht bekennen müssen, so entbindet das jene nicht von der Pflicht, ihm mit dem Mittel, das durch sein Wesen bedingt ist, entgegenzutreten. Was dem Zögling fehlt, muß der Erzieher mit Geduld und unermüdlicher Ausdauer ersetzen. Je gewissenhafter er das tut, um so eher darf er sich der Hoffnung hingeben, daß reifendes Alter und die mit ihm sich mehrenden bitteren Erfahrungen den Leichtsinn doch in seinem verderblichen Wirken mindern werden.

Auch die Trägheit, die oft nur ihren Grund hat in körperlichen Zuständen, Blutarmut oder raschem Wachstum, und mit Beseitigung der leiblichen Schwäche von selbst sich verliert, erhebt an die Geduld des Erziehers große Ansprüche. Ein besseres Mittel als vieles Reden und Strafen, die zu dem natürlichen Widerstand leicht auch den bösen Willen fügen, ist das Wachrufen des Interesses an Betätigungen, die unnachsichtige Nötigung zu möglichst guten Leistungen und die Bereitwilligkeit, das anzuerkennen, was die schwache Kraft zu erreichen sich doch vielleicht bemüht hat.

Die zur Bekämpfung der Trägheit empfohlenen Mittel werden mit noch besserem Erfolge gegen Mutlosigkeit und Unselbständigkeit verwendet, da bei gelingendem Handeln das Vertrauen in die eigene Kraft rascher erstarkt, als die Kraft selbst.

Das Gegenteil der Mutlosigkeit, der Übermut, ist meist nur ein erfreuliches Zeichen überschüssiger Kraft. Im Interesse des Erziehungsgeschäfts muß er mancherlei Hemmungen erfahren. Es ist die nicht ganz leichte Aufgabe des Erziehertaktes, die scharfe Grenze zu ziehen zwischen den noch zulässigen Äußerungen dieser Kraft und den im eigenen Interesse des Zöglings und aus Rücksicht auf andere zu verhindernden Bekundungen.

Nur das darf als allgemeines Gesetz gelten, daß ein zu hohes Maß der Hemmung mehr schadet als ein zu geringes.

Wer die aus der Lebhaftigkeit des Kindes erwachsende Ungeduld mit eigener Ungeduld bekämpfen zu sollen meinte, würde sich vergebliche Mühe machen. Das beste Mittel dagegen ist die unermüdliche Geduld des Erziehers, deren Wirken sehr verstärkt werden kann, wenn man das Kind die Erfahrung machen läßt, daß gerade seine Ungeduld die Erfüllung seiner Wünsche verhindert.

Zum Glück ist nicht alles Kälte und Gefühllosigkeit, was in dem kindlichen Reden und Tun den Schein desselben erzeugt. Wo sie in Wirklichkeit vorhanden sind, muß die eigene Wärme des Erziehers den Versuch machen, das Eis zum Auftauen zu bringen. Er wird da eher gelingen, wo Kälte und Gefühlslosigkeit die Folgen von harter Behandlung sind und nicht Naturanlage.

Zum Teil nur auf diese, mehr aber noch auf eine übermäßig streng geregelte, einförmige Lebensweise und die zu engen Lebensverhältnisse ist es zurückzuführen, wenn Kinder schon die gerade ihnen schlecht anstehenden Fehler der Pedanterie und des Kleinigkeitsgeistes zeigen, die in solcher Lage sich um so eher bilden, wenn das üble Beispiel des Erziehers ihr Wachstum unterstützt. Die Ursachen weisen darauf hin, wie jene zu bekämpfen sind. Das ist auch in kleinen Verhältnissen nicht unmöglich.

Weit weniger in natürlichen Dispositionen als in verderblichen Einflüssen, die die nächste Umgebung auf das Kind ausübt, ist der Grund zu suchen für die Fehler der Eitelkeit, des Stolzes, des Hochmutes, der Selbstgefälligkeit, der Ziererei. Wer sie bei seinen Kindern nicht entstehen lassen will, muß daher sich selbst davon frei halten. Auch die Fehler der Unbescheidenheit und des vorlauten Wesens sind in der Hauptsache nur Folgen schlechter oder mangelnder Erziehung. Der Unbescheidene wird am besten durch Beschämung, der Vorlaute durch energisches Zurückweisen kuriert. Es ist schon etwas gewonnen, wenn infolge dieser Mittel zunächst auch nur die widerwärtigen Äußerungen solcher Sinnesweise verschwinden.

Ein gewisses Unlustgefühl beim Anblick fremden Glückes, mit dem verglichen die eigene Lage viel ungünstiger erscheint, ist ebenso natürlich, wie die Freude über die eigene Unversehrtheit beim Anblick fremden Leidens, so daß man beides an sich noch nicht verurteilen darf. Zu verhüten, daß das erstere sich zum Neid, die andere sich zur Schadenfreude ausbilde, ist für den Erzieher eine um so wichtigere Aufgabe, je häßlicher beide sind, und je naturgemäßer solche Erstarkung erfolgt, wenn nicht gegenwirkende Kräfte frühzeitig wachgerufen und in ihrer Bildung unterstützt werden. Was könnte das anders sein als die Teilnahme, das Wohlwollen? Daß namentlich das letztere in jugendlichen Herzen, wenn auch bei den verschiedenen Naturen in sehr verschiedenem Tempo, im allgemeinen nur langsam wächst, macht die Benutzung noch anderer Mittel zur Pflicht. Es sei hier nur genannt das Vermeiden aller Parteilichkeit, die dem Neid die beste Nahrung bietet, und das Bemühen, das Kind frühzeitig dazu anzuhalten, daß es in die Lage des vom Mißgeschick Heimgesuchten sich versetzen lerne, weil das der Schadenfreude vorbeugt.

Weil es ein so bequemes Mittel ist, Unannehmlichkeiten sich zu entziehen, machen die Kinder sehr bald schon den Versuch, die Wahrheit zu verschweigen oder die Unwahrheit zu sagen. Diese Tatsache und der hohe sittliche Wert der Wahrhaftigkeit kann und soll den Erzieher auf die ernste Pflicht hinweisen, das Kind vor dem Fehler der Lüge zu bewahren. Die Frage, wie das zu machen sei, läßt sich mit kurzen Andeutungen nicht beantworten. Eine ausführliche Antwort gibt der Artikel „Lüge".

Manche krankhafte Erscheinungen im Wesen der Kinder, wie ein hoher Grad von Furchtsamkeit, die Schreckhaftigkeit, der Jähzorn, sind auf die affektive Anlage, die selbst meist auf ererbter krankhafter Disposition beruht und in unserm Zeitalter der Nervosität in der Unsitte der Verführung und des Übermaßes leiblicher und geistiger Genüsse ihren reichen Nährboden findet, zurückzuführen. Konsequentes Brechen mit dieser Unsitte, körperliche Kräftigung und Abhärtung, eigene Gemütsruhe und einfache, regelmäßige Lebensweise sind neben der vielleicht nötigen, vom Arzt zu bestimmenden pathologischen Behandlung das, was hier not tut (...).

Auch in Betreff der Leidenschaften der Spielsucht, der Genußsucht, der Habsucht, des Geizes, der Ehrsucht, der Herrschsucht, der Selbstsucht können wir auf die Spezialartikel verweisen. Diese Leidenschaften erhalten, von den ersten beiden abgesehen, zum Glück in der Jugend noch nicht ihre volle Ausprägung, sondern sind in dieser Form nur Fehler erwachsener Leute. Daß sie aber allesamt mit ihren Anfängen in die Jugendzeit, vielleicht sogar in die frühe, hinaufreichen, gibt der erziehlichen Tätigkeit auch schon des Hauses hochwichtige Aufgaben. Eine bloße Überschau über dieses Thema ist aber nicht der Ort, sie im einzelnen zu erörtern.

Wer die Fehler der Kinder recht beurteilen will, darf nicht vergessen, daß nicht jeder Fehler, den das Kind macht, schon ein Fehler ist, den es hat. Damit aber jene nicht zu diesen werden, ist sorgfältige Obacht geboten auf die ersteren, damit man rechtzeitig das tun kann, was solchen Prozeß verhütet. Wichtiger als das Verhüten ist das positive Schaffen. Das ist, wenn wir das Wort in seiner nur zulässigen Bedeutung verstehen, nichts anderes als die sittliche Bildung.

Die Erwähnung der Fehler führt von selbst zur Besprechung der Strafen, die von jeher als das nächste und sicherste Mittel gegen jene angesehen worden sind. Gerade vom Standpunkte der Hauspädagogik aus und im Interesse einer vernünftigen Erziehung bedarf die Straftheorie eine sorgfältige Bearbeitung, weil vielfach noch in der häuslichen Erziehung diesem Erziehungsmittel, das nur als ultima ratio betrachtet werden soll, ein Wert beigelegt wird, der ihm nicht zukommt (...).

So berechtigt es ist, wenn die Erziehung an erster Stelle als Aufgabe des Hauses bezeichnet wird, so sehr sieht sich dieses, von vereinzelten Fällen abgesehen, auch in Betreff der Erziehung auf die Mitwirkung der Schule angewiesen. Seitdem auch die Schule in der erziehlichen Wirkung den vornehmsten Teil ihrer Aufgabe erkannt hat, ist naturgemäß auf beiden Seiten das Bedürfnis gewachsen, die erste Vorbedingung dafür zu schaffen, daß beide zum Ziele kommen. Was könnte das anders sein, als die Übereinstimmung in der Arbeit und die gegenseitige Unterstützung? Der gute Wille dazu reicht allein nicht aus, solche Harmonie zu erzeugen. Man hat darum nach anderen Hilfen sich umgesehen und z. B. in den sog. Elternabenden eine derselben gefunden. Auch an die Schulverfassung erhebt dieses Bedürfnis Ansprüche. Das eine oder das andere näher zu beleuchten, ist hier nicht der Ort. Wir haben uns an dieser Stelle nur auf diese Andeutungen zu beschränken und uns mit der Hinweisung auf die betreffenden Spezialartikel zu begnügen.

Literatur (Reihenfolge und Angaben wie in der Quelle [die Herausgeber])

Comenius, Amos: Mutterschule und Große Unterrichtslehre, herausgegeben von Dr. Th. Lion, 5. Auflage

Rousseau, Jean-Jacques: Emil, herausgegeben von Dr. E. von Sallwürk. 3. Auflage

Pestalozzi, Johann Heinrich: Ausgewählte Schriften, herausgegeben von Fr. Mann, 5. Auflage

Salzmann, Christian Gottlieb: Krebsbüchlein, herausgegeben von E. Ackermann, 2. Auflage

Herbart, Johann Friedrich: Pädagogische Schriften, herausgegeben von Dr. O. Willmann. 2. Auflage

Richter, Johann Philipp Friedrich: Levana, herausgegeben von Dr. C. Lange

Gleim, Betty: Erziehung und Bildung des weiblichen Geschlechts

Fröbel, Friedrich: Pädagogische Schriften, herausgegeben von Friedrich Seidel

Waitz, Theodor: Allgemeine Pädagogik, 2. Auflage, herausgegeben von Dr. O. Willmann

Goltz, Bogumil: Buch der Kindheit, 4. Auflage

Sigismund, Bertold: Kind und Welt

Stoy, K. V.: Hauspädagogik in Monologen und Ansprachen

Stoy, K. V.: Über Haus- und Schulpolizei

Stöy, K. V.: Encyklopädie, Methodologie und Literatur der Pädagogik, 2. Auflage

Riehl: Die Familie

Kern, H.: Grundriß der Pädagogik, 5. Auflage

Ziller: Allgemeine Pädagogik, 2. Auflage, herausgegeben von Dr. K. Just

Schreber: Buch der Erziehung, 2. Auflage, herausgegeben von Dr. C. Hennig

Ackermann, E.: Die häusliche Erziehung 2. Auflage

Rein, W.: Pädagogik im Grundriß, 4. Auflage

Schultz, Friedrich: Deutsche Erziehung

Artikel Hauspädagogik aus: W. Rein (Hg.), Encyklopädisches Handbuch der Pädagogik, 4. Band, 2. Auflage, Langensalza 1906, S. 97-108

Erzieherin
(1913)

J. J. Wolf:

1. Der Begriff der Erzieherin im engern Sinne

Die erste und naturgemäßeste Erzieherin ist die Mutter. Erzieherin im weitern Sinne ist die Lehrerin der öffentlichen und privaten Schule, sofern sie nicht bloß die Aufgabe hat, durch den Unterricht den Geist zu schärfen, sondern durch Unterricht und Schulzucht Gemüt und Willen zu bilden, das heißt erziehlich auf die Mädchen einzuwirken. Erzieherin im vorschulpflichtigen Alter ist auch die Bonne (...). Hier soll nur von der beruflich gebildeten Lehrerin und Erzieherin gehandelt werden, die als Helferin der Mutter in die Familie eintritt, um die heranwachsenden Töchter zu erziehen und zu unterrichten und ihnen die öffentlichen Bildungsanstalten zu ersetzen. Am nächsten ist ihr Beruf dem des Hofmeisters (...) früherer Zeit verwandt, der heute nur noch an Fürstenhöfen u. beim Hochadel zu finden ist.

II. Geschichtliches

Die Erzieherin in diesem Sinne ist eine noch junge Erscheinung in unserm Kultur- und Bildungswesen. Ihre Vorläuferin ist die Gouvernante, die nach der Beendigung des 30jährigen Krieges, als französisches Wesen nach französische Kultur Deutschland zu überfluten begannen, in den adligen und wohlhabenden Familien ihren Einzug hielt und meist aus Frankreich oder der französischen Schweiz kam. Es fiel ihr als Hauptaufgabe zu, die Töchter Französisch sprechen zu lehren und sie in den „feinern Manieren" Frankreichs zu unterweisen. Im Laufe des vorigen Jahrhunderts, als französische Sprache und französisches Wesen zurücktraten und die Aufgaben der weiblichen Bildung sich vertieften, setzte dann der Entwicklungsprozeß ein, der heute noch in voller Gärung begriffen ist. Die jetzige Erzieherin steht ganz im Dienste der modernen Mädchenbildung, die ihre Ideale mehr und mehr den Formen und Zielen der höhern Bildung des männlichen Geschlechts bewußt annähert. Als neues und bedeutungsvolles Moment ist in das weibliche Bildungswesen die Prüfung und Berechtigung nach dem Muster der Knabenschulen eingetreten. Auch für solche Mädchen, die nicht mit dem

Ziele der Versorgung ihre Bildung betreiben, gehört es heute schon zum guten Tone, sich den zurückgelegten Bildungsgang durch staatliche Zeugnisse bescheinigen zu lassen. Diese Entwicklung wird aller Wahrscheinlichkeit nach die Erzieherin in Zukunft in ähnlicher Weise zurückdrängen, wie es mit dem Hofmeister schon geschehen ist. Das Streben, durch die Ablegung von Prüfungen an Staatsschulen bildungsvollwertig zu sein, drängt die Mädchen zusehends in die öffentlichen höhern Mädchenschulen (...) und Studienanstalten.

III. Die Aufgabe der Erzieherin

fällt, soweit die Erziehung an sich, ihre Ziele und Mittel, ihre Handhabung und Durchführung in Betracht kommen, mit der Erziehungsaufgabe überhaupt zusammen (...). Der Wirkungskreis der Erzieherin im engern Sinne sind wohlhabende Familien des Adel- und Bürgerstandes, die auf dem Lande wohnen und die Töchter nicht frühzeitig aus dem Hause geben wollen. Hier hatte die Erzieherin noch bis vor wenigen Jahrzehnten Gewöhnung, Zucht und Unterricht der jungen Mädchen bis zum Abschlusse der Ausbildung zu leiten. Heute hat die Erzieherin die Mädchen mehr und mehr nur auf die obern Klassen der höhern Mädchenschule oder der Studienanstalt vorzubereiten. Mit dieser Wandlung hängt zusammen, daß für die Erzieherin die unterrichtlichen Aufgaben, die früher gegen die erziehlichen zurücktraten, schrittweise in den Vordergrund geschoben werden.

IV. Schwierigkeiten

Die Aufgabe der Erzieherin weist eigentümliche Schwierigkeiten auf, teils äußere teils innere. Jene beruhen in der gebundenen und abhängigen Stellung der Erzieherin. Sie tritt in die Familie mit gegebenen Verhältnissen und festen Gewohnheiten ein und muß sich in sie einfügen. Ihr Verkehr beschränkt sich wesentlich auf das Haus und den Familienkreis. Entschädigung für Kränkungen und Zurücksetzungen kann sie außer dem Hause, wie es dem gleichstehenden Hauslehrer möglich ist, nur selten suchen. Sind die Kinder schwer zu behandeln, so entstehen leicht Zerwürfnisse mit der Mutter, die naturgemäß geneigt ist, auf die Seite der Kinder zu treten. Die erziehlichen Maßnahmen und Forderungen muß die Erzieherin sorgfältigst unter Berücksichtigung der gegebenen Verhältnisse und Personen erwägen und in schwierigen Fällen sich des Einverständnisses der Mutter vorher versichern. Besondern Taktes bedarf es auch, wenn sie bei gesellschaftlichen

Veranstaltungen der Familie zugezogen wird, damit sie einerseits ihre Stellung wahre und anderseits nicht durch übertriebene Ansprüche anstoße.

Innere Schwierigkeiten können leicht entstehen aus Verschiedenheiten in der Weltanschauung, in der Stellung zu Religion und Sitte. Wie in den öffentlichen Anstalten Übereinstimmung zwischen Schule und Haus in diesen Dingen im Interesse einer erfolgreichen Erziehung notwendig ist, so sollte es auch zwischen der Erzieherin und den Eltern sein. Eine gründliche und offene Aussprache zwischen den Beteiligten müßte vor Annahme der Stelle hierin volle Klarheit schaffen. Ergibt sich dabei nicht volle Übereinstimmung in den Grundsätzen, so nehme die Erzieherin die Stelle nicht an, sie erspart sich dadurch sicher Ärger und Verdrießlichkeiten.

V. Ausbildung der Erzieherin

Wie man von der Lehrerin verlangen muß, daß sie eine charaktervolle, sittlich gefestigte Persönlichkeit ist, so auch von der Erzieherin. Für sie kommt hinzu, daß sie in besonderm Maße gesellschaftlichen Takt und Beherrschung der feinen Umgangsformen besitzen muß. Für den Unterricht ist die Befähigung der für die höhere Mädchenschule geprüften Lehrerin notwendig, die sie, wie die Lehrerin, durch den Besuch der höhern Mädchenschule und des höhern Seminars erworben hat. Sowohl in bezug auf das Wissen und Können in den einzelnen Fächern wie auch in der Methode bringt die Tätigkeit der Erzieherin wieder eigentümliche Schwierigkeiten mit sich. Sie soll in allen Fächern unterrichten, und meist gleichzeitig Kinder verschiedenen Alters. Das setzt Vielseitigkeit des Wissens und gründliche methodische Schulung voraus (...). Rechnet man dazu, daß sie auch Klavier spielen und zeichnen können und Gewandtheit in der Leitung körperlicher Übungen besitzen muß, so sind die Forderungen wahrlich nicht gering.

VI. Die deutsche Erzieherin in Deutschland

Die deutsche Erzieherin hat sich heute Deutschland erobert. Ausländerinnen kommen bei den jetzigen Anforderungen des Unterrichts kaum noch in Betracht. Der Osten weist mehr Erzieherinnen auf als der Westen. Hier ist sie nicht bloß auf dem Lande, sondern auch in Städten in reichen Familien zu finden, welche die Töchter nicht in die öffentliche Schule schicken wollen. Über die Besoldung der Erzieherinnen lassen sich schwer allgemein zutreffende Angaben machen, weil die Verhältnisse zu verschiedenartig sind. Die Durchschnittsentlohnung beträgt neben freier Station etwa 700 – 800 Mark jährlich.

VII. Die deutsche Erzieherin im Auslande

Die deutsche Erzieherin, die ins Ausland gehen will, muß vor allem die französische und englische Sprache beherrschen und Klavier spielen können. Es ist ihr dringend zu empfehlen, daß sie sich über die Stelle, in die sie eintreten will, vorher genau unterrichte. Niemals soll sie aufs Geratewohl ins Ausland gehen in der Hoffnung, nach einigem Warten eine Stelle zu finden. Manche deutsche Erzieherin ist dadurch ins Unglück geraten. Im Sommer 1911 ist sogar eine amtliche Warnung des preußischen Kultusministeriums gegen die Annahme von Stellen als Erzieherin im Auslande erfolgt. Die besten Aussichten bieten England und Amerika. Jedoch muß die Fähigkeit vorhanden sein, sich ganz anders gearteten Lebensgewohnheiten und Verhältnissen anzupassen. Das englische Familienleben ist äußerlich steif und nüchtern und sagt dem deutschen Frauengemüte auf die Dauer nicht zu. Amerika verlangt große Selbständigkeit. Auch ist dort weniger Bedarf an Erzieherinnen als an Lehrerinnen. Wer sich mit kleinem Anfange genügen läßt, kommt leicht an und kann bei tüchtiger Leistung in bessere Schulstellen aufsteigen.

Nach Frankreich, Rußland, Italien oder Japan zu gehen, muß man deutschen Erzieherinnen durchaus abraten. Jedenfalls ist, wenn eine solche Stelle in Frage kommt, genaueste Erkundigung durch die amtlichen deutschen Stellen (Konsul) erforderlich.

VIII. Stellenvermittlung

Sie geschah früher durch die Zeitungsanzeige und berufsmäßige Agenten. Zahlreiche Mißstände waren damit verbunden. Deshalb nahmen die Lehrerinnenvereine die Sache mit großem Erfolge in die Hand. Der Verein katholischer deutscher Lehrerinnen besitzt eine Abteilung für Stellenvermittlung seit dem Jahre 1894; ihr Sitz ist jetzt in Münster in Westfalen. Im Jahre 1910 gingen ein: 312 Bewerbungen und 262 Angebote von Stellen; 107 Stellen wurden vermittelt, davon 66 an Schulen, 41 in Familien, 90 in Deutschland und 17 im Auslande. Zweigvermittlungsstellen unterhält der Verein in Belgien, Frankreich und England. Auch der Allgemeine Deutsche Lehrerinnenverein übt für Deutschland, England, Frankreich, Italien und Nordamerika eine ausgedehnte Stellenvermittlung. Die Zentralstelle ist in

Berlin. Nähere Angaben bringen die von den Vereinen alljährlich herausgegebenen Kalender.

*Artikel Erzieherin aus: Ernst M. Roloff (Hg.), Lexikon der Pädagogik, 1. Band,
Freiburg 1913, Sp. 1153-1156*

2. Homeschooling – Perspektiven

Plädoyer für den Hauslehrer –
Ein Bißchen Bildungspolitik
(1982)

Hanz Magnus Enzensberger

Ich bin nie gern in die Schule gegangen, Joseph auch nicht, geschweige denn Edith. Tucker hat immer geschwänzt. Albert Kuchen, genannt Hundekuchen, wollte nicht, Gerlinde hat das Abitur geschmissen, Rolle Grütz ist zweimal sitzengeblieben, Milly Guggemoos haßte ausnahmslos alle Lehrer. Nur Rainer fühlte sich wohl im Gymnasium, aber der war schon immer ein Streber; und was Rümmelein angeht, naja, für Rümmelein war die Schule eine Art Zuflucht, denn zu Hause wurde er verhaut, und auf dem Schulhof bekam er wenigstens etwas zu essen; außerdem war die Schule geheizt.

Die Finanzminister der Länder haben, wie verlautet, beim letzten Spitzengespräch zwischen der Finanzminister-Konferenz und der Bund-Länder-Kommission strikt darauf beharrt, daß im Planungseckjahr 1985 für den ganzen Bildungsbereich nur die von ihnen gebilligten 85 Milliarden Mark zur Verfügung stünden und kein Pfennig mehr. Das Gespräch soll ergebnislos abgebrochen worden sein. Wenn es bei diesen Planungsdaten bleibt, so müssen die gegenwärtig rund 570 000 Lehrerstellen bis 1985 auf 520 000 reduziert werden.

Oberstudienrat Vogel seufzt schon am Freitagabend, wenn er an den Montagmorgen denkt. Bernd Bonitz behauptet steif und fest, seine 3400 Mark netto im Monat seien schwer verdientes Geld, die Hauptschule, sagt er, sei das reinste Gulag, und lange mache er das nicht mehr. Fräulein Zimmerle hat sich krankschreiben lassen, die Kollegin Wildgruber schafft es nur noch mit Hilfe von Tabletten, Dr. Wartmann ist enttäuscht, Dr. Gross verbittert, die Frau von Koegler will sich scheiden lassen, und Fritzi Bauriedl hat neulich in der Konferenz gesagt: „Wenn ich noch einmal das Wort *Rückstellerquote* höre, dann schreie ich."

Woran mag das alles nur liegen? Das weiß anscheinend kein Mensch. Alle bisherigen Nachforschungen, so gründlich sie auch angestellt wurden, alle Reformkonzepte, alle KMK-Vereinbarungen, alle Verhaltensauffälligkeitsstudien, alle Pilotversuche, alle Innovationsausschüsse, alle Wahlpflichtdifferenzierungsmodelle, alle Didaktik-Designs, alle Evaluationsuntersuchungen, alle Bildungsgesamtpläne und Rahmenrichtlinien haben den langen, langen, langen Jammer der Schule nur noch verlängert.

Fast schäme ich mich zu sagen, daß ich die Antwort weiß, daß die Lösung des Problems auf der Hand liegt, daß mir das erlösende Wort auf der Zunge schwebt. Ich fürchte, man wird es für einen Witz halten, oder für eine Provokation. Für ein Rätsel, an dem sich Tausende und Abertausende von hochqualifizierten Schulpsychologen, Curriculumforschern und Bildungsplanern die Zähne ausgebissen haben, will dieser blutige Laie, noch dazu ein Schriftsteller, die Lösung in der Tasche haben? In der Tat. Ich hoffe, daß es den Fachleuten wie Schuppen von den Augen fallen wird, und daß sie freudig ihre Schreibtische räumen, sobald die frohe Botschaft sie erreicht hat.

Das Gesetz, nach dem die öffentliche Schule angetreten ist, und nach dem sie heute noch antreten läßt, kann man an alten Zwergschulen auf dem Lande in aller Unschuld unter dem verblaßten Jesus-Bildchen über der Pforte prangen sehen: »Lasset die Kindlein zu mir kommen!« Und so exotisch dieser Bibelspruch die strammen Mitglieder der Gewerkschaft Erziehung und Wissenschaft von heute auch anmuten mag, so sicher bestimmt er nach wie vor die Richtlinien aller staatlichen Bildungspolitik. In die Sprache der Verwaltung übersetzt, liest sich das altertümliche Motto so:

„§ 18, Abs. 1. Nimmt ein Schulpflichtiger ohne berechtigten Grund am Unterricht oder an den übrigen als verbindlich erklärten schulischen Veranstaltungen nicht teil, so kann der Schulleiter bei der Kreisverwaltungsbehörde die Durchführung des Schulzwangs beantragen. Die Kreisverwaltungsbehörde kann durch ihre Beauftragten den Schulpflichtigen der Schule zwangsweise vorführen ...

§ 19, Abs. 1. Mit Geldbuße kann belegt werden, wer ... als Schulpflichtiger am Unterricht oder an den übrigen als verbindlich erklärten schulischen Veranstaltungen nicht teilnimmt.“

Soweit das Allgemeine Schulpflicht-Gesetz in Bayern; andere Bundesländer halten es ähnlich; alle diese Bestimmungen basieren auf den Reichsschulpflicht-Gesetzen von 1920 und 1938; wer es noch genauer wissen will, kann die einschlägigen Verordnungen lesen, die auf so schöne Namen wie ASchO (Allgemeine Schulordnung) oder EBASchOG hören.

Ich bin nie gern in die Schule gegangen. Aber ich habe immer gern etwas Neues gelernt. Edith und Tucker übrigens auch. Bei Milly Guggemoos bin ich mir nicht ganz sicher. Jedenfalls, für die Modesprüche des berüchtigten Pater Illich – „Erziehung, nein danke!“ – habe ich nichts übrig, und der Anti-Pädagogik, die, wie schon ihr Name sagt, nur die Kehrseite des pädagogischen Terrors ist, möchte ich auf keinen Fall das Wort reden. Im Gegenteil, ich fände es überaus angenehm, wenn die Bevölkerung der Bundesrepublik, unter Einschluß aller Politiker, Manager und Journalisten, in der Lage wäre, deutsch zu sprechen und womöglich sogar zu schreiben. Es gefiele mir, wenn Kinder und Erwachsene mehr wüßten, als sie wissen, wenn ihre Fähigkeiten und Begabungen nicht, wie üblich, vor die Hunde gingen; mit einem Wort, wenn jeder könnte, was er könnte. Ja, ich möchte noch weiter gehen und behaupten: Unsere freiheitlich demokratische Grundordnung wäre nicht einmal dann bedroht, wenn es zu einem plötzlichen Ausbruch von guten Manieren käme.

Ich bezweifle nur, daß sich solche oder andere Erziehungsziele erreichen lassen, indem man uns oder unsere Kinder „der Schule zwangsweise vorführt". Und ich sehe absolut nicht ein, warum der Berg gesetzlich verpflichtet sein soll, zum Propheten zu kommen, wenn das umgekehrte Verfahren soviel naheliegender, einfacher und vernünftiger wäre. Deshalb schlage ich vor, daß sich in nicht allzu ferner Zeit statt der rund zehn Millionen Schüler, die es in unserm Lande gibt, die eingangs erwähnten 570 000 Lehrer auf die Socken machen, um ihre Schäflein aufzusuchen. Es verhält sich nämlich nicht so, daß die Schüler für die Lehrer da wären. Es verhält sich so, daß die Lehrer für die Schüler da sind. Ob diese Sätze in einem Pädagogenherz mehr Schauder oder mehr Entzücken hervorrufen, weiß ich nicht. Ich muß sie aber ohne Rücksicht auf derartige Empfindungen äußern, weil sie die allgemeinste Begründung für meinen Vorschlag sind. Wenn man sie wohl erwägt, so folgt aus ihnen, daß der einzig wahre Lehrer der Hauslehrer ist.

Nun ist der Hauslehrer, so wie wir ihn aus alten Romanen, Theaterstücken und Tagebüchern kennen, eine zwar alte, aber keineswegs ehrwürdige Figur. Ich bin der erste, das zuzugeben. Viele Jahrhunderte lang hat er, ein armer Teufel, der immer ganz unten am Tisch saß, seinen schweren Dienst verrichtet, ohne Besoldungsordnung, ohne Pensionsanspruch, ohne Kündigungsschutz, gar nicht zu reden von Orts- und Kinderzuschlägen, von Stellen-, Amts- und Ausgleichszulagen. Sicher war ihm nur eines: die alltägliche Demütigung und der Undank seiner „Gönner".

Zugleich mit dieser traurigen Gestalt ist jedoch, seit der Verstaatlichung der Schule, auch das durchaus einleuchtende Prinzip verschwunden, nach dem der Unselige gearbeitet hat: die Kinder, denen er etwas beibringen sollte, lernten in ihrer gewohnten Umgebung, in ihren eigenen vier Wänden, dort, wo sie zu Hause waren – und nicht auf einem fremden, unwirtlichen Territorium, in einem Getto für die Jugend und ihre Dompteure, in einem Gebäude, das ihnen feindlich entgegentrat, als Stall, als Käfig, als Gefängnis oder Kaserne.

Die öffentliche Schule ist von jeher das Hoheitsgebiet einer fernen Verwaltung gewesen, ein Ort der Unterdrückung, der weder von Schülern noch von Lehrern erdacht worden ist, und an dem beide noch nie das Sagen hatten. Ihre Bauten waren und sind Herrschaftsarchitektur. Früher glichen sie minderwertigen Kadettenanstalten, heute sehen sie wie Stammheim aus. Man merkt ihnen auf den ersten Blick an, daß sie, wie Irrenhäuser und Fürsorgeknäste, zur Aufbewahrung und zur Disziplinierung von Menschen errichtet worden sind. Zum Lernen sind diese in Beton gegossenen Technokratenträume vollkommen ungeeignet. Der Vandalismus der Kinder, der eine bewundernswerte Widerstandenergie verrät, ist weiter nichts als ein unentwegter Versuch, diese gemeingefährlichen Umgebungen aus dem Weg zu räumen.

Auffallend selten hört man dagegen von Kindern, die ihre eigene Wohnung beschmieren, anzünden oder zu Kleinholz machen. Selbst in der engsten Sozialwohnung bleiben im allgemeinen die Teller ganz. Die Zehnjährigen denken offenbar gar nicht daran, den Kühlschrank zu zertrümmern und den Fernseher aus dem Fenster zu werfen.

Das kann doch nicht Ihr Ernst sein? Hier, in der Siegfriedstraße 16, fünfter Stock links, bei Schneidewind, in einem ganz gewöhnlichen Mietshaus, sollen wir Klinken putzen?

Nur keine Panik, liebe Pädagogen! Ich hoffe immer noch, euch von der Vortrefflichkeit meiner Idee zu überzeugen. Erstens mutet euch niemand zu, daß ihr, wie der unglückliche Jakob Michael Reinhold Lenz, nur für die Kinder der Privilegierten da sein sollt. Davon kann bei Schneidewinds gar keine Rede sein. Zweitens sollt ihr nicht, wie anno dazumal, für ein Gnadenbrot aus der Hand der Reichen arbeiten, sondern, ganz wie bisher, für ein auskömmliches Gehalt aus der Hand des Steuerzahlers. Und drittens braucht ihr nicht zu befürchten, daß die kleine Helga Schneidewind Tag für Tag allein in ihrer Stube hocken und warten muß, bis der Lehrer kommt. Mit Recht behauptet ihr, daß es nicht gut ist, die Sechs- oder Zehnjährigen voneinander zu isolieren, und daß Kinder die Gesellschaft von Kindern brauchen. Das trifft sich gut; denn zehn Millionen Lehrer, einer für jedes Kind, wären schwer zu finden und noch schwerer zu bezahlen. Aus berufener Quelle habe ich vernommen, daß die ideale Größe für eine „interaktionsfähige Gruppe" (so kurios drücken sich die Soziologen nun einmal aus) bei fünf bis sieben Personen liegt.

Aus dem Gesagten ergibt sich zwanglos die folgende Versuchsanordnung. Gegen halb neun Uhr morgens setzt sich Fräulein Zimmerle leise gähnend in ihren Volvo und fährt in die Siegfriedstraße. Unterwegs holt sie noch den kleinen Falk ab, der ein bißchen weiter draußen in einem Neubauviertel zu Hause ist. Drei weitere Kinder, die gleich um die Ecke wohnen, haben sich schon bei Schneidewinds versammelt.

Es ist eine kleine Dreizimmer-Wohnung. Da die neue, unförmige Sitzgruppe zwar bestellt, aber noch nicht geliefert worden ist, hat sich die Gastgeberin, die siebenjährige Helga Schneidewind, einen Hocker aus der Küche geholt. Sobald die Runde vollzählig ist – fünf Schüler und eine Lehrerin -, wird erst einmal in Ruhe gefrühstückt. Dann kann die Arbeit anfangen.

Mit Lesen und Schreiben, Addieren und Subtrahieren braucht sich Fräulein Zimmerle nicht mehr aufzuhalten, das können diese Siebenjährigen längst. Es handelt sich ja um Fähigkeiten, die sich jeder Mensch über vier und unter siebzig ohne sonderliche Mühe in ein paar Wochen erwerben kann, es sei denn, er ginge in die Schule; dort dauert es, den Umständen entsprechend, mehrere Jahre. Günstig wirkt sich auf den Unterricht die fehlende Aufsicht von Seiten irgendwelcher Vorgesetzter sowie das Fehlen eines Lehrplans aus. Ihre Lektüre wählt sich die Gruppe selbst. Bücher und Lernmittel werden aus einer kleinen Handkasse bezahlt, die Fräulein Zimmerle immer in ihrer Mappe hat. Im zweiten oder dritten Jahr kann man allmählich mit der ersten Fremdsprache anfangen. Es ist verblüffend zu sehen, wie schnell ein siebenjähriges Kind in der Lage ist, einen amerikanischen Comic zu kapieren. Die deutsche Grammatik kann man an Hand von *Bild* und von *Frau im Spiegel* studieren; zuerst streicht Fräulein Zimmerle die Fehler mit Rotstift an, dann werden die Texte gemeinsam ins Deutsche übersetzt und ordentlich redigiert. Man kann aber auch die Spielsachen der Gastgeberin ausprobieren oder die Bilder in Herrn Schneidewinds *Goldenem Buch des Hobbywerkers* angucken. Da der Unterricht jeden Tag in einer anderen Wohnung stattfindet, ist für Abwechslung gesorgt. Stachowiaks zum Beispiel haben einen Balkon, die Familie Krieger hat sogar einen Garten mit Swimmingpool und Tischtennis. Falks Mutter ist Französin, und Herr Falk hat sich neulich einen Videorecorder angeschafft. Da wird dann ab und zu auch ein französischer Fernsehfilm eingelegt; wenn die Handlung zu verwickelt ist, liefert Fräulein Zimmerle den laufenden Kommentar dazu. Es gefällt den Kindern, daß sie jeden Tag in ein anderes Haus kommen; man kann das auch praktische Sozialkunde nennen, wenn man will. Wenn die Schüler Hunger haben, wird gemeinsam eingekauft, gekocht und aufgeräumt.

Manchmal wird es der Gruppe zu dumm, immer in den Wohnungen, die mit Möbeln vollgestopft sind, herumzusitzen. Dann liegen die Kinder Fräulein Zimmerle in den Ohren: „Wir wollen raus!" An die Stelle mühsam geplanter „Schulausflüge" tritt dann ein vagabundierender Unterricht, der sich seine Ziele, je nach Wetter und Laune, selber sucht. Es gibt kaum einen halböffentlichen Ort, zu dem sich fünf Kinder nicht Zutritt verschaffen könnten: Rundfunk, Bauernhof, Rechenzentrum, Gärtnerei, Flughafen, Rathaus, Filmstudio, Automobilfabrik, Druckerei, Kloster, Luxushotel. Statt einer fünfzigköpfigen Horde von brüllenden, schlechtgelaunten Trampeln hätte die Öffentlichkeit es mit fünf bis sechs ganz normalen Menschen zu tun – eine Wohltat für Museumsbesucher. Vielleicht werden die Kinder ihre Lehrerin auch zwingen, eine Turnhalle aufzusuchen. Ihr Bewegungsdrang ist bekanntlich grenzenlos, und es kann sein, daß sie sich nach jenen pädagogischen Affenhäusern sehnen, wo es nach Angstschweiß riecht und wo man sich auf Kommando am Hochreck recken und am Barren plagen, die Wände rauf- und runterklettern und mit Hanteln hantieren kann. Oder die Kinder verlangen nach ein paar Stunden Hochleistungssport mit Stoppuhr und Trillerpfeife. Ich glaube das aber kaum; denn die wenigsten Kinder sind Masochisten, und was Fräulein Zimmerle betrifft, so hat sie für sadistischen Drill nichts übrig. Menschen mit einem einigermaßen intakten Triebhaushalt nehmen Wörter wie „Leibeserziehung" oder „körperliche Ertüchtigung" überhaupt nicht in den Mund. Die Kinder werden deshalb aus vollem Halse rufen: „Wir machen einen Wettlauf zum Eiscafe Rödelheim! Wir bauen ein Bretterhaus! Wir spielen Boccia, Tischtennis, Flipper! Wir gehen in die Flußauen und spielen Fußball! Wir lassen Drachen steigen! Wir bauen uns ein Floß! Wir gehen Rollschuhfahren, Eiskegeln, Rodeln! Wir mieten uns ein Ruderboot! Wir veranstalten ein Rock-and-Roll-Turnier, ein Seifenkistenrennen! Wir gehen schwimmen!" Und so weiter. Ein pädagogischer Wanderzirkus von so winzigem Umfang erfordert auch keine besondere Organisation. Er kann sich spontan und frei bewegen. Notfalls tut es sogar Fräulein Zimmerles alter Volvo, wenn keine U-Bahn in der Nähe ist.

Das Lerntempo ergibt sich ausschließlich aus den Fähigkeiten und Bedürfnissen der Gruppe. Wenn die Lehrerin etwas taugt – und wer möchte das im Fall von Fräulein Zimmerle bezweifeln? –, und wenn Kinder und Eltern mitmachen, geht es erstaunlich schnell. „Schuljahre" gibt es nicht, die „mittlere Reife" hat man, wenn man sie hat. Ferien werden dann gemacht, wenn es allen Beteiligten paßt. Die Termine kann man in ein paar Telephongesprächen aushandeln. Dadurch erledigt sich das vielberufene Problem der „Entzerrung" von selber. Es muß ja nicht sein, daß sämtliche Schüler, Lehrer und Eltern Deutschlands gleichzeitig auf der Autobahn München-Salzburg im Stau verschmachten.

Auch die tägliche Arbeitszeit für die Kinder und für Fräulein Zimmerle regelt sich von selbst. Jeder Haushalt hat seinen eigenen Tageslauf, nach dem man sich richten kann. Insgesamt kommen für Fräulein Zimmerle natürlich mehr „Unterrichtsstunden" als früher heraus, aber das besagt nicht viel. Erstens hat sie es nicht mit einer Meute von dreißig bis vierzig heulenden Derwischen zu tun, sondern mit fünf Einzelpersonen, die sie ganz genau kennt. Zweitens hat sie die ewigen Konferenzen vom Hals, die Pausenaufsicht, den Bürokram, die Intrigen und den Stunk im Lehrerzimmer. Und drittens braucht sie am Abend keine Hefte mehr zu korrigieren, denn die Hausaufgaben haben sich dadurch, daß alle Aufgaben im Haus gemacht werden, sozusagen selbst abgeschafft. Eine nationale Tragikomödie mit Millionen von Mitwirkenden ist über Nacht ersatzlos gestrichen worden, und niemand weint ihr eine Träne nach. Ebenso ist das erpresserische Rackett der „Nachhilfestunden" verschwunden.

Schulbusse und Monatskarten gibt es nicht mehr. Der Schulweg reduziert sich auf drei bis fünf Gehminuten. Jedes Jahr werden ein paar tausend Kinder weniger totgefahren. Mit der Anonymität der Schule ist es vorbei. Alle Beteiligten, auch die Eltern, wissen genau, mit wem sie es zu tun haben. Schwierigkeiten werden frühzeitig erkannt. Wenn es Krach gibt, kann das Kind oder die Lehrerin die Gruppe wechseln. Das Wort Klasse hört sich bereits ziemlich anachronistisch an. Die Gruppe bildet sich nicht auf Grund eines Gestellungsbefehls, sondern eher durch Kooptation.

Scharen von Bürokraten, die damit beschäftigt waren, Schüler und Lehrer mit Verordnungen, Lehrplänen, Normenbüchern, Erhebungsbögen, Richtlinien und Prüfungsordnungen bei ihrer Arbeit zu stören, kann man nach Hause schicken oder mit produktiver Arbeit versorgen. Das Hauslehrer-System macht den staatlichen Überwachungsapparat zum allergrößten Teil überflüssig. Das Bedürfnis nach institutioneller Aufsicht ist nämlich ebenso irrational wie die Angst vor der Anarchie. Wie sich überschaubare soziale Situationen selbst regulieren, das kann man in der Ankunftshalle eines beliebigen Flughafens beobachten. Wenn dort der Inbegriff des Privateigentums, der eigene Koffer, ein geradezu geheiligtes Objekt, vor den Augen von hundert gierigen Fluggästen verfolgt, majestätisch auf dem Band einhergleitet, dann steht kein staatlich geprüfter Aufpasser daneben, um dem drohenden Delikt in den Arm zu fallen. Die simple soziale Kontrolle ersetzt die Repression. Das wechselseitige Interesse setzt eine Dynamik in Gang, die keiner formalisierten Regeln bedarf. Der Gewalttätige wird in seine Schranken verwiesen, der Geizige ausgelacht, der Ängstliche beruhigt, der Angeber verspottet. In einer kleinen Gruppe von Kindern und Eltern wird es sich auch schnell herumsprechen, wenn ein Lehrer allzu faul, unfähig oder terroristisch ist, als daß man ihn ertragen könnte. Ein solcher Pädagoge wird seine Klienten bald eingebüßt haben.

Ich weiß natürlich, daß es in unserem Gemeinwesen als naiv gilt, Vorschläge zu machen. Die Vorstellung, daß irgend etwas anders sein könnte als es ist, wird von allen, die etwas zu sagen haben, für aberwitzig gehalten, was zur Folge hat, daß der Aberwitz unangefochten regieren kann. Da ich aber nun einmal beschlossen habe, vernünftig zu sein, wenigstens in den Grenzen und zu den Zwecken dieses Plädoyers, muß ich auf jeden denkbaren ernsthaften Einwand eingehen, selbst wenn ihn niemand erhebt. Aber wer soll das alles bezahlen? So könnte der, der mich ernstnimmt, eine imaginäre Person also, mich beispielsweise fragen. Haben Sie an die Kosten gedacht?

Ja, ich habe an die Kosten gedacht. Diejenigen, die es wissen müssen, geben an, daß rund sechzig Prozent des öffentlichen Aufwandes für das Bildungssystem „reine Personalausgaben" sind. Die restlichen vierzig Prozent gehen fast ganz für den Bau und die Erhaltung der Schulgebäude drauf. Dieser riesige Betrag kann, mit ein paar geringfügigen Ausnahmen, eingespart werden. Dazu kommen noch die Subventionen für den überflüssigen Transport von zehn Millionen Schülern und die Kosten für eine Bürokratie, die keinem erkennbaren Bedürfnis dient. Die vorhandenen Gebäude sind für menschliche Zwecke, wie gesagt, nur begrenzt tauglich. Die besten älteren Schulbauten ließen sich vielleicht als Altersheime oder Obdachlosenasyle nutzen; die überwiegende Mehrzahl wird man jedoch in die Luft sprengen müssen. Immerhin werden damit wertvolle Grundstücke in zentralen Wohnlagen frei, auf denen man Sozialwohnungen errichten könnte, wenn sich Architekten fänden, die einer solchen Aufgabe gewachsen wären. Die eine oder andere Schule könnte man stehen lassen, eine für jeden Landkreis und für jedes Stadtviertel. Ab und zu, sagen wir, einmal im Monat, könnten sich dort Schüler und Lehrer aus verschiedenen Gruppen treffen, um Erfahrungen auszutauschen und Vergleiche anzustellen. Zweifler und Überläufer könnten die Gruppe wechseln: halb Fest, halb Börse. Und wenn unser Staat, der treu sorgende, um jeden Preis seine Prüfungen haben will, dann soll er sie, wenigstens für eine gewisse Übergangszeit, in Gottesnamen haben. Sie könnten ebenfalls in jenen öden Mauern stattfinden, aus denen sie hervorgegangen sind.

Vierzig Prozent von sechzig Milliarden Mark sind ein schönes Stück Geld. Damit könnte man gut und gern so viele Lehrer anheuern, daß es für den täglichen Hausbesuch reicht. An Arbeitskräften scheint es nicht zu fehlen. Unsere unermüdlichen Bildungsstatistiker haben herausgefunden, daß wir für die nächsten Jahre mit über hunderttausend arbeitslosen Lehrern zu rechnen haben. Ich möchte außerdem zu bedenken geben, daß niemand weiß, nicht einmal die emsigsten Bildungsplaner, wie viele Leute in diesem Land fähig sind, anderen Leuten etwas beizubringen. Staatliche Examina sind hierfür selbstverständlich kein Kriterium. Bestimmte menschliche Eigenschaften und Fähigkeiten spielen für die „Befähigung zum Lehramt" eine wichtigere Rolle als alles, was der hochtrabende Quatsch der sogenannten Erziehungswissenschaften zu bieten hat. Eine gewisse Entprofessionalisierung des Lehrerberufs wäre aufs innigste zu wünschen. Es ist auch gar nicht einzusehen, warum jeder künftige Hauslehrer Beamter auf Lebenszeit werden soll. Nicht jedem Menschen ist das Urteil „lebenslänglich" zuzumuten, und nicht jeder wird darauf erpicht sein. Man sollte sich lieber nach Barfüßer- und Teilzeit-Lehrern umsehen, die, mit oder ohne Diplom, bereit sind und Lust haben, eine solche Aufgabe zu übernehmen. Nach ein paar Monaten wird man schon sehen, ob sie etwas taugen, und nach ein paar Jahren wird man darüber reden können, ob sie uns eine Pension wert sind.

Meinetwegen. Mit der Elementarschule mag das alles angehen. Aber wie wollen Sie es mit den höheren Schulen, mit Gymnasien und Realschulen halten, oder gar mit den Fachhochschulen und den Universitäten? Wollen Sie die auch in die Luft sprengen? Wie stellen Sie sich das vor? Soll Helga Schneidewinds Wohnküche auch noch als Elektrowerkstatt, als Universitätsbibliothek und als physikalisches Labor herhalten?

Lieber ernsthafter, also inexistenter Zuhörer, antworte ich, das habe ich doch gar nicht behauptet! Ich schlage ja keinen Bildungsgesamtplan vor, der irgendeinen anderen Bildungsgesamtplan ersetzen soll. Lassen wir also die Schule im Haus! Bei einem Vorhaben wie dem meinigen (oder, da wir nun schon einmal zu zweit sind, darf ich vielleicht sagen: dem unsrigen), bei einem solchen Vorhaben sollte man klein anfangen. Sagen wir mal: irgendwo im Landkreis Eschwege, Zonenrandgebiet, auf ein paar Dörfern, und irgendwo in einer mittleren Stadt im Ruhrgebiet, mit zwei mal zwanzig mal fünf Kindern, die man nicht mehr, wie bisher, Tag für Tag in die Schule deportiert. Dazu braucht man vierzig Lehrerinnen und Lehrer, oder sagen wir fünfzig, für den Fall, daß der eine oder die andere krank wird oder lieber zum alten Trott zurückkehrt. Mit dem Dynamit für die Schulhäuser können wir ja warten, bis wir sehen, wie sich unser Wanderzirkus anläßt. Geht die Sache gut, dann machen wir in größerem Maßstab weiter; geht sie schlecht, dann überlegen wir uns, wo die Fehler liegen.

Zum Beispiel bei den Eltern. Daß es eitle, rechthaberische, ehrgeizige Eltern gibt, das weiß jeder Lehrer und jedes Kind. Meist haben sie es nur auf eines abgesehen, auf den „Schulerfolg", den sie durch ihr neurotisches Quengeln gewöhnlich selber vereiteln. Auf einen Unterricht ohne Terror werden sie vermutlich mit Argwohn reagieren. Doch sobald sich herausstellt, daß ihre Kinder, ohne sonderliche Anstrengung, in einem atemberaubenden Tempo lernen (und das sehe ich allerdings kommen), wird ihr Widerstand rasch erlahmen. Vielleicht schlägt er sogar in eine übertriebene

Begeisterung um; dann wird man ihnen vorsichtig, aber bestimmt, die Tatsache erklären müssen, daß ihre Kinder nicht die einzigen Genies sind, die es weit und breit gibt, sondern daß wir alle phantastisch begabt sind.

Andere Eltern träumen, wie es heißt, immer noch von einer „standesgemäßen Erziehung". Das sind die Schlimmsten. Sie würden nämlich ihre Kinder lieber heute als morgen in ein soziales Getto einsperren, damit sie das genießen, was solche Leute für den „richtigen Umgang" halten. Ihr Traum wäre ein Hauslehrer, in dessen Unterricht die sechsjährigen Zahnarztkinder, damit sie auf keinen Fall etwas über die Wirklichkeit erfahren, unter sich sind. Ein schlimmeres Los kann man sich schwerlich vorstellen.

Nun hat bisher noch niemand ein Unterrichtskonzept erfunden, das in der Lage wäre, die Klassengesellschaft aus den Angeln zu heben. Eine eindeutige Lösung des Problems läßt sich also nicht angeben. Wir werden uns auf die Schlauheit, die Neugier und die Hartnäckigkeit der Kinder verlassen müssen, die im allgemeinen wenig Lust haben, schon im Sandkasten die Karriereträume, die ihre Eltern hegen, im Auge zu behalten – und auf die Fähigkeit des Hauslehrers, durch eine Mischung von Geduld, Klugheit und sanftem Druck auch noch den letzten Zahnarzt davon zu überzeugen, daß ein homogenes Milieu soziale Idioten hervorbringt.

Wenn die Kinder aber größer werden, wenn sie mehr wissen und noch mehr wissen wollen, dann werden wir uns nach Spezialisten umsehen müssen, nach Hauslehrern, die nicht mehr kontinuierlich, Tag für Tag, mit derselben Gruppe arbeiten, sondern umschichtig, einmal hier, einmal dort, einen naturwissenschaftlichen Tag einlegen, ein Wirtschaftsunternehmen analysieren oder in ihrem Fach, auch wenn es Wetterkunde ist, auf englisch unterrichten können. Und so weiter. Bedenken Sie, daß der Hauslehrer immer beweglicher und flexibler ist als der Schullehrer, daß er es nicht mit einer großen Klasse, sondern mit einer kleinen Gruppe zu tun hat; daß auch die Schüler sich leicht bewegen und mit einem Minimum an Aufwand und Organisation jeden Ort aufsuchen können, den sie brauchen, auch das physikalische Labor, auch die Universitätsbibliothek, auch die Elektrowerkstatt.

Und wo soll das alles enden? Das, lieber Freund, wird sich mit der Zeit von selber herausstellen. Und die Universität? Ach, die Universität – um die wäre es erst recht nicht schade. Wenn Sie einen dieser Betonschuppen in den letzten Jahren betreten haben, dann werden Sie mir zugeben, daß es dort kein Mensch mehr aushalten kann. Die Professoren sitzen auch lieber zu Hause. Sie haben meist ganz angenehme Wohnungen in bevorzugten Lagen, Altbau oder Villa, groß genug für ein kleines Seminar mit vier bis sechs Teilnehmern.

Mir scheint, Sie haben es darauf abgesehen, die Erziehung ganz und gar zu privatisieren.

Wenn Sie es so ausdrücken wollen... Ich würde das, was ich vorschlage, lieber Vergesellschaftung nennen. Ich fürchte nur, daß diese Wörter alle miteinander nicht mehr viel besagen.

Und was versprächen Sie sich davon, wenn ein ganzes Land sich dazu entschließen würde, Ihr aberwitziges Vorhaben in die Tat umzusetzen?

Also bei Milly Guggemoos weiß ich nicht so recht. Joseph würde sofort mitmachen, Edith auch, nur bei Rümmelein sähe ich gewisse Schwierigkeiten. Dafür wäre Hundekuchen Feuer und Flamme. Oberstudienrat Vogel ginge in den vorzeitigen Ruhestand, Bernd Bonitz hätte sich bald daran gewöhnt, die Kollegin Wildhuber könnte ihre Tabletten ins Klo schmeißen, und Fritzi Bauriedl höre ich förmlich, wie er neidisch ruft: »Ich könnte mich grün und blau ärgern, daß es sowas zu meiner Zeit noch nicht gab.« Und ich, ja ich wäre wieder einmal ganz und gar mit Fritzi Bauriedl einverstanden.

Aus: Hans Magnus Enzensberger, Politische Brosamen, Frankfurt am Main 1983 (2. Auflage), S.161-176

Weibliches Erziehungspersonal in bürgerlichen Häusern um 1900
Gouvernanten – Erzieherin
(1993/ 2005)

Jutta Becher

Die Bezeichnungen für häusliches Erziehungspersonal waren im untersuchten Zeitraum (1871-1918) eng verknüpft mit dem Nachweis beruflicher Qualifikationen. Jedoch ist eine eindeutige Unterscheidung zwischen qualifiziertem und unqualifiziertem Personal durch die Vielzahl und uneinheitliche Verwendung der Begriffe kaum möglich: Der Sprachgebrauch variiert zwischen „Kindermädchen", „Kinderfrau" und „Kinderfräulein", ohne damit deutlich zum Ausdruck zu bringen, ob es sich hierbei gleichsam um unterschiedliche Ausbildungsvoraussetzungen handelt. Weibliches Erziehungspersonal, das im häuslichen Dienst beschäftigt war, wurde auch „Gouvernante", „Erzieherin" und „Bonne" genannt. Wie negativ allerdings die Arbeit von Gouvernanten und Bonnen – im Gegensatz zur Erzieherin – im Rückblick gedeutet wurde, belegt eine Bemerkung, die im Pädagogischen Lexikon (1928) notiert ist: *„Der früher weit verbreitete Typus der Bonne, Gouvernante und Miß ist glücklicherweise verschwunden. Heute wird ein weiterer Blick von der Erzieherin verlangt und ein wirklich psychologisches Verständnis für die Jugend erwartet"* [1]. Im Folgenden werden die Begriffe „Gouvernante", „Erzieherin" und „Bonne" nach zeitgenössischem Verständnis erläutert und gegeneinander abgegrenzt.

I.

Im Lexikon der Pädagogik (1913) wird die „Gouvernante" als Vorläuferin der „Erzieherin" beschrieben: Die Gouvernante musste nicht nur die Kinder beaufsichtigen, sondern auch deren Hausaufgaben betreuen, gegebenenfalls sogar Unterricht erteilen. Erwartet wurden bei ihr erheblich geringere Bildungsqualitäten als bei den Erzieherinnen. Meist reichte der Besuch der höheren Töchterschule aus. *„Es fiel ihr als Hauptaufgabe zu, die Töchter*

---

[1] D. Schütz, Artikel Erzieherin. in: Hermann Schwarz (Hg.), Pädagogisches Lexikon, Bielefeld, Leipzig 1928, Sp. 1289

französisch sprechen zu lehren und sie in den ‚feinen Manieren' Frankreichs zu unterweisen" [2], was den geringen Ansprüchen an die Bildung der Töchter entsprach. Anschaulich schildert August Trinus die Aufgaben der Gouvernanten: *„Das ‚Fräulein' ordnet sich in jene Rubrik höherer Dienstboten ein, die am unteren Ende des herrschaftlichen Tisches, inmitten altklug schnatternder Kinder speisen dürfen, (...) mit den lieben Kleinen baden gehen, spazieren wandeln, Schlittschuhe laufen, Croquet und Pferd spielen, sie Mittags aus der Schule, Abends vom Kinderball abholen (...)"* [3].

II.

Von einer *„Erzieherin"* wurde demgegenüber prinzipiell eine berufliche Bildung verlangt, mit der sie, als Helferin der Mutter, in der Familie *„die heranwachsenden Töchter zu erziehen und zu unterrichten und ihnen die öffentlichen Bildungsanstalten zu ersetzen"* [4] hatte – schließlich dominierte noch bis zum Ende des 19. Jahrhunderts die private Mädchenerziehung über die Erziehung im öffentlichen Schulsystem. So war die Erzieherin beschäftigt bei *„wohlhabende(n) Familien des Adels- und Bürgerstandes, die auf dem Lande wohnen und die Töchter nicht frühzeitig aus dem Hause geben wollen. Hier hatte die Erzieherin noch bis vor wenigen Jahrzehnten Gewöhnung, Zucht und Unterricht der jungen Mädchen bis zum Abschlusse der Ausbildung zu leiten. Heute hat die Erzieherin die Mädchen mehr und mehr nur auf die obern Klassen der höheren Mädchenschule oder Studienanstalt vorzubereiten"* [5], dokumentiert das Lexikon der Pädagogik aus dem Jahr 1913 diese Umorientierung in der Tätigkeit der Erzieherin. Ihre erzieherischen Aufgaben traten hinter die des Unterrichtens zurück.

Die Anforderungen an die Erzieherin bezogen sich sowohl auf fachliche Qualifikationen, die durch den Besuch höherer Mädchenschulen und Lehrerinnen-Seminare zu erwerben waren und die Befähigung der geprüften Lehrerin nachwiesen, als auch auf persönliche Voraussetzungen: Verlangt wurde, dass die Erzieherin *„eine charaktervolle, sittlich gefestigte Persönlichkeit"* sei sowie *„in besonderem Maße gesellschaftlichen Takt und Beherrschung der feinen Umgangsformen"* [6] besitze. Sie musste Kinder verschiedenen Alters pädago-

---

2   J. J. Wolf, Artikel Gouvernante, in: Ernst M. Roloff (Hg.), Lexikon der Pädagogik, Band 1, Freiburg 1913, Sp. 1153
3   August Trinius, Vom grünen Strand der Spree, Minden in Westfalen 1885, S. 28
4   Wolf, a.a.O., Sp. 1153
5   Ebd., Sp. 1154
6   Ebd., vgl. auch Erna Grauenhorst, Katechismus für Kindergärtnerinnen, Kinderfräulein und Mütter, wie Kinder nach der Fröbelschen Methode zu erziehen und be-

gisch, methodisch und inhaltlich angemessen unterrichten; die *„erziehliche Einwirkung"* auf die Töchter sollte darin bestehen, deren *„Geist zu schärfen"* sowie *„Gemüt und Willen zu bilden"*. Auch leichte Gymnastik mit den Kindern war erwünscht; außerdem sollte sie zeichnen können. Jedoch gab es eine eindeutige Priorität: *„Als das Meistverlangte muß entschieden das Klavierspiel bezeichnet werden. Es hält* (sic! J.B.) *schwer, Erzieherinnen, die nicht Klavier spielen können, unterzubringen, besonders auf dem Lande, wo weit und breit kein Musiklehrer zu haben ist, und die Töchter doch die verbreitetste aller Künste nicht entbehren sollen"*[7].

Grundsätzlich beinhalteten die Forderungen an eine Erzieherin *„Liebe zu ihrem Beruf und Liebe zu Kindern, (...) ferner die zur Ausübung ihres Berufs nötige körperliche Gesundheit und geistige Frische"*[8]. Ihre Aufgabe war es *„vielfach auch noch, mit ihnen* (den Kindern, J.B.) *spazieren zu gehen und ihre körperliche Pflege zu überwachen"*[9].

Auf eine weitere wichtige Bedingung sollten Eltern bei der Wahl der Erzieherin achten: sie musste unbedingt in die Familie passen: *„Eine gedeihliche Wirksamkeit ist selbstverständlich nur dann möglich, wenn die Erzieherin in ihren Lebensanschauungen, vor allem in ihren sittlichen und religiösen Prinzipien, mit den Eltern ihrer Zöglinge übereinstimmt"*[10].

Genügten die Mädchen nicht schon von Hause aus allen gesellschaftlichen Anforderungen, so sollten sie sich diese Bildung im Sinne von „guten Manieren" unter Wahrung des entsprechenden Taktes in der Familie aneignen. *„Darunter kann natürlich nur die äußere gesellschaftliche Bildung gemeint sein, welche oft in der Erziehung der angehenden Lehrerin durch das viele unablässige Lernen und den dadurch verbundenen Mangel an gesellschaftlichem Verkehr vernachlässigt wird"*[11]. Dennoch galt es nicht nur, sich der Autorität der Herrschaft in jedem Falle unterzuordnen. Die Erzieherin sollte – im rechten Augenblick und in der rechten Art – unbedingt *„alles sagen, wovon sie im Gedanken an ihre Verantwortung der Kindesseele überzeugt ist"*[12], wenn ihr die Er-

---

schäftigen sind. Ein Lehrbuch in Fragen und Antworten, 7. Auflage, Berlin 1913, S. 14ff

7   Helene Lange, Artikel Erzieherin in Wilhelm Rein: (Hg.), Enzyklopädisches Handbuch der Pädagogik, Band 2, 2. Auflage, Langensalza 1902, S. 544

8   Ebd., S. 542

9   Ebd., S. 544

10   Ebd., S. 542.

11   Vgl. Hedwig Prückner, Erzieherin oder Lehrerin, in: Schwäbischer Frauenverein in Stuttgart (Hg.), Frauenberuf. Blätter für Fragen der weiblichen Erziehung, Ausbildung, Berufs- und Hilfsthätigkeit, III. Jahrgang, Nr. 27, 31. 3. 1900, S. 152

12   Johanna Mencke (Hg.), Leitfaden der Berufskunde für Frauenschulen, Kindergärtnerinnen- und Jugendleiterinnen-Seminare, Bamberg 1913, S. 115; vgl. auch Grauenhorst, a. a. O., S. 58

ziehungsweise der Eltern inkonsequent oder aus erzieherischer Sicht nicht vertretbar erschien.

Gegenüber den anderen Dienstboten im Hause hatte die Erzieherin jedoch absolute Distanz zu wahren: Vertraulichkeiten oder gar Heimlichkeiten mit ihnen waren strikt untersagt, denn „die Ungebildeten würden solche Entgleisung gewiß bald mißbrauchen – die Hausfrau würde mit Recht mißtrauisch werden"[13].

Ein Blick in die Stellenangebote zeitgenössischer Zeitungen und Zeitschriften[14] zeigt die große Nachfrage nach „Erzieherinnen" und „(Kinder-) Fräulein". Hervorgehoben wurde in den Annoncen der Wunsch nach „geprüften, erfahrenen" Kräften. Ihre Aufgabengebiete lagen im Musik- und Fremdsprachenunterricht (englisch und französisch) sowie in der Überwachung der Schularbeiten. Außer der Erziehung der Kinder (durchschnittlich ab sieben Jahren) hatten sie auch für deren Körperpflege zu sorgen. In sämtlichen Inseraten wurde darauf hingewiesen, dass man von der Erzieherin auch die Mitarbeit im Haushalt (einschließlich Näharbeiten!) erwartete. Bevorzugt wurden Personen im Alter zwischen 20 und 35 Jahren. Diesen Anforderungen entsprachen die Stellengesuche, in denen sich Kinderfräulein und Erzieherinnen mit den genannten Eigenschaften für die Arbeit in den Familien anboten[15].

Der Mitte des 19. Jahrhunderts auftretende Lehrermangel sowie der erhebliche Bedarf nach kompetenten Erzieherinnen provozierten zahlreiche private wie auch staatliche Gründungen von „Erzieherinnen- und Lehrerinnenseminaren", die meist an höhere Töchterschulen angeschlossen wurden[16]. Dies kam denjenigen Bürgertöchtern entgegen, die aufgrund der fi-

---

[13] Mencke, a. a. O., S. 117
[14] Vgl. z. B. Die Lehrerin in Schule und Haus. Zeitschrift für weibliche Bildung in Schule und Haus, oder Kölner Frauen-Zeitung; Frauenberuf. Blätter für Fragen der weiblichen Erziehung, Ausbildung, Berufs- und Hilfsthätigkeit.
[15] Exemplarisch seien hier ein Stellenangebot und ein Stellengesuch vorgestellt: „Erzieherin für meine 3 Kinder im Alter von 10-13 J. per 15.1. gesucht. Es kommen für die sehr selbständige, hochbezahlte Stellung nur solche Damen in Frage, welche die Schularbeiten beaufsichtigen u. Körperpflege gründlich verstehen". „Junges Mädchen von 24 Jahren, evang., in Kinderpflege, im Schneidern und Haushalt erfahren, sucht Stelle als Kinderfräulein". Beides aus: Kölner Frauenzeitung, 1895
[16] 1869 existierten in Preußen bereits 39 Lehrerinnen-Bildungsanstalten. Zehn von ihnen standen unter privater Leitung, die Übrigen waren von städtischen oder kirchlichen Trägern (Kongregationen, wie Diakonissen, Ursulinen u.a.) unterhalten. Neben privaten Gründungen hatten sich um die Mitte des 19. Jahrhunderts meist staatliche Stellen um die Einrichtung der ersten Seminare bemüht, vgl. Helene Lange, Gertrud Bäumer (Hg.), Handbuch der Frauenbewegung, IV. Teil, o. O., 1906, S. 318

nanziellen Situation ihres Elternhauses gezwungen waren, durch eigene Erwerbstätigkeit den Lebensunterhalt zu verdienen[17].

In Berlin bot das Pestalozzi-Fröbel-Haus Kurse zur Ausbildung von Erzieherinnen („Kindergärtnerinnen 1. Grades") an. Sie dauerten ein bis zwei Jahre und forderten als Aufnahmebedingung den Besuch einer höheren Töchterschule, ein Gesundheitsattest sowie die schriftliche Einwilligung der Eltern. Leitende Gesichtspunkte für die Ausbildung dokumentiert das „Informationsblatt des Pestalozzi-Fröbel-Hauses" aus dem Jahre 1898:

> „Pestalozzi und Fröbel bezeichnen die Erziehung der ersten sieben Lebensjahre als die grundlegende und messen ihr deshalb eine große Wichtigkeit bei. Sie wollen den in seinen Folgen oft so unseligen Wahn vernichten, als sei die Erziehung kleiner Kinder etwas Untergeordnetes und die Uebernahme körperlicher Pflege seitens einer gebildeten Erzieherin etwas für diese Ungehöriges. Beide Pädagogen führen im Gegenteil so vieles Elend im menschlichen Leben darauf zurück, dass die erste Körper- und Geistespflege der Kinder untergeordneten, oft lieblosen Persönlichkeiten anvertraut wird und dass überhaupt noch so häufig, selbst bei gebildeten Frauen, das Verständnis für die Bedürfnisse der sich entwickelnden Kindesnatur, sowie Geschick und Fähigkeit, dieselben in rechter Weise zu befriedigen, fehlt. Die Grundlage zur Befähigung für den hochwichtigen Beruf der ersten Erziehung sehen beide Pädagogen in dem wahrhaft mütterlichen Sinne und einer einheitlichen Bildung der Frau. Fröbel fordert daher schon 1840 in seinem Plane für die Begründung einer Anstalt zur Ausbildung von Kindergärtnerinnen nicht nur Gelegenheit zu tüchtiger, wissenschaftlicher Bildung, zu lebendigem Verkehr mit der Kinderwelt, sondern auch Haus und Hof, Garten und Feld zu Ausübung hausmütterlicher Pflichten seitens der Schülerin (...)"[18].

Auch examinierte Lehrerinnen arbeiteten als Erzieherinnen in Familien, bevor sie in Schulen eine Anstellung fanden. Am Anfang des Lehrerinnenberufes standen, wie Gertrud Bäumer es darstellte, *„drei Gestalten, alle mehr oder weniger vom Schicksal mitgenommen: erstens die Gouvernante, die ein armes Fräulein aus guter Familie war und mit ihren paar Töchterschulkenntnissen den Weg der Entsagung durch fremde Häuser zog; zweitens eine Art Anstandsdame in höheren Mädchenbildungsanstalten (...) und schließlich: eine derbe, harmlose Spieltante, Witwe oder ältere Jungfrau, die den kleinen Kindern den Anfang vom Lesen, Schreiben und Rechnen oft mit urwüchsigen Muttertalenten beibrachte (...)"* [19]. Das Gehalt der Erzieherinnen lag zwischen 300 und 1500 Mark, durchschnittlich jedoch bei 600 Mark, bei sogenannter „freier Station". Das Angebot an Privatlehrerinnen für den Unterricht stieg gegen Ende des Jahrhunderts so sehr, dass es unvergleichlich größer als der Bedarf wurde. In der „Kölner

---

[17] Vgl. ebd.

[18] Archiv des Pestalozzi-Fröbel-Hauses Berlin, Informationsblatt, 1898

[19] Zit. nach Helene Lange, Lebenserinnerungen, Berlin 1921, S. 118

Frauen-Zeitung" wurde dementsprechend aufgerufen: *„Man mache sich doch endlich klar, daß es noch viele andere Berufszweige für Töchter besserer Stände giebt".* Es sei ein *„Wahn"* der meisten Eltern, *„daß nur das Lehrfach der einzig würdige Beruf für ihre Tochter sei"*[20]. Diesem *„Gefühl, einem Stande anzugehören, der hohe Verpflichtungen auferlegt"*[21], entsprach die Gründung zahlreicher Lehrerinnen- und Erzieherinnen-Vereine[22]. Sie setzten sich u.a. für eine autonome Stellenvermittlung ihrer Mitglieder ein, um sie vor der Unseriosität mancher Agenturen zu schützen. Über den „Allgemeinen deutschen Lehrerinnenverein", der 1895 bereits 54 deutsche Lehrerinnenvereine umfasste, konnten im Jahr 1894 über 700 Lehrerinnen- und Erzieherinnenstellen in Familien und Schulen des In- und Auslandes vermittelt werden[23].

Als Heim für Erzieherinnen und Gouvernanten firmierte das Victoria-Stift, gegründet 1859 auf Anregung der damaligen Kronprinzessin Viktoria und späteren Kaiserin Friedrich, wie sich Viktoria nach dem Tod ihres Gatten, Kaiser Friedrich III., seit dem Jahr 1888 nannte. Es verfolgte den Zweck, *„solchen, die fremd und stellenlos nach Berlin kamen, ohne Unterschied der Nationalität einen Aufenthalt (zu) bieten, wo sie gegen mäßige Entschädigung wohl behütet und versorgt weilen konnten, bis sich für sie ein passendes Unterkommen gefunden haben würde"* [24]. Daneben war es als Vermittlungsstelle für Arbeitsplätze in geeigneten Häusern gedacht, unterstützt von dem vereinseigenen Arbeitsnachweisbüro[25]. 1868 ging es in die Verwaltung des Lette-Vereins über. Die damit verbundene Neuorganisation sah vor, außer Erzieherinnen auch andere „gut empfohlene", schon berufstätige oder noch in der Ausbildung befindliche Damen aufzunehmen, vornehmlich Schülerinnen des Lette-Vereins[26].

Im Alter und bei Invalidität versorgte die Reichs-, Alters- und Invalidenversicherung die Kinderfrauen und Erzieherinnen. Dennoch blieb eine Ergänzung der Rente erforderlich, zu deren Gewährleistung Hilfskassen und Rentenversicherungen gegründet wurden, z.B. 1875 die „Allgemeine deut-

---

[20] Kölner Frauenzeitung, 1. Jg., 1894/ 95, Nr. 9, 27. 1. 1895.
[21] Die Mädchenschule. Zeitschrift für das gesamte Mädchenschulwesen, 2. Jg., Bonn 1889, S. 195
[22] So sind elf Gründungen zwischen 1883 und 1888 zu verzeichnen, vgl. Die Mädchenschule, 1889, S. 195
[23] Kölner Frauenzeitung, 1. Jg., 1894/95, 11. 8. 1895
[24] Jenny Hirsch, Festschrift zum 25. Jubiläum des Lette-Vereins, Berlin 1891, S. 25
[25] Vgl. Lilly Hauff, Der Lette-Verein in der Geschichte der Frauenbewegung. Eine Chronik, Berlin 1928, S. 408ff.
[26] Vgl. Milly H. Cossmann, 50 Jahre Lette-Verein 1866-1916, Berlin 1916, S. 83

sche Pensionsanstalt für Lehrerinnen und Erzieherinnen" vom Verein für das höhere Mädchenschulwesen[27].

III.

Die sogenannte „Bonne" übernahm eine gänzlich andere Position und Aufgabe als die Gouvernanten und Erzieherinnen. *„Der Name ist dem Französischen entlehnt, weil man früher als Bonnen mit Vorliebe Französinnen wählte, um den Kindern durch den Verkehr mit diesen das Französisch-Sprechen beizubringen. Heute werden diese Stellen meist von Deutschen versehen"*[28], heißt es im Lexikon der Pädagogik (1913).

Die Bonne (französisch, eigentlich „Die Gute") betreute die Kinder im Vorschulalter. Von ihr wurden weder Studien noch Examina verlangt, sondern es genügte die auf einer guten Volksschule oder gehobenen Mädchenschule erworbene „Durchschnittsbildung". Im Gegensatz zur Erzieherin brauchte sie keine behördliche Genehmigung für die Ausübung ihrer Tätigkeit. Erforderlich war jedoch, dass sie *„die äußeren Formen des Verkehrs und des guten Tones, wie er in Familien üblich ist, die eine Bonne halten"*[29], beherrschte. Die folgende Charakteristik der idealen Bonne zeigt, dass als Voraussetzung für die Betreuung der Kinder in deren prägendsten Lebensphase „Kinderliebe" praktisch genügte, um dieser Aufgabe gerecht zu werden: *„Ihre wichtigste Eigenschaft ist, dass sie ein kindliches Gemüt, ein jugendfrisches, natürliches Wesen und Liebe zu Kindern habe, um innere Befriedigung im Verkehr mit diesen zu finden, bei denen sie einen großen Teil der Pflichten zu versehen hat, die sonst der Mutter obliegen"*[30]. Gleichzeitig wird offensichtlich, dass Bonnen wesentlich mit der Erfüllung solcher Pflichten betraut waren, die eigentlich einer Mutter zugeordnet sind – und nahmen dadurch nicht zuletzt eine Funktion als Stellvertreterinnen der Mütter ein. Wie sehr sich aber, zumindest theoretisch, die Ansprüche an eine qualifizierte Betreuung der Kinder gewandelt haben, zeigt deutlich das bereits oben erwähnte Zitat aus dem Jahr 1928: *„Heute wird ein weiterer Blick von der Erzieherin verlangt und ein wirklich psychologisches Verständnis für die Jugend erwartet"*[31].

Zur Trennung von der Bonne kam es zwangsläufig, wenn die betreuten Kinder das schulpflichtige Alter erreichten – eine Tatsache, deren Gewicht

---

[27] Vgl. Handbuch der Frauenbewegung, a. a. O., S. 332
[28] J. J. Wolff, Artikel Bonne, in: Roloff, a. a. O, Sp. 570.
[29] Ebd.
[30] Ebd.
[31] Vgl. Anm. 1.

nur annähernd durch die Erlebnisperspektive der von solchen Trennungen
betroffenen Kindern vermittelt werden kann. Berücksichtigt man zudem
die Häufigkeit des Stellenwechsels bei Dienstboten, ist zu vermuten, dass
bei Schuleintritt der Abschied von der Bonne häufig nicht die erste, oft sogar schmerzliche Trennungserfahrung im Leben der Kinder gewesen sein
mag.

*Der Text entstammt der Dissertation: Kindermädchen. Ihre Bedeutung als Bezugs-
person für Kinder in bürgerlichen Familien des Zweiten Deutschen Kaiserreiches,
Frankfurt am Main, 1993, S. 147-155 und wurde von der Autorin für vorliegende
Publikation freundlicherweise überarbeitet.*

Homeschool – zu Hause lernen als Alternative
(2000)

Rita Büttner

Here's a good question that makes a lot of sense.
Who wrote the Declaration of Independence?
His name was Thomas Jefferson, a writer and inventor,
A scientist, musician, and political mentor.

Refr.:
Adams, Jefferson, Madison, Monroe:
Under these men our country' would grow.
Things didn't always go exactly as planned,
But a spirit of accomplishment swept the land.

As the third President, Jefferson was wise
The Louisiana Purchase made us double in size.
He retired to his home in Virginia nearby,
And died in 1826, the 4th of July.
Refr.

[FROM: „The Presidents' Rap", Lyrics by Blaine Selkirk, Music by Sara Jordan.
Produced and Published by Rapping Times, a division of Jordan Music. Productions Inc © 1992]

So lautet ein Teil eines amerikanischen Kinderliedes. Dieses und viele andere Kinderlieder, alle mit pädagogischem Anspruch, lassen vor allem Homeschool-Eltern – meist sind es die Mütter, die ihre Kinder unterrichten – ihre Kinder und Schüler hören. Auf diese Weise lernen die Kinder alle amerikanischen Präsidenten von George Washington bis Bill Clinton kennen und erfahren nebenbei noch einiges über Amerikanische Geschichte. Sie lernen spielerisch, mit Freude, in vertrauter Umgebung, zu Hause im eigenen Zimmer oder unterwegs im Auto.

„Homeschool ist ein Lebensstil, eine Lebensanschauung. Sinnvoller Unterricht kann nicht auf vier bis sechs Stunden zu einer genau festgelegten Tageszeit beschränkt werden, Unterricht muss immer stattfinden, von morgens bis abends", so die Meinung von Freya, einer engagierten Homeschool-Mutter aus West Palm Beach in Florida. Sie unterrichtete ihre Kinder Annika (12) und Kaemmerle (10) von Anfang an zu Hause. Freya wei-

ter: „Ich bin überzeugt, dass in Amerika Homeschool die beste Möglichkeit
der Schulausbildung für Kinder unter zwölf Jahren überhaupt ist. Ich glaube, dass ich als Mutter und Lehrerin in einer Person alle Lebensbereiche der
Kinder zusammenbringen kann, um auf jedem Niveau die jeweils individuellen Fähigkeiten meiner Kinder zu entwickeln. Das ganze Leben ist ein
Lernprozess. Um meine Kinder individuell zu fördern und mental und
emotional zu stärken, unterrichte ich sie selbst. Vor dem Highschool-Alter
sollen sie nicht in eine öffentliche Schule gehen. Danach entscheidet die
ganze Familie gemeinsam, ob ein Wechsel an eine öffentliche Highschool
in Frage kommt. Voraussetzung ist, dass wir uns die Highschool aussuchen
können. Es ist aber auch durchaus vorstellbar, dass die Kinder die gesamte
Schulzeit zu Hause verbringen.“

Highschool contra Homeschool – Der Entscheidungsprozess

Ich kenne Freya seit 1985, als sie für einige Monate nach Deutschland kam,
um ihre ohnehin schon sehr guten Deutschkenntnisse zu verbessern. Sie
lebte bei uns und half mir bei der Betreuung meiner Kinder David (heute
17) und Linda (heute 14). Wir diskutierten über Religion, Kirche, Schule –
über Gott und die Welt. Freya hatte gerade ihren College-Abschluss als
Grundschullehrerin gemacht und noch keine eigene Familie.

Für mich war das Thema Schule zu dieser Zeit noch nicht aktuell, rückte
aber in greifbare Nähe. In lebhaften und interessanten Gesprächen erzählte
mir Freya von der Möglichkeit in den USA, seine Kinder zu Hause selbst
zu unterrichten. Ein entsprechendes Gesetz erteilt den Eltern dazu ausdrücklich die Erlaubnis, auch ohne dass sie dafür eine entsprechende Ausbildung haben müssen. Freya selbst hielt dies für eine „typisch amerikanische Spinnerei“. Sie war der Ansicht, dass nur ausgebildete Lehrer Kinder
unterrichten sollten.

Auch als sie selbst eine Familie gründete und sich ihre Kinder dem
Schulalter näherten, war sie noch dieser Meinung. Als sie sich die Grundschule ihrer Region anschauen und sich dort informieren wollte, lehnte
man ihr Anliegen, dem Unterricht beiwohnen zu dürfen, ab. Als sie daraufhin mit der Schulleitung sprechen wollte antwortete man ihr, dass die
Rektorin Besseres zu tun habe, als misstrauische Mütter zu empfangen.
Trotz großer Frustration ging sie nach wie vor davon aus, dass Annika im
nächsten Jahr die öffentliche Schule besuchen sollte.

Im gleichen Jahr wurde Cate eingeschult, die Tochter von Freyas Bruder,
der mit seiner Familie gleichzeitig Freyas unmittelbarer Nachbar war. Nach
nur einer Woche klagte Cate über ständige Bauchschmerzen, weinte jeden

Morgen und wollte nicht mehr zur Schule gehen. Nach wochenlangem Nachfragen bekamen sie einen Gesprächstermin mit der Lehrkraft, bei dem die Lehrerin den Eltern erklärte, ihr Kind sei nicht normal und Cates Berichte über die Schule seien erfunden. Man solle das Kind doch von einem Psychiater untersuchen lassen.

Noch einige Wochen besuchte Cate unter gutem Zureden die öffentliche Schule. Als sie nachts mit Alpträumen erwachte, nicht mehr schlafen konnte und ihr Lachen zunehmend verlernte, nahmen die völlig entnervten Eltern ihr Kind aus der Schule. Die Mutter wollte und musste nun, natürlich völlig unvorbereitet, ihr Kind selbst unterrichten. Vor dem Hintergrund dieser Erfahrungen entschied sich Freya, ihre eigene Tochter Annika die ersten zwei Jahre ebenfalls nicht zur Schule zu schicken, sondern sie auch zu Hause selbst zu unterrichten. Danach, so glaubte sie, sei Annika – und später auch Kaemmerle – stark genug sich zu behaupten und eventuelle Probleme mit der öffentlichen Schule zu bewältigen.

Eine Homeschhol-Familie – Der Tagesablauf als Stundenplan

Schon nach kurzer Zeit stellten Mutter und Tochter fest, dass ihnen der Unterricht zu Hause viel Spaß machte. Sehr bald entschied sich die Familie für Homeschool, und zwar für beide Kinder. Problemlos arrangierte sich die gesamte Familie mit der neuen Situation. Da Homeschool das Familienbudget stärker belastete als geplant und Freya durch ihre eigene Berufstätigkeit nicht dazu verdienen konnte, entschloß sie sich, Pflegekinder aufzunehmen. Zeitweise betreut sie, parallel zum Unterricht, zwei bis drei Kleinkinder von 7:00 – 16:00 Uhr.

In der Regel findet täglich von 8:00 bis 12:00 Uhr Unterricht am Esstisch statt. Nachmittags organisiert Freya für die Kinder Musikunterricht (beide Kinder spielen Geige), Sportaktivitäten und Aktivitäten mit Jugendgruppen, um die sozialen Kontakte der Kinder zu fördern. Die hierbei angesprochenen Themen werden von Freya sofort aufgegriffen und zum Unterrichtsthema gemacht. Wenn Annika zum Beispiel im Musikunterricht ein Stück von Beethoven spielt, erarbeitet sich Freya zusammen mit den Kindern einen Überblick über diesen Komponisten, seine Musik und seine Zeit. Daraus entwickeln sie weitere Themen: Musikepochen und Musikrichtungen allgemein, geschichtliche Ereignisse dieser Zeit, Kunst, Baustile und vieles mehr. Die gemeinsam erarbeiteten Ergebnisse werden in eine „time-line", einen Zeitstrahl, eingetragen. Dieses in Jahrzehnte unterteilte Maßband ist an der Wand befestigt, wird jeweils um die besprochene Zeit

in beide Richtungen erweitert und geht so zunehmend durch die ganze
Wohnung.

Am Abend erkundigt sich Daniel, der Vater von Annika und Kaemmerle, nach den Ereignissen des Tages und informiert sich, was an dem Tag gelernt wurde. Oft entsteht dabei wieder eine neue „Lernsituation", da Daniel
sein Wissen und seine Erfahrungen zu den jeweiligen Themen an seine
Kinder weitergeben oder gemeinsam mit ihnen das Gelernte auffrischen
kann. Der so entstehende Wiederholungseffekt entspricht der Homeschool-
Philosophie.

Vorteile, Nachteile – und deutsche Skepsis

Auch ergeben sich über den Vater interessante und neue Kontakte. Als er
beispielsweise mit einem Kollegen über Homeschool sprach, war dieser sehr
beeindruckt. Er sprach wiederum mit seiner Frau, die Chiropraktikerin ist,
darüber, und diese erklärte sich sofort bereit, Freya beim Biologieunterricht
von Annika und Kaemmerle zu unterstützen. Da es relativ häufig – auch
über andere Homeschool-Kinder – zu solchen spontanen Angeboten
kommt, beschäftigen sich Homeschool-Schüler oft mit vielen Themen
gleichzeitig und können sich dadurch häufig nicht ausreichend lange auf
ein einziges Thema konzentrieren. Das bereitet ihnen besonders dann
Schwierigkeiten, wenn sie an eine öffentliche Schule wechseln.

Ein weiteres, häufig beobachtetes Problem ist die Tatsache, dass viele der
Nomeschool-Kinder nicht lange still sitzen und ausschließlich zuhören
können. Da während des Unterrichts zu Hause sehr wenig Frontalunter-
richt stattfindet, die meisten Themen gemeinsam erarbeitet werden und die
Kinder stets an der Unterrichtsplanung und Unterrichtsgestaltung aktiv be-
teiligt sind, haben sie keine Gelegenheit, dies zu üben. Darüber hinaus
können sie sich häufig nicht so gut selbst organisieren wie ihre Altersgenossen, die eine öffentliche Schule besuchen. Das liegt offensichtlich daran,
dass ihr Tag nicht streng nach der Uhr organisiert ist. Ihr Unterricht fängt
morgens an, sobald alle bereit dazu sind, und sie machen Pausen, wann
immer sie sie benötigen. Freya ist sich dieser Problematik durchaus bewusst
und bemüht sich, ihren eigenen Lehrplan und Unterricht entsprechend zu
gestalten.

Indem die Kinder in die Themenwahl und Unterrichtsgestaltung einbezogen werden, lernen sie auch, Verantwortung für das eigene Lernen zu
übernehmen. Sie haben viel Zeit zum Lesen und für andere Interessen. Sie
können selbst entscheiden, wie sie ihr tägliches Lernpensum am besten erledigen. Durch die persönliche und engagierte Förderung durch die Mutter

als Lehrerin lernen Homeschool-Kinder immer auf ihrem individuellen Leistungslevel. So sind sie nicht ständig über- oder unterfordert und erhalten sich erstaunlich lange die Freude am Lernen.

Durch dauerhaften Kontakt zu Freya und ihrer Familie konnte ich die Entwicklung von Annika und Kaemmerle verfolgen. Regelmäßig tauschten wir unsere „Schulerfahrungen" aus. Ich blieb interessiert, aber skeptisch. Für mich gab es einige zentrale, offene Fragen: Wie lernen und üben Homeschool-Kinder Sozialverhalten, den Umgang mit anderen Menschen, mit Gleichaltrigen? Wie bewältigen Nomeschool-Kinder den Übergang, wenn sie, meist in der Pubertätsphase, an eine öffentliche oder private Highschool wechseln? Wie gehen sie mit der dort erforderlichen Disziplin in der Gruppe, der dort herrschenden Konkurrenz um, und wie werden sie mit der strengen Organisation fertig, die beim Besuch einer öffentlichen Schule den größten Teil des Tages bestimmt? Wie stark sind die Kinder auf die Mutter fixiert, mit der sie ja fast den ganzen Tag verbringen? Und sind wirklich alle Eltern in der Lage, den Kindern das notwendige Wissen zu vermitteln? Diese und andere Fragen beschäftigten mich lange.

Homeschool in den Sommerferien

Im vergangenen Jahr wurden meine Kinder David und Linda (damals 16 und 13 Jahre) von Freya und ihrer Familie nach Florida eingeladen. Natürlich nahmen sie die Einladung begeistert an. In diesem Schuljahr stand auf Freyas Lehrplan als zentrales Thema „Amerikanische Geschichte". Schon im Vorfeld machte sie meinen Kindern das Angebot, an diesem Unterricht bei ihr zu Hause teilzunehmen. Nach kurzem Zögern (Schule in den Ferien!) fanden sie Gefallen an der Idee. In den drei Wochen Ferien in Florida verbrachten sie täglich eine Stunde damit, Amerikanische Geschichte zu lernen – und das auch noch in Englisch. Neben der Unterrichtsatmosphäre ist es typisch für Homeschool, die eigenen Kenntnisse auf zwei Gebieten gleichzeitig zu verbessern, nämlich Geschichte und Englisch.

Der Unterricht fand teilweise zu Hause am Esstisch statt, teilweise im Auto bei längeren Fahrten, z. B. nach Disney Land, in die Everglades oder nach Cape Canaveral, und auch mal, wie mir begeistert berichtet wurde, noch morgens im Bett: für mich und meine Vorstellung von „richtigem Unterricht" unvorstellbar. Dadurch wurde mein Vorurteil über Homeschool nur bestätigt: Was sollte bei solch einem Unterricht herauskommen? Da es für meine Kinder aber Urlaub war, beunruhigte mich das nicht weiter. Das Ergebnis aber war überwältigend. Nach ihrem Aufenthalt in Florida wussten David und Linda nicht nur viel über Amerikanische Geschichte, sondern hatten Spaß an der Sache und lasen sogar zusätzlich Bücher zu dem Thema.

Leider hat sich der Spaß am Geschichtsunterricht in der eigenen Schule schnell wieder gelegt. Aber die merklich verbesserten Sprachkenntnisse und die damit verbundene Freude an der Sprache blieben. Das haben sie Freya zu verdanken, die auch sehr schnell gemerkt hatte, dass meine Kinder gerne lesen. Als engagierte Homeschool-Lehrerin versorgte sie David und Linda, genau wie ihre eigenen Kinder, sofort mit passender Literatur, wobei sie sich bei der Auswahl der jeweils richtigen Bücher große Mühe gab. Seither sorgt Freya ständig für Nachschub und beide Kinder haben inzwischen nahezu 100 Bücher in englischer Sprache gelesen.

Die Einladung – Erfahrungen aus erster Hand

Davon überzeugt, dass es wenig sinnvoll ist, Kinder mit theoretischen Fakten vollzustopfen, beschloss Freya, ihren Kindern nach der theoretischen Vorbereitung alle Plätze in Amerika zu zeigen, die für die amerikanische Geschichte von Bedeutung sind. Zu diesem Schulausflug, einer perfekt geplanten US-History-Tour, wurde ich eingeladen. Diese einmalige Gelegenheit ließ ich mir nicht entgehen: Ich kam bereits ein paar Tage früher an, um andere Homeschool-Familien kennen zu lernen, persönlich am Homeschool-Unterricht teilzunehmen und so aus erster Hand Antworten auf meine offenen Fragen zu bekommen.

Neben dem ganz normalen Unterricht zu Hause bei Freya hatte ich Gelegenheit, auch am Gruppenunterricht teilzunehmen, bei dem Kinder unterschiedlichen Alters aus drei Homeschool-Familien unterrichtet wurden. Die Unterrichtsthemen wurden von den drei Müttern mal gemeinsam, mal abwechselnd behandelt: das Sonnensystem, Mathematik und Baustile. Zur Veranschaulichung hatten die Kinder seit einiger Zeit mit großem Aufwand auf dem Gartentisch unter Anleitung einer Homeschool-Mutter gemeinsam das Modell einer gotischen Kathedrale gebastelt, ein gelungenes Werk. Der Mathematik- und Erdkunde-Unterricht fand im Wohn- und Esszimmer statt, und wie immer stand ausreichend Anschauungsmaterial zur Verfügung. Von der für mich zunächst befremdlich wirkenden Unterrichtssituation ohne Hektik, Lärm und typischen Geruch öffentlicher Schulen, war ich positiv überrascht. Sollte Homeschool vielleicht wirklich eine Alternative zur öffentlichen Schule in den USA darstellen können?

Homeschool-Ausflug – Die „History-Tour"

Eine endgültige Antwort erhoffte ich mir von der Klassenfahrt. Diese führte uns von West Palm Beach am der Ostküste der USA entlang, unter anderem über Williamsburg, Jamestown, Washington D.C., Philadelphia, Gettysburg, Boston und Plymouth bis nach New York. Zum Abschluss unserer US-History-Tour besichtigten wir hier die Statue of Liberty und besuchten Ellis Island, die Einwanderungsinsel.

Auf dieser Reise konnte ich an Annika und Kaemmerle hautnah erleben, was Homeschool leisten kann. Und – wiederum typisch Homeschool – ich selbst lernte ganz nebenbei so viel über die Geschichte Amerikas, wie noch nie zuvor. Die ganze Fahrt war Homeschool-Unterricht pur: Von einem historisch bedeutsamen Ort zum nächsten, Informationen vorweg, Besichtigungen und Fragen von Freya an die Kinder, die sich auf den vorangegangenen, die Reise vorbereitenden Unterricht bezogen. Mich beeindruckte das umfassende Wissen, die klugen Antworten und auch die intelligenten, interessierten Fragen von Annika und Kaemmerle sehr. Freya ihrerseits beantwortete die unzähligen Fragen, die vor allem von mir kamen, kompetent und mit großer Geduld.

Während der Fahrt von einem Schauplatz zum nächsten mussten Annika und Kaemmerle ihre Hausaufgaben machen: einen ihrem Alter entsprechenden Bericht, den sie in ein extra dafür angelegtes „History Book" schrieben. Die Ergebnisse wurden von Freya gelesen, gelobt, kritisiert und einzeln diskutiert. Wie jedes andere normale Schulkind auch versuchten Annika und Kaemmerle manchmal, diese lästige Pflicht zu umgehen oder erledigten sie recht knapp. Unermüdlich und immer freundlich motivierte Freya ihre Kinder dazu, ihre Arbeit zu erledigen und erinnerte immer wieder daran, dass es sich bei dieser Reise nicht um eine Urlaubsreise, sondern um Unterricht handelte. In bewundernswerter Weise nahmen die Kinder an allen Aktivitäten und Besichtigungen dieser teilweise auch anstrengenden Reise teil. Viele Diskussionen führten wir auf Deutsch, so dass Annika und Kaemmerle zusätzlich ihre ohnehin schon erstaunlich guten Deutschkenntnisse verbessern und üben konnten. Ich wiederum konnte meine mageren Englischkenntnisse stark verbessern. Diese Reise war Homeschool im klassischen Sinn: In verschiedenen Bereichen gleichzeitig lernen, von morgens bis abends, anschaulich wie es besser nicht gehen kann.

Entwicklung und Organisation in den USA

Trotz diverser Bedenken ist Homeschool im Bereich Unterricht und Erziehung in den USA der „erzieherische Trend" mit der größten Zuwachsrate.
Bis vor 25 Jahren war Homeschool zwar bekannt, wurde aber nur von einigen wenigen exzentrischen Familien praktiziert. Zunehmende Probleme im
öffentlichen Schulsystem wie Drogen, steigende Kriminalität und Gewalt,
zahlreiche Schwangerschaften im Jugendalter, Zunahme sexuell übertragba-
rer Krankheiten bei Jugendlichen und natürlich die immer schlechtere Aus-
bildungsqualität an den öffentlichen Schulen veranlassten Eltern, Wege für
ihre Kinder zu finden, ohne diese „Gesellschaftskrankheiten" zu leben und
zu lernen. Viele Eltern, die ihre Kinder selbst unterrichten, sehen darin die
Möglichkeit, die Schulausbildung ihrer Kinder auf eine religiöse Basis zu
stellen. So ist diese Unterrichtsart seit zehn Jahren sehr populär. Waren es
im Schuljahr 1990/1991 etwa 475 000 Kinder in den USA, die zu Hause
unterrichtet wurden, so waren es bei einer Zuwachsrate von jährlich 15%
im Schuljahr 1997/1998 bereits etwa 1,5 Millionen. Nach einer Untersuchung unterrichten inzwischen etwa 6% aller Eltern in den USA ihre Kinder zu Hause.

*Aus: this is america. Lifestyle, Job, Reisen in den USA, Ausgabe Winter 2000, he-
rausgegeben von Kai Martell und Julia Stein, Bonn, S. 92-95.*
Übernahme mit freundlicher Genehmigung der TIA-Verlag-GmbH Bonn

Die Kinder lernen flexibel
(2004)

Georg Plüger

„Gib mir irgendein Thema und in ein paar Sekunden entwickle ich dir ein paar ‚hands-on'-Ideen!" Jessica Hulcys Augen glühen. Als Lehrerin und Mutter von fünf Kindern ist sie beim Entwickeln des hauseigenen Curriculums zur Verlagsinhaberin von Homeschool-Material geworden. In wenigen Worten, dabei eindrücklich und lebendig, entfaltet sie das didaktische Konzept ihres „Konos"-Materials. „Die Kinder müssen etwas erleben, es muss irgendein reales Phänomen geben, das sie fasziniert, und dann müssen sie selbst aktiv werden. Von einem Thema ausgehend lässt sich viel erschließen, wenn die Kinder einen Zugang finden. Womit ich sehr gute Erfahrungen gemacht habe, ist die Verbindung von Sachthemen und Charaktereigenschaften." Immer wieder betont sie, wie wichtig es sei, die Kinder in Gespräche zu verwickeln und ihre Ansichten ernst zu nehmen. Nur dadurch entfalte sich das Potential des Kindes für kritisches Denken[1].

Begeisterung für Lehrkunst finde ich immer ansteckend, gleichzeitig abstrahiere ich, während Jessica spricht: „Aha, ein interessantes Phänomen zum Einstieg – Adolph Diesterweg oder Martin Wagenschein. Handlungsorientierung – Pestalozzi. Facherübergreifender Unterricht – Adolf Reichwein. Dialogisches Lehren – Sokrates oder Schleiermacher. Jetzt möchte ich nur noch wissen, wie das konkret aussieht." Diese Frage stelle ich Jessica Hulcy und sie führt letztlich zu einer fruchtbaren Begegnung mit ihrem KONOS-Material.

Beim Aufschreiben meiner Erfahrungen fiel mir der folgende, unübertrefflich nüchterne und unbestreitbar wahre Satz in die Hände: *„Vernünftigerweise ist nicht zu erwarten, dass auf dem Felde der Erziehung grundlegend neue Konzepte entwickelt werden, die ohne Vorbild sind."*[2] Er stammt aus einer Urteilsbegründung des Bundesverfassungsgerichtes, in dem das besondere pädagogische Interesse einer noch nicht genehmigten Grundschule zur Debatte stand.

Auch die Konos-Methode kann, will und braucht nicht für sich den Anspruch zu erheben, originär zu sein. Dies ist sowohl bei Jessica Hulcy als

---

[1] Gespräch mit Jessica Hulcy am 25.9.2003 in Virginia Beach
[2] Bundesverfassungsgericht – 1 BvR 167/ 87 – S. 18

auch bei der Homeschool-Bewegung insgesamt „vernünftigerweise nicht zu erwarten". Vielmehr geht es in der Pädagogik immer wieder darum, das bereits Erkannte in jeder Generation neu zu realisieren.

Wie „Konos" entstand

Konos ist ein Curriculum, das zwei Lehrerinnen, Carole Thaxton und Jessica Hulcy, seit 1984 schreiben und in den USA inzwischen durch viele Vorträge und begeisterte Kunden sehr profiliert und bekannt geworden ist. Wie viele andere Verlage für Homeschool-Materialien ist auch dieser aus der Situation persönlicher Betroffenheit entstanden. Nach einem Jahr im öffentlichen Kindergarten entschieden sich die Thaxtons dafür, ihren Sechsjährigen zu Hause zu unterrichten. Im Kindergarten hatte er sich mit Hulcy's Sohn Jason angefreundet. Als Jason in der ersten Klasse seinen Freund nicht fand, sagte er das seiner Mutter. Sofort ging Jessica zu Carol, um sie von ihrem leichtfertigen Entschluss zu Hause zu unterrichten abzubringen. Nach einem Monat intensiver Diskussion nahm auch Jessica ihren Sohn aus der öffentlichen Schule heraus.

Carole und Jessica waren sich klar, dass die „Vorsag-und-Abfrag"-Methode der öffentlichen Schule oft nötig war, weil der Lehrer 20 bis 25 Kinder im Klassenzimmer hat. Da weder Jessica noch Carol 20 Erstklässler in ihrer Hausschule hatten, weigerten sie sich, die Arbeitsheft/Lehrbuch-Herangehensweise zu übernehmen. Anstatt der Lehrbücher wählten sie wirkliche Bücher und Klassiker aus der Bibliothek. Anstatt am Tisch zu sitzen und Lücken auszufüllen, benutzten sie die Garage, Blumenbeete und die Küche als Klassenzimmer. Anstatt jedes Kind in sein eigenes Zimmer zu schicken, damit es allein arbeiten kann, unterrichteten sie ihre Kinder so oft wie möglich gemeinsam. Anstatt jedem Kind die Antwort vorzukauen, gaben sie ihren Kindern die zeitraubende Freiheit, die Antworten selbst zu entdecken. Anstatt thematische Einheiten ohne Bezug zu unterrichten, erstellten die Autorinnen ein ethisch orientiertes Metacurriculum, das in seinen Sachfragen fächerübergreifende, philosophische und theologische Bezüge erschließt.

„Konos", das griechische Wort für Kegel, veranschaulicht dieses Programm: Als Ursprung aller Dinge wird „Gott" an die Spitze gesetzt; am anderen Ende, auf der Grundfläche des Kegels, finden sich die unterschiedlichen Disziplinen. Ein Modell, das manchem vielleicht etwas simpel erscheinen mag, jedoch in seiner Stringenz daran erinnert, dass jedes curriculare System auf nicht weiter zurückführbaren Werten oder Annahmen beruht. Die weltanschauungsfreie Pädagogik gibt es nicht.

Erziehungsziele

Hier die Erziehungsziele, wie sie von Jessica Hulcy auf ihrer Website[3] fest-gehalten werden:

„Welches sind die Ziele von KONOS?
- Unsere Kinder heranzubilden zu einem Charakter, der Gott ernst nimmt ... indem wir uns auf Charakterzüge konzentrieren
- In jedem Kind eine echte Liebe zum Lernen zu schaffen ... indem wir hand-lungsorientiert unterrichten und die Kinder selbst auf Entdeckungsfahrt schik-ken
- Eine Familie zu sein ... indem wir so viel wie möglich als eine Familie lernen, und zwar in vielschichtigen Lernniveaus, die alle Kinder ansprechen und le-benslange Beziehungen bauen
- Herausragende Prüfungsergebnisse zu erzielen – indem wir die Kinder in fä-cherübergreifende Projekte regelrecht eintauchen lassen
- Eltern auszurüsten, damit sie Meisterlehrer ihrer eigenen Kinder werden ... in-dem wir 20 Jahre Lehrerfahrung in Seminaren, auf Videos, Kassetten, in Arti-keln, Vorträgen und persönlicher Unterstützung weiter geben."

An einer anderen Stelle macht Jessica Hulcy, selbst Lehrerin von Beruf, auf einen Unterschied zwischen Schule und Heimschule aufmerksam, der ihr sehr wichtig ist:

„Das wirkliche Ziel von Heimschuleltern sollte sein, für ihre Kinder Mentor und Modell zu sein. Der Unterschied zwischen einem Tutor und einem Mentor ist dieser: Ein Tutor unterrichtet durch eine gelegentliche Beziehung, indem er dem Studenten Kopfwissen beibringt und ihn ab und an mit Fragen herausfordert. Ein Mentor auf der anderen Seite formt eher, als dass er lehrt, und zwar durch eine enge, intime Beziehung und nicht durch eine mehr oder weniger regelmäßige Be-ziehung (wie zu den Lehrern in der Schule). Ein Mentor teilt sich selbst mit und gibt Ratschläge für den Intellekt und genauso für das Herz, indem er herausfor-dernde Fragen stellt."

Theorie

Was die Lerntheorie anbelangt, beruft sich Jessica Hulcy vor allem auf ein Buch von Dr. Jane M. Healy mit dem Titel „*Endangered Minds: Why Chil-dren Don't Think and What We Can Do About It*", frei übersetzt: „*Verstand in Gefahr – Warum Kinder nicht denken und was wir dagegen tun können*". Hier geht es zunächst um die Ergebnisse von Experimenten, welche die Hirn-größe von drei Rattengruppen vergleichen. Diese drei Rattengruppen hat-

---

3   www.konos.com

ten das gleiche Fressen, Wasser und dieselben Käfige, außer dass die sogenannte „angereicherten Ratten" alle Arten von Stimuli bekamen, mit denen
sie herumexperimentieren konnten. Die zweite Rattengruppe beobachtete
lediglich, wie die erste mit den Reizen umging, während die dritte Gruppe
in einem anderen Raum gehalten wurde – ohne jeden Stimulus und ohne
irgendwelche stimulierten Ratten beobachten zu können. Die Resultate dieses Experimentes ergaben, dass vermehrte Anreicherungen der Umwelt
*„Hirne entstehen ließen, die größer und schwerer waren und dazu eine verstärkte
Verästelungsfähigkeit aufwiesen"*, was eine bessere Kommunikationsfähigkeit
von Nervenzelle zu Nervenzelle bedeutete.

Jessica Hulcy:

> „Was hat Rattenforschung damit zu tun, Kindern zu Hause die Grundlagen von
> Lesen und Schreiben beizubringen? Meine Antwort: ‚ALLES!' Wenn wir wollen,
> dass ein Kind ausgezeichnet lesen und schreiben kann, beginnen wir damit, dem
> Kind praktische Erfahrungen zu vermitteln, die Grundbegriffe aufbauen und die
> Aufmerksamkeit des Kindes wach halten. Weil Homeschooler weniger als 20 Kin-
> der pro Klasse haben, sind praktische Erfahrungen leichter durchführbar als im
> Klassenzimmer. Obwohl die Schulen zu Hause nur einen Lehrer haben, Mama,
> ist es möglich, alle Unterrichtsfächer in eine Einheit zu integrieren. Die fächer-
> übergreifende Methode verbindet praktische Erfahrungen mit den Texten und
> Schreibaufgaben der Einheit, stellt die Aufmerksamkeit des Kindes ganz fest auf
> die Wellenlänge der Unterrichtseinheit ein und erhöht dabei seine Merkfähigkeit,
> da alle Fächer miteinander zu tun haben. Wie viel leichter ist es für ein Kind,
> während es das Mittelalter lernt, über einzelne Teile eines Schlosses zu schreiben,
> das es gerade Stück für Stück aus dem Zubehörkoffer zusammengebaut und die
> Teile mit den Namensschildern beklebt hat. Oder: Wie viel leichter ist es für ein
> Kind, wenn es die Tierbestimmung nach bestimmten Arten lernt, ein Referat über
> den Seestern zu schreiben, den es nicht nur seziert hat, sondern als den es sich
> auch verkleidet und den das Kind auch richtig gespielt hat! Die fächerübergrei-
> fende Methode verlangt nie von Kindern, unbegründet über aus dem Zusammen-
> hang gerissene Themen zu schreiben. Viel mehr erlaubt sie es den Kindern, über
> die Themen zu schreiben, in denen sie gerade ‚schwimmen' (to be immersed in).
> (...)
> Glücklicherweise erlaubten die Mütter von Thomas Edison, den Gebrüdern
> Wright und von Teddy Roosevelt dem Genius ihrer Jungs, sich mitten in einem
> Durcheinander zu entfalten. Die Toleranz dieser Mütter einer dauernden Unord-
> nung gegenüber brachte dem 20. Jahrhundert die Glühbirne, das Flugzeug und
> einen US-Präsidenten ein. Ich bin überzeugt, dass der einstige Erfindungsgeist der
> Yankees dadurch erstickt wurde, dass die Erwachsenen die Kinder zwingen, Lük-
> ken in Arbeitsheften fein säuberlich auszufüllen. Möchten Sie Kinder mit größe-
> ren Gehirnen? Das ist einfach: Erlauben Sie zahlreiche chaotisch-schmuddelige
> Erfahrungen um kleine Gehirne anzuregen und weben all Ihre Literatur, Ge-
> schichte, Naturwissenschaft und Schreibarbeit hinein in ein Thema, auf das Sie
> sich konzentrieren. (...)

Als wir mit Homeschooling begannen, trafen wir viele Homeschooling-Eltern, die uns ihr tägliches Programm erzählten. Wir waren sehr erstaunt eine große Anzahl von Homeschoolern zu finden, die fast jeden Tag Exkursionen (field trips) machten. Sie hatten eine Erfahrung nach der anderen. Während KONOS ein auf Erfahrung beruhendes, handlungsorientiertes Lernen sehr stark befürwortet, ist es doch klar, dass Erfahrungen ohne Nachbereitung nichts weiter bewirken als Verwirrung oder ein Lern-Mischmasch. (...)"

Beispiele

In der Einheit „Aufmerksamkeit" lernen die Kinder etwas über das Auge und seine Wichtigkeit. Sie lernen aus der Bibel, dass das Auge das Fenster des Herzens ist, machen viele wissenschaftliche Experimente wie den Augapfel einer Kuh zu sezieren (Wissenschaft), lesen Dichtung und singen *„Seid vorsichtig, kleine Augen, was ihr seht"* (Musik), sie schreiben Referate über die Ursachen von Blindheit (Gesundheit/ Sicherheit und Schreiben), lesen Biographien von Helen Keller und Louise Braille (Lektüre/Geschichte), und üben es ein, auf die Bedürfnisse von einander acht zu geben.

Einige weitere Beispiele im Überblick

Gehorsam
Autorität/Licht/Bibel
Könige und Königinnen
Militär
Reibung/Widerstand
Pferde
Verbrechen und Strafe

Ordentlichkeit
In Reihenfolge bringen/Zählen/Messen
Planeten/Monde
Kalender/Jahreszeiten
Tierbestimmung
Pflanzenbestimmung
Steinbestimmung

Vertrauen
Täuschung/Illusion
Schafe/Weben
Schwimmfähigkeit/Schiffe
Fliegen/Flugzeuge
Geduld
Pflanzenzucht/Gärtnerei
Korn/Brot/Hefe
Menschliche Geburt/Wachstum
Tiergeburt/Wachstum

Verantwortliches Haushalten
Ökologie/Haltbar machen
Geld- und Zeitmanagement
Besitz/Karriere
Missbrauch/Prävention
Ernährung/Übungen/Ruhe/Spaß

Ehre
Eigenschaften Gottes/Hymnen
Töpferei und Skulptur
Stiftshütte
Kathedrale/Kirchenachitektur
Länder/Kulturen

Ehrlichkeit
Bücher
Zeitungen/Medien
Geschäftswelt/Werbung

Wissbegierde
Forschung/Quellen
Wissenschaft/wissenschaftliche Methoden
Entdecker/Navigation/Segeln
Erde
Wetter
Afrika
Detektive

Verantwortung
Haustiere halten
Bibel
Ameisen
Amerikanische Siedler
Koloniales Amerika

Auswertung

Vor der Schule fragt die Mutter ihren Sohn: „Was hast du heute?" – „In der ersten Stunde haben wir Mathe, dann Erdkunde, Sport, Englisch und in der letzten Reli." Eine völlig normale Unterhaltung. Niemand stört sich daran. Alle haben sich daran gewöhnt, dass wir unseren Kindern im Stundentakt Themen zumuten, die zeitlich in Reihe folgen, aber inhaltlich nicht zusammen hängen. Wie demontierte Autoreifen von einem Berg in unterschiedliche Richtungen davon springen, so machen sich die Interessen der Kinder selbständig. Der Bildungswagen, der eigentlich auf die Reise gehen sollte, bleibt reparaturbedürftig liegen. Die natürliche Freude am Lernen sucht sich eigene Wege.

Fächerübergreifender Unterricht, Projekte, Handlungsorientierung – das alles ist nichts Neues. Aber selten genug werden diese notwendigen Ideen im Bildungsbetrieb so realisiert, wie Jessica Hulcy es vorschlägt. Dagegen stehen nicht bessere Einsicht, sondern organisatorische Notwendigkeiten, die durch die Systematisierung der Welt in „Fächer" und „Klassen" hervorgerufen werden. Das System steht sich selbst im Wege. Dieser Status quo unserer Schulen ist bereits häufig und kompetent kritisiert worden.

Die Welt so aus einer ethischen Perspektive zu betrachten, wie Jessica Hulcy es tut, führt zu überraschenden Analogien, die manchmal überzeugen, manchmal Fragezeichen hinterlassen. Ehrlichkeit mit Medien und Werbung in Verbindung zu bringen, erscheint sinnvoll, ebenso leuchtet der Zusammenhang zwischen „Verantwortung" und „Haustiere halten" jedem unmittelbar ein, der seinen Kindern bereits einen Hamster, einen Hund oder einen Kanarienvogel gekauft hat. „Wissbegierde" mit „Afrika" zu kombinieren, liegt nicht von vornherein auf der Hand. Um darauf zu kommen, „Vertrauen" mit den physikalischen Phänomen des Auftriebs in der Luft oder im Wasser zu verknüpfen, muss man schon ziemlich anthropomorph denken. Natürlich kann man auf dem Wasser „Toter Mann" spielen, sich getragen fühlen und „Vertrauen" zum Wasser fassen, aber damit ist man von einer Formel, mit deren Hilfe sich der Auftrieb oder die Wasserverdrängung berechnen ließe, noch weit entfernt.

Auch bei sinnvollen Bezügen wie „Ehrlichkeit" und „Werbung" muss offen bleiben, inwiefern das Thema damit wirklich erschöpfend behandelt ist. So wichtig Moral einerseits ist, so engführend und moralinsauer kann diese Perspektive werden, wenn sie die einzige bleibt, aus der wir die Welt betrachten.

Andererseits ist es ein Maßstab, der kritikfähig macht. Dürrenmatts „Physiker" dürften für Kinder, die nach KONOS unterrichtet wurden, keine

Offenbarung darstellen. Weder Wissenschaft noch Wirtschaft, weder Bildung noch Medien, weder Religion noch Philosophie kommen wertfrei daher. Alle stehen sie im Dienst einer Leitidee, einer Weltanschauung, die es zu identifizieren und zu bewerten gilt. Das ist kritischer Unterricht.

aus: Georg Pflüger, Lernen als Lebensstil, Wetzlar 2004, S. 29-38

Außerschulische Lernunterstützung in der modernen Gesellschaft

(2004)

Birgit Ebbert

Als am Beginn des 20. Jahrhunderts die bis dahin geltende Unterrichtspflicht von der Schulpflicht abgelöst wurde[1], hätte man davon ausgehen können, dass damit die Unterrichtung und Lernunterstützung aus der Familie in eine staatliche bzw. staatlich anerkannte Einrichtung verlegt wurde.

Schon bald zeigte sich jedoch, dass der vormalige „Hauslehrer" in anderer Form Einzug in die Familien hielt: als Nachhilfelehrer. Seine Aufgabe war es, dem Schüler, der aus welchen Gründen auch immer, hinter seinen Klassenkameraden zurückblieb, nachzuhelfen, den Anschluss an die Klasse wieder zu bekommen.

Was als zusätzliche Unterrichtung durch den Schullehrer, oftmals auf Weisung des Direktors, begann, hat sich heute zu einem kaum überschaubaren Markt mit einem erheblichen Marktvolumen entwickelt. Das Kölner Institut der deutschen Wirtschaft hat 1998 hochgerechnet, dass alle Eltern in der Bundesrepublik Deutschland zusammen knapp 1 Milliarde Euro für Unterricht außerhalb der Schule bezahlen. Dazu kommt laut Schätzungen des Instituts noch einmal mindestens der gleiche Betrag, der indirekt durch nicht bezahlten Unterricht von älteren Geschwistern, Eltern, Freunden etc. erbracht wird. Das heißt aber, trotz Schulpflicht findet in erheblichem Maße Unterricht außerhalb der Schule statt[2].

---

[1] Das Grundschulgesetz wurde am 28.4.1920 verabschiedet, es legte die Pflicht aller Kinder zum Besuch der öffentlichen Grundschule fest.

[2] Wolfgang Kramer/ Dirk Werner, Familiäre Nachhilfe und bezahlter Nachhilfeunterricht. Beiträge zur Gesellschafts- und Bildungspolitik, Köln 1998, S. 42 f.; in Zusammenarbeit mit den Elternverbänden in NRW wurden die Eltern von Schülern allgemein bildender Schulen mit einem standardisierten Fragebogen befragt. Die Fragebogen wurden von den Lehrern und über die Verbände verteilt, es kamen 16.000 Fragebögen zurück, davon konnten 14.417 in die Auswertung einbezogen werden. In ihnen wurden Angaben über 26.450 Schüler gemacht. Vgl. ebd., S. 14 f.

Zur Definition von Nachhilfe

Obwohl außerschulischer Unterricht seit über 100 Jahren erteilt wird, gibt es nur wenige wissenschaftliche Untersuchungen dazu und überhaupt keinen Versuch, die verschiedenen Angebote bezahlter außerschulischer Lernbetreuung zu klassifizieren. Im Folgenden findet sich daher ein erster Versuch der Abstufung der verschiedenen Formen des Unterrichts im heimischen Wohnzimmer oder in den Räumen einer Ergänzungsschule[3].

Betrachtet man die Angebote außerschulischer Lernunterstützung, so muss man zwischen drei Bereichen unterscheiden:

1. Hausaufgabenbetreuung

Die Hausaufgabenbetreuung erschöpft sich darin, eine Aufgabe, die von Familien aus unterschiedlichen Gründen (Zeitmangel, fehlende Schulbildung) nicht geleistet werden kann, zu übernehmen.

Die Schüler werden von Personen im Elternhaus bei der Erledigung der Hausaufgaben beaufsichtigt oder gehen in eine Einrichtung, in der sie die Hausaufgaben erledigen.

Viele gemeinnützige Organisationen und Schulen sowie Schüler und Studenten bieten diesen Service kostenfrei oder gegen ein geringes Entgelt an, aber auch vereinzelt kommerzielle Institutionen.

Die Betreuung erfolgt in der Regel durch Personen (z. B. Mütter, ältere Schüler, Studenten), die nicht speziell für die Aufgaben qualifiziert werden, da eine fachliche Vorbildung über die eigenen Schulerfahrungen hinaus oft nicht erforderlich ist.

Bei der institutionellen Hausaufgabenbetreuung werden Kinder aus verschiedenen Klassenstufen in verschiedenen Fächern gleichzeitig betreut, die Gruppenstärke richtet sich nach den individuellen Vorgaben des Anbieters, oftmals nach Raumgröße und Platzzahl in dem Raum. Daneben stehen die unzähligen Schüler und Studenten, die sich ein zusätzliches Taschengeld verdienen, indem sie (jüngere) Schüler in deren Elternhaus bei der Erledigung der Hausaufgaben betreuen.

---

[3] *„Ergänzungsschulen sind Schulen in freier Trägerschaft, die keine Ersatzschulen sind."* Entwurf Schulgesetz NRW (Stand: 27.04.2004) S. 59; *„Schulen in freier Trägerschaft sind Eratzschulen, wenn sie in ihren Bildungs- und Erziehungszielen im Wesentlichen Bildungsgängen und Abschlüssen entsprechen, die nach diesem Gesetz oder auf Grund dieses Gesetzes vorhanden oder vorgesehen sind."* Ebd., S. 48

2. Nachhilfeunterricht

Wenn von außerschulischer Lernunterstützung gesprochen wird, ist in der Regel der klassische Nachhilfeunterricht gemeint, der in fast allen Artikeln und Studien in Anlehnung an Krüger 1977 definiert wird als „außerhalb des regulären Schulunterrichts und zusätzlich zu diesem stattfindenden, mehr oder weniger regelmäßigen und häufig vorübergehenden Unterricht zum Zweck einer dem Schulunterricht nachfolgenden Erfolgssicherung in bestimmten Unterrichtsfächern"[4]. Im Vergleich zum Lerntraining und zur Hausaufgabenbetreuung greift diese Definition m. E. zu kurz. Besser geeignet scheint mir folgende Formulierung die Definition von Rudolph, die Nachhilfe bezeichnet als „eine den Schulunterricht ergänzende Form des Übens und Wiederholens, der Aufarbeitung von Wissenslücken und des Erlernens von Arbeitstechniken, die in allen Altersstufen und Schulformen vorzufinden ist und zum Zweck der Leistungsverbesserung von SchülerInnen bei bestimmten Personengruppen oder außerschulischen Institutionen – in Abgrenzung zu schulisch installierten Silentien oder Förderangeboten – nachgefragt und bezahlt wird."[5]

Hierunter fällt auch der Sonderbereich „Lerntraining", dem systematischen Üben bestimmter Lerninhalte, je nach Anbieter durch Selbstlernprogramme oder im Dialog mit einem Betreuer. Für das Lerntraining ist in der Regel kein fachlich vorgebildetes Personal erforderlich, da strukturierte und auf das Thema abgestimmte Übungsmaterialien (z. B. PC-Software, Selbstlernblätter) bereitgestellt werden können, die von den Schülern selbstständig durchgearbeitet werden müssen. Diese Art von außerschulischem bezahltem Unterricht ist in Deutschland selten, tätig ist hier vor allem ein ja-

---

4   Andrea Abele/ Eckart Liebau, Nachhilfeunterricht. Eine empirische Studie an bayerischen Gymnasien, in: Die Deutsche Schule, 90. Jg., 1998, Heft 1, S. 40; „*27 Gymnasien im Bereich Nürnberg, Fürth und Umgebung wurden zu Erhebungszwecken angesprochen, 23 davon beteiligten sich an der Umfrage. ... Es wurden jeweils die Eltern von Schülern der fünften, siebten und neunten Jahrgangsstufe befragt. (...) Pro Gymnasium wurde je eine Klasse der drei Jahrgangsstufen erhoben. Insgesamt wurden 1.574 Fragebögen zurückgesandt und ausgewertet,*" ebd., S. 42; vgl. auch Kramer et al., a. a. O., S. 8

5   Margitta Rudolph, Nachhilfe – gekaufte Bildung? Empirische Untersuchung zur Kritik der außerschulischen Lernbegleitung. Eine Erhebung bei Eltern, LehrerInnen und Nachhilfeinstituten, Bad Heilbrunn 2002, S. 20; in einem mehrstufigen Forschungsdesign wurden Eltern, Lehrer und Vertreter von Nachhilfeinstituten befragt; den hier im Folgenden zitierten Ergebnissen liegt sofern nicht anders angegeben eine Auswertung von 1.195 Fragebögen von Eltern, deren Kinder Nachhilfe erhalten oder erhalten haben, zugrunde.

panisches Unternehmen, Kumon, das das Lerntraining durch Franchisenehmer[6] anbieten lässt.

Beim Lerntraining können Kinder aus verschiedenen Klassenstufen in
unterschiedlichen Fächern gleichzeitig betreut werden, auch für die Gruppenstärke gibt es keine Grenzen nach oben oder unten.

Der Nachhilfeunterricht erfolgt in der Regel entweder in Form von Ein-
zelbetreuung oder in Gruppenförderung, dabei schwankt die Gruppengröße
von zwei bis über zehn Kindern. Je nach Anbieter wird mehr oder weniger
Wert auf eine fach- und altershomogene Zusammensetzung beim Gruppenunterricht gelegt.

Auch zur Qualifikation und Qualifizierung der Lehrer für den Nachhilfeunterricht lassen sich nur uneinheitliche Aussagen machen. Erforderlich
ist in jedem Fall, ob der Unterricht von einer Einzelperson privat oder im
Auftrag eines Instituts erteilt wird, die fachliche Kompetenz für das zu unterrichtende Fach. Diese wurde aber nicht zwangsläufig in einem Lehramt-
studium erworben; gerade Mathematik wird oft von Studenten aus Fachna-
hen Studienrichtungen wie Maschinenbau und Betriebswirtschaftslehrer
unterrichtet bzw. Englisch von Fremdsprachenkorrespondenten.

Zwar wird in der Werbung der Anbieter von qualifizierten Lehrkräften
gesprochen, wie diese Qualifizierung jedoch aussieht, bleibt oft undurch-
sichtig. Ihre Bandbreite reicht vom Einarbeitungsgespräch bis zur ausführlichen Handreichung für die Lehrkräfte. Angeboten wird Nachhilfeunterricht
von einigen überregionalen Unternehmen wie dem Studienkreis und der
Schülerhilfe, ca. 3.000 Instituten[7] und unzähligen Einzelpersonen, bei denen es im Gegensatz zu den Instituten keine Kontroll- oder Beschwerdein-
stanz gibt.

3. Lerntherapie

Während sich die Nachhilfe auf die Entwicklungsrückstände im fachlichen
Bereich bezieht, nimmt die Lerntherapie den Schüler als Ganzes in den
Blick und arbeitet mit ihm und seinen Eltern bzw. Betreuungspersonen so-
wohl an Rückständen in der Schule, meist an den basalen Lerninhalten in
Deutsch und Mathematik, als auch an der Entwicklung allgemeiner Lern-

---

[6]   Franchisenehmer sind selbstständige Unternehmer. Sie erwerben durch einen Ver-
      trag mit einem Franchisegeber die Lizenz, die Marke eines Unternehmens und alles,
      was dazugehört zu verwenden. Für die Verwendung fällt eine monatliche Franchise-
      gebühr an.
[7]   Kramer et al., a. a. O., S. 9

voraussetzungen wie der Merkfähigkeit, Orientierung im Raum, Konzen tion bzw. anderer Persönlichkeitsbereiche, z. B. dem Selbstbild.

Grundlage der Lerntherapie ist eine tiefgründige Diagnose, die sowohl fachliche Inhalte als auch allgemeine Entwicklungsabläufe erfragt. Auf dieser Basis wird ein Therapieplan für jedes einzelne Kind erstellt, der dessen Interessen und Fähigkeiten ebenso berücksichtigt wie die fachlichen Stärken und Schwächen sowie den Entwicklungsstand hinsichtlich der allgemeinen Lernvoraussetzungen. Erstes Ziel der Lerntherapie ist in der Regel, durch Erfolgs- bzw. Aha-Erlebnisse wieder Freude am Lernen zu wecken und das oftmals stark beeinträchtigte Selbstbewusstsein der Kinder zu stärken. Am Ende der Therapie sollen die Kinder ihren natürlichen Lerneifer wieder gefunden haben und in der Lage sein, selbstständig zu lernen und mit schwierigen Lernsituationen umzugehen.

Daher sind für die Lerntherapie speziell ausgebildete Mitarbeiter erforderlich, die nicht nur im jeweiligen Fach kompetent sind, sondern sich auch situativ und individuell auf die speziellen Lern- und Entwicklungsprobleme jedes einzelnen Kindes einstellen können.

Die Lerntherapie basiert auf fachdidaktischen Inhalten und Methoden, die ergänzt werden um Elemente aus angrenzenden Therapieformen wie der Gesprächstherapie, Familientherapie, Spieltherapie, Ergotherapie. Ansätze und Methoden aus der Heilpädagogik können u. U. ebenso sinnvoll sein wie Übungen aus der Logopädie.

Lerntherapie erfolgt in der Regel in Form von Einzeltherapie bzw. Kleinstgruppentherapie, bewährt hat sich auch ein Wechsel von Einzel- und Gruppentherapie.

Lerntherapie wird meist von einzelnen Lerntherapeuten angeboten, die oftmals spezielle Praxen leiten und fast alle im Verband der Fachverband für Integrative Lerntherapie (FIL) Mitglied sind. In den letzten zehn bis fünfzehn Jahren haben sich darüber hinaus auch hier Institutionen etabliert, die unter dem Dach eines zentralen Instituts, das die Qualität sichert und als übergeordneter Ansprechpartner für Eltern und Lehrer fungiert, Lerntherapie anbieten, dazu gehört das seit 1992 tätige Duden Paetec Institut für Lerntherapie

Bei der genauen Betrachtung der drei Formen außerschulischer Unterrichtung werden hohe Qualitätsunterschiede deutlich, sowohl in der Zusammensetzung von Lerngruppen als auch bei der Qualifikation und Qualifizierung der Ergänzungslehrer. Diese Unterschiede werden weder von der Öffentlichkeit noch von der Wissenschaft bisher wahrgenommen. Bei Untersuchungen stellte man stets die Frage nach „Nachhilfe" allgemein, ohne wirklich zu definieren, was damit gemeint ist. M. E. besteht gerade im Hin-

blick auf die Unterschiede in der außerschulischen Unterrichtung ein hoher
Forschungsbedarf.

Inanspruchnahme von außerschulischem Unterricht

Da es in den vorliegenden Studien keine Differenzierung zwischen den unterschiedlichen Möglichkeiten außerschulischer Lernunterstützung gibt,
wird bei den folgenden Ausführungen der außerschulische Unterricht mit
Nachhilfe gleichgesetzt.

Als das Institut der deutschen Wirtschaft, Köln, 1998 (Kramer/Werner)
seine groß angelegte Elternbefragung in Nordrhein-Westfalen durchführte,
lagen insgesamt neun Umfragen zum Nachhilfeunterricht an Schulen vor,
inzwischen sind neben der Befragung von Kramer/Werner zwei Untersuchungen des Münchener Instituts für Jugendforschung und eine Studie des
DIW, Berlin, hinzugekommen, sodass die Tabelle, die Abele/Liebau 1998
erstellt haben, entsprechend erweitert werden muss:

Tabelle 1
Umfragen zum Nachhilfeunterricht an Schulen

Autor	Methode, Stichpro- bengröße	Erhebungsort	Ergebnis: Anteil Nachhilfeschüler
Adam, 1960	Schülerbefragung N = 750	Hessen	22 % derzeit, 22 % früher (alle Klassen)
Eigler & Krumm, 1972	Elternbefragung N = 850	Baden-Württemberg	10 % (Klassen 5 bis 8)
Krüger, 1977	Elternbefragung N = 2.612	Keine Angabe	22 % (Klasse 5 bis 9)
Hardt, 1978	Elternbefragung N = 980	NRW	22 % (Klassen 6 und 9)
Sinus GmbH, 1984	Schülerbefragung N = 2.456	Bayern, Hamburg, NRW, Niedersachen	15 % (Klassen 5 bis 11)
Langenmey-Krohn & Krohn, 1987	Schülerbefragung N = 1.218	Hannover	30 % derzeit 24 % früher (Klassen 6 bis 10)
Behr, 1990	Schülerbefragung N = 362	NRW	11 % derzeit 35 % früher (Klasse 5 bis 13)
Hurrelmann & Klocke, 1995	Schülerbefragung N = 5.893	NRW	18 % (Klassen 5, 7, 9)[8]

Abele & Liebau, 1998[vgl. 5]	Elternbefragung N = 1.574	Bayern	16 % (Klassen 5, 7, 9)
Kramer & Werner, 1998[vgl. 3]	Elternbefragung N = 14.417	NRW	29 % (zum Zeitpunkt der Befragung; Hinweis: hierbei wurden familiäre & bezahlte NH zusammengefasst)
IJF, 2000[8]	Schülerbefragung N = 2.000	BRD	24 % hatten Erfahrungen mit Nachhilfe (entweder zum Zeitpunkt der Befragung oder vorher) (Klassen 1 bis 13)
IJF, 2003[9]	Schülerbefragung N = 1.503	BRD	27 % hatten Erfahrungen mit Nachhilfe (17 % Momentan nicht, aber früher, 6 % regelmäßig, 4 % ab und zu) (Klassen 1 – 13)
Schneider, 2004[10]	Schülerbefragung N = 1.266	k. A.	25 % aller Jugendlichen bis zum Alter von 17 Jahren (o. A. zu Klassen)

Die Studien sind nur unbedingt vergleichbar, da z. T. keine Definition von Nachhilfe vorgenommen wird: Während Kramer/Werner unter den Begriff familiäre und bezahlte Nachhilfe subsumieren und dies auch explizit getrennt erfragen, wird in anderen Studien der Begriff Nachhilfe allgemein verwendet. Aber auch die räumlichen Einschränkungen bzw. die Klassenauswahl sind unterschiedlich. Dennoch zeigt sich deutlich, dass Nachhilfe kein Einzelphänomen ist, sondern ca. 20 bis 25 % aller Schülerinnen und Schüler irgendwann in ihrer Schulzeit darauf zurückgreifen. Dabei zeigen sich wesentliche Unterschiede hinsichtlich der Fächer. Alle Studien zeigen übereinstimmend und das deckt sich mit den Aussagen und internen Erhebungen aller Nachhilfeinstitute, dass von allen Nachhilfeschülern fast die Hälfte in Mathematik zusätzliche Lernunterstützung erhält, gefolgt von

---

[8] Institut für Jugendforschung, Nachhilfe, München 2000 (Institut für Jugendforschung, Arabellastr. 31, 81925 München). Untersuchungsdesign: *„Im Mai 2000 wurden n = 2.000 Kinder und Jugendliche im Alter von 6 bis 24 Jahren befragt, ob sie schon mal Nachhilfeunterricht hatten bzw. aktuell Nachhilfeunterricht nehmen."* Folie 1

[9] Institut für Jugendforschung, Mit Nachhilfe kommt man weiter! Ergebnisse zur Nachhilfesituation in Deutschland, München 2003. Untersuchungsdesign: *„Grundgesamtheit: Kinder, Jugendliche und junge Erwachsene im Alter von 6 bis 20 Jahren in der Bundesrepublik Deutschland. Gesamtzahl: 13,527 Mio. Stichprobe: Repräsentativbefragung von n = 1.503 6- bis 20-Jährigen, ausgewählt nach einem mehrstufigen Quotenverfahren. Erhebungsverfahren: Face-to-Face-Interviews anhand eines Mehrthemenfragebogens, durchgeführt von geschulten Interviewern."* Folie 4

[10] Thorsten Schneider, Nachhilfe als Strategie zur Verwirklichung von Bildungszielen. Eine empirische Untersuchung mit Daten des Sozio-oekonomischen Panels (SOEP), Berlin 2004: *„Das SOEP ist eine repräsentative, jährliche Wiederholungsbefragung, bei der jedes Haushaltmitglied ab 17 Jahren befragt wird. (...) Seit dem Jahr 2000 beantworten 17-Jährige zusätzlich den sog. Jugendfragebogen, der Themen wie Beziehungen zu den Eltern, Freizeitaktivitäten, schulische Ereignisse, Leistungsindikatoren und Persönlichkeitsmerkmale enthält. (...) Die hier durchgeführte Auswertung bezieht sich aber nur auf 1.266 Jugendliche."* (S. 11/ 12)

Englisch und Deutsch machen die drei Hauptfächer über 80 % des Nachhilfeunterrichts aus.

Tabelle 2
Nachhilfefächer (z. T. Mehrfachnennungen möglich)

	Mathematik	Deutsch	Englisch
Kramer & Werner, 1998[11]	55,4 %	21,1 %	49,5 %
IJF, 2000[12]	54 %	16 %	26 %
Rudolph 2002[13]	52,2 %	29,8 %	51,6 %
IJF, 2003[14]	57 %	28 %	33 %
Studienkreis, 2004[15]	45 %	19 %	24 %

Bei Jungen und Mädchen zeigte sich nur ein geringer Unterschied (IJF: 27 % der Jungen, 30 % der Mädchen[16]; Rudolph: 47 % der Jungen, 53 % der Mädchen[17]), der bei Umrechnung auf die Anteile in der Bevölkerung noch relativiert wird, sodass dieser Aspekt der Betrachtung hier vernachlässigt wird. Bedeutsamer ist die Schulform, die die Nachhilfeschüler besuchen, denn dort zeigen sich gravierende Unterschiede zwischen den Schulformen und den Studien, vor allem was die Gesamtschule angeht.

Hurrelmann/Klocke konstatieren: „Die Gesamtschulen fallen besonders auf: Nur etwa 13 % der Schülerinnen und Schüler an dieser Schulform geben an, dass sie Nachhilfeunterricht besuchen. Ganz offensichtlich gelingt es diesen Schulen, einen Teil des Förderbedarfs durch Zusatzunterricht für leistungsschwache Schülerinnen und Schüler innerhalb der Schulaktivitäten zu befriedigen."[18] Auch Rudolph resümiert, dass Hauptschüler und Ge-

---

[11] Kramer et al, a. a. O., S. 27; hier waren Mehrfachnennungen möglich, da die Eltern z. T. mehrere Kinder mit Nachhilfe in verschiedenen Fächern und in verschiedenen Schulen habe; es handelt sich um die Zahlen für die Schüler mit bezahlter Nachhilfe.

[12] Institut für Jugendforschung (2000), a. a. O., Folie „Nachhilfefächer"

[13] Rudolph a. a. O., S. 134

[14] Institut für Jugendforschung (2003), a. a. O., Folie „Nachhilfefächer"

[15] Vgl. www.studienkreis.de – Presse – Zahlen & Fakten

[16] Institut für Jugendforschung (2000), a. a. O., Folie „Nachhilfe nach Geschlecht"

[17] Rudolph, a. a. O., S. 128

[18] Klaus Hurrelmann/ Andreas Klocke, Nachhilfeunterricht – eine Domäne der gehobenen Schichten, unveröffentlichtes Manuskript 1994, S. 6. „Die Studie wurde im Frühsommer 1994 an allgemein bildenden Schulen in Nordrhein-Westfalen durchgeführt. Es wurden die Schülerinnen und Schüler der Jahrgangsstufen 5, 7 und 9 befragt. Die Altersgruppe, über die hier berichtet wird, reicht von 11 bis 17 Jahren und umfasst n = 5.893 Fälle," ebd., S. 4

samt- bzw. Ganztagsschüler am wenigsten Nachhilfe in Anspruch nehmen.[19]

Dagegen stellen Kramer/Werner fest: „Einzige Ausnahme von der allgemeinen Nachhilfestruktur sind die Gesamtschüler. Bei ihnen dominiert die bezahlte Nachhilfe: Der Anteil der Gesamtschüler, die bezahlte Nachhilfe erhalten, liegt mit 20 Prozent über dem Anteilswert aller anderen Schulformen."[20] Sie erklären den hohen Anteil mit der familiären Situation von Kindern, die Gesamtschulen besuchen: „Aufgrund der Doppelbelastung von Beruf und Familie, vor allem bei Alleinerziehenden, wird von vielen eine Ganztagsschule bevorzugt."[21] Auf die Frage nach Nachhilfeunterricht im Zusammenhang mit der Ganztagsschule ist sicher auch im Hinblick auf heutige schulpolitische Vorgaben in neuen Untersuchungen ein besonderes Augenmerk zu legen. Aber auch für genaue Aussagen zu einem Schwerpunkt für den Nachhilfebedarf bei Schülern aus einer bestimmten Schulform steht eine verlässliche Basis noch aus.

Tabelle 3
Schulen, die Nachhilfeschüler besuchen

Die Angaben bedeuten jeweils Prozent; die Zahlen wurden gerundet.	Grundschule	Orientierungsstufe	Hauptschule	Realschule	Gesamtschule	Gymnasium	Sonstige (inkl. o. A.)
Hurrelmann/Klocke, 1994[22]	--	--	15	21	13	20	--
Kramer/Werner, 1998[23]	1,7	--	16,3	19,6	20,1	18,8	15,7
Rudolph[24]	--	18,8	6,9	29,4	9,3	35,6	--
Studienkreis, 2004	14	--	6	26	5	44	--

Was bleibt ist trotz aller Widersprüchlichkeiten, dass die Nachfrage nach Nachhilfe unabhängig von der Schulform und ein deutlicher Schwerpunkt in den Kernfächern Mathematik, Deutsch und Englisch erkennbar ist.

Gründe für außerschulische Lernunterstützung

Fast alle Studien und Artikel über Nachhilfe beginnen mit der pauschalen Einschätzung, dass Nachhilfeunterricht dazu dienen soll, in einer Gesellschaft mit hoher Arbeitslosigkeit durch einen möglichst guten Schulab-

---

[19] Rudolph, a. a. O., S. 129
[20] Kramer et al, a. a. O., S. 22
[21] Ebd.
[22] Hurrelmann et al, a. a. O., S. 6
[23] Kramer et al, a. a. O., S. 20
[24] Rudolph, a. a. O., S. 124

schluss die Zukunft zu sichern. Hinzu kommen individuelle und soziale Gründe, die von längerer Krankheit über die Ein-Eltern-Familie mit mangelnder Zeit für die Lernunterstützung reichen.

Drei der ohnehin wenigen vorliegenden Studien sind auch der Frage nach den Ursachen bzw. Entscheidungsgründen für die außerschulische Unterrichtung nachgegangen.

Schneider fasst die Gründe in vier Bereiche zusammen: Defizite im Schulsystem, Lage auf dem Ausbildungs- und Arbeitsmarkt, elternbezogene Gründe, schülerbezogene Gründe, wobei die Gründe manchmal nur schwer zu trennen sind.[25]

1. Defizite im Schulsystem

Die Defizite im Schulsystem reichen von der Halbtagsgrundschule, die via Schulaufgaben einen Teil der schulischen Aufgaben der Familie überträgt, bis zur Klassengröße, die es Lehrern selten erlaubt, individuell auf einzelne Schüler einzugehen. Defizite bleiben in diesem System oft lange Zeit unerkannt, was zu einem Teufelskreis führt, der meist nur mit externer Hilfe gestoppt werden kann. Auch das mehrgliedrige Schulsystem, das dazu führt, dass Kinder – z. T. entgegen dem Ratschlag der Lehrer – eine nicht adäquate Form der weiterführenden Schule besuchen, gehört in dieses Ursachenfeld, auch wenn es von Eltern kaum erfragt werden kann und in den Studien daher keine Beachtung findet.

2. Lage auf dem Ausbildungs- und Arbeitsmarkt

Lehrstellenknappheit und Arbeitslosigkeit können dazu führen, dass Eltern hohe Anstrengungen unternehmen, damit ihr Kind in eine möglichst „hohe" weiterführende Schule versetzt wird. Das mag mit eine Ursache sein für den Nachhilfeunterricht in der Grundschule, denn die Empfehlung der Lehrerinnen und Lehrer der Grundschule ist in manchen Bundesländern bindend für den Übergang auf die weiterführende Schule. Wurde ein Kind mit entsprechender Förderung in eine ihm unangemessene Schule versetzt, bleibt ihm oftmals nur der Nachhilfeunterricht, um den Anschluss an die Klasse nicht zu verlieren.

---

[25] Schneider, a. a. O., S. 5f

3. Seite der Eltern

Eltern beeinflussen den Lernerfolg ihrer Kinder oft unbeabsichtigt, Scheidung und Wechsel des Lebenspartners, Arbeitslosigkeit, Umzug, aber auch Stresssituationen können zu einem Abrutschen der Schulleistung führen. Ebenso ist es aber möglich, durch häufige positive Bestärkung beim Lernen bzw. bei der Lernorganisation sowie durch das Schaffen von Alltagsbezügen zum Schulstoff die Lernergebnisse zu fördern. Solche Elemente werden in Studien zur Nachhilfe nicht berücksichtigt, hier steht in der Regel die „übersteigerte Bildungsaspiration"[26] oder die Doppelberufstätigkeit im Blickpunkt der Forscher.

4. Seite des Schülers

Die beim Schüler liegenden Gründe bilden ein breites Spektrum, das beim unverschuldeten Unterrichtsversäumnis durch eine lange Krankheit beginnt und bei der bewussten Schulverweigerung endet. Dazwischen liegen Pubertät, Umzug, Probleme mit dem Lehrer, familiäre Veränderungen wie Scheidung, Schicksalsschläge, die dazu führen können, dass ein Schüler nicht aufnahmefähig für Schulstoff ist oder Unterrichtsstunden verpasst.

Schon Abele/Liebau wollten 1998 in ihrer Elternumfrage wissen, was Eltern bewegt, ihre Kinder für einen Nachhilfeunterricht anzumelden. Sie stellten vier Antwortmöglichkeiten zur Verfügung, von denen zwei auf die Ursache im Verhalten des Kindes und zwei auf die Institution Schule abzielten. Dabei zeigte sich, dass je nach Klassenstufe die Motive unterschiedlich waren. In der 5. Klasse veranlasste die Eltern ihre Sorge darum, dass das Kind für das Verständnis des umfangreichen Unterrichtsstoffs mehr Zeit benötigt, als in der Schule zur Verfügung steht, dazu einen Nachhilfelehrer zu suchen. In der neunten Klasse dagegen war es vor allem die Unzufriedenheit mit dem Lernengagement des Kindes, die dazuführte, dass ein Schüler zum Nachhilfeunterricht angemeldet wurde.

---

[26] Ebd, S. 6

Tabelle 4
Erklärungen für Nachhilfeunterricht (Abele/Liebau) 1 bis 5 unwichtig bis sehr wichtig[27]

	5. Klasse	7. Klasse	9. Klasse
Kind arbeitet nicht genug	2,47	2,99	3,09
mehr Zeit für das Kind	3,14	2,7	2,7
hohe Stoffmenge	3,09	2,82	2,81
ungünstige Unterrichtsbedingungen	2,13	2,78	2,77

Während Abele/Liebau die konkreten Schulleistungen der Schüler bei Ihrer Motivfrage völlig ausgeklammert hatten, wollten Kramer/Werner wissen, welche Rolle Noten und die Angst vor der Versetzung bei der Entscheidung für Nachhilfeunterricht spielen. Sie stellten fest, dass Hauptgrund für die Nachhilfeentscheidung die Verbesserung von Schulleistungen ist. Ein Ergebnis, dass sich mit den Erfahrungen der Nachhilfeinstitute deckt. Es sind nicht nur Schüler, die Angst vor der Versetzung haben (hier: ein Viertel der Schüler), die Nachhilfeunterricht erhalten, sondern auch viele Schüler, die gute Noten im Abschlusszeugnis haben möchten oder auf das Erreichen eines bestimmten Abiturdurchschnitts hinarbeiten. Gefolgt wird dieses Motiv vom Ausgleich von Leistungsschwächen (56,2 %). Während das Bestehen einer Abschlussprüfung oder Krankheit nur zu einem geringen Prozentsatz genannt wurde, sagten immerhin 27,3 % der Eltern, dass Nachhilfeunterricht didaktische Defizite der Lehrer ausgleichen soll.[28]

Tabelle 5
Die Nachhilfemotive der Eltern (Kramer/Werner) in Prozent [29]

Motive	Alle Nennungen	Nachhilfeschüler (Doppelnennungen)
Verbesserung der Schulleistung	30,6	66,4
Ausgleich von Leistungsschwächen	26,1	56,2
Didaktische Defizite von Lehrern	12,5	27,3
Sicherung der Versetzung	11,1	24,5
Erhöhung der Lernmotivation	10,7	23,1
Unterrichtsausfall	3,2	7,0
Krankheit	2,7	5,9
Sonstiges	2,2	4,9
Bestehen der Abschlussprüfung	0,8	1,9

---

[27]   Abele et al., a. a. O., S. 47
[28]   Kramer, a. a. O., S. 29ff
[29]   Ebd.

Leider hat Rudolph in ihrer Befragung die Antwortmöglichkeiten früherer Umfragen nicht berücksichtigt, sodass eine Vergleichbarkeit ihrer Ergebnisse nur durch eine unzulässige Zusammenfügung ähnlicher Antworten möglich wäre. Sie hat den Schulabschluss mit der Versetzung zusammengefasst und es gaben fast 50 % der Eltern an, dass hier ein Motiv für die Nachhilfeentscheidung lag. Motive, die in der Institution Schule liegen wie zu schnelle Abfolge des Lernstoffs (34,7 %) und zu wenig Übung in der Schule (38,5 %) waren für die Eltern wichtige Gründe, einen Nachhilfelehrer zu suchen. Die Berufstätigkeit der Eltern dagegen war wohl eher ein zusätzliches Motiv, das 18,2 % der Eltern angaben.

Tabelle 6
Gründe der Eltern für die Abnahme von Nachhilfeunterricht (Rudolph)[30]

Gründe für Nachhilfe	Gesamt in %
Wissenslücken	52,0
Schulabschluss/Versetzung schaffen	49,4
Hausaufgaben	39,1
Zu wenig Übung in der Schule	38,5
Leistung steigern ohne Gefährdungen	37,7
Lernstoff in der Schule zu schnell	34,7
Berufstätigkeit: Eltern	18,2
Persönliches Lernproblem	14,9
Faulheit	12,5
Schulwechsel	5,4
Krankheit	2,3
Verständigungsprobleme	1,9
Rechtschreibprobleme	1,0
Lehrermangel	0,8

Auch die neueste Studie von Schneider will wissen, was die Motive sind, mit bezahltem Nachhilfeunterricht in die Bildung der Kinder zu investieren. Er geht dabei von der Frage aus, ob der Wunsch nach einem hohen Bildungsabschluss und/oder die Angst vor einem Statusverlust durch schlechte Noten und ein damit verbundener niedriger Bildungsabschluss Motive für die Nutzung von Nachhilfeunterricht ist. Er stellt also vor allem die elternorientierten Beweggründe in den Vordergrund und kommt zu dem Ergebnis, „dass Bildungsziele eine Triebfeder für die Inanspruchnahme von Nachhilfe sind, lässt sich nur für Westdeutschland feststellen; für Ostdeutschland gilt dies auf keinen Fall. Dies bedeutet auch, dass die Nachhilfequoten in Ostdeutschland nicht nur auf einem niedrigeren Niveau sind,

---

[30] Schneider, a. a. O., S. 22

sondern auch eine andere Motivationslage haben."[31] Wie diese Motive aussehen, erfährt man in seiner Auswertung leider nicht.

Fazit hinsichtlich der Frage nach den Motiven für Nachhilfeunterricht ist zunächst, dass ein Forschungsbedarf in dieser Hinsicht besteht. Aus den vorhandenen nicht vergleichbaren Untersuchungsergebnissen darf man ableiten, dass die Verbesserung der Schulleistung unabhängig von der aktuellen Note ein Beweggrund ist, der Ausgleich von wie auch immer begründeten Leistungsschwächen und Defizite, die in der Institution Schule liegen.

Erfolge außerschulischer Lernunterstützung

Neben der Frage nach den Motiven für die Entscheidung für außerschulische Lernunterstützung ist vor allem interessant, ob sich die hohen Investitionen in die Bildung der Kinder überhaupt lohnen. Dieser Aspekt wird von einigen der oben zitierten Studien erfragt, so gaben auf die Frage „Haben sich deine Leistungen in der Schule durch NH verbessert?" des Instituts für Jugendforschung 2003 70 % der Schüler an, ihre Leistungen hätten sich verbessert, 25 % meinten, sie seien gleich geblieben; 2 % antworteten, ihre Leistungen hätten sich verschlechtert. (3 % machten keine Angabe zu der Frage.)[32]

Bei Kramer/Werner wurden nicht die Schüler, sondern die Eltern befragt, 44 % von ihnen beurteilte den bezahlten Nachhilfeunterricht als erfolgreich, knapp 6 % meinten, er habe ihren Kindern keine Erfolge gebracht.[33]

Diese Erfolgseinschätzung haben Kramer/Werner den Motiven für den Nachhilfeunterricht gegenübergestellt und kommen zu folgendem Ergebnis: „Die größten Erfolge werden erzielt, wenn mit Nachhilfe die Erhöhung der Lernmotivation, der Ausgleich von Leistungsschwächen oder die allgemeine Verbesserung von Schulleistungen angestrebt werden. Nachhilfe scheint für die Verfolgung dieser Ziele besonders geeignet, da sie auf die individuellen Bedürfnisse der Schüler flexibel reagieren kann."[34]

Während in diesen Studien der Erfolg von außerschulischer Lernunterstützung nur in Form von persönlichen Einschätzungen beurteilt wird, hat

---

[31] Rudolph, a. a. O., S. 150
[32] Institut für Jugendforschung (2003), Folie 23
[33] Kramer, a. a. O., S. 45
[34] Ebd., S. 46

Haag von der Universität Erlangen Nürnberg in einer Prä-Post-Studie[35] versucht, die Wirkung von Nachhilfeunterricht zu ermitteln. Über neun Monate untersuchte er die Wirksamkeit bei 122 Nachhilfeschülern, die mit einer Kontrollgruppe aus 122 Schülern mit ähnlichem Leistungsstand verglichen wurde. Sein Fazit ist: „Die Notenentwicklung der Nachhilfegruppe fällt im Vergleich zur Kontrollgruppe signifikant besser aus."[36] Das gilt nicht nur für die Noten, sondern auch für die motivational-affektiven Variablen, die für Nachhilfe- und Kontrollgruppe erhoben wurden.

Das heißt, sowohl Eltern- und Schülerbefragung als auch eine wenn auch kleine Evaluationsstudie haben deutlich gemacht, dass der Nachhilfeunterricht zu Recht mit der Hoffnung auf eine Verbesserung der Schulleistungen besucht wird.

Diese Ergebnisse stehen im Widerspruch zu den Resultaten von Rudolphs Lehrerbefragung, die sie zusammenfasst mit der Bemerkung „Mehr als die Hälfte aller befragten Lehrenden stellte trotz Nachhilfeunterrichts keine Leistungsverbesserung bei den betroffenen SchülerInnen fest."[37]

Zusammenfassung

Studien seit den sechziger Jahren zeigen, dass außerschulische Lernförderung bzw. Nachhilfeunterricht ein Bildungsphänomen ist, das für ein Viertel der Schüler im Laufe ihrer Schulzeit neben dem Schulunterricht steht. Diese Hinweise gehen jedoch nicht einher mit einer entsprechenden Berücksichtigung in der Wissenschaft und Ausbildung der Lehrer. Spricht man Lehrer auf das Thema Nachhilfe an, reagieren sie z. T. ablehnend, da sie den Bedarf an außerschulischer Lernunterstützung als Zeichen des eigenen Versagens sehen. „Pädagogische Lexika aus den siebziger Jahren führen den Nachhilfeunterricht durchweg in negativem Kontext an, beispielsweise bei Krankheit oder temporärer Lernhemmung"[38]. Auch die Lehrerbefragung in Rudolphs Studie lässt diese Einschätzung anklingen:

„LehrerInnen an öffentlichen Schulen halten Nachhilfe nicht für sinnvoll, weil

– die Lernprobleme der Kinder auch in der Schule bearbeitet werden könnten;

---

[35] Ludwig Haag, Hält bezahlter Nachhilfeunterricht, was er verspricht? Eine Evaluationsstudie, in: Zeitschrift für Pädagogische Psychologie, 15 (1), 2001, S. 38-44
[36] Ebd., S. 43
[37] Rudolph, a. a. O., S. 178
[38] Kramer, a. a. O., S. 9

– außerschulischer Nachhilfeunterricht die SchülerInnen zum ‚Nichtauf-
passen in der Schule' verleitet (nachmittags wird der Lernstoff nochmals
bearbeitet);
– sie keine Dauereinrichtung sein sollte;
– dass keine Abstimmungen mit der Schule existieren;
– die Abnahme teilweise dem Ehrgeiz der Eltern bzw. daraus resultierend
die Wahl der ‚falschen Schulform' zugeschrieben werden kann.
Die eher positiven Aspekte des Zusatzunterrichts verweisen auf die Aufarbeitung von Wissenslücken;
– auf die kurzfristige Erteilung, wenn besondere Umstände vorliegen;
– auf die besonderen individuellen Fördermöglichkeiten;
– die ergänzende Funktion im Bereich Hausaufgabenbearbeitung und
Üben."[39]

Den Lehrern sind die Studien, die oben zitiert wurden, oftmals nicht bekannt, dabei zeigen sie deutlich, dass zwar die Institution Schule eine Ursache für Nachhilfeunterricht sein kann, die Motive jedoch eher in den persönlichen Ansprüchen und wohl auch Zukunftsplänen der Schüler bzw. ihrer Eltern liegen. Auch die Erfolge des Nachhilfeunterrichts sollten Lehrer
offen gegenüber dieser Form der Schulbegleitung stimmen, denn Nachhil-
feerfolg zieht immer auch Schulerfolg mit sich.

Wie auch immer einzelne Lehrer, Eltern und Schüler Nachhilfe sehen
mögen, in unserer Darstellung wurde deutlich, dass außerschulische Lernunterstützung ein bedeutender Teil der Bildung ist, dem von Wissenschaft,
Lehre, Schulverwaltung und Bildungspolitik mehr Bedeutung zugemessen
werden sollte als bisher. Wer weiß schon, wie Deutschland bei PISA und
TIMMS ohne Nachhilfeunterricht abgeschnitten hätte![40]

*Die Autorin war als Diplom-Pädagogin über sechs Jahre im Bereich Marketing des
Nachhilfe-Marktführers Studienkreis, Bochum, tätig und arbeitet heute in ähnlicher
Funktion beim Duden Paetec Institut für Lerntherapie, einem Bereich der Duden
Paetec GmbH, Berlin. Der Beitrag wurde eigens für die vorliegende Publikation ver-
fasst.*

---

[39] Rudolph, a. a. O., S. 175
[40] Zusätzliche Literatur: Walter Kowalczyk/ Klaus Ottich, Nachhilfe? Wo sie hilft.
Was zu beachten ist, Berlin 2002

Bildungspflicht statt Schulzwang!
42 Thesen
(2005)

Thomas Schirrmacher

„Das natürliche Recht der Eltern, die Erziehung und Bildung der Kinder zu bestimmen, bildet die Grundlage des Erziehungs- und Schulwesens." (aus Artikel 8 der Verfassung von Nordrhein-Westfalen)

„Auf der Grundlage des natürlichen und christlichen Sittengesetzes haben die Eltern das Recht, die Erziehung und Bildung ihrer Kinder zu bestimmen." (aus Artikel 26 der Verfassung des Saarlandes)

„Alle Kinder im schulpflichtigen Alter haben Anspruch auf unentgeltlichen Unterricht in der Volksschule. Eltern oder Vormünder, die selbst dafür sorgen, dass die Kinder einen Unterricht erhalten, der den im allgemeinen an den Volksschulunterricht gestellten Anforderungen entspricht, sind nicht verpflichtet, die Kinder in der Volksschule unterrichten zu lassen." (Artikel 76 der Verfassung Dänemarks)

„Da zu erwarten gewesen wäre, dass die der Angelegenheit seitens der Verwaltungsbehörden beigemessene grundsätzliche Bedeutung in die Sorgfalt und Konsequenz der eingeleiteten Maßnahmen ihren Niederschlag gefunden hätten, mag das Vorgehen der verschiedenen staatlichen Stellen bei den Betroffenen durchaus Zweifel an der Kompetenz oder der Ernsthaftigkeit des Willens erweckt haben, über die Anwendung bloßen Drucks hinaus durch zielgerichtete Ausschöpfung der im eigenen Verantwortungsbereich liegenden Möglichkeiten einen angeblich eklatant rechtswidrigen Zustand zu beseitigen." (aus dem Freispruchurteil des Amtsgerichts Wolfratshausen in einem nichtreligiösen Fall von Schule zu Hause)[1]

„Eine Anwendung des § 182 Abs. 1 HessSchulG auf die Angeklagten würde im vorliegenden Fall den in Artikel 4 verankerten Stellenwert der Glaubens- und Gewissensfreiheit als zentrales Freiheitsgrundrecht verkennen." (aus dem Freispruchurteil des Amtsgerichts Alsfeld in einem religiösen Fall von Schule zu Hause)[2]

---

[1] Zitiert nach Johannes Heimrath. Tilmann geht nicht zur Schule: Eine erfolgreiche Schulverweigerung. Drachen Verlag: Wolfratshausen, 1991. S. 237, zum ganzen Fall siehe unten.

[2] Urteil des Amsgerichts Alsfeld vom 28.4.2003 (Geschäftsnummer 102 Js 20927/01 – Ds-) – 12 S.; mir liegt eine anonymisierte Abschrift vor. Das Urteil wurde von den beiden höheren Instanzen aufgehoben, das Verfahren liegt m. W. derzeit bei der nächsten Instanz.

„In erster Linie haben die Eltern das Recht, die Art der ihren Kindern zuteil werdenden Bildung zu bestimmen."[3]. (Artikel 26,1 der Allgemeinen Erklärung der Menschenrechte)

„Der Staat hat bei der Ausübung der von ihm auf dem Gebiet der Erziehung und des Unterrichts übernommenen Aufgaben das Recht der Eltern zu achten, die Erziehung und den Unterricht entsprechend ihren eigenen religiösen und weltanschaulichen Überzeugungen sicherzustellen."[4] (Artikel 2 der Europäische Menschenrechtskonvention)

„Fast schäme ich mich zu sagen, daß ich die Antwort weiß, daß die Lösung des Problems auf der Hand liegt, daß mir das erlösende Wort auf der Zunge schwebt. Ich fürchte, man wird es für einen Witz halten, oder für eine Provokation. Für ein Rätsel, an dem sich Tausende und Abertausende von hochqualifizierten Schulpsychologen, Curriculumforschern und Bildungsplanern die Zähne ausgebissen haben, will dieser blutige Laie, noch dazu ein Schriftsteller, die Lösung in der Tasche haben? In der Tat. Ich hoffe, daß es den Fachleuten wie Schuppen von den Augen fallen wird, und daß sie freudig ihre Schreibtische räumen, sobald die frohe Botschaft sie erreicht hat. ... „[5] (Hans Magnus Enzensberger in seinem „Plädoyer für den Hauslehrer")

„Für die Sozialpolitik der CSU gilt nachdrücklich und verstärkt der Grundsatz der Subsidiarität: Was in der Familie, in der Nachbarschaft, in Selbsthilfe in kleinen Kreisen geleistet werden kann, soll und darf weder die größere Einheit noch der Staat an sich ziehen."[6] „Gerechtigkeit und Subsidiarität müssen nach unserer Auffassung auch für die Schul- und Bildungspolitik gelten. – Gerechtigkeit erfordert, daß das Bildungswesen durchlässig ist und Abschlüsse allein nach den Gesichtspunkten Leistung und Befähigung verleiht. – Subsidiarität bedeutet, daß dem öffentlichen Schul wesen nicht Aufgaben zugemessen werden dürfen, die in die Eigenverantwortlichkeit des ein- zelnen oder der Familie fallen."[7] (Grundsatzprogramm der CSU)

„Der Staat muß Aufgaben da übernehmen, wo einzelne oder Gruppen die gesellschaftlich erforderlichen Verpflichtungen nicht von sich aus eingehen oder Leistungen, die für das Gemeinwohl notwendig sind, auf andere Weise nicht erbracht werden können. Das Prinzip der Subsidiarität, des Vorrangs der kleineren Einheit

---

3   Menschenrechte – Ihr internationaler Schutz. Dtv: München, 1998[4]. S. 9.
4   Belege siehe unten.
5   Hans Magnus Enzensberger. „Plädoyer für den Hauslehrer – Ein Bißchen Bildungspolitik". S. 161-176 in: ders. Politische Brosamen. Surkamp: Frankfurt am Main, 2002 (= 1982[1]). S. 162. Weitere Ausgaben des Textes siehe unten.
6   Grundsatzprogramm der Christlich-Sozialen-Union in Bayern (München 1993). www.csu.de/csu-portal/csude/uploadedfiles/Dokumente/Grundsatzprogramm.pdf. S. 27.
7   Ebd. S. 71

vor der größeren, kann, wo es nicht überdehnt wird, Macht begrenzen und zur Teilhabe ermutigen."[8] (Grundsatzprogramm der SPD)

„Den ersten Schulunterricht erteilte die Mutter ihren Kindern selber. Mit einem dazumal schockierenden

Bedürfnis nach Selbständigkeit hatte sie es in ihrer Jugend erreicht, daß sie das Lehrerinnenexamen ablegen durfte. So unterrichtete sie die älteren Geschwister und die Jüngste gemeinsam mit Kindern befreundeter Professoren im eigenen Hause und konnte jeweils am Jahresende ihre Schüler erfolgreich der staatlichen Prüfung vorführen; sie schnitten glänzend ab. Dank diesem Anfangsunterricht war es den Kindern möglich, Klassen zu überspringen und späterhin auffallend früh ihr Abitur zu machen, wie das auch bei Dietrich gelang. Natürlich lag in dieser Eigenunterrichtspraxis ein Stück Kritik an den herkömmlichen Schulverhältnissen. Die Eltern wollten ihre Kinder in der frühen bildsamen Zeit keinen fremden Händen überantworten. In der Familie ging das harte Wort um, daß den Deutschen zweimal im Leben das Rückgrat gebrochen werde: zum ersten Mal in der Schule, zum anderen beim Militär."[9] (Dietrich Bonhoeffers Freund und Biograph Eberhard Bethge über die Wurzeln der Selbständigkeit Bonhoeffers)

„Die Herrscher der Nationen herrschen über sie und üben Gewalt über sie aus und lassen sich dafür Wohltäter nennen. Ihr aber nicht so!" (Jesus Christus in Lukas 22,25)

---

[8] Grundsatzprogramm der Sozialdemokratischen Partei Deutschlands (Berlin 1989, geändert Leipzig 1998).
www.spd.de/servlet/PB/show/1010243/programmdebatte_grundsatzprogramm.pdf.
S. 48.

[9] Eberhard Bethge. Dietrich Bonhoeffer: Eine Biographie. Gütersloher Verlagshaus: Gütersloh, 2004[8]. S. 38-39.

Vorbemerkungen

Ziel der folgenden Ausführungen ist es nicht, staatliche Schule zu verunglimpfen, wo viele Leiter und Lehrer heutzutage enorme Aufgaben zu bewältigen haben. Auch geht es nicht um billige Kritik an den vielen aufopferungsvoll arbeitenden Lehrern an staatlichen (oder anderen) Schulen zu üben. Am Zustand unseres Bildungssystems sind sicher nicht die Lehrer schuld. Sie sind die Leidtragenden, die immer umfangreichere Aufgaben schultern sollen, nicht die Verursacher! Auch geht es nicht darum, jede Form des Unterrichts zu Hause zu glorifizieren, denn dieser ist immer so gut, wie die beteiligten Eltern. Ich engagiere mich selbst vor allem in der evangelischen Privatschulbewegung. Meine Frau und ich haben ein Kind auf einer katholischen Privatschule, ein anderes auf einer staatlichen Schule und wir sind mit beiden sehr zufrieden – auch in ethischer Hinsicht. Neben der Schule nutzen wir die breiten Möglichkeiten, die es heute gibt, Kindern mit den unterschiedlichsten Medien und vor Ort weiteres Wissen und Verständnis zu Hause zu vermitteln.

Ich halte angesichts der Rechtslage in Deutschland den Weg der Privatschulen für sinnvoller und engagiere mich deswegen vor allem in der evangelischen Privatschulbewegung und bin ein Freund und Förderer anderer Privatschulen aller Art. Es gehört für mich zum Unverständlichsten, wenn vereinzelt Eltern Schule zu Hause damit begründen, dass Privatschulen und speziell etwa evangelikale Privatschulen unbrauchbar oder unchristlich seien – aber zum Glück bleibt das die Ausnahme. Wer angesichts des weltweit einmaligen Drucks des Staates auf das deutsche Bildungssystem für mehr Freiheit kämpft, muss auch die Freiheit für andere nichtstaatliche pädagogische Konzepte wünschen.

Inwieweit eine Familie eine gerichtliche Auseinandersetzung um alternative Bildungsmodelle durchstehen kann und will, muss jede Familie für sich entscheiden. Außerdem bin ich ein Gegner aller absoluten Positionen in diesem Bereich. Alle Bildungsmethoden und –institutionen haben ihre Vor- und Nachteile und leben am Ende im Guten wie im Schlechten von den Menschen, die sie einsetzen. Auch Christen gehören aktiv an staatliche und nichtkonfessionelle Privatschulen, auch Christen brauchen konfessionelle Privatschulen und auch Christen brauchen mehr Freiheit für familiengestützte Bildung.

Worum es mir geht, ist zum einen, Millionen von Familien im Ausland in Schutz zu nehmen, die sich als zu Hause Unterrichtende oder in Alternativschulen enorm für die Zukunft ihrer Kinder aufopfern und hierzulande mit typisch deutscher Überheblichkeit nur Kopfschütteln ernten, und zum anderen die Überreaktionen des deutschen Staates (genauer der Bundesländer und ihrer Schulbehörden) offenzulegen, der im Ausland gängigen pädagogischen Konzepten nicht mit Argumenten und Kompromissangeboten entgegentritt, sondern mit Strafe, Gefängnis und Polizei. Der strafbewehrte Schulzwang wurde in Deutschland 1938 von Hitler eingeführt, wie ich noch zeigen werde, und gehört in unserer Demokratie dringend zugunsten einer in vielfältiger Form zu erfüllbaren Bildungspflicht abgeschafft.

Die deutschen Behörden beachten nicht genügend einen dreifachen Trend weltweit, der allmählich auch Deutschland einholt, nämlich die Globalisierung der Bildungswege, das Comeback der Intensivreligion und das Comeback der Intensivfamilie.

Der Leiter des Instituts für pädagogische Forschung der Universität Oslo, der Pädagogikprofessor Christian W. Beck, sieht die zunehmende Verbreitung von Homeschooling in Europa als automatische Folge der Globalisierung an.[10] Viele Homeschooleltern sind beruflich zeitweilig im Ausland gewesen, haben Ausländer geheiratet, sind im Ausland aufgewachsen oder lesen regelmäßig fremdsprachige Literatur. Das Internet tue sein Übriges. Deswegen haben sich, so Beck, seit dem Beginn der 90er Jahre praktisch alle europäischen Länder mit Ausnahme von Deutschland auf Homeschooling eingestellt. Statt Verbot gibt es klare Regeln, wie die staatliche Aufsicht gewährleistet bleibt. So wie sich die deutschen Universitäten nach jahrzehntelangem Sträuben und Beschwören des Unterganges der wahren Bildung schließlich doch an internationale Bildungsgepflogenheiten anpassen müssen, so wird dies – so meine ich im Anschluss an Beck – auch zukünftig ebenso für die Schulbildung gelten.

Die anderen beiden Trends führen weltweit dazu, dass Familien und dass Religionsanhänger Rechte und Selbstverständlichkeiten, die der Staat mehr und mehr übernommen hat, zurückfordern. Der deutsche Staat sollte sich lieber darauf einstellen, anstatt mit dem Gewaltmonopol zurückzuschlagen. Denn es wird ihm ergehen, wie vielen anderen Ländern: Irgendwann ist die Zahl der Fälle einfach zu groß.

Immer mehr Familien in Deutschland wollen wieder mehr als nur Versorgungsstation sein, sondern das Zusammenleben umfassend genießen.

---

10 Christian W. Beck. „Home Education – Globalisation otherwise?" Paper presented at the BERA conference in Manchester 15.-18. September 2004 = http://folk.uio.no/cbeck/Home%20Education%20globalisation%202.htm. Vgl. auch Christian W. Beck. „Home Schooling and Future Education in Norway". European Education 34 (2002) 2: 26-36 und Christian W. Beck, Marta Straume. Hjemmeundervisning – starten på en ny utdanningsrevolusjon? Oslo/Vallset: Opplandske Bokforlag, 2004; weitere Veröffentlichungen von Beck zum Thema s. unter http://folk.uio.no/cbeck/Untitled1.htm und http://folk.uio.no/cbeck/OTHhjemmeside.htm.

Und die Religion drängt zurück in das öffentliche Leben, weil immer häufiger religiöse Menschen nicht einsehen, warum Nichtglaubende automatisch besser zur Führung einer pluralistischen Gesellschaft geeignet sein sollen, nur weil ihre Weltanschauung (und ihre oft missionarische Gesinnung!) nicht ganz so offen zu Tage liegt.

Nun aber zu den Thesen im Einzelnen.

1. These:
Wir haben es mit zwei verschiedenen Fragen zu tun, die leider immer wieder durcheinander diskutiert werden.

Die eine ist die Frage nach dem pädagogischen Wert von Hausschule. Hier ist zu berücksichtigen, dass niemand die staatliche Schule abschaffen will oder behauptet, jeder müsse Homeschooling übernehmen. Die große Masse der Eltern weltweit wünscht keine Schule zu Hause für sich und ihre Kinder, sondern ein öffentliches Angebot. Auch Privatschulen haben ihr Recht ohne deswegen das staatliche Schulsystem automatisch ersetzen zu können. Es geht also lediglich um die Frage, ob Schule zu Hause *ein* Weg ist, Kindern für ihr Leben nötige Bildung sinnvoll zu vermitteln, um mehr nicht.

Die andere ist die Frage danach, wie der Staat auf Hausschule reagieren sollte, ob sie nun eine sinnvolle Alternative ist oder nicht. Dabei geht es also darum, wie man mit Eltern umgeht, die – ob sinnvoll oder nicht – eisern daran festhalten, ihre Kinder zu Hause unterrichten zu dürfen und dazu auch Gefängnis und Polizeieinsatz in Kauf nehmen.

Ich möchte Letzteres an einem aktuellen Beispiel illustrieren. Im bayerischen Deiningen holten 70 Polizeibeamte 25 Kinder zwangsweise vom Hof der Glaubensgemeinschaft ‚Zwölf Stämme' in die Schule ab. Es waren Bilder wie in Gorleben und bei den Castortransporten, nur wurden hier Grundschulkinder schreiend abtransportiert.[11] Macht sich denn keiner Gedanken, was in diesen Kindern vorgeht? Acht Väter saßen monatelang im Gefängnis, da sie die horrenden Bußgelder nicht zahlen wollten. Die Kinder wurden mit den Polizeiwagen zur Schule gefahren, Behörden, Gerichte und Medien waren jahrelang beschäftigt. Jetzt, nach Jahren beginnt der bayerische Staat einzusehen, dass man mit Gewalt nicht alles erreichen kann, beginnt den längst überfälligen Dialog und schaut sich endlich ein-

---

[11] Vgl. Carola Renzikowski. „Schlechter Einfluss: Schulverweigerung". Süddeutsche Zeitung 21.3.2005. S. 12 und die Berichte auf der Webseite der Glaubensgemeinschaft www.zwoelfstaemme.de/schulframe.htm.

mal an, was diese Kinder eigentlich jeden Tag lernen. Denn ironischerweise hat die Glaubensgemeinschaft nichts gegen staatliche Kontrollen der Minischule, die täglich in ihrem Hof stattfindet – mit eigenen Schulräumen und eigenem Stundenplan. Erstaunt stellt man fest, dass die Kinder bildungsmäßig ihren Altergenossen in nichts nachstehen. Hätte man das nicht erst einmal überprüfen können, bevor man das Gewaltmonopol des Staates in Stellung bringt?

Hatte die Hundertschaft der Polizei, die sichtlich unangenehm berührt die Anweisungen der anwesenden Behördenvertreter ausführte, nichts Wichtigeres zu tun? Und warum hat dieselbe Gemeinschaft lange in anderen Bundesländern wie Niedersachsen und Baden-Württemberg ohne Probleme gelebt und nützliche Mitglieder der Gesellschaft aufgezogen, die allesamt Steuern zahlen und nicht durch Kriminalität, Ausländerfeindlichkeit oder sonstige Probleme aufgefallen sind? Warum konnte man in anderen Bundesländern von dem Ausnahmerecht der Behörden Gebrauch machen, in Einzelfällen vom Schulbesuch abzusehen, wenn gewährleistet ist, dass die Kinder vergleichbar viel lernen? Warum konnte man andernorts die Schule der ‚Zwölf Stämme‘, wo die Eltern ja die Kinder in Miniklassen von ihresgleichen unterrichten lassen, einfach als Miniprivatschule gelten lassen? Von der Frage, wie es eigentlich möglich ist, das Dinge im einen Bundesland als höchste Gefahr gelten, im anderen dagegen problemlos möglich sind, wollen wir gar nicht sprechen.

In den anderen Bundesländern gab es übrigens auch keine medienwirksame Werbung für Homeschooling. Aber wer schreiende Grundschulkinder im Anschluss an eine liturgische Andacht mit einer Polizeihundertschaft aus der Kapelle ihren Eltern entreißt und im Polizeiwagen zur Schule fährt, dazu die Eltern wochenweise ins Gefängnis steckt, darf sich nicht wundern, dass er mehr für die Bekanntheit von Homeschooling getan hat, als es je ein Homeschooler könnte.

Wohlgemerkt: Ich lebe nicht wie die ‚Zwölf Stämme‘ und will nicht so leben. Aber hat unser Land wirklich keinen Platz für einen christlichen Biobauernhof, ein christliches Kibbuz, in dem acht Familien ihre 17 schulpflichtigen Kinder in einer eigenen Minischule unterrichten? Kann unser Land, das zu Recht auf seine Religionsfreiheit stolz ist, nicht das Gewissen und den Glauben dieser Menschen respektieren? Die USA können gut mit Hunderttausenden Amish-People auskommen, die noch in ganz anderen Fragen anders als die Gesellschaft leben, und haben durch ihren toleranten Umgang mit ihnen nicht die Gesellschaft gefährdet, sondern Freiheit gewonnen. Und nirgends sieht es so aus, als wenn die Amish-People zum Verfall der Gesellschaft beiträgen. Im Gegenteil, sie sind wie die ‚Zwölf Stämme' in punkto Gewaltlosigkeit ein leuchtendes Vorbild für die Gesellschaft.

Während in Berlin-Kreuzberg und ähnlichen Vierteln tatsächlich unbehelligt oft rechtsfreie Räume mit Zigtausenden von Menschen entstehen, in denen Ehrenmorde geschehen und Familienoberhäupter (Un)Recht sprechen, sieht unsere Gesellschaft die Bedrohung einer Parallelgesellschaft eher in einem Bauernhof oder einigen mennonitischen oder baptistischen russlanddeutschen Familien.

2. These:
Der Staat sollte sich um die sehr vielen echten Schulschwänzer kümmern, die keine Bildungszukunft haben, statt die sehr wenigen Homeschoolkinder ins Visier zu nehmen. Und er sollte sich fragen, was er selbst falsch macht, dass so viele die Schule schwänzen, denn es sind längst nicht nur die Faulen und Kriminellen, die fehlen, sondern auch viele, die gemobbt werden, Angst vor Gewalt haben, unter von Ärzten diagnostizierter Schulphobie leiden, nicht mitkommen oder als Hochbegabte bzw. mit Lernschwierigkeiten Geplagte nicht genügend persönlich gefördert werden.[12]

Nach Schätzung des Spiegels gibt es in Deutschland ca. 250.000 schulpflichtige Schüler, die praktisch ständig die Schule schwänzen.[13] Andere Schätzungen reichen von 100.000 bis 500.000, davon der größte Anteil Jungen. Die gründlichste Untersuchung zum Thema aus dem Jahr 2003 belegt, dass die Kultusministerien überhaupt keine ernstzunehmenden Zahlen der Schulschwänzer erheben[14] und die meisten Schulen ebenfalls keine verlässlichen Zahlen haben! Die Autoren kommen zu dem Schluss „Was bisher fehlt, ist die allgemeine Anerkennung eines bildungspolitischen Handlungsbedarfs zu diesem Problem."[15] Wir erreichen in Deutschland Spitzenwerte in Europa, wobei in Europa der Prozentsatz der Schulschwänzer desto geringer ist, je mehr kommunale Verwaltung und Selbstbestimmungsrecht der Schulen vorherrschen und je schwächer die zentrale staatliche

---

[12] Vgl. die ausgezeichnete Zusammenstellung in: Maria Schreiber-Kittl. Alles Versager? Schulverweigerung im Urteil von Experten. Arbeitspapier 1/2001. Deutsches Jugendinstitut: München/Leipzig, 2001.

[13] Der Spiegel 20/2002: 140-141.

[14] Siehe die Auszüge aus den Schreiben der Ministerien in: Christoph Ehmann, Hermann Rademacker. Schulversäumnisse und sozialer Ausschluss. Deutsches Institut für Erwachsenenbildung. W. Bertelsmann Verlag: Bielefeld, 2003. S. 71-72. Die Autoren sind Verfechter des Schulzwangs. Sie stellen alle Untersuchungen der letzten Jahre vor, die die Rate der Schulschwänzer erfassen wollten.

[15] Ebd. S. 16.

Schulaufsicht ist.[16] Das Erschreckendste dabei ist, dass die meisten Schulschwänzer gerade dort zu finden sind, wo Bildung am dringendsten wäre, nämlich an Haupt- und Sonderschulen. In Berlin und Mecklenburg-Vorpommern fehlten 2001/2002 in einem Schulhalbjahr von 100 Tagen immerhin 1,3% aller Schüler mehr als 40 Tage unentschuldigt. An den Gymnasien sind es 0,2%, aber 7,5 % an den Hauptschulen und 4,6% an den Sonderschulen! Mehr als die doppelte Zahl fehlte übrigens zwischen 21-40 Tage unentschuldigt.[17]

Alle diese Kinder erhalten zu Hause keine Bildung. Da hätten die Gerichte und die Polizei viel zu tun, wenn diese Kinder alle in die Schule gezwungen würden und es steht fest, dass die Kriminalitätsrate tatsächlich etwas sinken würde, wenn alle diese Kinder in der Schule wären. Die Behörden müssten nach Rechtslage Zigtausende von Bußgeldbescheiden an Eltern verschicken.

Nach Angaben des Bildungsministeriums und des Statistischen Bundesamtes haben von allen Schulabgängern 1998, die mit Beendigung der Schulpflicht die Schule verlassen haben, 9% oder 83.000 keinen Hauptschulabschluss erreicht, davon zwei Drittel Jungen.[18] Die Rate lag bis 1997 bei 8,8% (= ca. 79.000) und stieg bis 2000 auf 9,2% (= 86.600).[19] „Etwa ein Drittel der Schulentlassenen aus allgemein bildenden Schulen ohne Hauptschulabschluss holt diesen an beruflichen Schulen nach.“[20] Das heißt, das jährlich ca. 60.000 Jugendliche hinzukommen, die nie in ihrem Leben einen Schulabschluss erwerben werden.

Raimund Pousset, der die Schulpflicht abschaffen will, um das staatliche Schulsystem zu retten, nennt weitere Fakten aus diesem Bereich. In Deutschland gibt es ca. 4 Mill. funktionale Analphabeten.[21] Erfüllt man seine Schulpflicht also nur durch Anwesenheit oder soll man Grundtechniken des Lebens erlernen? 250.000 Kinder bleiben jedes Jahr sitzen, ohne dass es ein wirklich schlüssiges Konzept für sie und für die Klasse der Jün-

---

[16] Nach ebd. S. 107-119.
[17] Ebd. S. 43-44.
[18] Bundesministerium für Bildung und Forschung. Grund- und Strukturdaten. BMBF Publik 1999/2000. BMBF: Berlin, 2000. S. 80 = Statistisches Bundesamt (Hg.). Datenreport 2002. Schriftenreihe 376. Bonn: Bundeszentrale für politische Bildung, 2002. S. 62.
[19] Ebd. S. 62 und 61.
[20] Ebd. S. 62. Eine Auflistung nach Bundesländern, Städten und Landkreisen für das Jahr 2001 findet sich unter www.apoll-online.de/bildungsdaten.html.
[21] Raimund Pousset. Schafft die Schulpflicht ab! Eichborn: Frankfurt, 2000. S. 32. Eine Auflistung nach Bundesländern, Städten und Landkreisen findet sich unter www.apoll-online.de/bildungsdaten.html.

geren, die sie auffangen muss, gibt.[22] (Ich selbst hatte in meiner Klasse Mitschüler, die vier Jahre älter waren als ich!) Und wie sieht es mit den Straßenkindern aus, von denen es in jeder Großstadt Hunderte gibt, in Berlin schätzungsweise 5000?[23] Sie alle werden nicht von der Schulaufsicht erfasst, weil sie gar nicht gemeldet sind.

Aber nicht die 250.000 Schulschwänzer und ihre Eltern oder Erziehungsberechtigte und nicht die Verantwortlichen dafür, dass jährlich 60.000 Kinder nie einen Schulabschluss erhalten, geraten in die Mühlen von Behörden, Justiz und Polizei, sondern lammfromme Menschen, die ihre Kinder nicht verwahrlosen lassen, obwohl man sich um die Bildung dieser Kinder – so die weltweite Erfahrung mit Homeschoolern – keine Sorgen machen muss. Warum wohl? Ganz einfach: Die Frommen – meist in einer langen Tradition der Gewaltlosigkeit stehende Mennoniten oder Baptisten – wehren sich nicht mit Gewalt und man geht keine Gefahr ein, wenn man gegen sie vorgeht, zumal man große Teile der Medien und der Bevölkerung auf seiner Seite wissen kann. Wären sie Anarchisten, Islamisten oder Einflussreiche, wäre man sicher vorsichtiger. Pousset beschreibt etwa einfühlsam, wie man bei gewaltbereiten Asylantenfamilien auf die Durchsetzung der Schulpflicht verzichtet, um die Eskalation zu verhindern.[24]

Ist der Fehler der Homeschooler womöglich, dass sie ihre Absichten überhaupt bekunden? Soll man ihnen womöglich empfehlen, einfach zu schweigen, da dann möglicherweise jahrelang gar nicht auffällt, dass ihre Kinder nicht zur Schule gehen? Und tatsächlich ist das der einfachste Weg zum Homeschooling in Deutschland. So berichtet etwa die Berliner Zeitung von einer Berliner Familie mit 4 Kindern („Name von der Redaktion geändert"), die seit Jahren Homeschooling machen und nie aufgefallen sind, da die große Nachbarschaft dicht hält.[25] (Die Eltern waren viele Jahre als Forscher unterwegs und lernten dabei in Kanada usw. die Möglichkeit kennen, unterwegs ihre Kinder an wechselnden Orten zu unterrichten.) Angesichts von ca. 5000 Straßenkindern (Berlinerisch: ‚Trebgänger') in Berlin, deren Existenz bei den Behörden nicht erfasst ist,[26] gibt es eben in Berlin sowieso Tausende Schulpflichtige, die nie erfasst werden. Wird also Ehrlichkeit den Behörden gegenüber bestraft?

---

[22] Ebd. S. 34-35.
[23] Ebd. S. 34.
[24] Raimund Pousset. Schafft die Schulpflicht ab! a. a. O. S. 92-95.
[25] Oliver Stüber. „Aus Protest bricht eine Mutter das Gesetz". Berliner Zeitung vom 12.4.2005, http://bz.berlin1.de/aktuell/news/050413/schule.html.
[26] Nach Raimund Pousset. Schafft die Schulpflicht ab! a. a. O. S. 34.

3. These:
Bei den notorischen Schulschwänzern reagiert man oft – und sehr engagiert und auf-
opferungsvoll! – mit speziellen pädagogischen Programmen und nicht mit Andro-
hung von Repressalien.[27]

Warum kann man bei Homeschoolern nicht ebenso flexibel und kreativ sein? Man versucht, den betroffenen Schülern mit eigenen Programmen die Bildung wieder schmackhaft zu machen, da man weiß, dass Repressalien auf Dauer nichts bewirken,[28] kann man doch schlecht Kinder täglich von der Polizei in die Schule bringen und am besten dort bewachen lassen. Warum aber kann man entgegen die eigentlichen Rechtslage Schulschwän-zern teure (und sinnvolle!) sozialpädagogische Programme anbieten, wäh-rend einem bei Befürwortern der Hausschule keine Ausnahmen einfallen?

Man lese etwa einmal, was Wilhelm Habermalz als grundsätzlicher Be-fürworter des staatlichen Schulzwanges in der Zeitschrift ‚Recht der Jugend und des Bildungswesens' schreibt,[29] die sich bisher immer gegen Schule zu Hause gewandt hat. Er schreibt: „In der Tat lässt sich heutzutage auch kaum begründen, welchen pädagogischen Sinn und welche Wirkung es ha-ben soll, wenn der Staat mit Polizeigewalt säumige Schüler der Schule zu-führt."[30] Dies habe auch wenig Zweck, da man dies erfahrungsgemäß täg-lich wiederholen müsse. Er fasst zusammen: „Die Vorschriften zur Durch-setzung der Schulpflichterfüllung sind insgesamt stark ‚überholungsbedürf-tig'. Teilweise sind gegen ihre Anwendung rechtliche Bedenken zu erheben – wie etwa bei der Strafandrohung gegen Schulpflichtige -, zum Teil wird auf ihre Anwendung verzichtet, weil sie im Ergebnis wirkungslos ist – wie etwa die zwangsweise Zuführung zur Schule."[31]

---

[27] Vgl. die Dissertation Kirsten Puhr. Lernangebote für schulverweigernde Kinder und Jugendliche: Pädagogische Probleme unter dem Anspruch von Schulpflicht und Bil-dungsrecht. Schriftenreihe Erziehung – Unterricht – Bildung 107. Kovach: Ham-burg, 2003, sowie Christoph Ehmann, Hermann Rademacker. Schulversäumnisse und sozialer Ausschluss. a. a. O. S. 59-106. Eine kürzere, ausgezeichnete Übersicht solcher Maßnahmen bietet Maria Schreiber-Kittl. „Konzepte und Maßnahmen ge-gen Schulverweigerung". Recht der Jugend und des Bildungswesens 49 (2001) 2: 225-238.

[28] Vgl. dazu etwa Lutz R. Reuter, Xinke Zhang. Zur Schulpflicht von Minderheiten- und Zuwandererkindern im deutschen Schulwesen: Beiträge aus dem Bereich Päd-agogik 4/1997. Universität der Bundeswehr: Hamburg, 1997. 33 S.

[29] Wilhelm Habermalz. „Geldbuße und Schulzwang – die andere Seite der Schul-pflicht: Über das Instrumentarium des Staates zur Durchsetzung der Schulpflicht". Recht der Jugend und des Bildungswesens 49 (2001) 2: 218-224.

[30] Ebd. S. 218.

[31] Ebd. S. 224.

An dieser Stelle sei übrigens kurz angesprochen, wo ich ein wesentliches Problem der heutigen Schulen auch und gerade im Umgang mit Schulschwänzern sehe. Die heutigen Klassen sind einfach zu groß! Kein normaler Lehrer kann pädagogisch sinnvoll individuell auf 30 oder mehr Schüler gleichzeitig eingehen und dazu noch Kontakt zu den Eltern oder Erziehungsberechtigten halten. Kein normaler Lehrer kann sinnvoll Mobbing unterbinden, wenn er sich solchen Schülermassen gegenüber sieht und in den Pausen nicht für seine Schüler da ist, sondern per Aufsichtspflicht noch für Hunderte anderer. Mein Vorschlag: Die Klassenstärke wird überall auf 20 gesenkt[32] und die Lehrer erhalten entweder in ihrer Arbeitszeit Freiräume für Elternbesuche oder aber Sozialarbeiter an die Seite gestellt. Aber das wird aus finanziellen Gründen nur ein Traum bleiben und aufgrund der im Vergleich zu unseren Nachbarländern völlig unzureichenden Privatschulfinanzierung und behördlichen Vorgabenkönnen noch nicht einmal die Privatschulen diesen Traum verwirklichen. Aber das ist hier nicht unser Thema.

Der deutsche Schulzwang bedeutet eine unnötige Kriminalisierung von Eltern und Kindern. Der Staat sollte pädagogische Probleme pädagogisch lösen, nicht mit Gerichtsbeschlüssen, Gefängnisstrafen und Polizeieinsatz.[33] Pädagogische Untersuchungen, die den Schulzwang für den falschen Weg halten, gibt es zu Genüge.[34] Im Gespräch oder bei Podiumsdiskussionen in Radio und Fernsehen habe ich immer wieder festgestellt, dass auch Pädagogikprofessoren und andere Fachleute, die sich gegen Homeschooling aussprechen, dennoch der Meinung sind, dass Strafen, Polizei und Gefängnis keine Lösungen für den Umgang mit den Homeschoolern sind und den betroffenen Kindern nur schaden.

Vertreter des staatlichen Schulzwangs argumentieren meist mit einer angeblich überlegenen Pädagogik. Was schreiende Kinder von Polizisten ihren Eltern entreißen zu lassen und im Polizeiwagen in eine Schule zu zwingen, aus der sie doch bei erstbester Gelegenheit wieder davon laufen, mit Pädagogik und dem Wohl des Kindes zu tun haben sollen, kann ich nicht ver-

---

[32] Welche positive Folgen das hat, haben Untersuchungen immer wieder belegt, vgl. z. B. „Schulstudie: Kleiner ist feiner". Focus 15/2005: 12. den besten Überblick über die Forschung bis vor acht Jahren bietet Martin Weissleder. Aspekte der Klassengrösse: Analysen zum Forschungs- und Diskussionsstand. Ergon: Würzburg, 1997.

[33] Die möglichen Maßnahmen listet auf: Wilhelm Habermalz. Geldbuße und Schulzwang. a.a.O., S. 218-224.

[34] Vgl. Siegfried Lamnek. Wider den Schulzwang: Ein sekundäranalytischer Beitrag zur Delinquenz und Kriminalisierung Jugendlicher. München, 1985; Wolfgang Sachs. Schulzwang und soziale Kontrolle: Argumente für eine Entschulung des Lernens. Diesterweg: Frankfurt, 1976 (Diss. Tübingen).

stehen. De facto geht es damit doch nicht um Pädagogik oder das Wohl der Kinder, sondern um Macht, Kontrolle und Weltanschauung.

4. These: Der Hausunterricht, lange Jahre verpönt und totgeschwiegen, erfreut sich plötzlich der Förderung und Empfehlung durch die Wissenschaft[35] und in Deutschland durch die religiösen[36] und die säkularen[37] Medien[38].

---

[35] Vgl. beispielsweise folgende Forschungsarbeiten Ana María Redondo. Defensa de la constitución y enseñanza básica obligatoria: Integración educativa intercultural y ‚homeschooling'. Novedades de derecho público 5. Valencia: Tirant lo Blanch, 2003; Mitchell L. Stevens. Kingdom of Children: Culture and Controversy in the Homeschooling Movement. Princeton Studies in Cultural Sociology. Princeton: Princeton Univ. Press, 2001; Christine Brabant. L'éducation à domicile au Québec: les raisons du choix des parents et les principales caractéristiques sociodémographiques des familles. M. A. (Masterarbeit). Université de Sherbrooke: Sherbrooke (CAN), 2004 = http://erta.educ.usherbrooke.ca/documents/MemoireBrabant.pdf; Alan Thomas. Educating Children at Home. Cassell Academic: London, 1998; Amanda J. Petrie. Home Education and the Local Education Authority. Ph.D. thesis. Liverpool University: Liverpool (GB), 1992;. Paula. Rothermel. Home-Education: Aims, Practices and Rationales. PhD thesis: University of Durham, 2002; Julie Webb. Home-based Education: Some Aspects of its Practice and Consequences,. Ph.D. thesis, Open University: Milton Keynes, 1988; John Wesley Taylor. Self-concept in Home-schooling Children. Ph.D. thesis: Andrews University, USA, 1986, gedruckt: UMI: Ann Arbor (MI), 1986; Gunnar Avid Gustavsen. Selected Characteristics of Home Schools and Parents who Operate them. Ed.D. thesis: Andrews University, USA, 1981; Christine Brown. Education Otherwise: A Sociological Case-study of one Alternative to State Schooling, M.Ed. thesis: University of Birmingham, 1978; Vgl. auch die Beiträge in der Sondernummer Susan A. McDowell, Brian D. Ray (Hg.). The Home Education Movement in Context, Practice and Theory. Peabody Journal of Education 75 (2000) 1/2 (300 S.), sowie die in http://www.geocities.com/nelstomlinson/research.bibliography.html (eingesehen 1.4.2005) genannte Literatur, sowie Rhonda Barfield. „Real-life Homeschooling: The Stories of 21 Families who Make it Work. New York: Fireside, 2002. Vgl. auch die wachsende Zahl von pädagogischen Abschlussarbeiten zum Thema, z. B. lesenswert: Anke Preußker. Die ‚Homeschooling'-Bewegung in den Vereinigten Staaten von Amerika vor dem Hintergrunde der Privatisierungsdebatte im Bildungswesen. Magisterarbeit. Erziehungswissenschaftliche Fakultät der Universität Leipzig: Leipzig, 2000. 100 S.; Gabriele Steentjes. Homeschooling in den USA: Darstellung eines alternativen Weges der Beschulung am Beispiel von 19 Familien. Universität Hamburg, Diplomarbeit, 1998. 149 S.; Ruth Pustal. Homeschooling/Hausunterricht – ein internationaler Vergleich innerhalb Europas. Wiss. Hausarbeit zur Ersten Staatsprüfung. Pädagogische Hochschule Ludwigsburg: Ludwigsburg, 2003. 48 S.

[36] Z. B. Ellen Nieswiodek-Martin. „Lernen als Lebensstil". Pro (KEP) 3/2004: 18-20; Marcus Mockler. „Die Mutter als Pauker: Hausschulen". Idea-Spektrum 14/1999: 22-24; „Die ‚Heimschule' sollte erlaubt werden". Idea-Spektrum 47/1999: 12; Richard Guenther. „Kinder zu Hause unterrichten?". Bibel und Gemeinde 105 (2005) 2: 49-54; Hermann Schneider. „„Home schools' Hausschulen". Mitwissen Mittun: Pro Conscientia Infobrief Nr. 6 (31.5.1996): 24-25; vgl. auch die ausgewogenen Dar-

Als Thema ist er in Fernsehbeiträgen und Artikeln in überregionalen Tageszeitungen, Magazinen und Fachzeitschriften[39] fast normal geworden.[40] Eine

---

stellungen von Wolfgang Kleemann. „Ist Hausunterricht staatsgefährdend? Homeschooling-Bewegung in Deutschland". Glaube und Erziehung 6/2004: 1ff und www.religion-online.info/christentum/themen/heimschulen.html (1.4.2005) und in www.religion-online.info/christentum/themen/heimschulen.html (10.9.2004).

[37] Z. B. Tatjana Maier. „Mathe büffeln in der Küche". Focus-Schule 3/2005: 98-100; vgl. www.focus-schule.de/heimschule; Tom Schimmeck. „Hausunterricht: Nie wieder Schule!". GEO Wissen 1/1999: 150-157; Anke Caspar-Jürgens. „Ohne Schule lernen". KursKontakte Nr. 131 (Febr/März 2004) = http://www.leben-ohne-schule.de/anke.c-j/kurskontakte131.html (1.5.2005); Lioba Schafnitzel. „Nie wieder in die Schule! Hausunterricht: Erfolgreich, aber in Deutschland verboten". Nürnberger Zeitung 29.4.2004
(auch unter www.hausunterricht.org/html/nz-konferenz. html).; Michael Kasperowitsch. Mama gibt Zensuren: Eine Familie aus dem Nürnberger Land praktiziert Unterricht daheim als Alternative zum staatlichen Schulsystem. Nürnberger Nachrichten 11.4.2005
(s. http://www.nn-online.de/artikel.asp?art=239379&kat=313& man=3). Als Beispiel für Rundfunkreportagen kann dienen: Martin Wagner. „Heute bleibe ich zu Hause in der Schule: Homeschooling in den USA". Bayerischer Rundfunk 1.3.2005, 18.30 Uhr; für das Fernsehen: „Immer schulfrei – Kinder mit einem etwas anderen Tagesablauf". ARTE. 5.9.2004, 22.50 Uhr; Martin Blachmann. „Schule zuhause". WDR, 16.30 Uhr, 1.2.2004; „Homeschooling". Pro7 29.4.2005. 13.00 Uhr.

[38] Vgl. im Internet die Links auf www.hausunterricht.de und www.homeschooling.de (Deutsch) und www.hslda.org bzw. www.nheri.org (Englisch) mit zahlreichen Beiträgen zum Thema.

[39] Man gebe etwa ‚Hausunterricht' im Deutschen Bildungsserver (www.bildungsserver.de) oder der FIS Bildung Literaturdatenbank (http://fis-bildung.de) ein.

[40] Man gebe ‚Hausunterricht' ein in die Zeitungsdokumentation Bildungswesen (www.bildungsserver.de/zd/). Der Spiegel listet seine Beiträge unter dem missverständlichen Stichwort ‚Heimunterricht'. Als interessante Auswahl nenne ich Klaus Wittmann. „Aus Überzeugung ab ins Gefängnis". Die Tageszeitung Nr. 7491 (19.10.) 2004: 7; „Behinderte: Senat genehmigt Ausnahme von der Schulpflicht". Berliner Zeitung Nr. 266 (12.11.) 2004: 17; Yvonne Holl. „Auch bibeltreue Kinder müssen zur Schule". Frankfurter Rundschau Nr. 175 (30.07.) 2004: 38; Daniel Steinvorth. „Sie wollen Gottes Wort nicht verletzen". Frankfurter Allgemeine Zeitung Nr. 266 (15.11.) 2003: 75; Verena Mörath. „Lernen wie bei Muttern". Die Tageszeitung Nr. 7215 (22.11.) 2003: 28; Viola Schenz. „Mathe auf dem Sofa". Süddeutsche Zeitung 62 (15.03.) 2004: 11; Charlotte Schmitz. „Schöpfungsgeschichte am Wohnzimmertisch". Süddeutsche Zeitung Nr. 258 (10.11.) 2003: 11; Bärbel Kerber. „Chemiestunde am Küchentisch". Die Zeit 19 (4.5.) 2000: 43; Kathrin Meier-Rust. „Wo Eltern auch noch Lehrer sind. Homeschooling: Weil sie mit dem Schulangebot nicht zufrieden sind, praktizieren immer mehr Familien Selbsthilfe und unterrichten ihre Kinder zu Hause". Rheinischer Merkur Nr. 31 (5.9.) 1994: 14; Markus Verbeet. „Pauken in der guten Stube". Der Spiegel Nr. 49 (1.12.) 2003: 64; Jochen Leffers. „Kinder bibeltreuer Christen müssen zur Schule". Der Spiegel 5.11.2003 (aus www.spiegel.de); „Heimunterricht in den USA: Rebellion der Mittelklasse. Der Spiegel 47/2003 12.11.2003 www.spiegel.de/spiegel/0,1518,274345,00.html.

wachsende Zahl von Sachbüchern[41], Internetseiten[42] und Vereinen wendet sich gegen den Schulzwang und wirbt für Lernen zu Hause, natürliches Lernen oder Alternativschulen. Die Zahl der beteiligten Eltern und Kinder steigt rapide, die Zahl der Hausschüler wird von ‚Focus-Schule' derzeit auf 3000 gschätzt, eine meines Erachtens zutreffende Schätzung.[43]

Eltern, Humanisten wie Christen, wollen vermehrt ihre Kinder zu Hause unterrichten, selbst, durch Privatlehrer, oder im Verbund mit anderen Eltern, eine Unterrichtsform, die als ‚Privatunterricht' eine Jahrhunderte lange, sich empfehlende Geschichte[44] hat und in den USA[45] von Hunderttausenden von Eltern für derzeit ca. 2,2 (oder ca. 3) Millionen Kinder durchgeführt wird und zugleich eine weltweit wachsende Bewegung darstellt,[46] in

[41] In jüngster Zeit sind in Buchform erschienen: Stefanie Mohsennia. Schulfrei – Lernen ohne Grenzen. Königslutter: Anahita-Verlag, 2004; Georg Pflüger. Lernen als Lebensstil: Die Herausforderung der Homeschool-Bewegung. Verlag Deutsche Fernschule: Wetzlar, 2004; Jan Edel. Nur Schule? Mut zu neuen Bildungswegen. Nürnberg: VTR, 2005. 24 S.; als Dokumentation mit Stimmen contra und (vorwiegend) pro Hausschule: Thomas Mayer, Schirrmacher (Hg.) Wenn Kinder zu Hause zur Schule gehen: Dokumentation. VTR: Nürnberg, 2004; vgl. auch Christian Brünner (Hg.). Bildung ohne Schule? Tagung des Österreichischen Akademikerbundes. Wien: Passagen-Verlag, 1992; Ulrich Klemm. Lernen ohne Schule. Materialien der AG SPAK Kleine Reihe 146. Neu-Ulm: AG-SPAK, 2001.

[42] Die wichtigsten deutschen Webseiten der Hausschulbewegung sind: Aus dem eher christlichen Bereich: www.sfev.de; www.philadelphia-schule.de; www.hausunterricht.org; www.schuzh.de; aus dem säkularen Bereich: www.homeschooling.de; www.netzwerk-homeschooling.de; www.homeschool.de; www.bvnl.de; www.natuerlichlernen.de; www.leben-ohne-schule.de; www.freieslernen.de.

[43] Focus-Schule 3/2005. S. 98; www.focus-schule.de/heimschule (27.4.2005).

[44] Vgl. für die USA Edward E. Gordon, Elaine H. Gordon. Centuries of Tutoring: A History of Alternative Education in America and Western Europe. University Press of America: New York, 1990 und Mitchell Stevens. Kingdom of Children. Princeton University Press: Princeton (NJ), 2001. Für Dänemark und Island vgl. Holger Kjaer. Über Familienerziehung und Hausunterricht: Eine Untersuchung an Hand der Geschichte dänischer Erziehung erläutert. Philosophisch-pädagogische Arbeiten: 1. Reihe: Das Problem der Schule 1 (zugleich Freimanns Pädagogisches Magazin 1125). Langensalza: Hermann Beyer, 1927. Für Deutschland ist die Geschichte der Schule zu Hause, der Familienbildung und des Hauslehrers weitgehend noch zu schreiben. Vgl. aber die Literatur unter These 21.

[45] Zur Literatur siehe unten.

[46] Eine ausgezeichnete Übersicht über christliche Bildungseinrichtungen, Schulen, Heimunterrichtsorganisationen im angelsächsischen Bereich mit Adressen bietet Brian. D. Ray. Worldwide Guide to Homeschooling: Facts and Stats on the Benefits of Home School. Broadman & Holman: Nashville (TN), 2003, sowie kürzer Adressen international: http://homeschooling.gomilpitas.com/regional/Region.htm (1.4.2005).

Deutschland aber bei Androhung von drakonischen Strafen völlig verboten
ist.

Ins Bewusstsein der Bevölkerung rücken dabei meist nur die medienwirk-
samen Fälle religiös motivierter Gruppen, aber Schule zu Hause ist auch in
Deutschland längst kein rein religiöses Thema mehr.[47] Das Internet ist voll
von säkularen Seiten und Informationen zum Homeschooling. Dabei ist
den wenigsten bewusst, dass hier zunächst einfach eine weltweite Entwicklung beginnt auch auf Deutschland abzufärben. Und wie auch sonst wird
man das vor allem amerikanische und angelsächsische Homeschooling ähnlich wie McDonald, Roller Skates und Halloween nicht mit Gewalt aus
Deutschland heraushalten können.

---

[47] Der beste Beleg dafür, dass Homeschooling auch in Deutschland zunächst einmal
nichts mit Religion zu tun hat, ist das brilliant geschriebene Plädoyer des Schriftstel-
lers Hans Magnus Enzensberger. „Plädoyer für den Hauslehrer – Ein Bißchen Bildungspolitik". S.161-176 in: ders. Politische Brosamen. Frankfurt, 1982[1]; 1983[2];
1985[11b]; 1990[3Tb]; 2002 (Engl.: Political Crumbs. Verso: London, 1990; Ital.: In di-
fesa della normalità e altri scritti. Milano: Mondadori, 1988[1]; 1994[2]; Span.: Migajas
políticas. Barcelona: Ed. Anagrama, 1985[1]; 2002[3]; Dänisch: Vanvittig normal fem
essays. Gyldendal: Vallset, 1990). Enzensberger hat in jüngster Zeit etliche Kinder-
und Jugendbücher verfasst, von denen einige Kindern ausgezeichnet Fachwissen
vermitteln und verdeutlichen, was er mit Schule zu Hause meint. Am erfolgreichsten ist Hans Magnus Enzensberger. Der Zahlenteufel. dtv: München, 1999, dazu
Hans Magnus Enzensberger. Der Zahlenteufel: Das Mathematik-Erlebnis auf CD-
ROM. Terzio: München, 2003.

Führende Homeschool-Länder			
Land	*Anteil an der Gesamtzahl aller schulpflichtigen Kinder*	*Zahl der Kinder, die zu Hause unterrichtet werden*	*Tendenz*
USA	4%	2.200.000 (-3.000.000)	stark zunehmend[48]
Großbritannien	1,5%	150.000-200.000	stark zunehmend[49]
Kanada	3-4%	ca. 100.000	sehr stark zunehmend[50]
Australien	1%	35.000	zunehmend
Neuseeland	1%	6.500	zunehmend[51]
Frankreich	0,1%	10.000	zunehmend
Japan	ca. 0,02%	4.000-5.000	stark zunehmend[52]

5. These:
Es gibt zwei Flügel der Homeschoolbewegung. Für den größeren Flügel geht es um eine bessere Bildung als in den öffentlichen Schulen. Für den kleineren Flügel geht es eher um ein Abwenden von klassischen Bildungsidealen, sei es aus religiöser Sorge, sei es aufgrund alternativer Bildungsvorstellungen. Letzterer Flügel ist eine verschwindende Minderheit und im religiösen Bereich sehr klein.

Für die einen ist Homeschooling die „Eliteschule des kleinen Mannes", wie es Christian Schneider als Heimschulvater am 18.3.2005 im WDR-Stadtgespräch in Paderborn ausdrückte. Hier geht es darum, dass Hausunterricht bessere Bildungsergebnisse erzielt, bessere pädagogische Möglichkeiten bietet und eine weltoffene, auf Forschung und Neugier ausgerichtete christliche Weltanschauung besser integrieren kann. Dieser Flügel ist weltweit prägend.

---

[48] Vgl. Stephen Phillips. „Home-schoolers on the Rise". Times Educational Supplement Nr. 4596 (13.08.) 2004: 12.

[49] Ingri B. Reithaug. „Home Education in England". = http://folk.uio.no/cbeck/Home%20education%20in%20England.htm (1.4.2005).

[50] Vgl. Nathan Greenfield. „Boomtime for Home-schoolers". Times Educational Supplement Nr. 4373, 21.04. 2000, S. 12.

[51] Nach der Webseite des Bildungsministeriums www.minedu.govt.nz/index.cfm?layout=document&documentid=6893&indexid=6 852 & indexparentid=5611 (1.4.2005).

[52] Eine englischsprachige Seite mit vielen Details zum Homescholling in Japan ist www.asahi-net.or.jp/~ja8i-brtl/. Die wichtigste japanische Seite ist www.homeschool.ne.jp.

Gelegentlich findet man in Deutschland auch einen anderen Flügel, die Homeschoolbewegung, in der oft die Bildung selbst als das Problem ausgemacht wird. Hier finden sich zum Beispiel Eltern, die selbst über wenig Bildung verfügen und eine große Angst vor Verführung und Dämonisierung haben. Übrigens sind die Bildungsergebnisse auch in solchen Familien am Ende überdurchschnittlich und außerdem ändert auch eine staatliche Schule wenig, wenn Eltern in diesem Sinne die Bildung ihrer Kinder für unnötig halten. In Deutschland gibt es auch säkulare Hausunterrichtsbefürworter, die im Sinne einer Antipädagogik keine eigentliche Bildung für ihre Kinder wollen. Sie haben sich in Teilen der Alternativschulen ihre Heimat geschaffen, wobei auch hier die Kinder am Ende nicht weniger gebildet sind als andere. Hier gilt für mich der Kommentar von Hans Magnus Enzensberger: „Ich bin nie gern in die Schule gegangen. Aber ich habe immer gern etwas Neues gelernt. ... Jedenfalls, für die Modesprüche des berüchtigten Pater Illich – ‚Erziehung, nein danke!' – habe ich nichts übrig, und der Anti-Pädagogik, die, wie schon ihr Name sagt, nur die Kehrseite des pädagogischen Terrors ist, möchte ich auf keinen Fall das Wort reden. Im Gegenteil, ich fände es überaus angenehm, wenn die Bevölkerung der Bundesrepublik, unter Einschluß aller Politiker, Manager und Journalisten, in der Lage wäre, deutsch zu sprechen und womöglich sogar zu schreiben. Es gefiele mir, wenn Kinder und Erwachsene mehr wüßten, als sie wissen, wenn ihre Fähigkeiten und Begabungen nicht, wie üblich, vor die Hunde gingen; mit einem Wort, wenn jeder könnte, was er könnte.“[53]

Aber all das sind die Ausnahmen. Die große Mehrheit der Hausschuleltern, auch derer mit religiösen Gründen, wollen eine bessere Ausbildung, sowohl im Sinne des vermehrten Wissens, als auch im Sinne einer stärkeren Einbindung dieses Wissens in Charakterbildung, Sozialkompetenz und Integration in alltägliche Lebenserfahrungen und praktische Umsetzbarkeit.

Die Forderungen der von christlichen Einflüssen völlig freien Alternativschulbewegung[54] geht oft in dieselbe Richtung wie die Homeschoolbewe-

---

[53]   Hans Magnus Enzensberger. „Plädoyer für den Hauslehrer". a. a. O. S. 163-164.

[54]   Vgl. die Webseite des Bundesverbandes der Freien Alternativschulen in der BRD e.V.: www.freie-alternativschulen.de, die dort gelistete Literatur: www.freie-alternativschulen.de/medien.htm#buch2003, sowie Bettina Wendeln. Freie Alternativschulen: Eine Antwort auf das staatliche Schulwesen. Verlag Dialogische Erziehung: Oldenburg, 2002; Michael Maas. Leben lernen in Freiheit und Selbstverantwortung – Eine psychoanalytische Interpretation der Alternativschulpädagogik. Psychosozial-Verlag: Gießen, 1999; Jutta Wiesemann. Lernen als Alltagspraxis. Lernformen von Kindern an einer Freien Schule. Klinkhardt Verlag: Bad Heilbrunn, 2000; Manfred Borchert, Michael Maas: Freie Alternativschulen – die Zukunft der Schule hat schon begonnen. Klinkhardt Verlag: Bad Heilbrunn, 1999;

gung und wenn in Deutschland Unterricht zu Hause nicht so streng verboten wäre, wäre der Übergang zwischen den Alternativschulen und Unterricht zu Hause wie in der Zeit ihrer Anfänge vor dem Nationalsozialismus
fließend. Viele Alternativschulen wurden erst nach über zehn Jahren
Rechtsstreitigkeiten von Gerichten zugelassen, viele mit Gewalt wieder ge-
schlossen,[55] und das, obwohl es auch hier genügend wissenschaftliche Untersuchungen gibt, die zeigen, dass die Abgänger dieser Grundschulen anderen Kindern in nichts nachstehen.[56] Ich teile das Programm der Alternativschulen nicht und habe hier manche ethische Bedenken, bin aber der
Meinung, dass man pädagogisch sehr viel von ihnen über den Einsatz von

---

Johannes Heimrath (Hg.). Die Entfesselung der Kreativität: Das Menschenrecht auf
Schulvermeidung. Drachen Verlag: Wolfratshausen, 1988[1]; 1991[2]; Martin Schröder
(Hg.). Kindheit – ein Begriff wird mündig. Drachen Verlag: Wolfratshausen, 1992;
Bundesverband der Freien Alternativschulen (Hg.). Freie Alternativschulen: Kinder
machen Schule. Drachen Verlag: Wolfratshausen, 1992; Lutz van Dick. Alternativschulen. Rowohlt: Reinbek, 1979; Heiner Ullrich. Das andere erforschen: Empirische Impulse aus Reform- und Alternativschulen. Schule und Gesellschaft 32. Verlag
für Sozialwiss.: Wiesbaden, 2004; Manfred Borchert (Hg.). Freie Alternativschulen
in Deutschland. Bundesverband der Freien Alternativschulen: Marl, 2003; Renate
Stubenbrauch (Hg.). Was ist die Freie Schule Frankfurt? Verlag der Freien Schule
Frankfurt: Frankfurt, 2000; Ivan Illich. Schulen helfen nicht: Über das mythenbil-
dende Ritual der Industriegesellschaft: Rowohlt: Reinbek, 1977; ders. Entschulung
der Gesellschaft: Eine Streitschrift. C. H. Beck: München, 19955 (Engl.: Deschoo-
ling Society. New York: Harper & Row; London: Calder & Boyars, 1971; letzte
Überarbeitung: Marion Boyars: London; 2000).

55 Die Beispiele listet Bettina Wendeln. Freie Alternativschulen: Eine Antwort auf das
    staatliche Schulwesen. Verlag Dialogische Erziehung: Oldenburg, 2002. S. 74-76 auf.
56 Aus Sicht der Schulen selbst liegen folgende empirische Untersuchungen vor: Ulrike
    Köhler, Doris Krammling-Jöhrens. Die Glocksee-Schule – Geschichte – Praxis Erfah-
    rungen. Klinkhardt Verlag: Bad Heilbrunn 2000; Gerhard de Haan. „Was leisten
    Freie Schulen? S. 177-191 in: Bundesverband der Freien Alternativschulen (Hrsg.).
    Freie Alternativschulen – Kinder machen Schule. Drachen Verlag: Wolfratshausen
    1992. Folgende Diplomarbeiten u. ä. sind nur über den Bundesverband erhältlich:
    Tanja Altenburg u.a.. Übergangsprobleme von Schüler/innen der „Freien Kinder-
    schule Hamburg/Harburg" beim Wechsel auf weiterführende Schulen. Fachbereich
    Erziehungswissenschaft: Hamburg, 1996; Barbara Reyher. „Dass man nicht mehr auf
    Bäumen leben kann oder so" – Übergangsprobleme von Kindern an Freien Alterna-
    tivschulen auf weiterführende Schulen – dargestellt am Beispiel der Freien Schule
    Leipzig. Pädagogische Hochschule: Heidelberg, 1999; Torsten Rüdinger. Durchläs-
    sigkeit des Schulsystems und individuelle Schullaufbahn: Studie zur Übergangspro-
    blematik von Kindern der Freien Schule Leipzig-Connewitz zu Institutionen des öf-
    fentlichen Schulsystems. Leipzig 1997. In Heiner Ullrich, Till Sebastian Idel, Katha-
    rian Kunze (Hg.). Das Andere Erforschen: Empirische Impulse aus Reform- und Al-
    ternativschulen. Schule und Gesellschaft 32. Verlag für Sozialwissenschaften: Wies-
    baden, 2004 werden Forschungsergebnisse zu Waldorfschulen (S. 21-106), Alterna-
    tivschulen (S. 107-160) und der staatlichen Bielefelder Laborschule, die teilweise
    Elemente des Familienlebens im Schulalltag nachbauen will (S. 161-222).

Eltern in Schulen, über ganzheitliches und informelles Lernen und manches mehr lernen kann und vor allem, dass die pädagogische Freiheit ihnen genauso viel Recht in Deutschland zubilligen muss, wie anderen Bildungsformen für Kinder.

6. These:
Wir leben in Deutschland in dem Land mit der striktesten staatlichen Kontrolle des Bildungswesens,

aber die absolute Masse der Deutschen hält das aus Gewohnheit für eine unabänderliche Naturordnung, die gar keiner speziellen Begründung mehr bedarf und selbst die in Bildungsfragen liberale FDP[57], evangelikale Christen oder andere eher gegen zu starken Staatseinfluss auftretende Gruppen haben sich weitgehend damit abgefunden. Nirgends sonst wurden bis vor kurzem ausländische Titel so sinnlos reglementiert, vor allem wenn sie nicht von staatlichen Hochschulen kamen, nirgends sonst ist die Gründung von Privathochschulen so schwierig, nirgends sonst gibt es eine detaillierte Staatsaufsicht für den Fernunterricht (ZFU in Köln) und nirgendwo sonst kann man nicht die kleinste Ausbildungsstelle ohne Meldepflicht eröffnen, selbst wenn man gar keinen Abschluss anbietet. Und nirgendwo sonst werden Privatschulen so gegängelt und nur mit Widerwillen genehmigt. Und trotz dieser oft diktatorischen Züge ist von säkularem und christlichem Protest im Bildungsbereich kaum etwas zu hören.

Dass der Staat sein Erziehungsrecht im Bildungsbereich dem der Eltern vorordnet, bringt zunehmend Gewalt und Tyrannei von Seiten des Staates mit sich. Selbst viele christliche Schulen, die doch das Grundgesetz ebenso wie die deutschen Länderverfassungen gestatten, können nur nach langwierigen Prozessen beginnen, wie dies 1992 zweimal der Fall war, einmal mit einer evangelikalen Schule in Hamburg, die gegen die Entscheidung des Landes Hamburg und der Hamburger Gerichte erst auf Bundesebene Recht bekam, und einmal mit einer evangelikalen Schule in Berlin-Kreuzberg, die erst vor dem Bundesverfassungsgericht Recht erhielt[58]. Während der Staat gegenüber Verbrechern und Gewalttätigen oft nur behutsam durchgreift, zeigt er seine ganze Stärke, wenn Eltern eine andere Form der Bildung gewährleisten wollen.

---

[57] In Paderborn haben sich allerdings die FDP-Abgeordneten des Stadtparlaments für die betroffenen Homeschooleltern eingesetzt.
[58] Bundesverfassungsgerichtsurteil – 1 BvR 167/87 – vom 16.12.1992.

In Deutschland dagegen wird selbst von Privatschulen die eiserne Pflicht, nur staatlich genehmigte Lehrer von staatlichen Universitäten anstellen zu dürfen, kaum öffentlich angegriffen, obwohl doch in den meisten Ländern zum privaten Schulwesen auch die Ausbildung der Lehrer an privaten Hochschulen und das Lehrerwahlrecht der Privatschulen gehört. Man denke etwa an die Niederlande, wo zu jeder Privatschulbewegung wenigstens eine eigene pädagogische Hochschule gehört – und beides aus Steuermitteln finanziert![59]

7. These:
Die schärfsten Verfechter einer Abschaffung der strafbewehrten Schulpflicht kommen in Deutschland nicht aus den Reihen der Homeschooler oder der Privatschulen, sondern aus den Reihen der staatlichen Schulen.

Die begründetste Forderung der Abschaffung der Schulpflicht in deutscher Sprache findet sich in der brillant geschriebenen und argumentierten Schrift ‚Schafft die Schulpflicht ab!' von Raimund Pousset.[60] Dieses Buch sollte Pflichtlektüre für alle Schulbehörden und Bildungspolitiker sein. Pousset will nämlich die Schulpflicht abschaffen, um das staatliche Schulsystem zu retten und zu verbessern. Es würde uns zu weit führen, alle seine Argumente aufzuführen. Einige seien im Folgenden genannt, andere werden wir an anderer Stelle anführen.

Grundsätzlich bemängelt Pousset, dass durch die strafbewehrte Schulpflicht lernunwillige und gewaltbereite Schüler in die Schule gezwungen werden, die dort das Unterrichten für alle erschweren. Dieser kleine Prozentsatz an Schülern lernt sowieso nichts und ist ein Fall für persönliche Betreuung durch Sozialarbeiter, hält in der Schule aber die Lehrer und Mitschüler auf Trab und zieht die Lernleistung aller herunter. Außerdem, so Pousset, schaffe die Schulpflicht Zwangsgemeinschaften in Klassen, so dass etwa friedliche Schüler auf Jahre mit gewalttätigen Schülern zusammenleben müssen, ob sie (und ihre Eltern) wollen oder nicht.[61] „Täglich lässt die Schulpflicht in den eng umgrenzten Arenen der Klassenzimmern Kämpfer aufeinander los, die im Prinzip nicht fliehen können. Soziales Leben findet unter Zwang statt, wodurch die Gewalt zusätzlich gefördert wird. Schüler, besonders in der Haupt-, Gesamt- und Berufsschule, werden zu Horrorge-

---

[59] Vgl. OECD. Freie Schulwahl im internationalen Vergleich. Bildungsforschung internationaler Organisationen 14. Peter Lang: Frankfurt, 1996. S. 96-102.
[60] Raimund Pousset. Schafft die Schulpflicht ab! a. a. O.
[61] Auf die Statistiken zur Gewalt in der Schule wird unten näher eingegangen.

stalten für Lehrer und Mitschüler (Bullying)."[62] Auch „Die Lehrerausbildung ist grundsätzlich falsch gepolt.". „Die Lehrerausbildung macht Menschen fit für lernwillige, aber nicht für widerstandsbereite Schülerinnen."[63] Das Primat der Methodik verhindere, dass man in der Didaktik lerne, wie man mit Kindern sozialpädagogisch umgehe.

Daneben verweist Pousset auf das Versagen des staatlichen Schulsystems, das er vor allem auf den Absolutismus überregionaler Behörden und den staatlichen Zwang in der örtlichen Schule zurückführt. Ca. 4 Millionen funktionale Analphabeten, jährlich 90.000 Schulentlassene ohne Schulabschluss, Straßenkinder und Ausländer, die nie erfasst werden, 250.000 Sitzenbleiber jährlich[64] und vor allem der gigantische Markt des Nachhilfeunterrichts mit über 1 Milliarde Euro Umsatz und einer de facto Einführung von Schulgeld[65] zeige, dass die strafbewehrte Schulpflicht nicht halte, was sie verspreche, und unsere Nachbarländer ohne diesen Zwang viel besser fahren.

Pousset ist außerdem der Meinung, dass die staatlichen Schulen den reformpädagogischen Ansätzen der Privatschulen viel zu viel zu verdanken habe, als dass man sie bekämpfen solle. Alternative pädagogische Ansätze im Umfeld zwischen Privatschule, Familie und Kind haben die staatlichen Schulen immer wieder befruchtet und das staatliche System braucht unbedingt solche freien ‚Versuchsschulen'.

Pousset kommt zu dem Schluss: „Nach eindeutigen Verdiensten für die Volksbildung in der Vergangenheit ist Schulpflicht mittlerweile hoffnungslos überholt. In anderen Staaten sehen wir, dass sich Schule auch anders gestalten lässt, indem eine Bildungs- (bzw.) Unterrichtspflicht eingeführt wird."[66]

8. These:
In Deutschland herrscht in der Bildungspolitik ein unglaublicher Fundamentalismus, der angesichts des modernen Pluralismus der Pädagogik viel schlimmer ist, als der beklagte religiöse Fundamentalismus mancher Homeschooler, den immerhin das Grundgesetz eigentlich mit der Religionsfreiheit schützt.

Viele derselben Reformpädagogen, die seit der 68er Revolution jede nur erreichbare traditionelle Autorität gestürzt haben, verteidigen heute mit un-

---

[62] Raimund Pousset. Schafft die Schulpflicht ab! a. a. O. S. 101.
[63] Ebd. S. 73.
[64] Alles ebd. S. 32-35.
[65] Ebd. S. 32.
[66] Ebd. S. 13.

geheuer autoritärem Gehabe ein System vergangener Jahrhunderte, als man
noch davon ausging, dass der Zentralstaat es grundsätzlich immer besser
mache und wisse. Das hat zunächst gar nichts mit Homeschooling zu tun,
sondern ist alltägliche Last der einzelnen staatlichen Schule, die keine Freiheiten erhält und ist alltägliche Last jeder Privatschule, die letztlich nur als
reine Kopie der staatlichen Schule zugelassen wird. Manch einer in
Deutschland kann denn auch nur von der Situation anderer Länder träumen. Man lese etwa einmal, was der führende Waldorfpädagoge Johannes
Kiersch schwärmerisch über die Lage in den USA schreibt.[67]

Fundamentalismus wird oft zu Recht oder zu Unrecht mit Ängsten vor
der modernen Welt in Verbindung gebracht. Der Bildungsfundamentalis-
mus ist auf jeden Fall so oder so ein gutes Beispiel dafür. Gegen Homeschooling und oft auch gegen Privatschulen werden überwiegend Ängste
geschürt, die angesichts der guten Erfahrungen unserer Nachbarländer bloße Stimmungsmache sind. Rainer Pousset, der, wie wir gesehen haben, zur
Rettung der staatlichen Schule die Schulpflicht abschaffen will, listet allerlei
„diffuse Ängste"[68] vom Untergang des Abendlandes oder der demokratischen Gesellschaft usw. auf, die sich durch keinerlei Untersuchungen oder
Beispiele erhärten ließen.

Die Schulpflicht stellt „den bei weitem umfassendsten und intensivsten
Eingriff des Staates in die persönliche Freiheitssphäre der Gesamtheit seiner
Bürger"[69] dar. Man könnte erwarten, dass dies deswegen sehr behutsam,
wohlüberlegt und jeweils nur nach gründlicher Untersuchung geschieht.
Stattdessen aber scheint vielen gar nicht mehr bewusst zu sein, welch ein
Eingriff in das Leben einer Familie hier stattfindet. Ist dieser Eingriff ge-
wünscht, ist das natürlich kein Problem, wird er aber in kleinen Aspekten
abgelehnt oder grundsätzlich in Frage gestellt, kann der Staat nicht einfach
so tun, als würde er Bußgeldbescheide an Verkehrssünder verschicken.

---

[67] Johannes Kiersch. „Schulfreiheit im Aufwind: US-Charter-Schools als gesellschaft-
lich-pädagogisches Symptom Erziehungskunst – Ausgabe: Oktober 2000 zu finden
unter www.siriusonline.de/verlag/zeitschriften.nsf/.

[68] Ebd. S. 19.

[69] Thomas Oppermann. Kulturverwaltungsrecht. Tübingen: Mohr, 1969, S. 191, zu-
stimmend zitiert Eggert Winter. „Schulpflicht und Schulzwang: Überlegungen zur
Strafwürdigkeit der Verletzung der Schulbesuchspflicht". Recht der Jugend und des
Bildungswesens 26 (1978): 408-423. S. 411.

9. These:
Nur in Deutschland wird der Bereich der Bildung fast völlig aus dem Bereich der Religionsfreiheit herausgenommen.[70]

Das Recht der Eltern, nicht nur ihre Kinder zu erziehen, sondern auch ihre Religion zu bestimmen und zu prägen, gilt de facto im Bereich der Schule in Deutschland nicht. Ja, selbst wenn es die Kinder selbst sind, die aus religiösen Gründen bestimmte Dinge verweigern, wird in der Schule ihr Gewissen nicht geschützt. In ganz Europa und in allen demokratischen Ländern der Erde ist aber auch der schulische Bereich ein Raum, in dem auf Religion und Gewissen von Eltern und Kindern Rücksicht zu nehmen ist und genommen wird.

Im meist einfach ‚Europäische Menschenrechtskonvention' genannten, für Deutschland rechtsverbindlichen „Zusatzprotokoll zur Konvention zum Schutz der Menschenrechte und Grundfreiheiten" des Europarates vom 20.3.1952 heißt es in Artikel 2: „Niemandem darf das Recht auf Bildung verwehrt werden. Der Staat hat bei der Ausübung der von ihm auf dem Gebiet der Erziehung und des Unterrichts übernommenen Aufgaben das Recht der Eltern zu achten, die Erziehung und den Unterricht entsprechend ihren eigenen religiösen und weltanschaulichen Überzeugungen sicherzustellen." In Deutschland wird dieses europäische Menschenrecht de facto wie Luft behandelt.

---

[70] Vgl. zur Situation in den USA: Rosemary Salomone. „Home Schooling and Religious Freedom". Education Week Nr. 8 (20.10.) 2004: 52, 41.

10. These:

Der deutsche Staat richtet seine geballte Macht schon gegen Eltern, die ihre Kinder nur von einzelnen Schulstunden befreien wollen, und droht ihnen mit Geldbußen, Gefängnis, Entzug des Sorgerechtes und Einweisung der Kinder in ein Heim, als stünden sie auf einer Stufe mit Eltern, die ihren Kindern die Nahrung verweigern.[71]

Denn selbst eine Befreiung von einzelnen Fächern oder gar nur einzelnen Stunden innerhalb dieser Fächer aus religiösen Gründen ist in Deutschland nirgends zulässig,[72] weder vom Sportunterricht noch von dem bisweilen perversen und alle christlichen (oder muslimischen) Werte hohnlachenden Sexualkundeunterricht. Ausnahmen werden meist nur für Muslime gemacht oder wenigstens geduldet, da manche Gruppen massiv genug auftreten oder die Bestimmungen ignorieren. Aber selbst das gilt nicht immer, wie das folgende Beispiel zeigt.

Das Hamburger Verwaltungsgericht zwingt pakistanische muslimische Eltern mit einem Urteil, ihre Tochter in den Schwimmunterricht zu schikken.[73] Zum einen sei nur so zu gewährleisten, dass alle Kinder schwimmen lernen (dabei lernen es die meisten Kinder nach wie vor zu Hause, von Freunden oder im Urlaub). Warum kann man dann nicht einfach sagen: Wenn die Eltern den Nachweis erbringen, dass ihre Tochter schwimmen lernt oder gelernt hat, ist eine Befreiung möglich?

Zum zweiten sei dies ein wichtiger Beitrag zur Gleichberechtigung von Mann und Frau. Man reibt sich die Augen. Man lernt die Gleichberechti-

---

[71] Die beste Zusammenstellung der Prozesse und Urteile des letzten Jahre findet sich in Harald Achilles. „Religiös bedingte Schulpflichtverletzung im Spiegel der Rechtsprechung: Aspekte der Konflikte der home-schooling Bewegung in Deutschland". Materialdienst der EZW 67 (2004) 5: 175-181. Der kirchliche Verfasser sieht die Homeschooler ausschließlich als zu verurteilende Sektierer. Hausunterricht verträgt sich für ihn nicht mit dem Meinungs- und Wertepluralismus als Grundlage des öffentlichen Schulwesens, obwohl die Urteile doch gerade den Bildungspluralismus mit staatlichen Repressionen bekämpfen. Aus der Sicht der Ministerialbürokratie werden die Urteile dargestellt und kommentiert in Stefanie Overbeck. „Heimunterricht – Befreiung von der Schulpflicht aus religiösen Gründen". Schulverwaltung NRW (Nordrhein-Westfalen) 15 (2004) 1: 29-30; Jörg Packwitz. „Rechtsprechung zu Schulrecht". Schulverwaltung BW (Baden-Württemberg) 11 (2002): 70; Udo Dirnaicher. „Erneut: Die allgemeine Schulpflicht im Rechtsstreit". SchulVerwaltung BY (Bayern) 25 (2002) 8: 233; Werner Woltering. „Haus- und Fernunterricht im Konflikt mit der gesetzlichen Schulpflicht". SchulVerwaltung NI SH (Niedersachen und Schleswig-Holstein) 12 (2002) 1: 9. Zahlreiche Fälle werden mit Schreiben und Urteilen beschrieben in Thomas Mayer, Thomas Schirrmacher (Hg.) Wenn Kinder zu Hause zur Schule gehen: Dokumentation. VTR: Nürnberg, 2004.

[72] Hermann Avenarius. Schulrechtskunde. a. a. O. S. 314.

[73] TAZ Hamburg vom 20.4.2005. S. 22; Hamburger Abendblatt vom 20.4.2005 (nach www.abendblatt.de).

gung im Schwimmbad, wenn Jungen Mädchen im Wasser untertunken? Und die beste Auseinandersetzung mit dem islamischen Verständnis des Geschlechterverhältnisses ist Jungen in Badehose zu sehen? Außerdem sollte man dann schnell die vielen auch für die Pädagogik im Trend liegenden Mädchenschulen[74] in Deutschland ganz schnell wieder abschaffen. Und außerdem vergißt man, , dass es auch ganz ohne religiöse Begründung pädagogische Argumente für getrennten Sportunterricht gibt.[75]

Zum dritten wolle man Parallelgesellschaften verhindern – auch ein Trugschluss, denn erstens lösen solche Zwangsmaßnahmen oft erst massive Abgrenzungen aus und zum zweiten steht Muslimen ja das Recht auf islamische Privatschulen zu, in denen sie auch problemlos getrennt schwimmen lernen können. Es gibt genügend Schulen, in denen die Teilnahme von muslimischen Kindern kreativ und freundlich so gelöst wird, dass kein Kulturkrieg entsteht – ohne jede Gewaltmaßnahme, ohne Zwangsgeld und ohne Richter.

Und viertens war das Gericht der Meinung, dass dem schulischen Erziehungsauftrag des Staates grundsätzlich Vorrang vor der Religionsfreiheit gebühre. Das heißt doch de facto, dass es in einem großen Bereich unserer Gesellschaft gar keine Religionsfreiheit gibt.

Für eine Kur der Mutter kann man in der Regel problemlos für drei Wochen von der Schule befreit werden, warum dann nicht für einen Theaterbesuch oder Schwimmstunden? Geht es hier wirklich noch um Verhältnismäßigkeit oder nur noch um ein Kräftemessen um seiner selbst willen? In den meisten Fällen kann ich die gründe der Eltern nicht nachvollziehen. Ab warum soll man in einer Demokratie nicht respektieren, wenn das Gewissen anderer Eltern hier anders schlägt?

Gleichzeitig wird oft an denselben Schulen nicht gegen gewalttätige Mitschüler vorgegangen. Hier wären Bußgelder sicher eher angebracht. Aber al-

---

[74] Z. B. Franziska Stalmann. Die Schule macht die Mädchen dumm: Die Probleme mit der Koedukation. Serie Piper Frauen. Piper: München, 1991[1]; 1999[4]; Hannelore Faulstich-Wieland. Koedukation – enttäuschte Hoffnung. Wissenschaftliche Buchgesellschaft: Darmstadt, 1991; Evangelische Akademie Hofgeismar (Hg.). Die Schule macht's den Mädchen schwer: Anfragen an die Koedukation [Dokumentation einer Tagung der Evangelischen Akademie Hofgeismar, 25. – 27. September 1992]. Hofgeismarer Protokolle 300. Hofgeismar: Evang. Akad., 1993.

[75] Vgl. die Diskussion in Heidi Scheffel. Mädchensport und Koedukation: Aspekte einer feministischen Sport-Praxis. Butzbach-Griedel: AFRA-Verlag, 1996 (Diss. Magdeburg); vgl. auch die neutrale Position in Gertrud Pfister. Geschlechtsspezifische Sozialisation und Koedukation im Sport. Sportsoziologische Arbeiten 8. Berlin: Bartels & Wernitz, 1983 (Habilitation Bochum); Claudia Kugelmann. Koedukation im Sportunterricht. Sport: Aus der Wissenschaft für die Praxis 4. Bad Homburg v.d.H.: Limpert, 1980 (Diss. München).

le Eltern, die versucht haben, gegen Gewalt in der Schule vorzugehen, wissen, wie mühsam es ist, die Behörden zum Handeln zu bewegen, insbesondere die Schulbehörden oberhalb der Schulleitungen.

11. These:
Wäre der Staat kulanter im Erlassen von Schulstunden oder Themenreihen, die in besonderer Weise das religiöse Gewissen von Eltern und/oder Kindern verletzen, würde er sich etliche Fälle von kontroversen Homeschoolfällen in Deutschland erspart haben.

Viele Eltern haben sich erst über längere Zeit bemüht, ihre Gewissensprobleme durch kleine Lösungen zu entschärfen, bevor sich ihr Denken ,radikalisierte'. Manche Lehrer, Schulen und Behörden sind vorschnell mit dem Verweis auf rechtliche Konsequenzen bei der Hand und fordern den Widerstand geradezu heraus. An vielen anderen Orten werden stillschweigend von Schulen oder Lehrern die Gewissensprobleme entschärft, ohne dass dafür Gesetze, Geldbußen, Richter und Polizei bemüht werden müssen. Wenn muslimische Eltern Probleme damit haben, dass ihre Töchter auf Schulfahrten außer Haus übernachten, kann man ihnen doch anbieten, die Kinder Abends abzuholen und morgens wieder hinzubringen. Bei für Eltern bedenklichen Schulstunden werden die Kinder oft solange in anderen Klassen untergebracht oder anderweitig beschäftigt. Während dies an vielen Schulen erfolgreich und geräuschlos geschieht, verweigern andere Schulen und Behörden diesen Weg und meinen, das Gewaltmonopol des Staates verkörpern zu müssen.

Beim Verfassen erhalte ich gerade akut die Meldung, dass in Gütersloh Eltern ins Gefängnis müssen, weil sie ihre Schulkinder von einem einzelnen Theaterbesuch abgehalten haben. Ich werde darauf im Abschnitt zur nächsten These eingehen.

Es sei hier nochmals betont: Homeschooling kann eine Frage der Religionsfreiheit sein. Aber es gibt auch viele nicht christliche motivierte Vertreter der Schule zu Hause in Deutschland. Für den humanistischen, teilweise auch esoterischen Bereich sind vor allem neben den schon erwähnten Alternativschulen zu nennen: Der auch vielfach ins Deutsche übersetzte John Holt[76], Olivier Keller[77], Ulrich Klemm[78] und der ,Bundesverband für natürliches Lernen'[79].

---

[76] John Holt. Teach Your Own: The John Holt Book of Homeschooling. Perseus: Cambridge (MS), 2003 (1. Aufl. Bealcorte: New York, 1981); ders. How Children Fail. Ptiman, New York, 1964. Von John Holt sind seit Mitte der 70er Jahre bis heu-

12. These:

Die Behörden und politischen Vertreter üben meist erst massivsten Druck aus, recht-lich ebenso wie etwa über die Medien, und prüfen erst hinterher, oft nachdem sich der Druck auf Dauer als wirkungslos erwiesen hat, ob Einzelfalllösungen möglich sind.

Dabei ist zu beobachten, dass Behördenvertreter fast vollautomatisch gegen Eltern in Stellung bringen, selbst wenn beide Eltern Lehrer sind oder Privatlehrer eingesetzt werden und die Lernergebnisse der betroffenen Kind weit über dem Durchschnitt liegen. Dabei wird meist erst gedroht, Strafe erwirkt und die Polizei und die Medien ins Spiel gebracht, und dann erst angefangen, Einzelfalllösungen zu suchen oder sich die nötigen Informationen zu beschaffen. Das gibt es weltweit sonst nur in Diktaturen und auch dort nicht immer. Man höre einmal, was Richter Eckermann in einem sensationellen Urteil vom 4.10.1989 den Behörden ins Stammbuch schrieb, als er die Eltern von Tilman freisprach: „Da zu erwarten gewesen wäre, dass die der Angelegenheit seitens der Verwaltungsbehörden beigemessene grundsätzliche Bedeutung in die Sorgfalt und Konsequenz der eingeleiteten Maßnahmen ihren Niederschlag gefunden hätten, mag das Vorgehen der verschiedenen staatlichen Stellen bei den Betroffenen durchaus Zweifel an der Kompetenz oder der Ernsthaftigkeit des Willens erweckt haben, über die Anwendung bloßen Drucks hinaus durch zielgerichtete Ausschöpfung der im eigenen Verantwortungsbereich liegenden Möglichkeiten einen an-

---

te zahlreiche ins Deutsche übersetzte Bücher auf dem Markt, z. B. John Holt. Wozu überhaupt Schule? Maier: Ravensburg, 1975; ders. Kinder lernen selbständig oder gar nicht(s). Beltz: Weinheim, 1999; ders. Wie kleine Kinder schlau werden – Selbständiges Lernen im Alltag. Bechtermünz Verlag: Weinheim, 1993[2].

[77] Olivier Keller. Denn mein Leben ist lernen: Wie Kinder aus eigenem Antrieb die Welt erforschen. Mit Kindern wachsen. Verlag: Freimat im Schwarzwald, 1999; vgl. auch Kellers Webseite www.bildungohneschule.ch.

[78] Ulrich Klemm. „Leben und Lernen ohne Schule". PÄD Forum 29 (2001): 281-286; Ulrich Klemm. Lernen ohne Schule. Materialien der AG SPAK Kleine Reihe 146. Neu-Ulm: AG-SPAK, 2001.

[79] S. www.bvnl.de/infobvnl.html, sowie aus der Feder der Vorsitzenden: Anke Caspar-Jürgens. „Anders Lernen: Plädoyer für eine Familienschule. KursKontakte 14 (2002) Nr. 123 (Okt/Nov 2002): 14-15 (auch unter www.kurskontakte.de), Anke Caspar-Jürgens. „Zeit zu lernen, Zeit zu verstehen". KursKontake 15 (2003) Nr. 129 (Okt/Nov 2003) = www.leben-ohne-schule.de/anke.c-j/kurskontakte129.html (1.4.2005), zahlreiche weitere Artikel in der Zeitschrift KursKontakte: Das Forum für ganzheitliche Bildung und Kultur. Wolfratshausen : Drachen-Verlag (www.kurskontakte.de); vgl. auch die Vorläufer Hartmut v. Hentig. Cuernavaca – oder: Alternativen zur Schule? Klett: Stuttart, 1971 und Walther Borgius. Die Schule – Ein Frevel an der Jugend. Berlin: Radeker, 1930; Reprint Freiburg: Mackay-Gesellschaft, 1981.

geblich eklatant rechtswidrigen Zustand zu beseitigen."[80] Die Schulpsycho-
login wurde zu einem ungünstigeren Gutachten gedrängt und ein Großteil
der Akten selbst dem Richter zunächst nicht vorgelegt, bis dieser die Her-
ausgabe erzwang.

Der Junge Tilmann Holsten wurde von seinen nicht christlich geprägten,
sondern in einer Kommune lebenden Eltern aus der Schule genommen
und zu Hause unterrichtet, da der Hausarzt Schulphobie diagnostizierte
und Hausunterricht empfahl. Zwei andere Kinder gingen weiter auf die ört-
liche Schule. Nach 1,5 Jahren Schule zu Hause durch befreundete Lehrer
nahm ein örtliches Gymnasium Tilman anstandslos wegen seiner guten Leistungen auf, was aber Bußgeldbescheide, Versuch der Einweisung ins Heim
und Gerichtsverhandlung nicht beendete. Nach langwierigen Behörden-
und Rechtsstreitigkeiten entschied das Amtsgericht in seinem Freispruch,
dass die Eltern eine „rechtfertigende Pflichtenkollision"[81] erlebten. In der
Zwickmühle zwischen Schulpflicht und der Pflicht, die Gesundheit und das
Wohl ihres Sohnes zu fördern, der aufgrund von erlebter Gewalt in der
Schule auf dem Schulweg und in der Schule ständig erbrechen musste,
Kopfschmerzen hatte und lernunfähig war, hätten die Eltern das Recht gehabt, das Kind auch gegen den Willen der Schule zu Hause zu unterrichten. Das Urteil gilt für die Kultusbehörden als Verdrehung des Rechtes,[82]
obwohl der Freistaat Bayern auf die Berufung verzichtete. Das Buch mit
dem gesamten Briefwechsel sei allen Eltern empfohlen, die wissen wollen,
wie viele Elternrechte sie tatsächlich haben.

Die Kultusbehörden haben keine Antwort auf die offiziell als Krankheit
existierende ‚Schulphobie', die sehr oft durch erlebte Gewalt in der Schule
ausgelöst wird,[83] gehen aber durchweg davon aus, dass die Schule nicht zu
besuchen noch verheerendere Folgen für das Kind hätte.

---

[80] Johannes Heimrath. Tilmann geht nicht zur Schule: Eine erfolgreiche Schulverweigerung. Drachen Verlag: Wolfratshausen, 1991. S. 237, das ganze Urteil S. 223-241.

[81] Ebd. S. 224.

[82] Vgl. die Reaktionen in ebd. S. 243ff.

[83] Vgl. z. B. als Einstieg: Froben Hamburger. „Kinder leiden unter Schul-Horror". As-
sociated Press, zB in Stern 3.4.2004 (siehe www.stern.de); sowie die aufschlussrei-
chen Dissertationen Elisabeth Baumeister. Schulphobie im Jugendalter – eine
Nachuntersuchung stationär behandelter Patienten. Diss.: München, 2001; Nicola
Orthofer-Bove. Schulphobie als Ausdruck unterschiedlicher dysfunktionaler Bezie-
hungsstrukturen im Vergleich von Jungen und Mädchen. Diss.: München, 1999;
Trait-Angst bei Kindern und Jugendlichen mit Schulphobie: Eine Nachuntersuchung an kinder- und jugendpsychiatrischen Patienten. Diss.: Würzburg, 1996; Ulrike Doll. Schulphobie: Eine Untersuchung zu Differentialdiagnostik und Verlauf.
Diss.: Heidelberg, 1991; ältere Literatur bei Ekkehart Schlung. Schulphobie: Kriti-
sche Sichtung der Literatur zu Erscheinungsformen, Entstehungsbedingungen und

Ebenso veröffentlicht ist der Fall eines Kindes, dessen Eltern beide Lehrer waren und die alle Prozesse bis hin zum Bundesverfassungsgericht verloren.[84] Das Kind wurde erst für ein Jahr in die USA geschickt. Später zog die
Familie in die Schweiz, und zwar in einen Kanton, in dem Hausunterricht
zulässig ist. In all diesen Fällen spielten religiöse Gründe keinerlei Rolle.

Oft sind am Ende ein Dutzend staatliche Behörden und Einrichtungen
wie Amtsärzte, Jugendamt, Schulaufsicht, Landratsamt, Kultusministerium
und Polizei im Einsatz, die sich gegenseitig den Ball zuspielen und den Eltern das Leben schwer machen, die ihrerseits keine Ahnung haben, was hinter den Kulissen geschieht.[85] Man studiere einmal das Gutachten des Amts-
richters Eckermann, der detailliert auflistet, mit welchen Regelverstößen
staatliche Institutionen sich gegenseitig unterstützt, aber auch erpresst haben.

Kommen wir zu Fällen mit religiöser Begründung. Der deutsche Ableger
der großen amerikanischen Rechtsschutzorganisation ,Home School Legal
Defense Association', der Verein ,Schule zu Hause (Schuzh)'[86], kennt zahlreiche solcher Fälle. Ich nenne hier nur ältere Fälle, um die Betroffenen zu
schützen.

Durch zahlreiche bundesweite Presseberichterstattungen wurde in den
90er Jahren der Fall Leuffen am bekanntesten. Renata Leuffen wollte in
Düsseldorf aus religiösen Gründen[87] ihr Kind zu Hause unterrichten. Ihr
wurde das Sorgerecht entzogen. Das Schulamt Düsseldorf begründet
Zwangsmaßnahmen mit dem öffentlichen Interesse am Schulbesuch ihres
Jungen.[88] Sie wurde zu 2 Monaten Gefängnis verurteilt und verlor einen
Prozess vor dem Europäischen Gerichtshof. Schließlich flüchtete sie nach

---

Behandlungsmöglichkeiten bei schulphobischen Verhalten. Deutscher Studien-
Verlag: Weinheim, 1987.

[84] Bernhard Bartmann. „Stationen einer Schulverweigerung". S. 114-175 in: Johannes
Heimrath (Hg.). Die Entfesselung der Kreativität: Das Menschenrecht auf Schulvermeidung. Drachen Verlag: Wolfratshausen, 1991²; vgl. Amanda J. Petrie. „Home
Educators and the Law within Europe". a. a. O. S. 292-293 und Renata Leuffen. Natürlich ohne Schule leben. a. a. O. S. 15.

[85] Der Bundesverband der Freien Alternativschulen (Hg.). Freie Alternativschulen:
Kinder machen Schule. Drachen Verlag: Wolfratshausen, 1992. S. 18-19 nennt folgende klassische Mittel gegen seine Mitgliedsschulen: „Bußgeldbescheide gegen Eltern, Schließungsverfügung, gerichtliche Verfolgung der Lehrerin, Hausdurchsu-
chung bei Vorstandsmitgliedern".

[86] Vgl. www.schuzh.de.

[87] Vgl. ebd. die Berufung auf Gott S. 29-30 und den Papstbesuch S. 41-46.

[88] Ebd. S. 39-40 (Originaldokument); vgl. weitere im ganzen Heft abgedruckte Schreiben der Behörden.

London, wo sie trotz Kenntnis ihres Aufenthaltsortes durch Interpol unbehelligt ihr Kind unterrichtete.[89]

Marion Dellnitz aus Epenwöhrden nahm einen ihrer beiden Söhne aus der Schule. Daraufhin wurde ihr das Sorgerecht für beide (!) Kinder entzogen und beide wurden in mehrfach wechselnde Heime gesteckt. Aufgrund der anhaltenden Gewalt litt der Sohn so, dass er Selbstmordgedanken entwickelte und in die geschlossene Psychiatrie eingewiesen wurde. Nach drei Monaten gelang es der Mutter, die Kinder unter der Bedingung, beide wieder in die Schule zu schicken, Kinder zurück zu bekommen. Ein Triumph des Staates, aber eine Niederlage für Pädagogik und Kindeswohl.[90]

Die 5. Strafkammer des Landgerichts Kassel verurteilte Ralf Bernd Schiemann aus Bebra, weil er seine Tochter zu Hause unterrichtet[91]. Schiemann wurde damit zum vierten Mal verurteilt. Dem Ehepaar Stücher aus Siegen wurde ähnlich wie einem Ehepaar aus Lage zwar zunächst das Sorgerecht entzogen, dann aber plötzlich kurz vor einem geplanten Polizeieinsatz wieder zurückgegeben[92], so dass diese unter der Hand ihre Kinder zu Hause unterrichten konnten.[93] Ähnlich hat das Amtsgericht Emmendingen auf das Verfahren gegen Kuno und Dorothee Becker verzichtet, die ihre vier Kinder selbst zu Hause unterrichteten.[94]

Tatsächlich gehen viele Fälle so aus, dass am Ende der Staat doch nicht zum Äußersten schreitet oder sein Pulver verschossen hat. So heißt es über den neuesten Fall, von dem ich eingangs berichtete: „Im Paderborner Fall drohen den Eltern momentan keine Zwangsmaßnahmen. Die vor drei Wochen von den betroffenen Schulen verschickte schriftliche Androhung, die

---

[89] Vgl. ebd. (ganz) und Renata Leuffen. Natürlich ohne Schule leben. a. a. O.; vgl. Amanda J. Petrie. „Home Educators and the Law within Europe". a. a. O. S. 293.

[90] Alles nach Renata Leuffen. Natürlich ohne Schule leben. a. a. O. S. 14.

[91] Wolfgang Zöller. „Schulpflichtverweigerer aus Gewissensgründen in Kassel verurteilt". Wir Evangelikalen Nr. 18 (31.12.1991): 5-6.

[92] Ebd. S. 5; vgl. Helmut Stücher. „Christliche Heimschule" (Leserbrief). Frankfurter Allgemeine Zeitung vom 4.9.1995. S. 8 (zu Peter Vogel. „Schule zu Hause". Frankfurter Allgemeine Zeitung vom 22.8.1995); Renata Leuffen. Natürlich ohne Schule leben. Kid-Verlag: Bonn, 1993. S. 14; und Hermann Schneider. „„Home schools' Hausschulen". a. a. O. S. 24.

[93] Nach Angaben von Stücher werden nach dem Stand von 1996 49 Kinder aus 26 Familien in 9 Bundesländern in christlichen Heimschulen unterrichtet, nach Marcus Mockler. „Die Mutter als Pauker: Hausschulen". a. a. O. S. 22 für 1999: „Bundesweit dürften es mehr als 200 Kinder aus über 70 Familien sein". Focus-Schule 3/2005. S. 98 gibt für 2005 bereits 3000 Hausschulkinder in Deutschland an. Zu Stücher vgl. die Darstellung unten.

[94] Idea Spektrum 30/31/1999: 14; „Die ‚Heimschule' sollte erlaubt werden". Idea-Spektrum 47/1999: 12; Schwarzwälder Bote vom 28.7.1999. Vgl. weitere Details in Les Sillars. „State schools über alles". World Nr. 27 (8.7.2000).

Kinder notfalls von der Polizei zum Unterricht abholen zu lassen, wird vor-
läufig nicht vollstreckt."⁹⁵

Wann endlich verstehen unsere Behörden und Gerichte, dass man den
Elternwillen nicht beliebig brechen kann und dass es gerade das Elternsein
ausmacht, dass man gegebenenfalls fast alles für eine bessere Zukunft für
die Kinder einzusetzen bereit ist? Der Spiegel stellt lapidar fest: „In der Praxis freilich laufen solche Drohungen ins Leere."⁹⁶

Die Mentalität mancher Politiker zeigt meines Erachtens der folgende
Artikel über Drohungen eines Landrates vorausgesetzt, es wurde korrekt berichtet. Man beachte dabei, dass es nicht um Homeschooler geht, sondern
nur um Eltern, die ihre Kinder nicht an einer Theaterfahrt teilnehmen ließen. (Im Übrigen geht es mir auch nicht darum, dass ich die Auffassung der
Eltern teile oder gar nur verstehe. Es geht mir nur um die überzogenen Reaktionen.) „Güterslohs Landrat Sven-Georg Adenauer kündigte unterdessen
an, er werde gegen Schulverweigerer in seinem Kreis knallhart vorgehen.
Auch Baptisten müssten sich in Deutschland, wo Schulpflicht bestehe, anpassen oder ausreisen: ‚Fundamentalisten haben hier nichts zu suchen.'"

„Im Konflikt um die baptistischen Schulverweigerer werden Ton und
Gangart schärfer. Der Gütersloher Landrat Sven-Georg Adenauer hat die
Verweigerer gestern aufgefordert, das Land zu verlassen, wenn sie sich nicht
anpassen wollten. Nach wie vor halten zwölf Baptistenfamilien aus den
Kreisen Paderborn, Höxter und Gütersloh ihre etwa 20 Kinder aus religiösen Gründen vom Schulbesuch fern. Der Detmolder Regierungspräsident
Andreas Wiebe hatte den Eltern schon in der vergangenen Woche vorge-
worfen, ihre Kinder als Geiseln zu missbrauchen, um ihre Ideologie durchzusetzen. Adenauer geht noch weiter. ‚So etwas kann sich der Rechtsstaat
nicht bieten lassen.' Er werde jetzt knallhart durchgreifen, sagte der Landrat
gestern dieser Zeitung. ‚Die kommen tausende Kilometer weit hier her und
wollen uns ihren Willen aufzwingen. Die müssen sich in Deutschland anpassen, dazu gehört auch die Schulpflicht. Und wenn sie das nicht wollen,
sollen sie in ihre Heimat zurück gehen. Fundamentalisten haben hier nichts
zu suchen.' Ein vom Amtsgericht Gütersloh zu je sechs Tagen Erzwin-
gungshaft verurteiltes Elternpaar ist zum Haftantritt nicht erschienen. Adenauer hat deshalb die Polizei angewiesen, den Vater und die Mutter festzu-
nehmen und in die Justizvollzugsanstalt einzuliefern. ‚Nacheinander', be-

---

⁹⁵ „Schulboykotteure wollen eigene Schule gründen". Der Spiegel vom 8.2.2005
   (www.spiegel.de/unispiegel/studium/0,1518,340744,00.html).
⁹⁶ Jochen Leffers. „Kinder bibeltreuer Christen müssen zur Schule". Der Spiegel
   5.11.2003 (aus www.spiegel.de).

tont Adenauer, ,damit sich jeweils ein Elternteil um die Kinder kümmern kann'."[97]

Was für billige Parolen, die man sonst von rechtsradikaler Seite über Muslime hört.[98] Es handelt sich hier immerhin um deutsche Staatsbürger, deren „Heimat" die Bundesrepublik Deutschland ist. Selbst ein Schwerverbrecher mit deutschem Pass muss sich solche Reden nicht anhören, sondern haben ein Recht darauf, hier im Land zu bleiben und vom deutschen Staat bei aller Notwendigkeit der Bestrafung anständig behandelt zu werden. Ausweisen kann man nur Ausländer und auch das nur unter strikter Einhaltung des Rechtsweges. Oder entscheiden ab jetzt Landräte, welche Deutschen in Deutschland bleiben dürfen? Und noch ist religiöser „Fundamentalismus", wenn er nicht gewalttätig ist, von der Religions- und Gewissensfreiheit unserer Verfassung geschützt. Hier wird doch einfach eine Minderheit verunglimpft, während gleichzeitig der „Rechtsstaat" bemüht wird. Wer als Amtsinhaber den Rechtsstaat retten will, soll sich auch selbst an das Recht halten. Hier will doch nicht jemand das Beste für die ihm unterstellten Bürger und die betroffene Kinder, sondern will Ressentiments bedienen und seine Macht beweisen. Und all das wird dann damit begründet, man wolle Intoleranz bekämpfen und den Kindern Toleranz beibringen?

Nicht zuletzt sei noch darauf hin gewiesen, dass gegen die Überzeugung der Behörden, nur ihr Rechtsverständnis könne ein demokratisches Schulsystem retten, spricht, dass eine große Kluft in allen Schulfragen zwischen den Bundesländern klafft. Nicht nur, dass man für manche bayerische Realschulabschlüsse woanders das Abitur bekommen würde, auch das Strafmaß und die Straffreudigkeit der Behörden ist völlig unterschiedlich ausgeprägt. Sie wechselt sogar innerhalb der Bundesländer sehr oft mit dem Wechsel der Amtsinhaber, ob durch Regierungswechsel oder normale Ablösung. Viele Fälle von strittigen Privatschulgenehmigungen oder von Homeschooling müssen mit dem Regierungswechsel in Kommune oder Land ganz neu aufgerollt werden oder fallen einfach unter den Tisch. Während Bayern und Nordrhein-Westfalen derzeit – das kann sich schon morgen ändern – lächerliche Fälle wie Theaterbesuchverweigerung verfolgen, hat sich Nieder-

---

97   Hubertus Hartmann. „Schulverweigerer sollen das Land verlassen: Adenauer will ,knallhart durchgreifen'". Westfalen-Blatt vom 14.4.2005 (aus www.westfalenblatt.de); ähnlich „Landrat Adenauer ruft die Polizei". Neue Westfälische vom 14.4.2005 (nach www.nw-news.de).

98   Nach www.fluechtlingsrat-nrw.de/1397/Die Ausländerbehörde ist der Kreis Gütersloh weit über Ostwestfalen-Lippe hinaus für ihre Härte gegenüber Flüchtlingen und eine rigorose Abschiebepraxis und Sven-Georg Adenauer für seine markigen Aussagen dazu bekannt.

sachen noch mit allen Eltern gütlich geeinigt. Die anderen Bundesländer sortieren sich irgendwo dazwischen ein. Eggert Winter hat denn auch beklagt, dass es nicht angehen kann, dass die „Zufälligkeit „seines Wohnsitzes"[99] darüber entscheidet, ob und wie scharf ein Schüler oder seine Erziehungsberechtigten bestraft werden. Das Urteil des Jugendschöffengerichts Wiesbaden vom 30.3.1978 etwa, das einen 15jährigen Schüler zu einem halben Jahr Gefängnis ohne Bewährung verurteilte und damit die in Deutschland für Jugendliche zulässige Höchststrafe verhängte,[100] ist auch für Winter als Ministerialdirektor eine Verletzung des ‚Übermaßverbotes' und wäre schon auf der anderen Seite des Flusses in Mainz undenkbar gewesen.[101]

13. These:
Die übliche Anwendung der Paragraphen 1666a (1) und (2) des Bürgerlichen Gesetzbuches, wenn Eltern ihre Kinder nicht zur Schule schicken (bzw. zwingen), der genutzt werden soll, um den Eltern das Sorgerecht für die Kinder zu entziehen, ist meines Erachtens im Falle von Hausschulunterricht völlig fehl am Platz,[102] bezieht er sich doch eigentlich auf Eltern, die das Wohl ihrer Kinder vernachlässigen und bei denen andere Maßnahmen nicht in Frage kommen (1) und andere Maßnahmen erfolglos blieben (2).

Wie kann man das nur auf Eltern anwenden, die ihren Kindern eine – dazu noch bessere – Schulbildung zu Hause zukommen lassen? Dies jedenfalls scheint die Auffassung des Landes Niedersachsen[103] zu sein. Meines Erachtens ist der mit Entzug des Sorgerechts, Gefängnis, Geldstrafen und Polizei durchgesetzte Zwang, Kinder, die gut unterrichtet werden, zum Schulbesuch zu zwingen, in seiner Unverhältnismäßigkeit nicht durch den Geist der Gesetzgebung abgedeckt, sondern bloßes Muskelspielenlassen des Staates.

---

[99] Eggert Winter. „Schulpflicht und Schulzwang: Überlegungen zur Strafwürdigkeit der Verletzung der Schulbesuchspflicht". Recht der Jugend und des Bildungswesens 26 (1978): 408-423. S. 409.

[100] Jugendstrafe für Schulschwänzen". Recht der Jugend und des Bildungswesens 26 (1978): 476-477.

[101] Siehe den ganzen Beitrag Eggert Winter. „Schulpflicht und Schulzwang. a. a. O.

[102] So auch Renata Leuffen. Natürlich ohne Schule leben. a. a. O. S. 6.

[103] Nach Renata Leuffen. Natürlich ohne Schule leben. a. a. O. S. 7 und Renata Leuffen. Das Schulamt und das Jugendamt der Stadt Düsseldorf wollten meinen Sohn in ein Kinderheim verschleppen ... Verlagsgemeinschaft Anarche Nr. 54: Düsseldorf, 1991. S. 32-33.

Damit mich niemand falsch versteht: Nicht alles ist zu billigen, was Eltern für eine bessere Zukunft ihrer Kinder tun, aber ich bin der Meinung, dass man mit diesem natürlichen Elterninstinkt erfurchtsvoller umgehen sollte und nicht Eltern, die für andere ungewöhnliches wollen nicht mit gewalttätigen Eltern auf eine Stufe stellt, die zu recht bestraft werden.

14. These:

Deutschland ist europaweit und – eben von einigen Diktaturen abgesehen – weltweit eine Ausnahmeerscheinung mit seinem absoluten und strafbewehrten Verbot jeglichen Hausunterrichts und seiner Gängelung der Privatschulen.[104]

Man bedenke etwa, dass in den Niederlanden 75 % aller Kinder auf Privatschulen gehen,[105] in Großbritannien und Frankreich 25 % bzw. 20 %, während es in Deutschland nur 5,5 % sind, obwohl der Bedarf und Wunsch der Eltern diese Zahl um ein mehrfaches übersteigt und auf mindestens 20% geschätzt wird. Damit ist Deutschland das Schlusslicht unter den freien Industrienationen. Und nur in Deutschland gibt es, von wenigen Ausnahmen Einzelner abgesehen, keinen säkularen oder christlichen Aufstand gegen diese Gesinnungsdiktatur, da nicht nur die Behörden staatszentriert denken, sondern auch die Masse der Bürger.

Die internationale OECD (Organsiation for Economic Co-operation and Development) zählt in ihrem in der deutschen Fassung vom Bundesbildungsminsterium herausgegebenen Plädoyer für freie Schulwahl und Privatschulen Hausunterricht zum normalen Bildungsangebot in Europa und weltweit und ist erstaunt, dass dies in Deutschland im Gegensatz zum rest-

---

[104] Dies belegt im Detail Amanda J. Petrie. „Home Educators and the Law within Europe".International Review of Education – Internationale Zeitschrift für Erziehungswissenschaft 41 (1995) 3-4: 285-296; „Home Education in Europe and the Implementation of Changes to the Law. International Review of Education 47 (2001) 5: 477-500 (beide Aufsätze finden sich in dt. Übersetzung in: Thomas Mayer, Thomas Schirrmacher. Wenn Kinder zu Hause zur Schule gehen, a. a. O. Die britische, säkulare Pädagogikforscherin Amanda J. Petrie ist die führende Autorität für Europa auf diesem Gebiet; vgl. Amanda J. Petrie. Home Education and the Local Education Authority. a. a. O.; für Großbritannien: dies. „Home Education and the Law". Education and the Law 10 (1998): 123-135; The Prevalence of Home Education in Egland. Report to the Department for Education and Emloyment, London, 1999. Vgl. auch Cynthia Guttmann. „European Disunity". Unesco Courier 6/2000, www.unesco.org/courier/2000_06/uk/apprend2.htm (1.4.2005).

[105] Vgl. OECD. Freie Schulwahl im internationalen Vergleich. a. a. O. S. 96-102; dort auch Angaben zu vielen anderen Ländern.

lichen Europa verboten ist.[106] Dieser Bericht zeigt überhaupt, wie isoliert Deutschland mit seinem Einheitsschulsystem dasteht, während welt weit die Bildung von Kindern und Jugendlicher immer mehr dezentralisiert, privatisiert und pluralisiert wird. In Belgien, Dänemark, Frankreich[107], Großbritannien[108], Irland[109], Italien, Luxemburg, Norwegen[110], Portugal; Russland[111], Spanien[112] und den meisten Kantonen der Schweiz war Hausunter-

---

[106] OECD. School: A Matter of Choice. OECD: Paris, 1994 und OECD. Freie Schulwahl im internationalen Vergleich. Bildungsforschung internationaler Organisationen 14. Peter Lang: Frankfurt, 1996 (herausgegeben vom „Deutschen Institut für internationale Bildung im Auftrag des Bundesministeriums für Bildung ...").

[107] Vgl. Marie Boëton. „Le succès inattendu du homescholing". Le Monde de l'éducation 321 (2004): 54-55 und Anke Caspar-Jürgens. „Zeit zu lernen, Zeit zu verstehen". KursKontake Nr. 129, Oktober/November 2003 = www.leben-ohne-schule.de/anke.c-j/kurskontakte129.html (1.4.2005).

[108] Zu Lage in Großbritannien vgl. Roland Meighan. The Next Learning System: And Why Home-Schoolers are Trailblazers. Educational Heretics Press: Nottingham (GB), 1997 und Ingri B. Reithaug. „Home Education in England". = http://folk.uio.no/cbeck/Home%20education%20in%20England.htm (1.4.2005), sowie etliche gut ausgestattene Webseiten, z. B. www.home-service.org.

[109] Vgl. zu Irland und ganz Skandinavien Christian W. Beck. „Home Education – New Political Tension? – The Case of Northern Europe" = http://folk.uio.no/cbeck/Home%20education%20in%20Northern%20Europe.htm (1.4.2005).

[110] Vgl. Christian W. Beck. „Home Schooling and Future Education in Norway". European Education 34 (2002) 2: 26-36; Christian W. Beck, Marta Straume. Hjemmeundervisning – starten på en ny utdanningsrevolusjon? Oslo/Vallset: Opplandske Bokforlag, 2004; Christian W. Beck. „Two Different Home Education Countries" = http://folk.uio.no/cbeck/Two%20different%20home%20educating%20countries.ht m (1.4.2005) (Vergleich Norwegen und USA); weitere Veröffentlichungen von Beck zum Thema s. unter http://folk.uio.no/cbeck/Untitled1.htm und http://folk.uio.no/cbeck/OTHhjemmeside.htm.

[111] Vgl. Henrik Fladmoe, Evgeny Kaprov. „Home Education and Family Education in Russia". = http://folk.uio.no/cbeck/Home%20education%20and%20Family%20Education%2 0in%20Russia.htm (1.4.2005), wieder abgedruckt in Christian W. Beck, Marta Straume. Hjemmeundervisning – starten på en ny utdanningsrevolusjon? Oslo/Vallset: Opplandske Bokforlag, 2004; Ruth Pustal. Homeschooling/Hausunterricht – ein internationaler Vergleich innerhalb Europas. Wiss. Hausarbeit zur Ersten Staatsprüfung. Pädagogische Hochschule Ludwigsburg: Ludwigsburg, 2003. 48 S. S. 20-21;"Ob utverzdenii primernych polozenij o polucenii obscego obrazovanija v forme eksternata i polucenii obrazovanija v sem'e" (Bestätigung der Rahmenordnungen über den Erwerb der allgemeinen Bildung durch Fernunterricht und durch Hausunterricht). Pervoe sentjabrja Nr. 93 (26.09.1996) o. S.

[112] Vgl. die überaus gründliche Untersuchung Ana María Redondo. Defensa de la constitución y enseñanza básica obligatoria: Integración educativa intercultural y ‚homeschooling'. Novedades de derecho público 5. Valencia: Tirant lo Blanch, 2003 sowie Juan J. Gomez. „Clases a domicilio para escolares enfermos". El Pais Nr. 8244 (13.12.) 1999: 44; Rebecca Warden. „Parents defend Internet teaching". Times Edu-

richt schon immer möglich, und auch in Österreich[113] wurde der Hausunterricht erst kürzlich ganz neu auf eine gesetzliche Grundlage gestellt. In Griechenland, den Niederlanden[114], zwei Kantonen der Schweiz und Spanien ist Hausunterricht theoretisch nicht zulässig, aber verbreitet, da er nicht bekämpft wird.[115] Völlig verboten und praktisch nicht existent, da durch Entzug des Sorgerechtes für die Kinder und mit Gefängnis für die Eltern bestraft, ist Hausunterricht nur in Deutschland, dem Land, das auch sonst staatliche Bildung jeder Art anbetet und schon Privatschulen mehr Schwierigkeiten bereitet als irgendein anderes freies Land der Erde.

Entscheidend ist dabei die Frage, ob die Gesetze eines Landes die Schulpflicht oder die Unterrichts- bzw. Bildungspflicht festschreiben.[116] Belgien, Dänemark, Frankreich, Irland, Norwegen und Großbritannien kennen beispielsweise in ihren Verfassungen und Schulgesetzen nur die Pflicht der Eltern, den Kindern eine Ausbildung angedeihen zu lassen. In den Verfassungen von Dänemark (§ 72 Satz 2), Finnland (§ 82) und Irland (§ 42 Abs. 2) ist Hausunterricht inzwischen sogar ein eigenständiges Grundrecht.

Die Verfassung von Irland lässt in vorbildlicher Weise dazu in Art. 42 als Möglichkeiten den Unterricht zu Hause, in einer Privatschule oder in einer staatlichen Schule offen: „Artikel 42 (1): Der Staat erkennt an, dass die Erziehung des Kindes in erster Linie und natürlicherweise der Familie obliegt; er verbürgt sich, das unveräußerliche Recht und die unveräußerliche Pflicht der Eltern zu achten, je nach ihren Mitteln für die religiöse, moralische, geistige, körperliche und soziale Erziehung ihrer Kinder Sorge zu tragen. (2)

---

cational Supplement Nr. 4344 (1.10.) 1999: 14; Ana Torregrosa. „Los sin clase". El Pais Nr. 8160 (20.9.): 1999: 34; Joaquina Gabriel Prades. „Vive a 6.000 kilómetros del colegio". El Pais Nr. 8159 (19.9.1999): 31; Susana Perez de Pablos. « 600 profesores voluntarios dan clase a ninos enfermos en sus domicilios ». El Pais Nr. 7516 (9.12.): 1997: 37.

[113] Vgl. zu Österreich Christian Brünner (Hg.). Bildung ohne Schule? Tagung des Österreichischen Akademikerbundes. Wien: Passagen-Verlag, 1992; Ulrich Klemm. „Leben und Lernen ohne Schule". PÄD Forum 29 (2001): 281-286.

[114] Vgl. Henk Blok. „Performance in Home Schooling: An Argument against Compulsory Schooling in the Netherlands". International Review of Education 50 (2004) 1: 39-52.

[115] Die Angaben zu ganz Europa nach Amanda J. Petrie. „Home Educators and the Law within Europe". a. a. O. und ihren anderen genannten Veröffentlichungen. Vgl. auch Ruth Pustal. Homeschooling/Hausunterricht – ein internationaler Vergleich innerhalb Europas. Wiss. Hausarbeit zur Ersten Staatsprüfung. Pädagogische Hochschule Ludwigsburg: Ludwigsburg, 2003, sowie die Tabelle unter www.focusschule.de/heimschule.

[116] Vgl. Marcus Mockler. „Die Mutter als Pauker: Hausschulen". a. a. O. S. 24; Engl. „compulsory education" und „compulsory schooling"; vgl. bes. Amanda J. Petrie. „Home Educators and the Law within Europe". a. a. O. S. 285-286.

Es steht den Eltern frei, für diese Erziehung in ihrer Privatwohnung, in Privatschulen oder in staatlich anerkannten oder vom Staat eingerichteten Schulen zu sorgen. (3) Der Staat darf die Eltern nicht dazu verpflichten, ihre Kinder unter Verletzung ihres Gewissens und ihrer rechtmäßigen Vorliebe in staatliche Schulen oder irgendeinen besonderen vom Staate vorgeschriebenen Schultypus zu schicken."[117]

„Dänemark kennt keine Schul- wohl eine Unterrichtspflicht: die dänischen Eltern müssen dafür sorgen, daß ihre Kinder in einer bestimmten Zeit ungefähr den Stoff lernen, den die öffentlichen Schulen vermitteln. Dabei steht es ihnen frei, ob sie ihr Kind auf eine Schule schicken oder es zu Hause unterrichten."[118] In der Verfassung Dänemarks heißt es: „Alle Kinder im schulpflichtigen Alter haben Anspruch auf unentgeltlichen Unterricht in der Volksschule. Eltern oder Vormünder, die selbst dafür sorgen, daß die Kinder einen Unterricht erhalten, der den im allgemeinen an den Volksschulunterricht gestellten Anforderungen entspricht, sind nicht verpflichtet, die Kinder in der Volksschule unterrichten zu lassen."[119]. In Dänemark wird etwa die Anschaffung von Lernmaterial für Hausunterricht finanziell ebenso vom Staat unterstützt, wie Lernmaterial für Schulen.

Das österreichische Schulpflichtgesetz von 1986 lautet etwa in § 11: „(1) Die allgemeine Schulpflicht kann – unbeschadet des § 12 – auch durch die Teilnahme am Unterricht an einer Privatschule ohne Öffentlichkeitsrecht erfüllt werden, sofern der Unterricht jenem an einer im § 5 genannten Schule mindestens gleichwertig ist. (2) Die allgemeine Schulpflicht kann ferner durch die Teilnahme an häuslichem Unterricht erfüllt werden, sofern der Unterricht jenem an einer im § 5 genannten Schule – ausgenommen die Polytechnischen Schule – mindestens gleichwertig ist."[120].

---

[117] Aus der Verfassung Irlands vom 1. Juli 1937, zuletzt geändert am 3. November 1972, zitiert nach Renata Leuffen. Natürlich ohne Schule leben. Kid-Verlag: Bonn, 1993. S. 21; engl. Original: www.maths.tcd.ie/pub/Constitution/Articles40-44.html (1.4.2005).

[118] Karin Hopmann. „Dänemark – pädagogische Vielfalt". Erziehung & Wissenschaft 9/1991. S.20; vgl. Luc Jochimsen. „Die neunjährigen Grundschulen in Dänemark: Ohne Auslese und Leistungszwang". Schulmanagement 2/1975: S. 54-57 und http://kraetzae.de/schule/daenemark/ (1.4.2005).

[119] Verfassung des Königreich Dänemarks von 1953 (seitdem unverändert), Artikel 76; nach www.verfassungen.de/dk/daen53.htm. Zur Geschichte des Hausunterrichts in Dämenark (und Island) vgl. Holger Kjaer. Über Familienerziehung und Hausunterricht: Eine Untersuchung an Hand der Geschichte dänischer Erziehung erläutert. Philosophisch-pädagogische Arbeiten: 1. Reihe: Das Problem der Schule 1 (zugleich Freimanns Pädagogisches Magazin 1125). Langensalza: Hermann Beyer, 1927, bes. S. 56-111.

[120] Als Quelle angegeben: BGBl. Nr. 322/1975, Art. I Z 19; und zitiert von der Webseite des österreichischen Bildungsministeriums:

Das Bildungsgesetz Russlands von 1992 besagt in Artikel 10 ähnlich: „Schüler können, gemäß ihren Bedürfnissen und Möglichkeiten, verschiedene Arten der Bildung wählen – normalen Schulunterricht, Abendunterricht an der Schule, Korrespondenzkurs, Hausunterricht, Selbstbildung, private Bildung ..."[121].

Kurzum: „In den meisten europäischen Ländern besteht Bildungspflicht, d.h. die Vermittlung von Wissen ist für das Kind nicht an den Besuch einer Schule gebunden. Werden Kinder zu Hause unterrichtet, so wird z.B. in Österreich der Wissensstand der Kinder in regelmäßigen Abständen überprüft, wobei diese Prüfungen im Prinzip von jeder beliebigen staatlichen Schule übernommen werden können. Auch Schüler staatlich nicht anerkannter Schulen (zum Beispiel viele Montessori-Schulen) werden nach dem gleichen Prinzip geprüft. Sollte ein Kind diese Prüfung – welche sich meist auf den gesamten Jahresstoff bezieht – nicht schaffen, so wird es im Folgejahr zur Schule eingezogen."[122].

Rechtslage in den europäischen Ländern (sofern bekannt)		
Land	*Rechtslage*	*Was erwartet oder tut der Staat?*
Belgien	Gesetzlich erlaubt	Regelmäßige Überprüfung
Dänemark	Gesetzlich erlaubt	Registrierung, Allgemeinbildungskatalog
Deutschland	Verboten, viele Fälle von Zwang, aber auch von Duldung/Ausnahmen bekannt	Bußgeld, Gefängnis bei Nichtbezahlung, Entzug des Sorgerechts und Heimweisung
Deutschland (Niedersachen und Baden-Württemberg)	Verboten, aber keine Fälle von Zwang bekannt, meist Duldung oder Ausnahmen	
Finnland	Gesetzlich erlaubt	Registrierung, Allgemeinbildungskatalog
Frankreich	Gesetzlich erlaubt	Regelmäßige Überprüfung
Großbritannien	Gesetzlich bis 5. Klasse erlaubt, danach aber Duldung, da keine Fälle von Verbot/Zwang bekannt	Regelmäßige Überprüfung
Island	Gesetzlich erlaubt	Registrierung, Allgemeinbildungskatalog

www.bmbwk.gv.at/schulen/recht/gvo/schulpflichtgesetz1.xml#11; vgl. auch „Schulpflicht am häuslichen Herd". Die Presse (Wien) vom 19.3.2005 (nach www.diepresse.com).

[121] Übersetzung nach Ruth Pustal. Homeschooling/Hausunterricht – ein internationaler Vergleich innerhalb Europas. a. a. O. S. 20.

[122] http://de.wikipedia.org/wiki/homeschooling (1.4.2005).

Irland	Gesetzlich erlaubt	Überprüfung
Italien	Gesetzlich erlaubt	Anmeldung erforderlich
Niederlande	Gesetzlich bis 5. Klasse erlaubt, danach aber Duldung, da keine Fälle von Verbot/Zwang bekannt	Regelmäßige Überprüfung
Norwegen	Gesetzlich erlaubt	Registrierung, Allgemein- bildungskatalog
Österreich	Gesetzlich erlaubt	Prüfung am Schuljahresen- de
Polen	In Ausnahmen erlaubt, keine Fälle von Verbot/Zwang bekannt	Genehmigung
Portugal	Gesetzlich erlaubt	Anmeldung erforderlich
Russland	Gesetzlich erlaubt	Registrierung
Schweden	Gesetzlich erlaubt	Registrierung, Allgemein- bildungskatalog
Spanien	In Ausnahmen erlaubt, keine Fälle von Verbot/Zwang bekannt	Genehmigung
Schweiz	Gesetzlich erlaubt	Regelmäßige Überprüfung
Schweiz (2 Kantone)	Gesetzlich nicht erlaubt, aber Duldung, da keine Fälle von Ver- bot/Zwang bekannt	Regelmäßige Überprüfung
Tschechien	Gesetzlich erlaubt	Regelmäßige Überprüfung
Ungarn	Gesetzlich erlaubt	Genehmigung

15. These:
Es ist typisch deutsch, herablassend das eigene Bildungssystem absolut zu setzen und die Bildungserfahrung anderer Länder ebenso wie von Millionen von Eltern zu ignorieren.

Ausnahmen[123] bestätigen die Regel. Dass andere Länder mit größeren An- teilen an Privatschulen und Hausunterricht bessere Ergebnisse erzielen, ficht uns Deutsche nicht an. Ich habe es in Diskussionen mit Fachleuten immer wieder erlebt, dass der Blick in die Bildungspraxis anderer Länder in Deutschland nur sehr schwach ausgeprägt ist. Oft diskutieren Leute mit, die sich weder mit dem ausländischen Schulwesen, noch mit Literatur pro Privatschule oder Hausschule beschäftigt haben. Es wird so getan, als wäre

---

[123] Vgl. z. B. Eumorfia Magotsiu-Schweizerhof. Schulautonomie, Profilbildung und freie elterliche Schulwahl am Beispiel von Erfahrungen in angelsächsischen Län- dern: Ein Literaturbericht. Deutsches Institut für Internationale Pädagogische For- schung: Frankfurt, 1999; vgl. kritisch Gita Steiner-Khamsi. Deregulierung und Bil- dungswesen: Freie Schulwahl und das Ende der interkulturellen Pädagogik in den USA. Widerspruch: Beiträge zur sozialistischen Politik (Zürich) 17 (1997) 33: 5-19.

in Ländern mit weniger staatlichem Schulzwang die gesamte Bildung gefährdet und als ob dort die Integration nicht gelänge. Wofür gibt es internationale Bildungsforschung in Deutschland? Wofür wertet das ‚Deutsche Institut für Internationale Pädagogische Forschung'[124] Quellen und Erfahrungen weltweit aus? Und warum steht der renommierte ‚International Review of Education' laut deutscher Zeitschriftendatenbank in keiner deutschen Universitätsbibliothek auf Papier zur Verfügung?

Für die meisten Gegner von Homeschooling zählt eher, was sie sich vorstellen, was passieren müsste, wenn man Kinder zu Hause unterrichten würde, nicht aber das, was tatsächlich geschieht, was die Erfahrung erweist oder was Untersuchungen belegen. Viele kennen weder die Praxis vor Ort, noch das Lehrmateerial, noch Fachliteratur, noch Erfahrungswerte aus dem Ausland. Sie können sich die Sache eben einfach nicht vorstellen – wie so oft, wenn es um Dinge geht, mit denen eigene Erfahrungen fehlen. Und was bildungsmäßig aus Amerika kommt, kann für viele nur schlecht sein. Aber ruhig Blut: Noch alles, was in Amerika erfolgreich und Mode war, war ein, zwei Jahrzehnte später auch bei uns in. Es ist wie bei den Studiengebühren für das Hochschulstudium. Jahrzehntelang bekämpfte man sie mit großem Pathos als Untergang Deutschlands, jetzt kommt sie doch Stück für Stück und die Welt geht nicht unter.

16. These:
Deutschland verletzt in der Bildungsfrage systematisch die Allgemeine Erklärung der Menschenrechte und die Europäische Menschenrechtskonvention.

Nach Artikel 26,1 der Allgemeinen Erklärung der Menschenrechte hat das „Recht auf Bildung"[125] ebenso den Rang eines Menschenrechtes, wie nach Artikel 26,3 das Recht der Eltern, die Art dieser Bildung zu bestimmen: „In erster Linie haben die Eltern das Recht, die Art der ihren Kindern zuteil werdenden Bildung zu bestimmen."[126]. Wer das „Übereinkommen über die Rechte des Kindes" der UNO vom 20.11.1989 und den ständigen Hinweis auf die Elternrechte darin (z. B. Artikel 3, 5, 9, 14, 18) studiert, fragt sich, warum dies eigentlich nicht für die deutschen Schulbehörden gilt.[127]

[124] Siehe www.dipf.de.
[125] Menschenrechte: Ihr internationaler Schutz. Dtv: München, 1998⁴. S. 9.
[126] Ebd.
[127] Vgl. zu ähnlichlautenden UN-Pakten Elena Bannwart-Maurer. Das Recht auf Bildung und das Elternrecht: Art. 2 des ersten Zusatzprotokolls zur Europäischen Menschenrechtskonvention. Peter Lang: Frankfurt, 1975. S. 48-54.

Nochmals: Im meist einfach ‚Europäische Menschenrechtskonvention'
genannten, für Deutschland rechtsverbindlichen „Zusatzprotokoll zur
Konvention zum Schutz der Menschenrechte und Grundfreiheiten" des
Europarates vom 20.3.1952 heißt es in Artikel 2: „Niemandem darf das
Recht auf Bildung verwehrt werden. Der Staat hat bei der Ausübung der
von ihm auf dem Gebiet der Erziehung und des Unterrichts übernommenen Aufgaben das Recht der Eltern zu achten, die Erziehung und den Unterricht entsprechend ihren eigenen religiösen und weltanschaulichen
Überzeugungen sicherzustellen."[128]

Für viele deutsche Eltern ist das aber kein Menschenrecht, sondern ein
schöner, unwirklicher Traum, ob sie nun die Hausschule wünschen oder
nur eine ihrer Weltanschauung entsprechenden Privatschule ohne staatliche
Gängelung.[129]

Anke Caspar-Jürgens hat übrigens darauf hingewiesen, dass die Britin
Amanda J. Petrie in ihrer Studie zu Homeschooling im Auftrag der UNES-
CO erstaunt feststellte, dass deutsche Behörden die englische Formulierung
‚Compulsory Education' – eigentlich ‚Bildungspflicht', falsch und tenden-
ziös mit ‚Schulpflicht' wiedergeben. Das heißt aber auf Englisch ‚Compul-

---

[128] Vgl. zur Vorgeschichte Elena Bannwart-Maurer. Das Recht auf Bildung und das Elternrecht: Art. 2 des ersten Zusatzprotokolls zur Europäischen Menschenrechtskonvention. Peter Lang: Frankfurt, 1975. S. 1-41, zur inhaltlichen Bedeutung S. 57-132.

[129] Typisch ist etwa, was einzelne Länder zur Verabschiedung dieses Artikels erklärten.
Irland setze sich für die Bildungsvielfalt ein: „Bei der Unterzeichnung des Protokolls
wünscht der Irische Vertreter, dass im Sitzungsprotokoll präzisiert werde, dass nach
Ansicht seiner Regierung Art. 2 des Protokolls den Eltern nicht ausdrücklich genug
das Recht garantiert, die Ausbildung ihrer Kinder innerhalb der Familie oder in den
Schulen ihrer Wahl – seien dies Privatschulen, staatlich subventionierte oder staatlich geführte Schulen – sicherzustellen." Die Niederlande wollten sichergestellt wissen, dass private Bildung aus Steuergeldern finanziert wird, um Chancengleichheit
zu gewährleisten: „Nach Ansicht der niederländischen Regierung sollte der Staat im
Bereiche der Ausbildung nicht nur die Rechte der Eltern achten, sondern ihnen gegebenenfalls die Ausübung dieser Rechte mittels geeigneter finanzieller Massnah-
men ermöglichen." Deutschland dagegen befürchtete gerade, die pädagogische
Wahlmöglichkeit könnte Geld kosten: „Die Bundesrepublik Deutschland teilt die
Ansicht, nach welcher der zweite Satz von Art. 2 des Zusatzprotokolls dem Staat
keinerlei Verpflichtung auferlegt. Schulen mit religiösem oder philosophischem
Charakter zu finanzieren, oder sich an ihrer Finanzierung zu beteiligen, da nach der
einhelligen Erklärung des Rechts- und Verwaltungsausschusses der Beratenden Versammlung und des Generalsekretariats des Europarates diese Frage ausserhalb des
Rahmens der europäischen Menschenrechtskonvention und ihres Protokolls liegt."
(Alles nach Elena Bannwart-Maurer. Das Recht auf Bildung und das Elternrecht. a.
a. O. S. 39).

sory Schooling' und kommt in keiner Menschenrechtserklärung weltweit vor.[130]

In den USA[131] – wo heute auch nach vorsichtigen Schätzungen 2,2 Millionen (wahrscheinlich eher 3 Mill.) Kinder zu Hause unterrichtet werden und die Zahl jährlich um 15% wächst –, war Hausunterricht trotz seiner tatsächlich weiten Verbreitung und trotz seiner bedeutenden Geschichte – bis 1870 war es die vorherrschende Art der Schulbildung – noch Anfang der 80er Jahre in 30 Staaten nicht zulässig, heute ist er jedoch Dank der starken Lobby überall legal.[132] In anderen angelsächsischen Ländern wie Australien[133], Neuseeland[134] und Kanada[135] spielt Hausunterricht eine ähnlich große Rolle wie in den USA.

---

[130] Anke Caspar-Jürgens. „Ohne Schule lernen". KursKontakte Nr. 131 (Febr/März 2004) = http://www.leben-ohne-schule.de/anke.c-j/kurskontakte131.html (1.5.2005 zu den oben genannten Untersuchungen von Petrie; vgl. zum Unterschied der Begriffe und Modelle auch Raimund Pousset. Schafft die Schulpflicht ab! a. a. O. S. 17.

[131] Den besten Überblick über die rechtliche und akademische Situation in den USA bietet Christopher J. Klicka. The Right Choice: The Incredible Failure of Public Education and the Rising Hope of Home Schooling: An Academic, Historical, Practical, and Legal Perspectives. Boble Publ. Ass.: Gresham (OR), 2000; ders. The Right to Home School: A Guide to the Law on Parents Rights in Education. Carolina Press: Durham (NC), 2002³; ders. The Heart of Home Schooling: Teaching and Living What Really Matters. Broadman and Holman: Nashville (TN), 2002; ders. Home schooling: The Right Choice: An Academic, Historical, Practical, and Legal Perspective. Broadman & Holman: Nashville (TN), 2001; Christopher J. Klicka, Gregg Harris. The Right Choice: The Incredible Failure of Public Education and the Rising Hope of Home Schooling. Noble Books: Memphis (TN), 1994².

[132] Eine ausgezeichnete Übersicht bietet über die älteren Bildungseinrichtungen, Schulen, Heimunterrichtsorganisationen im angelsächsischen Bereich mit Adressen gibt Edythe Draper (Hg.). The Almanac of the Christian World. (1991-1992 Edition). Tyndale House: Wheaton (IL), 1990. S. 397-455 (jährlich neue Ausgabe); vgl. ansonsten Gregg Harris. The Christian Home School. Wolgemuth & Hyatt: Brentwood (TN), 1988; Ray E. Ballmann. The How and Why of Homeschooling. Crossway Books: Westchester (IL), 1988. Vgl. als Beispiel für die Gestaltung des ‚homeschooling' selbst Luanne Shackelford, Susan White. A Survivor's Guide to Home Schooling. Crossway Books: Westchester (IL), 1988. Die neueren Institutionen präsentieren sich überwiegen d im Internet. Eine Fülle von aktuellem Material liefern die Fachzeitschrift 'Home School Researcher' des 'National Home Education Research Institute' und die juristische Zeitschrift ‚Home School Court Report' der 'Home School Legal Defense Association'. Vor allem letzterer und ihrer professionellen Verteidigung des Anliegens vor amerikanischen Gerichten und Behörden ist der ‚Durchmarsch' der Homeschooler zu verdanken. Die amerikanische Literatur über und für Homeschooling findet sich bis 1997 weitgehend in: Susan G. Scheps. The Librarian's Guide to Homeschooling Resources. Chicago (IL): American Library Association, 1998; David C. Brostrom. A Guide to Homeschooling for Librarians. Fort Atkinson (WI): Highsmith Press, 1995.

[133] Vgl. http://homeschoolaustralia.beverleypaine.com/ und

Im amerikanischen Kongress scheiterte ein Gesetz aufgrund der intensiven Arbeit der Lobby und zahlreicher Einsprüche, dass alle Lehrer eine staatliche Prüfung ablegen müssen.[136] Es hätte eine ernsthafte Bedrohung der Homeschool-Bewegung dargestellt. Statt dessen erklärte der amerikanische Senat am 16.9.1999 ein Gesetz zur Einrichtung einer ‚National Home Education Week‘.

Bedeutsam ist auch, dass es in den USA zunehmend zur sinnvollen Zusammenarbeit von Schulen und Homeschoolern kommt.[137] So wird oft der Lernerfolg von Homeschoolern einmal jährlich von einer Schule kontrolliert und dokumentiert – ein wünschenswertes Modell auch für Deutschland. Die Österreicher machen es jedenfalls schon nach.[138]

Die Masse der Kinder, die in den USA zu Hause lernen – nach Schätzungen zwei Drittel oder drei Viertel -, stammen aus christlichen Familien. Aber es sind längst nicht mehr nur sie, die diese Art des Bildungswesens entdeckt haben.[139] Die Zeitschrift GEO-Wissen schreibt: „Doch es sind

---

http://homeschooling.gomilpitas.com/regional/Australia.htm   und   www.home-ed.vic.edu.au/.

[134] Vgl. M. Hollings. Home-Education in New Zealand: Ero Reviews of Homeschooled Students. Education Revew Office: Wellington (Neuseeland), 2004.

[135] Vgl. zur Situation in Kanada das neutrale Gutaachten Patrick Basham. Home Schooling: From the Extreme to the Mainstream. A Fraser Institute Occasional Paper. Public Policy Sources Nr. 51. Fraser Institue: Vancouver (CAN), 2001. 18 S.; sowie Nathan Greenfield. „Boomtime for Home-schoolers". Times Educational Supplement Nr. 4373 (21.04.) 2000: 12 und – wenn auch etwas veraltet – Brian D. Ray. A Nationwide Study of Home Education in Canada. National Home Education Research Institute: Salem (OR), 1994. Für die französischsprachige Provinz Quebec vgl. die umfangreiche Arbeit Christine Brabant. L'éducation à domicile au Québec: les raisons du choix du parents et les principales caractéristiques sociodémographiques des familles. M. A. (Masterarbeit). Université de Sherbrooke: Sherbrooke (CAN), 2004 = http://erta.educ.usherbrooke.ca/documents/MemoireBrabant.pdf, sowie Christine Brabant, Sylvain Bourdon, France Jutras. „Motivations for the Choice of Homeschool in Quebec". Faculty of Education, University of Sherbrooke, 2003 =http://erta.educ.usherbrooke.ca/documents/HomeSchoolingReasonsAbstract.pdf.

[136] Tom Schimmeck. „Hausunterricht: Nie wieder Schule!". a. a. O. S. 157.

[137] Z. P. Tyler and J. C. Carper. „From Confrontation to Accommodation: Homeschooling in South Carolina." Peabody Journal of Education 75 (2000) 1/2: 32–48; Patricia M. Lines. „When Homeschoolers Go to School: A Partnership Between Families and Schools." Peabody Journal of Education 75 (2000) 1/2: 159–186.

[138] Nach Focus-Schule 3/2005: 100.

[139] Am besten hat Mitchell L. Stevens. Kingdom of Children: Culture and Controversy in the Homeschooling Movement. Princeton Studies in Cultural Sociology. Princeton: Princeton Univ. Press, 2001 die Unterschiede zwischen den christlichen und den säkularen Homeschoolbefürwortern herausgearbeitet. Vgl. zum säkularen Flügel auch Anke Preußker. Die ‚Homeschooling‘-Bewegung in den Vereinigten Staaten von Amerika vor dem Hintergrunde der Privatisierungsdebatte im Bildungswesen.

keineswegs nur christliche Fundamentalisten, die dafür sorgen, daß immer mehr Kinder in den USA ihre Bildung am Küchentisch bekommen. ‚Homeschooling' boomt. Das National Home Education Research Institute (NHERI) – der Homeschool-Bewegung nahe stehend – berichtet, jedes zehnte amerikanische Schulkind habe sich bereits ausgeklinkt; der größere Teil davon zwar in Privatschulen, aber bis zu 1,5 Millionen Kinder lernten daheim. Genaue Zahlen gibt es nicht, denn nicht alle Bundesstaaten führen Statistiken. Doch nimmt laut NHERI die Tendenz um jährlich 10 bis 20 Prozent zu, sich von der staatlichen Schule zu verabschieden."[140]

Aufgrund von Untersuchungen des Erziehungsministeriums der USA von 1999 sind ca. bei einem Drittel der Eltern von Homeschoolern beide Eltern berufstätig. Als Hauptgründe geben bei möglicher Mehrfachnennung etwa die Hälfte der Eltern als Gründe für das Homeschooling den Wunsch nach einer besseren Schulbildung an, nur ein Drittel nennen religiöse oder weltanschauliche Gründe.[141]

Grund dafür ist für religiöse und säkulare Befürworter des Heimunterrichts vor allem, dass den Kindern das Lernen viel leichter fällt und sie viel mehr lernen. „So gelingt es vielen Eltern besser, bei den Kindern Lust aufs Lernen zu wecken, als manchem von Lehrplanzwängen gefesselten und in viel zu großen Klassen überforderten Profi."[142]

Die Kritik an den säkularen, staatlichen Schulen ist in den USA auch im säkularen Bereich weit verbreitet,[143] wobei jedoch der größere Teil der Homeschoolbewegung im christlich-evangelikalen Bereich stattfindet. Nach Christopher J. Klicka gehörten im Jahr 1999 circa 90% der damals etwa 1 Million Kinder in 250.000 Familien, die zu Hause unterrichtet werden,

---

Magisterarbeit. Erziehungswissenschaftliche Fakultät der Universität Leipzig: Leipzig, 2000. S. 55-59. Gute Beispiele aus der großen Fülle des amerikansichen säkularen Homeschoolmarktes sind sind David H. Albert. Homeschooling and the Voyage of Self-discovery: A Journey of Original Seeking. Monroe (ME): Common Courage Press, 2003; Linda Dobson. The Homeschooling Book of Answers: The 101 Most Important Questions Answered by Homeschooling's Most Respected Voices. Prima Publishing: Roseville (CA), 2002[2] und Mary Griffith. The Homeschooling Handbook. Prima Publishing: Roseville (CA), 1999[2].

[140] Patricia M. Lines. „When Homeschoolers Go to School". a. a. O. S. 152. Inzwischen liegt die Zahl bei 2,2 bis 3 Mill.

[141] Die zusammenfassenden Tabellen sind abgedruckt in Patrick Basham. Home Schooling. a. a. O. S. 7+8; vgl. für die Details S. Bieleck. K. Chandler, S. P. Brougham. Homeschooling in the United States: 1999. NCES 2001-033. National Center for Education Statistics, US Department of Education: Washington, DC, 2001.

[142] Tom Schimmeck. „Hausunterricht: Nie wieder Schule!". a. a. O. S. 155.

[143] Siehe z. B. John Taylor Gatto. Dumbing us Down: The Hidden Curriculum of Compulsory Schooling. New Society Publishers: Philadelphia (PA), 1992.

zum evangelikalen Bereich.[144] Allerdings nimmt der humanistische Flügel der Homeschoolbewegung in den USA derzeit überdurchschnittlich zu, weswegen andere Schätzungen nur von 75% ausgehen.

Außerdem ist darauf zu verweisen, dass christliche Motive für Homeschooling meist nicht bedeuten, dass nicht zum einen säkulare Motive gleichzeitig eine Rolle spielten und zum anderen nicht bedeutet, dass christliches Homeschooling sich von der nichtchristlichen Pädagogik abkoppelt. Wie stark die evangelikale Homeschoolbewegung in den USA von nichtchristlichen pädagogischen Entwürfen und von europäischen Pädagogen mitbestimmt ist, der Vorwurf, man wolle seine eigene kleine Welt schaffen, also schon an dieser Tatsache scheitert, zeigt die Veröffentlichung der vollständigen Schriften von Charlotte M. Mason in sechs Bänden in dem evangelikalen Tyndale House Publishers[145], die von Susan Schaffer Macaulay, der heutigen Direktorin der L'Abri Fellowship in der Schweiz[146], angeregt wurde. Susan Schaffer Macaulay gibt sich in ihrem Buch ‚For the Children's Sake: Foundations of Education for Home and School'[147] eindeutig als Schülerin von Mason zu erkennen.

Die Lehrerin Charlotte M. Mason (1842-1923) begann 1886 mit ihrem Buch ‚Home Education' eine von Pestalozzi herkommende Pädagogik zu verbreiten,[148] die das Kind in den Mittelpunkt stellte und deswegen eine Ausbildung zu Hause befürwortete. Damit gilt sie als „Begründer der Homeschoolbewegung"[149]. 1892 gründete sie zu diesem Zweck eine Lehrerausbildungsstätte (heute Charlotte Mason College) in Großbritannien, woraus ersichtlich wird, dass sich ihr Programm nicht in Spannung zu beste-

---

[144] So bes. Christopher J. Klicka. The Right Choice. A. a. O. (2000). S. 122. (Nach S. 115 war die Analphabetenrate in den USA zur Zeit des reinen ‚homeschoolings', etwa zu Beginn des 19. Jahrhunderts mit 1% wesentlich niedriger als heute.).

[145] Charlotte M. Mason. The Original Home School Series. 6 Bde. Tyndale House: Wheaton (IL), 1989. Auf Deutsch erschien in einer sehr unzuverlässigen Übersetzung Bd. 1: Charlotte M. Mason. Erziehung im Hause. Band 1: Die Erziehung von Kindern unter neun Jahren. G. Braunsche Hofbuchdruckerei und Verlag: Karlsruhe, 1906.; Band 2: Erziehung im Hause. ebd., 1907; Band 3: Erziehung während der Schulzeit. Ebd. 1909. Vgl. auch das kürzere Werk: Charlotte M. Mason. Home Education. London: Paul Kegan, 1886[1], erweitert 1905[4], 1926[12], zahlreiche weitere Auflagen und neuere Nachdrucke.

[146] Dean und Karen Andreola in ihrer Einführung in jedem Band Vgl. auch das kürzere Werk: Charlotte M. Mason. Home Education. London: Paul Kegan, 1886[1], erweitert 1905[4], 1926[12], zahlreiche weitere Auflagen und neuere Nachdrucke (1. S.).

[147] Susan Schaeffer Macaulay. For the Children's Sake: Foundations of Education for Home and School. Crossway Books: Westchester (IL), 1984.

[148] John Thornley in seinem Vorwort in jedem Band von Charlotte M. Mason. The Original Home School Series. a. a. O. (2. S.).

[149] Titelblatt in jedem Band ebd.

henden Schulen verstand. Mason begründet ihr Programm mit pädagogischen Erfahrungen,[150] nicht mit biblischen Aussagen oder christlichen Lehren, auch wenn sie selbst offensichtlich überzeugte Christin war. Dasselbe dürfte für das von ihr gegründete College, aber auch für den amerikanischen Zweig Charlotte Mason Research and Supply Company in Stanton (New Jersey, USA) unter der Leitung von Dean und Karen Andreola gelten.

Douglas Wilson gründete die christliche Schule Logos School in Moscow (Idaho, USA), die versucht, nach dem Modell der christlichen Kriminalromanschriftstellerin Dorothy Sayers[151] zu arbeiten. Das Curriculum der Schule ist deswegen „eine klassische und Christus im Mittelpunkt habende Erziehung"[152]. Wilsons Buch zur Begründung des Curriculums trägt den Titel des entsprechenden Aufsatzes von Dorothy Sayers[153] ‚Recovering the Lost Tools of Learning'[154]. „Eine Methode, die im Heimunterricht immer populärer wird, ist die ‚klassische Methode', wie sie von der bekannten englischen Autorin Dorothy Sayers vertreten wurde ... Den Hauptfehler, den sie im heutigen Unterrichtsplan sah, war, dass die Schüler die Themen lernen, ohne gelernt zu haben, wie man denkt. Sie lernen nie zu lernen. Deswegen legt Sayers als Antwort darauf nahe, dass die erste Hälfte des mittelalterlichen Triviums ein großes pädagogisches Modell bleibt, weil es den Schülern die Werkzeuge des Lernens vermitteln sollte; Grammatik, Logik und Rhetorik."[155] In den ersten Jahren der Grammatik lernt der Schüler große Mengen von Informationen, sowie die Mechanik einer Sprache an-

---

[150] Vgl. zur Pädogik und zur Biografie Masons: Essex Cholmondeley. The Story of Charlotte Mason (1842-1923). Petersfield (GB): Child Light, 2000; Marian Wallace Ney. Charlotte Mason: A Pioneer of Sane Education. Educational Heretics Press: Nottingham (GB), 1999; Jenny King. Charlotte Mason Reviewed: A Philosophy of Education. Ilfracombe (GB): Stockwell, 1981, sowie historisch interessant: In memoriam Charlotte M. Mason. London: Parent's National Education Union, 1923.

[151] Sayers hat sich verschiedentlich in Essays für eine christliche Sicht der Kultur eingesetzt, vgl. auf Deutsch den Sammelband Dorothy L. Sayers. In die Wirklichkeit entlassen: Unpopuläre Ansichten über Glaube, Kunst und Gesellschaft. Brendow: Moers, 1993.

[152] Douglas Wilson. Recovering the Lost Tools of Learning: An Approach to Distictiveley Christian Education. Crossway Books: Wheaton (IL), 1991. S. 165-178.

[153] Ebd. (ganz) und Douglas Wilson,Wesley Callihan, Douglas Jones. Classical Education and the Home School. Canon Press: Moscow (ID), 2001, Download unter www.canonpress.org/pages/free.html.

[154] Dorothy Sayers. „Appendix A: The Lost Tools of Learning". S. 145-164 in: ebd.; wohl übernommen aus Dorothy Sayers. „The Lost Tools of Learning". Journal of Christian Reconstruction 4 (summer 1977): 10-27; auch abgedruckt als Dorothy Sayers. The Lost Tools of Learning. Canon Press: Moscow (ID), 1990.

[155] Gregg Harris. The Christian Home School. Wolgemuth & Hyatt: Brentwood (TN), 1988. S. 87-88.

hand des Lateinischen. Im zweiten Stadium der Logik lernt das Kind die mathematische Logik, die Logik der Sprache und des Schreibens und die Literarkritik. Im dritten Stadium der Rhetorik wird er selbständig und lernt seine eigene Berufung zu finden.[156] Es zeigt sich jedoch auch bei Wilsons Einsatz für die klassischen Sprachen und das mittelalterliche Trivium, dass die Begründung für christliche Schulen und der klassische Ansatz von Sayers aus verschiedenen Quellen stammen und nebeneinander stehen, sich aber nicht gegenseitig bedingen.[157] Dies bedeutet aber auch, dass dieses christliche Konzept zugleich aus einer 2500jährigen Geschichte der Pädagogik lernt, die die moderne Pädagogik allzu oft einfach links liegen läßt.

Mason und Sayers sind hier nur Beispiele für zwei der vielen pädagogischen Ansätze der Homeschoolbewegung. Unabhängig von allem Streit ist hier für die Pädagogik viel zu holen und werden einerseits viele ältere pädagogische Modelle wiederbelebt, die in unserem Schulsystem längst untergegangen sind, nicht weil sie schlecht sind, sondern weil sie der Vereinheitlichung weichen mußten.

17. These:
Was hierzulande oft aus reiner Unkenntnis übersehen wird, ist, dass für englischsprachigen Hausunterricht inzwischen eine ganze Industrie an erstklassigem Unterrichtsmaterial vom klassischen Schulbuch über Video bis zu kompletten Schulcomputern zur Verfügung stehen, dazu große Institutionen, die mit Rat und Beratern auf Abruf bereit steht.

Längst geht es nicht mehr um Eltern, die sich, jeder für sich, ausdenken, was ihre Kinder mal lernen könnten, sondern um ein Gesamtkonzept eines modernen Bildungskanons, der eben nur auf eine für viele ungewohnte Weise vermittelt wird. Die Materialien für die Hausschulen sind zum Teil so gut, dass Schulen sie gerne einsetzen oder den Eltern für den ‚Nachhilfeunterricht' anbieten.[158]

Sollten sich deutsche Behörden und Pädagogen nicht erst einmal mit diesem Material befassen, bevor sie sich eine Meinung bilden? Nur wer sich

---

[156] Nach ebd. S. 88.

[157] Dies belegt auch Harvey und Laurie Bluedorn. Teaching the Trivium – Christian Homeschooling in a Classical Style,. Muscatine (IO): Trivium Pursuit, 2001; siehe auch www.triviumpursuit.com.

[158] Das öffentlich zugängliche Material für Homeschooling findet sich bis 1997 weitgehend in: Susan G. Scheps. The Librarian's Guide to Homeschooling Resources. Chicago (IL): American Library Association, 1998; David C. Brostrom. A Guide to Homeschooling for Librarians. Fort Atkinson (WI): Highsmith Press, 1995.

hier Einblick verschafft hat, kann eigentlich ein Urteil über Homeschooling abgeben.

Übrigens soll hier nicht behauptet werden, dass es solches Material in Deutschland nicht gibt. Was die Deutsche Fernschule, das Institut für Lernsysteme (ILS) oder die Flex-Fernschule an Material anbieten, ist hervorragend, aber bei uns eben nur für das Ausland oder als ergänzende Fernkurse zugelassen, nicht für schulpflichtige Kinder, die im Inland wohnen. ILS als Deutschlands führendem Fernlehrinstitut kann mit seinem Material Schüler von Null bis zum anerkannten Abitur führen. Flex ist speziell zum außerschulischen Nachholen eines Hauptschulabschlusses entworfen worden.[159] Die Deutsche Fernschule wird vom Staat empfohlen[160], um die Kinder von Diplomaten, Managern usw. im Ausland zur Schule zu schicken.

18. These:
Solange die deutschen Kultusministerien nicht in der Lage sind, einen für alle staatlichen Schulen gültigen Mindestkatalog des Allgemeinwissens für Deutschland zu erstellen, wirkt ihre Sorge, Homeschooler könnten etwas nicht lernen, was man in der Schule lerne, widersprüchlich.

Wir brauchen dringend einen knappen Allgemeinbildungskatalog, der die Lehrpläne entrümpelt, aber sagt, was wir als unverzichtbar für die Allgemeinbildung halten. Diesen werden Privatschulen und Schulen zu Hause dann sicher schneller erfüllen als staatliche Schulen.

Das Vorbild unserer Nachbarländer Dänemark oder Österreich zeigt, wie einfach es ist, einen solchen Katalog zu erstellen und dann zu überprüfen, ob ihn alle erreichen. Allerdings muss man einen solchen Maßstab dann auch an die staatlichen Schulen anlegen und diese schließen, wenn sie den Maßstab auf Dauer nicht erreichen!

Solange sich die Behörden und Ministerien nicht einigen können, was man denn eigentlich unbedingt wissen sollte, wirkt ihre Sorge um die Hausschulkinder und ihr möglicherweise mangelndes Wissen wenig überzeugend.

---

[159] http://212.18.20.69/ „Du bist zwischen 14 und 20 Jahre alt, willst einen Hauptschulabschluss, kannst aber aus irgendwelchen Gründen keine Schule besuchen ... ?"
[160] Belege dazu unten.

19. These:

Alle bekannten Studien – von Freund und Feind gleichermaßen – zeigen, dass Homeschooling bessere Bildungsergebnisse liefert, als staatliche, ja selbst als private Schulen.

Wer anderer Auffassung ist, sollte deswegen erst einmal seinerseits Belege oder Untersuchungen vorbringen und nicht einfach etwas behaupten. Man kann ja aus anderen Gründen gegen Homeschooling sein und die Frage, ob Eliteförderung Teil der Bildung sein sollte oder nicht, war schon immer umstritten. Aber die Sorge, die Kinder würden nicht genug lernen, sollte spätestens seit PISA der staatlichen Schule gelten. Bei Homeschoolkindern ist sie erwiesenermaßen fehl am Platz.

Alan Thomas vom ‚Institute of Education‘ der Universität London hat in seiner pädagogischen Forschung nachgewiesen, dass Kinder ein natürliches Lernen kennen, das wesentlich effektiver ist, als das programmierte Lernen der Schule.[161] Er empfiehlt den Schulen, das informelle Lernen der Homeschooler nachzuahmen und stellt den untersuchten Homeschoolkindern in Großbritannien und Neuseeland ein glänzendes intellektuelles und soziales Zeugnis aus.

Gleichzeitig ist längst bekannt, dass in der Schule 80-90% der Zeit de facto nicht der Wissensvermittlung dienen, sondern damit verstreichen, dass für Ruhe gesorgt, kontrolliert und aufeinander gewartet wird und vieles andere mehr. Man geht davon aus, dass beim Einzelunterricht zu Hause 10-20% der Zeit genügen, um denselben Stoff zu vermitteln.[162] Wenn etwa Schüler auf Dauer krank sind und sie ein Hauslehrer unterrichtet, genügt es, wenn dieser 1-2 Stunden am Tag unterrichtet. Der Einzelunterricht oder Unterricht in einer vertrauten Kleingruppe in gewohnte Umgebung ist eben viel effektiver. Man vergleiche selbst einmal, wie viel von dem, was man als Kind und Jugendlicher sich selbst angeeignet hat, als Erwachsener noch präsent ist, und wie viel von dem, was in der Schule Stoff war. Und man überlege einmal, wo man eine Sprache schneller erlernen kann: zu Hause im Umgang mit den Eltern und Muttersprachlern sowie auf Reisen oder aber in der Schule.

---

[161] Alan Thomas. Educating Children at Home. Cassell Academic: London, 1998; Jane Lowe, Alan Thomas. Educating Your Child at Home. Continuum: London, 2002; vgl. auch die Übertragung auf Erwachsene in Horst Siebert. Selbstgesteuertes Lernen und Lernberatung: Neue Lernkulturen in Zeiten der Postmoderne. Neuwied: Luchterhand, 2001.

[162] Stefanie Mohsennia. Schulfrei – Lernen ohne Grenzen. Königslutter: Anahita-Verlag, 2004. S. 27.

Zahlreiche, auch umfangreiche Studien, die meisten dabei von Erziehungsministerien durchgeführt oder in Auftrag gegeben, haben bisher bewiesen, dass Kinder, die zu Hause lernen, im Schnitt wesentlich bessere Schüler sind und auch im sozialen Umgang kompetenter dastehen,[163] so dass gerade auch die in Deutschland immer als erstes geäußerte Sorge, solche Kinder erhielten keine Sozialkompetenz (die erhält man also in deutschen Schulen?) auf breiter Front widerlegt wurde.[164] Die gerade in Deutschland kaum zu überwindende Ideologie, staatliche Schulbildung sei besser als alle anderen Formen der Ausbildung und staatlich ausgebildete Lehrer seien der Inbegriff von Kompetenz,[165] ist bisher noch immer von der Wissenschaft widerlegt worden.

Marcus Mockler hat die Ergebnisse einer Studie im Frühjahr 1998 an 20.760 amerikanischen Kindern, die zu Hause lernen,[166] zusammengefasst: „Eine ... Studie mit 20.000 Hausschülern belegt: Diese Kinder haben ein deutlich besseres Bildungsniveau als ihre Altersgenossen in den öffentlichen Schulen. Bringt der Durchschnittsschüler einen Leistungsindex von 50 – das bedeutet, dass die Hälfte der Mitschüler schlechter, die andere Hälfte besser als der Durchschnitt ist – , so liegen Hausschüler bei 70 bis 80 Prozent. Interessanterweise klafft die Schere weiter auseinander, je älter die Kinder werden. Je länger sie zu Hause unterrichtet werden, desto größer sind später ihre akademischen Triumphe."[167]

---

163 Einen guten Überblick über amerikanische, britische und kanadische Studien gibt Brian D. Ray. Strenghts of Their Own – Home Schoolers Across America. National Home Education Research Institute: Salem (OR), 1997 und , sowie aus neutraler Sicht Henk Blok. „Performance in Home Schooling: An Argument against Compulsory Schooling in the Netherlands". International Review of Education 50 (2004) 1: 39-52 und in Kurzform: Patrick Basham. Home Schooling. a. a. O. Weitere solcher Studien stellen zusammen: Christopher J. Klicka. The Right Choice. a. a. O. S. 134-143; Brian. D. Ray. Worldwide Guide to Homeschooling. a. a. O. S. 52-56.

164 Vgl. Larry E. Shyers. Camparions of Social Adjustment Between Home and Traditionally Schooled Students. Ph.D. Dissertation: University of Florida, 1992; Zusammenfassung: Larry E. Shyers. „A Comparison of Social Adjustment between Home and Traditionally Schooled Students". Home School Researcher 8 (1992) 3: 1-8; als Kommentar dazu: T. C. Smedley. „Socialization of Home Schooled Children". Home School Researcher 8 (1992) 3: 9-16; ; Richard Medlin. „Home Schooling and the Question of Socialization". Peabody Journal of Education 75 (2000) 1/2: 107-123.

165 Renata Leuffen. Das Schulamt und das Jugendamt der Stadt Düsseldorf ... a. a. O. S. 27 schreibt treffend: „In Deutschland hegen die Politiker die Auffassung, daß das deutsche Schulsystem eines der fortschrittlichsten Schulsysteme der Welt ist."

166 Lawrence M. Rudner. „Scholastic Achievement and Demographic Characteristics of Home School Students in 1998". Education Policy Analysis Archives 7 (1999) 23.3. – im Internet http://epaa.asu.edu/epaa/v7n8/ (eingesehen am 13.5.1999).

167 Marcus Mockler. „Die Mutter als Pauker: Hausschulen". a. a. O. S. 23.

Nach einer groß angelegten Studie der University Maryland sind 69,8% der Hausschüler auf demselben Schuljahresniveau wie die normalen Schüler, 5,1% sind ein Jahr zurück und 23,2% ein Jahr voraus.[168]

Im Staat Washington schneiden die Homeschooler seit 1985 jedes Jahr bei den staatlichen Test überdurchschnittlich ab, sowohl gegenüber den staatlichen, als gegenüber den an sich schon besser abschneidenden Privatschulen.[169]

Erstaunlich ist auch das Ergebnis der Untersuchung in Bezug auf den Fernsehkonsum, der bei Hausschülern erheblich geringer ist, obwohl sie doch viel mehr Zeit zu Hause verbringen können: „Von den Viertkläßlern im Hausunterricht gucken gerade mal 1,6 Prozent mehr als drei Stunden fern, landesweit liegt der Durchschnitt bei fast 40%."[170] Die Schere im Fernsehkonsum nimmt dabei mit jedem Altersjahr zu, da der Fernsehkonsum der normalen Schüler ständig zunimmt, der der Hausschüler kaum. Dass mit der Zunahme des Fernsehkonsums die schulischen Leistungen und das Lernvermögen abnehmen, ist ja inzwischen Allgemeinwissen.[171]

Die Zeitschrift Geo-Wissen schreibt über eine andere Studie: „Offenbar lernt es sich tatsächlich zu Hause effektiver als in der tobenden Horde zu großer Schulklassen. Studien ergeben immer wieder gleichwertige oder sogar bessere Testergebnisse bei den Küchentisch-Schülern als bei ihren konventionell unterrichteten Altersgenossen. Brian Ray[172] hat 1990 die Prüfungsergebnisse von 4600 US-Heimschülern ausgewertet: Bei Standardtests schnitten sie in allen Fächern im oberen Fünftel ab. Rays neuester Untersuchung zufolge, an der 1657 Familien teilgenommen haben, sind es vor allem weiße Mittelstandsfamilien, die sich auf das Abenteuer Homeschooling einlassen. Die Mütter, die – bei durchschnittlich 3,3 Schülern – das Gros

---

[168] Siehe die Graphik ebd. S. 23. Die Studie findet sich in Lawrence M. Rudner. „Scholastic Achievement and Demographic Characteristics of Home school Students in 1998". Educational Policy Analysis Archives 7 (1993) 8 (23.3.), im Internet unter http://epaa.asu.epa/epaa/n7n8/. Zahlreiche ähnliche Studien fasst zusammen: Brian. D. Ray. Worldwide Guide to Homeschooling. a. a. O. S. 54-56+197.

[169] Patrick Basham. Home schooling. a. a. O. S. 11 und die dort angegebenen Quellen.

[170] Ebd.; vgl. die zusammenfassende Graphik ebd. S. 24.

[171] So etwa das gut belegte Buch eines Schulbuchverlages Manfred Spitzer. Vorsicht Bildschirm: Elektronische Medien, Gehirnentwicklung, Gesundheit und Gesellschaft. Stuttgart: Ernst Klett Verlag, 2005², bes. S. 51-154; Christian Pfeiffer. „Medienverwahrlosung als Ursache von Schulversagen und Jugenddeliquenz?". www.kfn.de/medienverwahrlosung.pdf (Prof. Pfeiffer ist Leiter des Kriminologischen Forschungsinstituts Niedersachsen).

[172] Ray unterrichtet selbst acht Kinder in den eigenen vier Wänden – nach dem Umschlag von Brian D. Ray. Worldwide Guide to Homeschooling. a. a. O. (Anmerkung TS).

der Lehrarbeit leisten, haben fast immer zumindest einen High-School-Abschluß, und sie nutzen intensiv Bibliotheken und Computer. Ihre Kinder sind unternehmungslustiger und verbringen deutlich weniger Zeit mit Fernsehen und Videospielen als ‚normale' US-Schulkinder. Auch nationale Wettbewerbe haben Heimschüler schon gewonnen."[173]

Dabei zeigt sich allerdings auch, dass das Geheimnis des Hausunterrichts die „Motivation der Eltern"[174] ist. Das Time Magazine berichtet darüber hinaus, dass die Masse der Eltern von Homeschoolern sich sowohl durch ihr außerordentliches Engagement als auch durch ihre breit angelegte Bildung auszeichnen, also gerade nicht durch ein beschränktes und verängstigtes Blickfeld.[175]

Neuseeland etwa stellte keine Theorien über Homeschooler auf, sondern ließ ihre Leistungen von den zuständigen Behörden und Fachleuten überprüfen. Das Ergebnis war, dass alle Homeschooler den staatlichen Anforderungen genügen, von weitergehendem Wissen einmal ganz abgesehen.[176] Die pädagogische Fakultät der Universität Durham in Großbritannien ließ Schüler normaler Schulen mit solchen vergleichen, die wenigstens vom 6. bis zum 11. Lebensjahr zu Hause unterrichtet wurden.[177] Die Homeschooler schnitten im Schnitt wesentlich besser ab. Machten die sehr guten Schüler 16% der Schüler normaler Schulen aus, waren es 77,4% der Homeschooler. Bei den Homeschoolern waren dabei keine Unterschiede aufgrund von Klasse, Rasse oder Vorbildung der Eltern festzustellen.

Eine jüngere Untersuchung stellt fest, dass Homeschooler auch im Vorteil sind, weil ihre Bildung im Regelfall viel früher im Schnitt mit dem vierten Lebensjahr beginne.[178]

---

[173] Tom Schimmeck. „Hausunterricht: Nie wieder Schule!". a. a. O. S. 155; vgl. Brian D. Ray. Worldwide Guide to Homeschooling. a. a. O.; Brian D. Ray. „Home Schools: A Synthesis of Research on Characteristics and Learner Outcomes". Education and Urban Society 21 (1988) 1: 16-31; Brian D. Ray. Strenghts of Their Own: Home Schoolers Across America. Salem (OR): National Home Education Research Institute, 1997.

[174] Marcus Mockler. „Die Mutter als Pauker: Hausschulen". a. a. O. S. 23.

[175] John Cloud, Jodie Morse. „Home Sweet School: The New Home Schoolers aren't Hermits: They are Diverse Parents who are Getting Results – and Putting the Heat on Public Schools". Time Magazine 27.8.2001 – 158 (2001) 8.

[176] M. Hollings. Home-Education in New Zealand: Ero Reviews of Homeschooled Students. Education Review Office: Wellington (Neuseeland), 2004.

[177] Paula. Rothermel. Home-Education: Aims, Practices and Rationales. PhD thesis: University of Durham, 2002.

[178] Paula Rothermel. Home-Education: Comparison of Home- and School-Educated Children in PIPS Baseline Asessments". Journal of Early Childhood Reasearch 2 (2004): 273-299 = http://www.hslda.org/hs/international/UnitedKingdom/200501130.pdf.

Und wie sieht es in Deutschland aus? Natürlich liegen hier keine wissenschaftlichen Reihenuntersuchungen vor. Aber es gibt bereits Erfahrungen mit den Schülern, die seit etwa 1990 mit Duldung der Behörden zu Hause unterrichtet wurden. So schreibt Helmut Stücher an sein Kultusminsterium: „Kennen Sie Heimschüler der Philadelphia-Schule, denen ‚der Zugang zu weiterführenden Schulen, zum Studium und zu vielen Berufen verschlossen bleibt?' ... Mit Duldung des Kultusministeriums konnte ich von 1980 bis 1997 meine sieben Kinder zu Hause unterrichten. Sie haben alle Abschlüsse über die Fremdenprüfung erlangt, konnten Fachschulen besuchen und sind erfolgreich im Beruf. Auch zeichneten sie sich durch soziale Kompetenz aus. Der jüngste Sohn hat bis zur 10.Klasse keine öffentliche Schule besucht; nach dem Realschulabschluß ging er aufs Gymnasium und hatte dort schon im ersten Jahr das beste Zeugnis, wurde zum Klassensprecher gewählt, nachher zum Schulsprecher. Beim Abitur war er unter den drei besten, die ausgezeichnet wurden. Er hatte alle Berufschancen, wollte aber gerne Krankenpfleger werden. Ein anderer Heimschüler war ebenso erfolgreich und befindet sich zur Zeit im Arztstudium. Eine Heimschülerin, die mit unserem Programm lernte, hat die Ausbildung bei einem Rechtsanwalt und Notar begonnen, der sich wie folgt äußert: ‚Aufgrund der ganz ungewöhnlichen Schulleistungen wurde Frau R. T. von einer Vielzahl von Bewerbern von uns ausgewählt. Sie gehört zu den qualifiziertesten Auszubildenden, die ich in 27-jähriger Tätigkeit als Rechtsanwalt bisher ausgebildet habe'. Die Beispiele lassen sich vermehren. Eine Dokumentation der Abschlüsse und Zeugnisse kann vorgelegt werden."[179]

20. These:
Homeschooler sind in den USA bei den Colleges und Universitäten wegen ihrer guten Leistungen und sozialen Kompetenz sehr beliebt und viele Colleges und Universitäten werben auf ihren Webseiten direkt um sie.[180]

---

[179] Schreiben der Philadelphia-Schule, Siegen, an das Ministerium für Schule, Jugend und Kinder des Landes Nordrhein-Westfalen, Düsseldorf, vom 14.3.2005. S. 1-2.

[180] Studien, die die ausgezeichneten Übergänge von Homeschoolern in amerikanische Colleges belegen, stellen zusammen: Christopher J. Klicka. The Right Choice. a. a. O. S. 193-204; Christopher J. Klicka. The Right to Home School. a. a. O. S. 169-179 (Anhang I). Eine Auflistung von Eine Liste von 1998, welche akkreditierten Colleges offiziell Homeschooler auffordern, sich zu bewerben, findet sich in Mary Griffith. The Homeschooling Handbook. Prima Publishing: Roseville (CA), 1999². S. 275-289. Die Liste wird aktuell gehalten unter

In den USA haben längst viel Kinder, die zu Hause gelernt haben, den Sprung in die Spitzenuniversitäten, z. B. Cambridge University und Harvard University (aber auch in England die Cambridge University), geschafft, deren Anforderungen an die Vorbildung wohl etwas höher sind als die Vorgaben der meisten Rahmenrichtlinien der deutschen Bundesländer. Amerikanische Nachrichtenmagazine berichten wiederholt, wie gut Homeschooler in Harvard ankommen.[181] Homeschooler machen in den USA auch regelmäßig Schlagzeilen, wenn sie bei Eingangstests als Sieger hervorgehen.[182]

Prozentual sind Homeschooler bei Elitecolleges (und Eliteuniversiäten wie die Harvard University) überrepräsentiert. Die Amerikaner suchen sich ihre Elite eben schon lange vor allem nach Leistung, nicht nach gesellschaftspolitischen Theorien aus. Wählen wir als beliebiges Beispiel die Collegeebene der Western Kentucky University aus. In der Collegezeitschrift und auf der Webseite berichtet Kelly Richardson[183], dass 74% aller Absolventen von Homeschooling in den USA auf ein College gehen. Sie haben dabei im Schnitt weniger Übergangsschwierigkeiten als Absolventen öffentlicher Schulen. Eine Untersuchung von 1997 von 5.402 Heimschülern zeig-

---

http://learninfreedom.org/colleges_4_hmsc.html. Eine Bewertung aller Colleges der USA findet sich unter www.hslda.org/docs/nche/000002/00000241.asp. Demnach gibt es nur noch zwei Colleges, die keine Homeschooler akzeptieren.

[181] Z. B. Rebecca Winters. „From Home to Harvard: Homeschooled Kids Have Earned a College of their Own – and Admission to Elite, Traditional Campuses". Time Magazine 27.8.2001 – 158 (2001) 8; J. Seligmann, P Abramson. „From Homespun to Harvard". Newsweek vom 1.2.1988. S. 49.

[182] Vgl. z. B. „Home Schoolers No. 1 on College-Entrance Test". Washington Times vom 22.8.2000; Barbara Kantrowitz, Pat Wingert. „Home Schooling" (Titelgeschichte). Newsweek vom 5.10.1998; Elissa Cleaveland. „Home Schoolers with Open Minds". The Washington Post vom 4.8.2001; Willaim R. Mattox. „Hidden Virtues in Home Schooling Spur Growth". USA Today vom 3.2.1999. Vgl. außer den in diesem Beitrag angeführten Artikeln als wahllose Zusammenstellung von weiteren wohlwollenden Beiträgen in Nachrichtenmagazinen und Tageszeitungen, die mir gerade zugänglich waren: Barbara Kay. „School's out forever". The National Post vom 15.8.2001; Tom Rhodes. „US Parents Switch to Home Schooling". The Times vom 10.9.2001; John Clud, Jodie Morse. „Is Home Schooling Good for America?" (Titelgeschichte). Time vom 27.8.2001; „Home Sweet Home". Time vom 31.10.1994; Andrea Billups. „Home School Movement Goes Global". The Washington Times vom 19.9.2000; Stecklow. „Live and Learn". The Wall Street Journal vom 10.5.1994; Mark Brandly. „Home Schooling Leaps into the Spotlight". The Wall Street Journal vom 9.6.1997; Steve Victoria Benning. „Home-schooling's Mass Appeal". The Washington Post vom 20.1.1997.

[183] Kelly Richardson. „Homeschooled Students Adapting Well". College Heights Herald – Western Kentucky University. 10.2.2005; www.wkuherald.com/news/2005/02/10/2Day/Homeschooled.Students.Adapting.W ell-859098.sht.

te, dass sie im Schnitt 30-37% besser abschnitten als andere Schüler. Nach Untersuchungen der Andrews University sei das Selbstbewusstsein der Homeschooler im Schnitt wesentlich stärker. Der ganze Beitrag zielt offensichtlich darauf ab, Homeschooler als Studenten zu gewinnen.

Dr. Jay Wile, Professor für Nuklearchemie an der Universität Rochester und der Gewinner zahlreicher pädagogischer Auszeichnungen, schreibt über seiner Erfahrungen mit Studenten, die zu Hause unterrichtet wurden: „Als Universitätsprofessor an einer größeren Fakultät im Mittleren Westen habe ich Tausende von Studenten erlebt. Die bei weitem besten Studenten, die ich hatte, waren die, die zu Hause unterrichtet worden waren. ... Meine Erfahrungen mit zu Hause unterrichteten Studenten auf Universitätsniveau waren der Grund, wieso ich anfing, mich für Heimunterricht zu interessieren. ... Ich erlebte, dass jeder Student, der seine Ausbildung zu Hause erworben hatte und mit dem ich arbeitete, akademisch und sozial reifer war als es selbst die besten Studenten von öffentlichen Schulen waren, mit denen ich zusammen arbeitete."[184]

21. These:

Offensichtlich kann man einen wichtigen Beitrag zur Menschheit liefern, auch wenn man in der Grundschulzeit oder danach ganz oder teilweise keine offizielle Schule von innen gesehen hat wie es – um nur eine wahllose Liste bedeutender Hausschüler zu nennen – bei Johann Wolfgang von Goethe, Wolfgang Amadeus Mozart, Agatha Christie, Albert Einstein, Winston Churchill, Albert Schweitzer, Dietrich Bonhoeffer, Konrad Adenauer und Yehudi Menuhin der Fall war. Nicht zufällig sind es gerade viele bedeutende Künstler und Vordenker, aber auch Querdenker, die sich selbstbewusst der Mehrheit entgegenstellten, die in ihrer Kindheit und Jugend eine viel freiere Entfaltung in Bildung und Muse erlebt haben!

Es wäre an der Zeit, die Geschichte der Schule zu Hause zu schreiben. Sie beginnt lange bevor es Schule gab, war über Jahrhunderte die wichtigste Bildungsträgerin und ist – gleich wie man sie bewertet – ein sowohl historisch als auch pädagogisch hochinteressantes Studienobjekt.

In diesem Zusammenhang wird oft darauf hingewiesen, dass Hausschule früher bedeutete, dass Hauslehrer unterrichteten, eine Tradition, die bis zu den antiken Hochkulturen etwa der Ägypter, der Griechen und der Römer zurückgeht.[185] Eltern, so sagt man, könnten die Rolle der Hauslehrer nicht

---

[184] Zitiert nach http://www.homeschoolchristian.com/Position/WileRebuttal.html, Eintrag vom 5.1.2003 (zuletzt eingesehen 1.4.2005).

[185] Vgl. dazu Ludwig Fertig. Der Hofmeister – Ein Beitrag zur Geschichte des Lehrerstandes und der bürgerlichen Intelligenz. Stuttgart: Metzler, 1979; und an älteren

ersetzen. Dazu ist zu sagen: 1. Viele Eltern sind heute Dank ihrer eigenen Schulbildung viel gebildeter, als früher Hauslehrer, die ja in der Regel auch nicht eigens dafür studiert hatten. 2. Heute steht Eltern ein breites Angebot an Medien und aufgearbeitetem Wissen, aber auch an Beratern zur Verfügung, wie es das so früher so nicht gab. 3. Auch in der Geschichte haben Eltern mehr unterrichtet, als die Bildungsgeschichte widerspiegelt. Über Hauslehrer wurde oft Buch geführt und viele Absolventen eines Studiums verdienten sich so ihr erstes Brot, was wir in ihrer Biografie und in von Historikern aufzufindendem Material wieder finden. Die Aktivitäten der Eltern dagegen wurden selten erfasst. Der größere Teil des Wissens früherer Generationen dürfte von ihren Eltern auf sie gekommen sein.

Lediglich ein Aspekt des Hausunterrichts vergangener Zeiten ist kritisch zu sehen, nämlich die Tatsache, dass er oft mit Kinderarbeit verbunden war. Aber auch hier ist Vorsicht geboten. Viele Kinder vergangener Generation lernten eben ein Handwerk, das Geschäft oder die Bewirtschaftung eines Hofes direkt von Erwachsenen. Das war nicht automatisch Kinderarbeit, wie sie dann die Industrialisierung hervorgebracht hat und wie sie dann sukzessive zum Glück gesetzlich verboten wurde. Die von der Industrialisierung betroffen, elend schuftenden Kinder kamen allerdings sowieso kaum zum Lernen.

22. These:

Vielerorts wird schon nicht mehr angezweifelt, dass Homeschooler bessere Bildungsleistungen erbringen. Ja, die Tatsache, dass hier eine Bildungselite erzogen wird, wird immer häufiger sogar als Argument gegen diese Art des Unterrichts eingewandt.[186] Stattdessen muss nun das Schreckgespenst der angeblich fehlenden Integration herhalten, als würde öffentliche Schule automatisch Integration bedeuten und als könne man Integration nur durch Schule erreichen.

Untersuchungen: Franz Neumann. Der Hofmeister: Ein Beitrag zur Geschichte der Erziehung im 18. Jahrhundert. Hallische pädagogische Studien 9. Osterwieck am Harz: Zickfeldt; Heinrich Gerbracht. Das Problem der Hauslehrerpädagogik von der Reformation bis Herbart. Diss.: Köln, 1928.Vgl. auch Jutta Becher. Kindermädchen als Bezugsperson für Kinder in bürgerlichen Familien des Zweiten Deutschen Kaiserreiches (1871-1918). Europäische Hochschulschriften, Reihe 11: Pädagogik 529. Lang: Frankfurt, 1993

[186] Manfred Borchert. „Zur aktuellen Lage der Freien Alternativschulen in Deutschland". S. 15-23 in: Bundesverband der Freien Alternativschulen (Hg.). Freie Alternativschulen: Kinder machen Schule. Drachen Verlag: Wolfratshausen, 1992. S. 21 belegt denselben Vorgang für die Alternativschulen. Zunächst wandte man gegen sie, es würde nicht gelernt, als der größere Lernerfolg nicht mehr zu widerlegen war, kritisierte man den Eliteschulcharakter und die Beheimatung in der Oberschicht, was objektiv Unsinn war und ist.

Aber einmal angenommen, die Homeschooler wären tatsächlich weniger sozial ausgerichtet und integriert[187] (obwohl alle vorliegenden Untersuchungen das Gegenteil belegen): Dürfen Eltern nicht einfach nur an die Zukunft ihrer eigenen Kinder denken? Sind das nicht die sattsam bekannten Argumente auch gegen Privatschulen?

Die Schule ist ja nicht vorrangig dazu da, irgendwelche gesellschaftspolitischen Ziele der Kultusbehörden zu erfüllen, die sich dazu meist noch mit jedem Regierungswechsel ändern und zwischen den Bundesländern heiss umstritten sind, sondern dazu, dass die Kinder gut lernen und das nötige Wissen erhalten, um später eine spezielle Ausbildung und einen Beruf erlangen zu können. Die PISA-Studien messen ja bewusst nicht, wie oft man mit Andersdenkenden in eine Disko geht oder ob man regelmäßig politische Debatten mit Freunden führt, sondern wie gut man Grundtechniken der Bildung beherrscht und selbständig denken kann.

Müssen Eltern von Kindern in Privatschulen oder Hausschulen ihre Kindern gesellschaftspolitischen Zielen opfern, die sie oft nicht einmal teilen und die sich je nach parteipolitischer Ausrichtung haüfig ändern und heftig umstritten sind, oder dürfen sie nicht zunächst einfach an die Zukunft ihrer *Kinder* denken, die dann ja auch als gut und selbständig erzogene Erwachsene mit guter Ausbildung sicher ihren Teil zur Zukunft der Gesellschaft beitragen werden?

Da die staatlichen Schulen meist schon lange Verhaltens- und Betragensnoten abgeschafft haben, sollten sie nicht so tun, als wäre der Umgang mit Andersdenkenden und Andersseienden ein angestrebtes und bewertetes Ziel der Schulbildung, das bewertet würde. Woher kommt denn die ganze Diskussion um den Benimmunterricht?[188] Wo in der Schule wird denn beispielsweise ernsthaft gegen Mobbing unter Schülern erzogen? Wo im Lehrplan kommt denn konkret die Achtung vor Menschen anderer Kulturen

---

[187] Studien, die die ausgezeichnete Sozialisation von Homeschoolern in den USA belegen, stellen zusammen: Paula. Rothermel. Home-Education: Comparison of Home- and School-Educated Children in PIPS Baseline Asessments". Journal of Early Childhood Reasearch 2 (2004): 273-299, s. 275; Christopher J. Klicka. The Right Choice. a. a. O. S. 127-132; Brian. D. Ray. Worldwide Guide to Homeschooling. a. a. O. S. 56-61; aus älterer Zeit: Brian D. Ray. „Home Schools: A Synthesis of Research on Characteristics and Learner Outcomes". Education and Urban Society 21 (1988) 1: 16-31; Henk Blok. „Performance in Home Schooling: An Argument against Compulsory Schooling in the Netherlands". International Review of Education 50 (2004) 1: 39-52; Alan Thomas. Educating Children at Home. Cassell Academic: London, 1998. S. 111-125.

[188] Vgl. Thomas Schirrmacher. „Benimmunterricht? Ganzheitliche Erziehung!". AHAes: Die pädagogische Zeitung für die Allgemeinbildenden Schulen (Linz) Nr. 8 = Febr 2004: 8-9 (Din A3).

oder Religionen vor? Fakt ist doch, dass in Privatschulen und Hausunterricht in der Regel eine wesentlich höhere soziale Kompetenz erworben wird, weil sie dort bewusst zum Programm gehört und weil die Kinder auch Vormittags mit den verschiedensten Menschen Umgang haben. Wenn Kinder etwa gemobbt werden, weil sie nicht die Schuhe tragen, die man gerade trägt, oder weil sie angeblich zu dick, zu lahm oder zu streberisch sind, ist doch die staatliche Schule hilflos, während an Privatschulen die Eltern sich meist direkt einschalten können und im Hausunterricht das Problem gleich mit allen Beteiligten aufgearbeitet werden kann oder gar nicht erst auftritt.

Integration? Zum einen ist dazu zu sagen, dass die vermeintliche Integration durch das Bildungssystem eher eine schöne pädagogische Theorie als eine nachprüfbare Realität ist. An den Problemen von Berlin-Kreuzberg und ähnlichen Vierteln ändert die Schulpflicht beispielsweise nur wenig. Zum anderen ist die Frage, ob das Ziel ‚Integration' bedeuten kann, dass man deswegen die Integration mit Bußgeldern, Polizei und Gefängnisaufenthalt erzwingt? Mit Gewalt wurde noch niemand integriert.

Nochmals: Während in Berlin-Kreuzberg und ähnlichen muslimischen Vierteln tatsächlich unbehelligt oft rechtsfreie Räume mit ganzen Stadtvierteln entstehen, in denen Ehrenmorde geschehen und Familienoberhäupter (Un-)Recht sprechen, sieht unsere Gesellschaft die Bedrohung einer Parallelgesellschaft eher in einigen mennonitischen oder baptistischen russlanddeutschen oder amerikastämmigen Familien, deren angebliche Nichtintegration die schon genannten ‚diffusen Ängste' auslöst.

Das 'National Home Education Research Institute' befragte 2003 über 7.300 Erwachsene, die als Kinder und Jugendliche zu Hause unterrichtet wurden, um ihre Integration in die Gesellschaft festzustellen. Es konnten weder rassistische Einstellungen festgestellt werden, noch eine Rückzugsmentalität. Die meisten arbeiten in säkularen Berufen. Die Mitarbeit in und zugunsten der politischen Gemeinden („communities"), etwa als Politiker, Sozialarbeiter, Schöffen oder Lehrer, ist weit überdurchschnittlich.[189]

---

[189] Brian D. Ray. Home Educated and Now Adults: Their Community and Civic Involvement, Views About Homeschooling, and Other Traits. National Home Education Research Institute: Salem (OR), 2004; Kurzfassung „Homeschooling Grows Up". 8 S. einzusehen und zu bestellen unter www.hslda.org/research/ray2003/default.asp. Die deutsche Übersetzung liegt nur elektronisch vor: www.leben-ohne-schule.de/studien.html oder www.schuzh.de/study_03_hs_grows_up_r2_de.pdf.

23. These:

Die geltende Rechtsprechung erlaubt Schule zu Hause nur, wenn die Kinder im Ausland leben oder wegen Krankheit oder Behinderung transportunfähig sind. Merkwürdigerweise können solche Kinder dann über Hausunterricht normale Schulabschlüsse erreichen. Dort, wo Hausschule für Deutsche offiziell zulässig ist, funktioniert sie tadellos!

Ursprünglich einmal für die Kinder evangelischer Missionare wurde die staatlich anerkannte ‚Deutsche Fernschule'[190] gegründet, durch die längst inzwischen auch Kinder von deutschen Diplomaten, Topmanagern im Ausland und Entwicklungshelfern durch Fernunterricht und durch den elterlichen Unterricht vor Ort ihre Bildung erhalten. Dies ist meines Wissens das einzige organisierte und staatlich zugelassene deutsche Beispiel für Homeschooling, bei dem der häusliche Unterricht mit vorbereitetem Material die Schule ersetzt und das staatlich anerkannt ist. Dies Beispiel zeigt, dass Hausunterricht auch für Deutsche funktioniert und überdurchschnittliche Schüler hervorbringen kann.[191] Dass der deutsche Staat diese Ausbildung als Schulbildung der Kinder seiner Diplomatenkinder anerkennt und für Deutsche im Ausland empfiehlt[192], zeigt nur zu gut, dass die fehlende Anerkennung des Hausunterrichts in Deutschland aus ideologischen Gründen und nicht wegen seiner Qualität erfolgt.

Die Flex-Fernschule ist speziell zum außerschulischen Nachholen eines Hauptschulabschlusses entworfen worden.[193] Wer genau diese Abschlüsse erwirbt, ist nicht zu ersehen, aber die Werbung („Du bist zwischen 14 und 20 Jahre alt, willst einen Hauptschulabschluss, kannst aber aus irgendwelchen Gründen keine Schule besuchen ... ?") spricht dafür, dass hier in vorbildlicher Weise Jugendliche aufgefangen werden, die anderweitig ohne Schulabschluss blieben.

Wolfgang Kleemann hat die Argumente von Georg Pflüger, der als Leiter der Deutschen Fernschule aus der Erfahrung zahlloser Schüler schöpft, die im Ausland zu Hause ihre Bildung erhielten, gut zusammengefasst und bewertet: „Eine Herausforderung für das deutsche Bildungswesen? Mit diesem Untertitel greift Georg Pflüger, der Leiter der Deutschen Fernschule e.V. in

---

[190] www.deutsche-fernschule.de; vgl. Georg Pflüger. Lernen als Lebensstil: Die Herausforderung der Homeschool-Bewegung. Verlag Deutsche Fernschule: Wetzlar, 2004.

[191] Dies betont bes. Renata Leuffen. Das Schulamt und das Jugendamt der Stadt Düsseldorf ... a. a. O. S. 32+34.

[192] Siehe die Empfehlung der Zentralstelle für das Auslandsschulwesen des Bundesverwaltungsamtes:
www.bva.bund.de/aufgaben/auslandsschulwesen/verzeichnis/welt/fern/.

[193] http://212.18.20.69/.

seinem Buch 'Lernen als Lebensstil' die Thematik auf und plädiert dafür, dem Homeschooling im deutschen Bildungswesen eine pädagogisch-didaktisch zu begründende Chance einzuräumen. Pflüger nennt 'Zehn Gründe, warum Eltern ihre Kinder zu Hause unterrichten'. Sie enthalten an sich pädagogisch Selbstverständliches, sind im Wesentlichen den Lern- und Lebensbedürfnissen der Kinder zugeordnet und lauten:

– Die Kinder erleben einen entspannenden Schutzraum.
– Die Kinder finden zu sich selbst.
– Die Kinder sparen Zeit.
– Die Kinder werden individuell gefördert.
– Die Kinder lernen zu lernen.
– Die Kinder lernen flexibel.
– Die Kinder lernen im Leben fürs Leben.
– Die Kinder lernen Sozialkompetenz.
– Die Kinder haben Erfolg und entwickeln eine gesunde Lebenstüchtigkeit.

Was er hierzu pädagogisch ausführt, ist sehr fundiert, differenziert abwägend, einleuchtend dargelegt und insgesamt hilfreich für eine sachgerechte Diskussion. Öfter als einmal wird der Kundige, sei er nun Lehrer, Elternteil oder Schüler, sowohl der Analyse schulischer Situationen als auch den daraus pädagogisch-didaktisch-methodisch gezogenen Schlüssen und Änderungsvorschlägen zustimmen, auch wenn er kein überzeugter Befürworter der Heimschulbewegung ist."[194]

In ähnlicher Weise faßt der Verein ‚Schulbildung in Familieninitiative'[195] seine Erfahrungen zusammen:

„– HS ermöglicht ein viel stärkeres und persönlicheres Eingehen auf das einzelne Kind, als dies in einer Schulklasse von z. B. 30 Schülern möglich ist.

– HS kann auf individuelle Lernvoraussetzungen Rücksicht nehmen, wie z.B. spezielle Begabungen, Lerntempo, Lernrhythmus und Lernmethoden.

– HS bietet sehr flexible Unterrichts- Pausen- und Feriengestaltung und vielfältige Lernmöglichkeiten, die es in Schulen nicht gibt.

---

[194] Wolfgang Kleemann. „Ist Hausunterricht staatsgefährdend? Homeschooling-Bewegung in Deutschland". Glaube und Erziehung 6/2004: 1ff. Seriöse Beispiele aus der Praxis, die diese Punkte belegen, finden sich in Rhonda Barfield. Real-life Homeschooling: The Stories of 21 Families who Make it Work. New York: Fireside, 2002.
[195] www.sfev.de.

- HS erschließt aus der vertrauten Umgebung heraus die Lebenswirklichkeit und hat direkten Praxisbezug, z.B. durch die Berufe der Eltern.
- HS lässt der natürlichen Lernbegierde freien Raum und ermöglicht so das Lernen aus eigenem Antrieb (intrinsisch motiviertes Lernen) und erfüllt das Recht der Kinder auf Bildung ohne Zwangs- und Gewalteinwirkung oder Mobbing.
- HS fördert Selbständigkeit und ermöglicht die Entwicklung innovativer, eigenständiger und kreativer Persönlichkeiten, außerdem kann notwendige Herzens- und Charakterbildung gefördert werden. Verschultes Lernen in Lehranstalten dagegen begünstigt eher Konformität und Gleichmacherei sowie Rivalität und Konkurrenzdenken. Es bleibt kaum mehr Raum für kritisches, differenziertes Denken und konstruktive Auseinandersetzung.
- HS steigert Beziehungs- und Kommunikationsfähigkeit statt Anonymität und Vereinsamung von zunächst noch lernwilligen Kindern in Schulen, die aus ökonomischen Gründen in Gefahr stehen, zu Lernfabriken und Lehranstalten zu verkommen.
- HS fördert generationsübergreifende soziale Kompetenz in der Familie und Bekanntschaft. Das ist meist Herausforderung genug. Eine gesellschaftsfähige Sozialisation in altersgetrennten Schulklassen ist heute zur Utopie geworden. Gruppenzwang, Modetrends, Anpassungsdruck und der schlechte Einfluss lernunwilliger oder störender Mitschüler macht die wenigen, lernwillig verbliebenen zu Strebern und oft gemobbten Außenseitern.
- HS ermöglicht Rücksicht auf weltanschauliche Wertevermittlung einer Familie und allgemein der Gesellschaft, und kann so z.B. einem ganzheitlichen Ansatz folgen ...“[196]

Fügen wir an dieser Stelle hinzu, was der eingangs zitierte Osloer Pädagogikprofessor aufgrund der Erfahrungen in Europa als pädagogische Kernerfahrungen des Homeschooling zusammenstellt:[197]

1. Das Lernen selbst ist wichtiger als das Lehren und die Lehrinhalte. Die Lehrer/Eltern begleiten den Lernprozess, das Lernen selbst aber geschieht nach den Bedürfnissen und Möglichkeiten des Kindes. Selbst Erarbeitetes bleibt besser haften als vorgeschriebene und vorgekaute Lernstoffe.

---

[196] „Homeschooling: Ein Informationsblatt". www.homeschooling.de/flyer1.pdf.
[197] Christian W. Beck. „Home Education – Globalisation otherwise?" Paper presented at the BERA conference in Manchester 15.-18. September 2004 = http://folk.uio.no/cbeck/Home%20Education%20globalisation%202.htm. S. 6-7 (1.4.2005).

2. Lernen wird deinstitutionalisiert und damit Teil des Alltags. Um zu lernen, braucht nicht immer Vorgaben wie Curriculum, Stundenplan, Lehrbücher und andere Elemente formalen Lernens.

3. Lernen ist mit dem realen Leben verbunden und führt sie realen Verantwortung in der Umwelt.

4. Lernen ist für jeden Menschen anders.

5. Lernen bedeutet sein Vetrauen in Kinder (und Eltern) zu setzen, weswegen die Lernmotivation wesentlich höher ist.

Es sei der staatlichen Schulpädagogik dringend geraten, von diesen pädagogischen Erfahrungen zu lernen und statt einer politischen Abwehrhaltung den Kindern zuliebe diese Erfahrungen aufzugreifen.

Es stellt sich hier nämlich die Frage, wer für wen da ist. Ist das Schulsystem zuerst da und die Kinder sind dann notwendig, um das Schulsystem zu erhalten und werden deswegen zu Schulbesuchern (Schülern), oder sind die Kinder zuerst da und das Bildungssystem ist da, um die Kinder zu erhalten? Hans Magnus Enzenberger hat das so ausgedrückt: „Es verhält sich nämlich nicht so, daß die Schüler für die Lehrer da wären. Es verhält sich so, daß die Lehrer für die Schüler da sind."[198]

24. These:
Man könnte schon jetzt ohne eine Änderung des Rechtes über Ausnahmen Homeschooling gestatten.

Alle Landesverfassungen und Schulpflichtgesetze sagen jeweils in der Nähe der Festlegung der allgemeinen Schulpflicht, dass nur die Kultusbehörden Ausnahmen gestatten dürfen. Stellvertretend sei § 76 Abs. 1 Satz 1 des Schulgesetzes von Baden-Württemberg zitiert, das sagt, dass der Schulbesuch der Kinder verpflichtend ist „soweit nicht für ihre Erziehung und Unterrichtung in anderer Weise ausreichend gesorgt ist". Für die Grundschule gilt in § 76 Abs. 1 Satz 2 enger: „Anstelle des Besuchs der Grundschule darf anderweitiger Unterricht nur ausnahmsweise in besonderen Fällen von der Schulaufsichtsbehörde gestattet werden". Ohne diese Ausnahmeregelung geht es nicht, sonst müsste man ja schwerkranke oder geistig behinderte Kinder ebenso in die Schule zwingen, wie deutsche Kinder, die im Ausland leben, schwangere Teenager oder Kindern mit Schulphobie.

An vielen – meist bewusst nicht publik gemachten – Stellen in Deutschland wird Unterricht zu Hause geduldet oder genehmigt. Ich habe jeden-

---

[198] Hans Magnus Enzensberger. „Plädoyer für den Hauslehrer". a. a. O. S. 164.

falls etliche Bekannte, bei denen das so ist. Darunter sind Sozialhilfeempfänger ebenso wie Professoren. Kurzum: Selbst wenn theoretisch feststeht, dass die Schulbehörden das Recht haben, alle Kinder in die Schule zu zwingen, *müssen* tun sie es nicht. Sie können Ausnahmen machen. Bei einigen Hundert Fällen in Deutschland ist es meines Erachtens sinnvoller, Ausnahmen zu gestatten und zu überprüfen, ob die Kinder zu Hause wirklich lernen, als medienwirksam Bildungskrieg vorzuführen.

Nebenbei ist Niedersachsen mit solchen Ausnahmen sehr großzügig und hatte deswegen auch noch nie einen pressewirksamen, kontroversen Homeschoolfall. In Niedersachsen lautet §63, Absatz 5 des Schulgesetzes: „Schulpflichtigen der ersten sechs Schuljahrgänge darf Privatunterricht an Stelle des Schulbesuchs nur ausnahmsweise gestattet werden." Dazu findet sich folgender Erlass: „Erfüllung der Schulpflicht durch Privatunterricht (§63 Abs.5) Die Erfüllung der Schulpflicht durch Privatunterricht ist nur ausnahmsweise in den ersten sechs Schuljahrgängen zulässig. Sie bedarf der Genehmigung durch die zuständige Schulbehörde und ist nur zu erteilen, wenn der Unterricht den Anforderungen genügt, die an den Unterricht in den entsprechenden Schulformen zu stellen sind. ..."[199]

25. These:
Homeschooling ist für viele Kinder, die die Schulpflicht nur schwer erfüllen können, eine Alternative

Der Staat muss erstaunliche viele Ausnahmen von der Schulpflicht machen, wobei die Bundesländer hier sehr unterschiedlich verfahren. Viele Homeschoolfälle beginnen ungewollt mit solchen schwierigen Situationen. „'Manche Schüler werden aus pragmatischen Gründen – auch als vorübergehende Problemlösung' im Elternhaus unterrichtet, erklärte Thomas Spiegler von der Universität Marburg, der an einer Doktorarbeit zum Thema ‚Home-Education in Deutschland' arbeitet. ... Kinder mit Schulangst, psychosomatischen Störungen und Mobbing-Erfahrungen können zu Hause stressfrei lernen. Aber auch minder- oder hochbegabten Kindern tut die freie Wahl des Lerntempos zuhause gut. Ein Kind das mit drei Jahren Schach spielt und mit sechs sein erstes Klavierkonzert gibt, kann im regulä-

---

[199] Zitiert nach der Webseite zu Schule und Recht des Ministeriums: www.schure.de/2241001/0035074.htm (1.4.2005).

ren Schulbetrieb psychisch fast zugrunde gehen, so der Erfahrungsbericht einer Mutter ..."[200]

Dass es für Dauerkranke immer schon Ausnahmen gab, ist bekannt.[201] Warum aber Schullehrer zum Einzelunterricht abstellen und nicht einmal die Eltern einspannen, wenn sie das wollen? Wäre nicht bei etlichen ADS-Kindern, Behinderten, Lernschwachen usw. Hausunterricht eine bessere Alternative als die Sonderschule? Was ist mit den Kindern im Ausland, mit Kindern, deren Eltern beruflich ständig unterwegs sind, den Kindern von Schaustellern und Zirkusartisten? Was mit Hochbegabten oder Kindern mit Schulphobie? Der Staat übt entweder Zwang aus oder muss aufwendige Alternativen schaffen. In unseren Nachbarländern ist in solchen Fällen Homeschooling immer eine Alternative, wenn die Eltern ihren Kindern indivuduelle Chancen geben wollen, die ein großes System sie nur schwer bieten kann.

Es ist zum Beispiel erwiesen, dass Schule zu Hause für ADS-Kinder und Kinder mit ähnlichen Problemen eine sehr gute Lösung darstellt.[202] Bei uns aber wird der enorme Einsatz der Eltern wenig gewürdigt und das Problem oft überforderten Lehrern mit 30 anderen Kindern in der Klasse aufgebürdet oder aber das Kind in eine Sonderschule geschickt, wo es nicht hingehört.

---

[200] Lioba Schafnitzel. „Nie wieder in die Schule! Hausunterricht: Erfolgreich, aber in Deutschland verboten". Nürnberger Zeitung 29.4.2004 (auch unter www.hausunterricht.org/html/nz-konferenz.html).

[201] Vgl. als mir eher zufällig gedruckt zur Verfügung stehende Beispiele – Auskünfte erteilen alle Kultusminsterien: Der Kultusminister des Landes Nordrhein-Westfalen (Hg.). Richtlinien für die Schule für Kranke (Sonderschule) und für den Hausunterricht in Nordrhein-Westfalen [vom 24.10.1984]. Die Schule in Nordrhein-Westfalen 6601. Köln: Greven, 1985. 8 S.; Handreichung Krankenhaus- und Hausunterricht. Kultusministerium Rheinland-Pfalz: Mainz, 1990. 54 S.; Bildungswege in Nordrhein-Westfalen – Sonderschulen: Schule für Blinde, für Sehbehinderte, für Gehörlose, für Schwerhörige, für Körperbehinderte, für Sprachbehinderte, für Erziehungshilfe, für Lernbehinderte, für Geistigbehinderte, Krankenhausschule und Hausunterricht. Der Kultusminister des Landes Nordrhein-Westfalen: Düsseldorf, 1981. 45 S.

[202] Leonore Colacion Hayes. Homeschooling the Child with ADD (or other special needs). Your Complete Guide to Successfully Homeschooling the Child with Learning Differences. Prima Publ.: Roseville (CA), 2002.

26. These:

Die enorm weite Verbreitung von Nachhilfeunterricht ist sowohl ein Beispiel dafür, wie gut Schulbildung außerhalb der Schule und zu Hause funktioniert, als auch ein Zeichen dafür, dass unser staatliches Schulsystem nicht mehr richtig funktioniert. Zudem ist es eine heimliche Einführung von Schulgeld[203] unter dem ärmere Familien besonders leiden.

Packt es ein Schüler im staatlichen Schulsystem nicht, muss der Nachhilfe-lehrer ran. Der Nachhilfemarkt mit deutschlandweiten Anbietern hat mitt-lerweile den Umsatz von einer Milliarde Euro pro Jahr überschritten, Ten-denz stark steigend. Vor drei Jahren war es noch halb so viel. Sicher haben auch berufstätige Eltern weniger Zeit als früher, aber das erklärt nur einen Teil des Effektes. Der Nachhilfemarkt ist inzwischen zu einem ganz eige-nen Bildungsmarkt mit ganz eigenen pädagogischen Methoden gewor-den.[204]

Die weitere Verbreitung von Nachhilfe läßt in Deutschland übrigens auch den totgeglaubten Beruf des Hauslehrers wieder auferstehen.[205] Immer mehr Lehrer und andere Pädagogen leben davon, dass sie Kinder zu Hause unterrichten.

27. These:

Schulkinder, die nicht parallel von ihren Eltern zu Hause in punkto Bildung zusätz-liches Homeschooling erhalten, haben heute geringere Bildungs- und Berufschan-cen![206]

Zum Nachhilfeunterricht kommt noch die enorme Leistung der Eltern oder von Verwandten und Freunden zu Hause, wenn sie die Hausaufgaben ihrer Kinder betreuen und überwachen oder den Kindern erklären, was sie in der Schule nicht verstanden haben. Denn Betreuung des Lernens der Kinder

---

[203] So bes. Raimund Pousset. Schafft die Schulpflicht ab! a. a. O. S. 32.

[204] Vgl. Margitta Rudolph. Nachhilfe – gekaufte Bildung? Empirische Untersuchung zur Kritik der außerschulischen Lernbegleitung. Julius Klinkhardt Verlagsbuchhand-lung: Bad Heilbrunn, 2002 (Diss. Hildesheim); Wolfgang Kramer. Dirk Werner. Familiäre Nachhilfe und bezahlter Nachhilfeunterricht. Beiträge zur Gesellschafts- und Bildungspolitik 229. Deutscher Instituts-Verlag, Köln 1998; Thorsten Schnei-der. Nachhilfe als Strategie zur Verwirklichung von Bildungszielen: Eine empirische Untersuchung mit Daten des Sozio-oekonomischen Pabels (SOEP). Discussion pa-pers: German Institute for Economic Research 447. Deutsches Institut für Wirt-schaftsforschung: Berlin 2004.

[205] Der beste Beleg ist die Webseite www.hauslehrer.de.

[206] Siehe die Details in Gustav Keller. Ich will nicht lernen! Motivationsförderung in El-ternhaus und Schule. Bern: Huber, 2003[2].

durch ihre Eltern und andere Erwachsene ist immer noch ein wesentlicher Schlüssel für die Ausdauer und Intensität des Lernens, für die Motivation und schließlich auch für das Gesamtergebnis des Lernens in der Jugend. Auch Schule kann erst dann zur Form auflaufen, wenn das dortige Lernen die volle und verständnisvolle Unterstützung der Erziehungsberechtigten erfährt und zu Hause positiv ergänzt wird.

28. These:
Homeschooling ist auch in Deutschland möglich und wichtig, nämlich als Ergänzung zum normalen Schulunterricht. Eltern sollten Zeit und Energie aufwenden, ihren Kindern auch über die Schule hinaus Wissen, Fähigkeiten und Werte zu vermitteln, sei es beim Bibellesen, beim Zoobesuch, beim Musikhören, beim Reparieren, bei chemischen Experimenten, indem sie sie an den Arbeitsplatz mitnehmen oder durch gemeinsames Lesen oder Besorgen guter Jugendliteratur und von brauchbarem Bildungsmaterial etwa auf CD und DVD.

Hier können auch alle Gegner von Schule zu Hause und alle die vielen Eltern, die mit den staatlichen und privaten Schulen, auf die ihre Kinder gehen, zufrieden sind, viel von der Homeschoolbewegung lernen.

29. These:
Hausunterricht lässt die Eltern in starkem Maße lernen und ist deswegen ein ideales Mittel, ein mögliches Bildungsgefälle zwischen Eltern und Kindern zu verhindern und Eltern mit ‚modernem‘ Wissen bekannt zu machen. Dies spielt gerade in der Dritten Welt eine große Rolle.

Homeschooling nimmt die Eltern in den Lernprozess ihrer Kinder mit hinein. Das ist auch für gebildete Eltern ein grosses Plus, ist doch heute lebenslanges Lernen nicht nur ‚in‘, sondern entscheidend ebenso für beruflichen Erfolg wie für das persönliche Wohlbefinden. Wer mit seinen Kindern lernt, bleibt geistig jung und flexibel.

Dort aber, wo die Eltern selbst ein geringes Bildungsniveau haben, hat Schule zu Hause zwei entscheidende Vorteile: Zum einen heben die Eltern selbst gewollt oder ungewollt ihr eigenes Bildungsniveau an. Zum zweiten entwickelt sich keine immer größere Kluft zwischen den gebildeter werdenden Kindern und den stehenbleibenden Eltern. Das ist wichtig, wenn man bedenkt, wie häufig fehlende Bildung bei den Eltern ein wichtiger Hinderungsfaktor für die Entwicklung der Kinder ist.

30. These:
Man soll bitte nicht so tun, als wäre die Kritik am staatlichen Bildungssystem in Deutschland von den Homeschoolern erfunden worden.[207] Das staatliche Schulsystem leistet Enormes und ist unverzichtbar, hat aber auch seine Schwächen – sowohl im System, als auch in seiner jeweiligen konkreten Lage.

Sicher wünsche ich mir auch von Homeschoolern, dass sie das staatliche Bildungssystem fair und nicht pauschal verurteilen und die großen Unterschiede von Schule zu Schule berücksichtigen. Aber andererseits gilt doch: Dass unser Bildungssystem eine Generalreform nötig hätte, höre ich von niemandem deutlicher als von Lehrern und Schulleitern an staatlichen Schulen.[208] Die Ergebnisse und Forderungen der pädagogischen Forschung und die politische Realität unserer Schulen haben doch schon länger immer weniger miteinander zu tun. Die pädagogische Wissenschaft selbst liefert die eindeutigste Kritik an vielen Fehlentwicklungen an den Schulen, ist aber selbst gegenüber der staatlichen Bürokratie und gegenüber politisch-finanziellen Entscheidungen machtlos.

1991 ließ etwa die Landesregierung von Nordrhein-Westfalen durch das Privatunternehmen Kienbaum eine Leistungsstudie der staatlichen Schulen des Landes erstellen, die den verheerenden Zustand der staatlichen Schulen offenbarte. Häufiger Stundenausfall, Gesamtschulen mit 30% mehr Lehrern, aber wesentlich schlechterer Bildungsvermittlung und Abiturklassen, die de facto nur acht Wochen Unterricht im letzten Schuljahr hatten.[209] In den 15 Jahren hat sich seitdem aber praktisch nichts verbessert. Das alles ist sicher nicht die Schuld von Lehrern und Schulen, sondern der Schulverwaltung und der politisch Verantwortlichen. Dennoch taugen solche Bilanzen nicht, um das Schulsystem als so überlegen zu erweisen, dass alle Alternativen als gefährlich abgelehnt werden müssen.

---

[207] Eine sehr persönliche, aber sehr realistische Beschreibung deutscher Schulen, ihrer Lehrer und ihrer Probleme mit den Schulbehörden, bietet gut lesbar Marga Bayerwaltes. Große Pause! Nachdenken über Schule. Serie Piper. Piper: München, 2004.

[208] Vgl. z. B. Jürgen Oelkers. Schulreform und Schulkritik. Erziehung – Schule – Gesellschaft 1. Ergon: Würzburg, 2000²; Kristian Kunert Baltmannsweiler (Hg.). Schule im Kreuzfeuer: Auftrag, Aufgaben, Probleme: Ringvorlesung zu Grundfragen der Schulpädagogik an der Universität Tübingen. Schneider-Verlag: Hohengehren, 1993; vgl. auch in Kurzform Christine Brinck. „Unsere Schüler sind zu alt: Die Schulen fördern nicht Verantwortung, sondern Versorgungsgeist". Die Welt vom 2.6.1999. S. 11; Harald Günther. „Schlechte Noten für die deutschen Grundschulen". Die Welt vom 22.2.1993. S. 2; Hans Magnus Enzensberger. „Zugbrücke außer Betrieb". FAZ vom 29.8.1998: Beilage Bilder und Zeiten.

[209] Titelgeschichte Helmut Breuer. „Schlechte Noten für die Lehrer". Die Welt Nr. 211 vom 10.9.1991. S. 1.

Als Beispiel sei aus einer mehrteiligen Serie zur Katastrophe des deutschen Bildungssystems im Spiegel zitiert. „Die Pisa-Studie stuft knapp 10 Prozent der 15-jährigen Schüler in Deutschland als so genannte funktionale Analphabeten ein, junge Menschen, die oft nicht mehr als ihren Namen und ihre Adresse schreiben können. Weitere 13 Prozent können bestenfalls auf einfachstem Grundschulniveau lesen. ... Die Grundschule ist schlicht überlastet durch ständig mehr werdende Zusatzaufgaben – von der Integration der Mitschüler aus Kasachstan oder aus den Türken-Vierteln in unseren Städten über Früh-Englisch bis hin zur Verkehrserziehung oder dem ‚Tag der Milch'. Das bedeutet weniger Zeit für die elementaren Kulturtechniken."[210]

„Klar ist nur: Die bundesdeutsche Grundschule ist dringend reformbedürftig. Das immerhin sagen alle. Bisher, das fand die Wissenschaftlerin Karin Richter vom Institut für Grundschulpädagogik und Kindheitsforschung der Universität Erfurt heraus, unterrichten die meisten Lehrer munter am Bedürfnis der Kinder vorbei."[211]

In seinem Artikel „Pfusch am Kind" schreibt der Pädagogikprofessor Jochen Bölsche: „Versagt, so viel steht fest, hat das Schulsystem insgesamt, unabhängig vom Parteibuch des Kultusministers: Ganz gleich, ob Bildungspolitiker mehr auf Abi-Qualität (wie Bayern) oder auf Abi-Quantität (wie NRW) bedacht waren – auf beiden Pisa-Skalen, Bildungsniveau und Chancengleichheit, rangiert die Republik weit hinten. 'Wir haben es nicht geschafft, die Leistungsschwachen zu stärken, dagegen haben wir's geschafft, dass die Leistungsstarken Mittelmaß sind', kommentiert Niedersachsens Gabriel den doppelten Pfusch am Kind."[212]. „Viele Bildungspolitiker haben – Fehler Nummer drei – die Wucht des Wertewandels unterschätzt, der im Gefolge des Studentenaufstands das Schulwesen verändert hat. Manch einer hat bis heute nicht die Courage aufgebracht, selbstkritisch aus Fehlern der Vergangenheit zu lernen und überfällige Kurskorrekturen vorzunehmen."[213] „Die Rekrutierung der Lehrer läuft falsch, viele Ungeeignete werden Pädagogen. Die Kollegien, schreibt die Ex-Gymnasiallehrerin und Bildungskritikerin Bayerwaltes, dürften 'nicht länger wie bisher ein Auffangbecken für Studienversager, Mittelmäßige, Unentschlossene, Ängstliche und Labile, kurz gesagt für Doofe, Faule und Kranke' sein. Die Hochschulen vermitteln künftigen Lehrern nach wie vor zwar ein Übermaß an sterilem Fachwissen, jedoch nur karge Didaktik- und Methodikkenntnisse

---

[210] Enja Riegel. „Mit den Eltern Klartext reden". Der Spiegel 22/2002: 66-68, S. 66.
[211] „Ende der Kuschelpädagogik". Der Spiegel Nr. 22/2002: 58-64, S. 58.
[212] Jochen Bölsche. „Pfusch am Kind". Der Spiegel Nr. 20/2002: 96-116, S. 98-99.
[213] Ebd. S. 104.

und kaum Tipps und Tricks für erfolgreiches Unterrichten. Das System der deutschen Lehrerausbildung sei 'ungeheuer bürokratisch', kritisiert der Züricher Pädagogikprofessor Jürgen Oelkers; es entspreche 'dem 19. und nicht dem 21. Jahrhundert'. In den Kollegien, obwohl stark überaltert, ist die Bereitschaft, sich didaktisch fortzubilden, womöglich gar noch in den Ferien, nicht sonderlich ausgeprägt – vielleicht weil den lebenslang verbeamteten Pädagogen, ob bräsig oder emsig, weder Gehaltskürzungen drohen noch Leistungsprämien winken. Von der Ministerialbürokratie gegängelte, schwächliche Schulleitungen, oft ohne Managementschulung und Personalführungskompetenz, tun sich schwer, die Einzelkämpfer im Kollegium zur Teamarbeit anzuhalten und Leistungskontrollen durchzusetzen. Zudem verhindern starre Landesrichtlinien und aufgeblähte Lehrpläne vielerorts flexible Reaktionen auf lokale Besonderheiten."[214]

31. These:
Das größte Problem der staatlichen Schulen ist meines Erachtens die Gewalt von Schülern an Schülern und Lehrern (Bullying).

Wir haben schon gesehen, dass Raimund Pousset die Aufhebung des Schulzwangs fordert, damit die staatlichen Schulen sich von diesen gewalttätigen Schülern trennen können. Doch von wie vielen Schülern sprechen wir? Ein Studie des Bundeskriminalamtes meint, die Zahl werde oft übertrieben und kommt zu dem Ergebnis: „Die Gruppe der sog. Bullies, d. h. Jugendliche, die andere regelmäßig in verschiedenen Formen attackieren und quälen, ohne selbst in besonderem Maße Opfer zu werden, kann auf ca. 5 Prozent eingegrenzt werden."[215] Fünf Prozent sind meines Erachtens

---

[214] Ebd. S. 118 zu Marga Bayerwaltes. Große Pause! Nachdenken über Schule. Serie Piper. Piper: München, 2004.

[215] „Aggression und Delinquenz unter Jugendlichen". BKA Forschung und Entwicklung Nr. 10. Beilage zum Bundeskriminalblatt Nr. 237 vom 17.12.2003. 4 S. = http://www.bka.de/kriminalwissenschaften/projektinfo/projektinfo02.pdf; Zusammenfassung von Friedrich Lösel, Thomas Bliesener. „Aggression und Delinquenz unter Jugendlichen". Forschung und Polizei 20. Luchterhand: München, 2003. Zum Ausdruck ‚Bullying' und Geschichte und Literatur im angelsächsischen Raum vgl. ebd. S. 25-29.Vgl. auch die reichhaltige Literatur zur Gewalt an Schulen und zur Jugendgewalt in Deutschland, z. B. Herbert Scheithauer, Tobias Hayer und Franz Petermann. Bullying unter Schülern: Erscheinungsformen, Risikobedingungen und Interventionskonzepte. Klinische Kinderpsychologie 8. Göttingen: Hogrefe Verlag für Psychologie (Lit. S. 191-229; Mechthild Schäfer, Nicole Werner-Wellmann. Offene Aggression und Beziehungsaggression als geschlechtstypische Formen von Aggression unter Schülern (Bullying). Ludwig-Maximilians-Universität München, Institut für Pädagogische Psychologie und Empirische Pädagogik: München, 1999;

eine Katastrophe, keine beruhigende Nachricht. Ein hochrangiger Fachmann der Polizei sagt sogar über staatliche Schulen in Deutschland: „Die deutschen Grundschulen begünstigen das vielbeklagte Phänomen der Gewalt unter Jugendlichen. Ihre Strukturen machen unsere Kinder kaputt".[216] Wer seine Kinder vor Brutalität, Diebstahl, Erpressung, Drogen oder unfreiwilliger Sexualität schützen will,[217] wird zumindest in den größeren Städten die Schule für seine Kinder sehr sorgfältig auswählen oder aber nach einer Alternative suchen müssen. Nochmals: es geht nicht darum, die staatliche Schule zu verunglimpfen und die Gewalt an der Schule wird oft genug von zu Hause mitgebracht. Aber es geht darum, dass die Schule offensichtlich den Scheck nicht einlöst, den die heeren Theorien der Schulpflichtbeworter und der staatlichen Schulbehörden ausstellen.

32. These:
Die Eltern haben in praktisch keinem freien Land der Erde in Bildungsfragen so wenig zu melden, wie in Deutschland, und das gegen den klaren Wortlaut der Verfassung. Die Bildungsbürokratie behandelt die Eltern auf allen Ebenen selbst wie kleine Kinder, die erst einmal zuhören und lernen müssen. Dies gilt sowohl individuell in Bezug auf das einzelne Kind, als auch kollektiv für die Elternschaft einer Schule oder einer Initiative.

Konrad Adam schreibt unter der Überschrift „Wenn es nach den Eltern ginge" in einem Leitartikel der ‚Welt': „In Deutschland ist die Schule Sache des Staates. Die Ministerialbürokratie und ihre Büchsenspanner, die pädagogischen Experten, haben mit ihren Mitteln, mit Lehrplänen und Stundenplänen, mit Bauplänen und Stellenplänen, mit Bildungsplänen und Bildungsgesamtplänen die Schule an die kurze Leine genommen. Ob ihr Wirken den Eltern gefällt und den Kindern bekommt, ist nicht so wichtig; dem Staat gefällt es allemal. Deswegen lohnt es sich zu fragen, wie das Schulwesen wohl aussähe, wenn man den Eltern das ihnen von der Verfassung zugestandene Recht ließe, über den Bildungsgang ihrer Kinder selbst zu entscheiden. Auf diese hypothetische Frage gibt es eine höchst reale

---

als Ratgeber: Sarah Lawson. Treibjagd auf dem Schulhof: Wenn Kinder Kinder quälen: Abhilfe durch Selbsthilfe: Ratgeber für Eltern und Lehrer. Zürich: Oesch, 1996 = Bastei Lübbe: Bergisch-Gladbach, 1997 (Engl. Helping children cope with bullying).

[216] Nach Harald Günther. „Schlechte Noten für die deutschen Grundschulen". Die Welt vom 22.2.1993. S. 2.

[217] Vgl. dazu besonders Weisser Ring (Hg.). Gewalt in der Schule – am Beispiel von Bochum. Mainzer Schriften zur Situation von Kriminalitätsopfern. Weisser Ring: Mainz, 1995, bes. den geschichtlichen Überblick S. 8-48.

Antwort. Sie verrät sich in dem enormen, von Jahr zu Jahr wachsenden Zulauf, den die Privatschulen finden, allen Auflagen und Schikanen zum Trotz. Noch nie konnte ihr Angebot mit der Nachfrage Schritt halten; es kann dies um so weniger, je mehr der Staat und seine wissenschaftlichen Zuarbeiter die Zügel anziehen. Wo sie nur können, geben die Eltern dem Staat zu verstehen, was sie von ihm und seinen Plänen halten. Dass ihm Zehntausende von Eltern Tag für Tag ihr Mißtrauen aussprechen, kümmert den Staat natürlich wenig. Wo Widerstand laut wird, sucht er den Druck durch die Errichtung von Einheitsschulen, Gesamtschulen oder Gemeinschaftsschulen zu erhöhen – die Worte wechseln, die Sache bleibt sich gleich. Wenn Eltern und Kinder Opfer bringen, Opfer an Zeit und an Geld, um der Staatsgewalt zu entkommen: um so schlimmer für sie! Dann muß der Zugriff des Staates eben noch härter werden."[218].

Der Vorsitzende des Bundeselternbeirates (und selbst Schulleiter) Wilfried Steinert sagt deswegen zu Recht „Die Entmündigung der Eltern beginnt in der Schule"[219]. Es wäre in Deutschland dringend an der Zeit – mit oder ohne Homeschooling – die Zusammenarbeit von Schule und Eltern wieder im großen Stil zu fördern, statt zu beargwöhnen.[220]

Das große Potential der Eltern und ihres zum Teil unglaublichen – instinktiven wie bewusst geplanten – Einsatzes für die Zukunft ihrer Kinder, wird in keinem Land der Erde weniger für die Bildung genutzt, als in Deutschland. Oft wird es Vorteil einer Privatschule empfunden, dass hier Eltern gerne gesehen und nicht als Feind behandelt werden. Ob es um Schulprobleme des eigenen Kindes geht, ob um Probleme der gesamten Schule, bei der die Eltern um Hilfe gebeten werden, oder einfach nur um die vielen gemeinsamen Aktionen und Veranstaltungen der ‚Schulgemeinschaft', zu der die Eltern automatisch dazu gehören: Das hier genutzte Elternpotential wird nicht als bedrohlich betrachtet und schadet der Schule nicht, sondern nützt ihr in hohem Maße.

---

[218] Konrad Adam. „Wenn es nach den Eltern ginge „ (Leitartikel). Die Welt vom 29.3.2005. S. 8.

[219] Wilfried Steinert. „Die Entmündigung der Eltern beginnt in der Schule". Bildung Plus vom 30.9.2004 www.forumbildung.de/templates/imfokus_inhalt.php?artid=351 oder über http://bildungplus.forumbildung.de/templates/index.php. Bildung Plus wird vom Bundesbildungsminsterium finanziert und vom Informationszentrum Bildung des Deutschen Instituts für Internationale Pädagogische Forschung (DIPF) verantwortet.

[220] Vgl. dazu Volker Ladenthin. „Über die nötige Zusammenarbeit von Elternhaus und Schule bei der Erziehung". S. 7-20 in: ders. für Arbeitskreis katholischer Schulen (Hg.). Schule als Erziehungsgemeinschaft. Aschendorff: Münster, 2003.

Wie man in Deutschland mit dem Recht der Eltern und der Kinder umgeht, zeigen viele haarsträubende Beispiele, wie etwa das folgende Beispiel
eines behinderten Kindes, das die Schulbehörden trotz zweier positiver Urteile des Bundesverfassungsgerichtes in die Sonderschule schickten: „Wohl
die meisten Kinder und Jugendlichen mit Behinderung und ihre Eltern finden sich mit den häufig sehr belastenden Entscheidungen der Schulbehörden für die Beschulung in einer entfernten Sonderschule ab. Zunehmend
aber sind Eltern und ihre behinderten Kinder nicht mehr bereit, derartige
Entscheidungen der Schulaufsicht zu akzeptieren und suchen Rechtsschutz
vor den Verwaltungsgerichten und in Einzelfällen bis hinauf zum Bundesverfassungsgericht. Dabei erzielten die Eltern von Ruth S., eines behinderten Kindes aus Niedersachsen, im Sommer 1996 nach einem langen Weg
durch die Instanzen einen spektakulären Erfolg: Im ‚Eilverfahren' (Einstwei-
lige Anordnung) hob das Bundesverfassungsgericht mit Beschluß vom 30.
07. 1996 (Az: BVR 1308/96) die Überweisung des Kindes von der fünften
Klasse der Gesamtschule auf die Sonderschule, die sogar vom niedersächsi-
schen Oberverwaltungsgericht bestätigt worden war, auf, weil sie gegen das
Verbot der Diskriminierung wegen einer Behinderung verstieß. Allerdings
zeigt der Fall auch, welche enormen Widerstände zu überwinden sind und
welche Kraftanstrengungen dabei behinderten Menschen und ihren Eltern
abverlangt werden: Das niedersächsische Oberverwaltungsgericht hat nämlich danach erneut im Sinne der zustandigen Schulbehörde entschieden.
Dieser Beschluß mußte erneut durch das Bundesverfassungsgericht aufgehoben werden (Beschluß vom 4. April 1997: Az. 1 BVR 9/97). Und auch
dabei handelt es sich nur um eine vorläufige Regelung. Die Odyssee durch
die Instanzen ist keineswegs beendet."[221].

33. These:
Die früher im Rechtsdeutsch ‚Schulzwang' genannte Schulpflicht ist kein Kind der
Demokratie, sondern des fürstlichen Absolutismus.

Das ist für Historiker zwar selbstverständlich, wird aber gerne oft anders
dargestellt. Hören wir stellvertretend für praktisch jede Darstellung zur Geschichte der Schule in Deutschland einen Befürworter der Schulpflicht:
„Die Einrichtung einer öffentlich beaufsichtigten schulischen Elementarer-
ziehung der Jugend und ihre Absicherung durch Schul- bzw. Unterrichts-

---

221   Theo Frühauf. „Freie Schulwahl für alle! Ruth S., das Bundesverfassungsgericht und
     die Folgen". S. 73-78 in: Sigrid Arnade (Hg.). Die Gesellschaft der Behinderer: Das
     Buch zur Aktion Grundgesetz. Reinbek: Rowohlt-Taschenbuch Verlag, 1997.

pflicht, Schulzwang und Strafe haben in Deutschland ihre Ursprünge in den wohlfahrtsstaatlich-polizeilichen Maximen des aufgeklärten Absolutismus. Die Berechtigung des Staates, den einzelnen letzten Endes durch die Drohung und den Vollzug staatlicher Gewalt in die Schule zu zwingen, ist seitdem zwar verschieden begründet, sie ist jedoch kaum prinzipiell in Zweifel gezogen worden."[222].

Die Fürsten wollten alle Untertanen im Sinne des Staates zu braven Bürgern und die Jungen zu guten Soldaten erziehen. „Zum erstenmal, soviel ich sehe, ist das Prinzip des Schulzwangs in der weimarischen Schulordnung von 1619 ausgesprochen worden."[223] Auch wenn Hausunterricht trotzdem immer ein Nischendasein führen durfte, gilt doch, dass der sich entwickelte Schulzwang nicht den heeren demokratischen Zielen der Gleichheit oder Chancengleichheit dienen sollte, sondern ein zentrales Steuerungselement war, mit denen der Staat die Bevölkerung in seinem Sinne formte. „Die Schulpflicht ist das Kind des Absolutismus."[224] Deswegen führt auch ein direkter Weg vom Schulzwang in den Nationalsozialismus,[225] der sich zunutze machte, dass alle Kinder sowieso nach Vorgabe des Staates lernen mussten und er lediglich die Reste aller freien Alternativen in Privatschulen, Alternativschulen und Hausunterricht beseitigten oder gleichschalteten musste. „Stattdessen hat die allgemeine Schulpflicht unter Zurückdrängung der Privatschulen und Privatunterricht den Weg zur Ideologisierung der Schule durch den Nationalsozialismus geöffnet."[226]

Raimund Pousset nennt denn als passionierter Lehrer in staatlichen Dienstes die staatliche Schule in Deutschland aufgrund der gesamten unbeweglichen Struktur, der rigiden Führung durch weit entfernte Kultusbehörden und den Glauben, dass alleine der Staat die Zukunft der Kinder ga-

---

[222] Eggert Winter. „Schulpflicht und Schulzwang: Überlegungen zur Strafwürdigkeit der Verletzung der Schulbesuchspflicht". Recht der Jugend und des Bildungswesens 26 (1978): 408-423. S. 408; ähnlich Leongard Frose. „Bildungspolitische Entwicklungsskizze". S. 11-45 in: Leonhard Froese, Werner Krawietz (Hg.). Deutsche Schulgesetzgebung. Band I: Brandenburg, Preußen und Deutsches Reich bis 1945. Weinheim: Beltz, 1968.

[223] Friedrich Paulsen. Das deutsche Bildungswesen in seiner geschichtlichen Entwicklung. Leipzig: Teubner, 1912³ = Wissenschaftliche Buchgesellschaft: Darmstadt, 1966. S.85.

[224] Hans Moller. „Die Schulpflicht als Rechtsaltertum". S. 36-41 in: Johannes Heimrath (Hg.). Die Entfesselung der Kreativität: Das Menschenrecht auf Schulvermeidung. Drachen Verlag: Wolfratshausen, 1991². S. 39.

[225] So auch Leongard Frose. „Bildungspolitische Entwicklungsskizze". S. 11-45 in: Leonhard Froese, Werner Krawietz (Hg.). Deutsche Schulgesetzgebung. Band I: Brandenburg, Preußen und Deutsches Reich bis 1945. Weinheim: Beltz, 1968. S. 40-43.

[226] Hans Moller. „Die Schulpflicht als Rechtsaltertum". a. a. O. S. 40.

rantieren könne, ein „bräsiges Schulsystem aus der vordemokratischen Kaiserzeit"[227].

Die Homeschooler werden im Namen von Toleranz und Integration extrem intolerant in die Schule gezwungen. Wir rühmen uns in Deutschland unserer Toleranz, haben aber in Wirklichkeit in vielen Bereichen mehr strafbewehrte Gesetze und weniger Freiheiten als zu Kaisers Zeiten.

34. These:
Vor 1938 war in Deutschland trotz aller Schulpflichtgesetze Hausunterricht immer als Ausnahme zulässig.[228]

Deutschland, das seit Einführung der Schulpflicht in Preußen 1717 schon immer die striktesten Gesetze diesbezüglich hatte,[229] kannte trotzdem noch bis zur Zeit der Weimarer Verfassung 1919 und des endgültigen preußischen[230] Schulpflichtgesetz von 1927 kein Verbot des Privat- oder Hausunterrichtes und dieser war immer noch verbreitet. In der sogenannten Paulskirchenverfassung, der Reichsverfassung vom 28.3.1849, findet sich der Hausunterricht in § 154 noch im Menschenrechtskatalog: „Der häusliche Unterricht unterliegt keiner Beschränkung."[231] In allen strikten preußischen Regelungen war Hausunterricht trotzdem weiter erlaubt, z. B. im „General-Land-Schul-Reglement" Preußens vom 12.8.1763 (§ 15)[232] oder in der „Schulordnung für die Elementarschulen der Provinz Preußen" vom 11.12.1845 (§ 1)[233], in der „Kabinettsorder betr. die Schulzucht" vom 14.5.1825: „Eltern, oder deren gesetzliche Vertreter, welche nicht nachweisen können, daß sie für den nöthigen Unterricht der Kinder in ihrem Hause sorgen, sollen erforderlichen Falls durch Zwangsmittel und Strafen an-

---

[227] Raimund Pousset. Schafft die Schulpflicht ab! a. a. O. S. 41.

[228] So auch Horst Schiffler, Rolf Winkeler. Tausend Jahre Schule: Eine Kulturgeschichte des Lernens in Bildern. Stuttgart: Belser, 1985. S. 90.

[229] Vgl. zur Schulpflicht im deutschen Recht vom Mittelalter bis heute Albrecht Mors. Die Entwicklung der Schulpflicht in Deutschland. Dissertation (Dr. iur.): Tübingen, 1986; Ekkehart Stein, Monika Roell. Handbuch des Schulrechts. a. a. O. S. 52-53 u. ö.; Hermann Avenarius. Schulrechtskunde. a. a. O. S. 311-325.

[230] Vgl. dazu Ekkehart Stein, Monika Roell. Handbuch des Schulrechts. a. a. O. S.52-53.

[231] Deutsche Verfassungen. Wilhelm Goldmann: München, 1974. S. 32. Die staatliche Schulaufsicht findet sich in § 153.

[232] Text: Leonhard Froese, Werner Krawietz (Hg.). Deutsche Schulgesetzgebung. Band I: Brandenburg, Preußen und Deutsches Reich bis 1945. Weinheim: Beltz, 1968. S. 107.

[233] Ebd. S. 155.

gehalten werden, jedes Kind, nach zurückgelegtem fünften Jahre, zur Schule zu schicken"[234].

Das ‚Handbuch des Schulrechts' schreibt denn auch zu Recht zusammenfassend: „Die Schulpflicht war bis in das 20. Jahrhundert hinein genau genommen keine Pflicht zum Besuch einer öffentlichen Schule, sondern nur eine Unterrichtspflicht."[235].

35. These:
Der radikale deutsche Schulzwang wurde in dieser Form erst 1938 von den Nationalsozialisten eingeführt, um die deutsche Jugend allein zu kontrollieren.

Erstmals wurde im Gesetz über die Schulpflicht im Deutschen Reich (Reichsschulpflichtgesetz) vom 6.7.1938 (geändert am 16.5.1941)[236] festgelegt, dass Schüler mit der Polizei in den Unterricht gezwungen werden dürfen und dass Erziehungsberechtigte mit Geld- und Gefängnisstrafen bestraft werden können, wenn sie die Schulpflicht bei ihren Kindern nicht durchsetzen. § 1 lautet: „(1) Allgemeine Schulpflicht. Im Deutschen Reich besteht allgemeine Schulpflicht. Sie sichert die Erziehung und Unterweisung der deutschen Jugend im Geiste des Nationalsozialismus. Ihr sind alle Kinder und Jugendlichen deutscher Staatsangehörigkeit unterworfen, die im Inlande ihren Wohnsitz oder gewöhnlichen Aufenthalt haben.". Sogleich ist allerdings selbst hier von Ausnahmen die Rede denn in § 1,2 heißt es: „Die Schulpflicht ist durch Besuch einer reichsdeutschen Schule zu erfüllen. Über Ausnahmen entscheidet die Schulaufsichtsbehörde.". Und § 5 lautet: „Erfüllung der Volksschulpflicht. (1) Zum Besuch der Volksschule sind alle Kinder verpflichtet, soweit nicht für ihre Erziehung und Unterweisung in anderer Weise ausreichend gesorgt ist. (2) Während der vier ersten Jahrgänge der Volksschule darf anderweitiger Unterricht an Stelle des Besuchs der Volksschule nur ausnahmsweise in besonderen Fällen gestattet werden." (alles Fassung von 1938).

Entscheidend zur Durchsetzung der „Unterweisung … im Geist des Nationalsozialismus" aber war § 12: „Schulzwang. Kinder und Jugendliche,

---

[234] Ebd. S. 152.
[235] Ekkehart Stein, Monika Roell. Handbuch des Schulrechts. a. a. O. S. 52; vgl. Amanda J. Petrie. „Home Educators and the Law within Europe". a. a. O. S. 285-287.
[236] Leonhard Froese, Werner Krawietz (Hg.). Deutsche Schulgesetzgebung. Band I: Brandenburg, Preußen und Deutsches Reich bis 1945. Weinheim: Beltz, 1968. S. 224-226. www.verfassungen.de/de/de33-45/schulpflicht38.htm (1.5.2005) macht die Unterschiede zwischen den Fassungen von 6.7.1938 und vom 16.5.1941 gut deutlich.

welche die Pflicht zum Besuch der Volks- oder Berufsschule nicht erfüllen werden der Schule zwangsweise zugeführt. Hierbei kann die Hilfe der Polizei in Anspruch genommen werden." Durch Gesetz vom 16. Mai 1941 erhielt der § 12 Satz 1 folgende etwas entschärfte Fassung: „Kinder und Jugendliche, welche die Pflicht zum Besuch der Volks-, Haupt- und Berufsschule nicht erfüllen, werden der Schule zwangsweise zugeführt.".

Kurzum: „Erst das Reichsschulpflichtgesetz vom 6.7.1938, das die Schulpflicht erstmals reichseinheitlich regelte, sah gegen Schulschwänzer strafrechtliche Konsequenzen vor ..."[237]. Die zentrale Bedeutung dieses Gesetzes kommt etwa auch darin zum Ausdruck, dass hier die Berufsschulpflicht erstmals zentral geregelt wurde und erstmals Arbeitgeber bzw. Lehrherr dafür bestraft werden können, dass seine Lehrlinge usw. nicht zur Berufsschule gehen.[238]

36. These:
Das nationalsozialistische Reichsschulpflichtgesetz wurde leider von den Bundesländern übernommen und nicht wieder zurückgefahren und galt in den Bundesländer lange unverändert fort.

Das Grundgesetz kennt zwar eine staatliche Schulaufsicht, die prinzipiell nicht ausschließt, Schule zu Hause anzuerkennen, aber man wollte angesichts des Fiaskos der staatlichen Schulen im Dritten Reich keine Schulpflicht in der Verfassung festschreiben, wie die Diskussionen im Parlamentarischen Rat[239] zeigen! Die Mehrheit im parlamentarischen Rat aus CDU/CSU, Deutsche Partei und Zentrum erklärte nämlich am 8. Februar 1949 in der 3. Lesung zum Grundgesetz in Abwendung vom nationalsozialistischen Schulsystem: „Wir halten nach wie vor an unserem Standpunkt fest, daß das Erziehungsrecht der Eltern ein gottgebenes Naturrecht darstellt, das jedem staatlichen Zugriff entzogen ist. Dieses natürliche Erziehungsrecht der Eltern erstreckt sich vor allem auf die religiösweltanschauliche Erziehung der Kinder und zwar nicht nur im Rahmen der Familie, sondern auch im Bereich der Schule. Die Schule muß daher in ih-

---

[237] Wilhelm Habermalz. „Geldbuße und Schulzwang – die andere Seite der Schulpflicht: Über das Instrumentarium des Staates zur Durchsetzung der Schulpflicht". Recht der Jugend und des Bildungswesens 49 (2001) 2: 218-224, S. 218.

[238] So auch Albrecht Mors. Die Entwicklung der Schulpflicht in Deutschland. a. a. O. S. 261.

[239] Vgl. Christoph Ehmann, Hermann Rademacker. Schulversäumnisse und sozialer Ausschluss. Deutsches Institut für Erwachsenenbildung. W. Bertelsmann Verlag: Bielefeld, 2003. S. 62.

rem religiösweltanschaulichen Charakter so bestimmt sein, wie es der Gewissensentscheidung der Eltern entspricht. Ein auf den Grundsätzen der Gewissensfreiheit, der Toleranz und der Demokratie aufgebauter Staat sollte daher sein Schulwesen so gestalten, daß auf niemand religiösweltanschaulicher Hinsicht ein Gewissenszwang ausgeübt wird."[240]. Deswegen kennt das Grundgesetz keine Schulpflicht, sondern ein starkes Elternrecht und das Recht des Staates lediglich zur „Aufsicht" über die Schule.

Das Reichschulpflichtgesetz blieb in vielen Bundesländern jedoch im Widerspruch dazu noch Jahrzehnte in Kraft und wurde danach inhaltlich oft bis in den Wortlaut übernommen.[241] So verabschiedeten Baden-Württemberg erst 1964 und Nordrhein-Westfalen erst 1966 eigene Schulpflichtgesetze, in denen sich aber immer noch Formulierungen von 1938 finden.

Interessanterweise wird im Regelfall unterschlagen, dass die Originalfassung des Schulpflichtgesetzes davon spricht, die gesamte Bildung „im Geiste des Nationalsozialismus" geschehen zu lassen. Einige Länder haben offiziell diesen Satzteil lange nicht gestrichen, sondern einfach nur durch Pünktchen ersetzt. Ob man den massivsten Schulzwang eines modernen Staates so einfach vom Schulzwang im Nationalsozialismus lösen kann?[242]

Also: Der Gedanke des Reichsschulpflichtgesetzes von 1938 verbirgt sich sukzessive in den Länderverfassungen und Schulgesetzen der Länder.[243] Dies bestätigen viele juristische und pädagogische Experten. Einige Beispiele mögen dies belegen. „Alle nach dem letzten Weltkrieg von den Ländern erlassenen und derzeit geltenden Schulpflichtgesetze beruhen auf dem Reichsschulpflichtgesetz."[244] „Im Gegensatz zur Weimarer Reichsverfassung ent-

---

[240] Jahrbuch des öffentlichen Rechts 1 (1951): 110.

[241] So auch Eggert Winter. „Schulpflicht und Schulzwang: Überlegungen zur Strafwürdigkeit der Verletzung der Schulbesuchspflicht". Recht der Jugend und des Bildungswesens 26 (1978): 408-423. S. 409.

[242] Zum Bildungswesen im Dritten Reich vgl. Wolfgang Keim. Erziehung unter der Nazi-Diktatur. Bd. I: Antidemokratische Potentiale, Machtantritt und Machtdurchsetzung. Wissenschaftliche Buchgesellschaft: Darmstadt, 1995; Kurt-Ingo Flessau u. a. (Hg.). Erziehung im Nationalsozialismus. Böhlau Verlag: Köln/Wien, 1987Kurt-Ingo Flessau. „Schulen der Partei(lichkeit)?: Notizen zum allgemeinbildenden Schulwesen des Dritten Reichs". S. 65-82 in: Kurt-Ingo Flessau, Elke Nyssen, Günter Pätzold (Hg.). Erziehung im Nationalsozialismus. Böhlau: Köln, 1987; Kurt-Ingo Flessau. Schule der Diktatur: Lehrpläne und Schulbücher des Nationalsozialismus. München: Ehrenwirth, 1977 (Habilitationsschrift); Thomas Weber. Erziehung und Schule im Nationalsozialismus: Pädagogik auf dem Prüfstand. Wissenschaft auf CD-ROM. Marburg: Tectum-Verlag, 2002.

[243] Vgl. im Detail Albrecht Mors. Die Entwicklung der Schulpflicht in Deutschland. a. a. O. S. 262-267.

[244] Hubert Hettwer: Pädagogen und Paragraphen. Kamp: Bochum, 1967. S. 102-103.

hält das Grundgesetz für die Bundesrepublik Deutschland keine Regelung über die Schulpflicht. Zu bundeseinheitlichen Bestimmungen bestand bei Inkrafttreten des Grundgesetzes zunächst deshalb keine Notwendigkeit, weil über die Art. 123 bis 125 in Verbindung mit Art. 70 GG das Reichsschulpflichtgesetz von 1938 in allen Bundesländern als Landesrecht fort galt. Dieses wurde erst durch die jeweilige Schulpflichtgesetzgebung in den einzelnen Ländern nach und nach aufgehoben, zuletzt im Saarland durch das Schulpflichtgesetz vom 11. März 1966."[245]

37. These:
1975 stufte man in allen Bundesländern die Nichterfüllung der Schulpflicht von einer Straftat zu einer Ordnungswidrigkeit zurück, in den Stadtstaaten, Hessen, Saarland und Mecklenburg-Vorpommern kann man in hartnäckigen Fällen über die Ordnungswidrigkeit hinausgehen. De facto aber werden Homeschooler in den anderen Bundesländern immer noch nicht so behandelt, als handele es sich nicht um eine Ordnungswidrigkeit, sondern als seien sie Straftäter und das sich aufschaukelnde Strafmaß ist de facto am Ende immer zu hoch.

Von 1938 bis 1974 war also die Nichterfüllung der Schulpflicht eine Straftat – im Saarland ist das bis heute so. Im Rahmen der großen Strafrechtsreform gilt diese Nichterfüllung seit dem 2. Strafrechtsreformgesetz seit dem 1.1.1975 in fast allen Bundesländern nur noch als Ordnungswidrigkeit.[246] Seinerzeit wurde nämlich die bis dahin bestehende „Übertretung" als Strafgröße zwischen Ordnungswidrigkeit und Straftat abgeschafft und alle Bundesländer mussten sich entscheiden, ob sie die Schulpflichtverletzung, die bis dahin als „Übertretung" galt, heraufstufen oder herunterstufen wollten.

Davon merken die Homeschooler allerdings wenig. Sie werden oft behandelt, als wären sie Straftäter. Ich meine das nicht formaljuristisch, aber wer einem Sperrfeuer von Bußgeldbescheiden, öffentlichen Drohungen durch Politiker in den Medien und Sorgerechtsentzugsverfahren ausgesetzt ist, die Polizei im Haus hat und im Gefängnis sitzt, hat wahrhaftig nicht mehr den Eindruck, nur eine Ordnungswidrigkeit begangen zu haben. Hier werden meines Erachtens Menschen de facto kriminalisiert, obwohl die Strafrechtsreform ja gerade eine Entkriminalisierung einleiten sollte.

---

[245] Albrecht Mors. Die Entwicklung der Schulpflicht in Deutschland. a. a. O. S. 262.
[246] Wilhelm Habermalz. „Geldbuße und Schulzwang – die andere Seite der Schulpflicht: Über das Instrumentarium des Staates zur Durchsetzung der Schulpflicht". Recht der Jugend und des Bildungswesens 49 (2001) 2: 218-224, S. 218.

38. These:

Deswegen gibt es grundsätzliche verfassungsrechtliche Bedenken gegen die eiserne Schulpflicht.[247]

Es ist zwar ein Widerspruch im Grundgesetz, dass die Schulaufsicht völlig dem Staat unterstellt ist und nirgends mit dem alleinigen Erziehungsauftrag der Eltern ausgesöhnt wird. „Die Verantwortung der Eltern für den Gesamtplan der Erziehung ihrer Kinder (...) steht in einem Spannungsverhältnis zum staatlichen Erziehungsauftrag in der Schule (Art 7 I), der in seinem Bereich dem elterlichen Erziehungsrecht gleichgeordnet ist ...“[248]. Das Grundgesetz sagt in Art. 6: „Die Pflege und Erziehung der Kinder ist das natürliche Recht der Eltern und die zuvörderst ihnen obliegende Pflicht." Davon ist, was den Bereich der Bildung betrifft, heute nichts mehr übrig geblieben, ja es gehört zum common sense, hier sei die Schule überhaupt nicht angesprochen. Ähnlich sagt etwa die Verfassung von Nordrhein-Westfalen, um nur ein Beispiel zu zitieren, etwa direkt vor Erklärung der Schulpflicht in Artikel 8 (1): „Jedes Kind hat Anspruch auf Erziehung und Bildung. Das natürliche Recht der Eltern, die Erziehung und Bildung ihrer Kinder zu bestimmen, bildet die Grundlage des Erziehungs- und Schulwesens." Tatsächlich aber wurde das Elternrecht im Bereich der Bildung im Laufe der Jahrzehnte immer mehr aufgeweicht.[249] Weder gibt es ein wirkliches individuelles Elternrecht, bei dem die Eltern für ihr eigenes Kind wenigstens im Bildungsbereich mitbestimmen dürfen, noch gibt es ein kollektives Elternrecht, denn die rechtlich eigentlich vorgegebene Mitwirkungs-

---

[247] Aufgelistet in ebd. S. 268-271. Mors begrüßt ebd. S. 267, dass heute die Verletzung der Schulpflicht meist nur noch eine ‚Ordnungswidrigkeit' sei und nicht mehr wie vor wenigen Jahren noch als ‚Vergehen' kriminalisiert und geahndet werde. Vgl. auch Fritz Ossenbühl. Elternrecht in Familie und Schule. Pädagogik und Freie Schule 10. Adamas-Verlag: Köln,. 1978; Gisela Baumgarte. Das Elternrecht im Bonner Grundgesetz. Dissertation. Hohe Rechtswissenschaftliche Fakultät der Universität Köln: Köln, 1966; Arnulf Schmitt-Kammler. Elternrecht und schulisches Erziehungsrecht nach dem Grundgesetz. Schriften zum öffentlichen Recht ; 450. Dunker: Berlin, 1983.

[248] Michael Antoni in: Karl-Heinz Seifert, Dieter Hömig (Hg.). Grundgesetz für die Bundesrepublik Deutschland. Das Deutsche Bundesrecht: Taschenkommentar. Nomos: Baden-Baden, 1985². S. 87 unter Verweis auf die einschlägigen Urteile der höchsten Gerichte.

[249] Dies belegen aus rechtswissenschaftlicher Sicht Fritz Ossenbühl. Elternrecht in Familie und Schule. Pädagogik und Freie Schule 10. Adamas-Verlag: Köln,. 1978; Gisela Baumgarte. Das Elternrecht im Bonner Grundgesetz. Dissertation. Hohe Rechtswissenschaftliche Fakultät der Universität Köln: Köln, 1966; Arnulf Schmitt-Kammler. Elternrecht und schulisches Erziehungsrecht nach dem Grundgesetz. Schriften zum öffentlichen Recht ; 450. Duncker: Berlin, 1983.

möglichkeit der Eltern am Bildungswesen existiert de facto nicht, haben doch die Elternvertreter de facto keinerlei Einfluss auf die Ausgestaltung der Schule oder die Rahmenrichtlinien.[250] Das gilt sowohl für das Individualrecht der Eltern (für ihr jeweils eigenes Kind), als auch für das Kollektivrecht der Eltern (etwa einer ganzen Schule).[251]

Es waren nämlich ausgerechnet die vermeintlich für größere Freiheit gegenüber althergebrachten Autoritäten kämpfenden 68er, die im Bildungswesen die letzten Reste von Einfluss der Eltern zugunsten einer völligen Durchplanung des Bildungswesens durch überregionale staatliche Behörden beseitigten, wogegen auch mehrere Verfassungsklagen beim Bundesverfassungsgericht erfolglos blieben.

„Man kann aus diesem Beispiel schon eine Lehre ziehen, nämlich die, daß das elterliche Erziehungsrecht durch ständige organisatorische Schulreformen schwer in Mitleidenschaft gezogen werden kann, daß andererseits solche organisatorischen Reformen kurzerhand als staatliches Monopol reklamiert werden, so daß für die Erhaltung und Durchsetzung des elterlichen Erziehungsrechts keine Chance zu bestehen scheint. Darauf ist noch zurückzukommen. Das elterliche Erziehungsrecht ist unter der Geltung des Grundgesetzes mit einem hohen Stellenwert versehen und auch in den ersten Jahren der grundgesetzlichen Ordnung mit diesem Stellenwert betrachtet und fruchtbar gemacht worden. Ich erinnere nur etwa an die vielzitierte Entscheidung des Bundesverwaltungsgerichts aus dem Jahre 1957, in der folgende Sätze stehen: ‚Die Gestaltung des deutschen Schulrechts, insbesondere die im Landesrecht verankerte Schulpflicht, bedeutet aber bereits einen derart starken staatlichen Eingriff in den Bereich der Erziehung, daß ohnehin die geistige und haltungsmäßige Prägung der Kinder, die Entfaltung ihrer Persönlichkeit (Art. 2 GG), zu einem ganz entscheidenden Teil außerhalb des Elternhauses bestimmt wird. Wenn daneben das elterliche Erziehungsrecht nicht praktisch verkümmern soll, gebietet sich eine Auslegung des Art. 6 Abs. 2 GG, die den Eltern ermöglicht, sich bei der Bestimmung der Lebensrichtung ihrer Kinder auch dem Staat gegenüber zu behaupten, und die sie mit entsprechenden Rechtsansprüchen ausstattet,‘ (BVerwGE 5, 155)."[252] Er fügt jedoch gleich hinzu: „Diese Sätze erscheinen heute fast wie ferne Vergangenheit."[253]

---

[250] Vgl. dazu Günter Tegtmeyer. Eltern(mit)arbeit. Braunschweig: Westermann, 1983. S.12-41.

[251] So bes. Fritz Ossenbühl. Elternrecht in Familie und Schule. a. a. O. S. 18.

[252] Fritz Ossenbühl. Elternrecht in Familie und Schule. a. a. O. S. 7.

[253] Ebd. S. 8.

Etliche Landesverfassungen gehen noch viel weiter als das Grundgesetz in ihrer Vorordnung des Elternrechts und zwar auch in Bildungsfragen, aber um die Praxis steht es anders. So heißt es in der Verfassung von Nord-rhein-Westfalen: „Das natürliche Recht der Eltern, die Erziehung und Bil-dung der Kinder zu bestimmen, bildet die Grundlage des Erziehungs- und Schulwesens." (§ 8, Abs. 1, Satz 2). Und in der Verfassung des Saarlandes, dem Land mit den höchsten Strafen für Eltern, deren Kinder nicht in die Schule gehen (0,5-1 Jahr Gefängnis): „Auf der Grundlage des natürlichen und christlichen Sittengesetzes haben die Eltern das Recht, die Erziehung und Bildung ihrer Kinder zu bestimmen." (Artikel 26).

39. These:
In kaum einem demokratischen Land der Erde ist die Schulpolitik, die Schule und der Schulalltag der Schüler derartig von politischen und wechselnden parteipoliti-schen Zielen bestimmt, wie in Deutschland.

Der SPD-Generalsekretär Olaf Scholz sprach von einer „kulturellen Revolu-tion", mit der der Staat die „Lufthoheit über den Kindern erobern"[254] wolle und brachte damit das Denken vieler Politiker auf einen Nenner. Nicht erst seit den Versuchen Kaiser Wilhelm II., die Ausbreitung sozialistischer Ideen durch die Schule einzudämmen,[255] und nicht erst unter dem Nationalsozia-lismus, versuchten Politiker aller Coleur diese ‚Lufthoheit über den Kinder-betten' durch Indoktrination der Schüler zu erringen, of genug hinter hee-ren Bildungszielen und Rahmenrichtlinien versteckt. In nur wenigen Län-dern hat ein Wechsel von Regierung und Opposition auf Dauer so viele Konsequenzen für den Schulalltag. Meist hat die Regierung nur wenig mehr als 50% der Stimmen, zwingt aber die Schüler aller Eltern in ihr Kor-sett. Deswegen haben auch nicht nur die Eltern, sondern auch die Lehrer in Deutschland weniger Mitbestimmungsrecht als in jeder anderen westlichen Demokratie. Man möchte den Politikern zurufen: Die Schule ist nicht eure Spielwiese, sondern die der Kinder! Es geht nicht um eure Zukunft, son-dern um die der Kinder.

---

[254] „Interview der Woche". Deutschlandfunk vom 3.11.2002. 11:05 Uhr.
[255] Vgl. z. B. Günter Tegtmeyer. Eltern(mit)arbeit. Schulleiter-Handbuch 25. Wester-mann: Braunschweig, 1983. S. 18-19.

40. These:
Demokratie erfordert Pluralismus und Wahlmöglichkeiten.

Keine andere Demokratie der westlichen Welt geht davon aus, dass man demokratische Einstellungen und die Erziehung zu toleranten und aktiven Mitbürgern gerade nur durch den Besuch öffentlicher Schulen errreichen könne, als wären Absolventen öffentlicher Schulen demokratisch gesinnt und andere nicht. Das ist eine Schutzbehauptung, aber sicher nichts, dass sich durch irgendwelche Untersuchungen belegen ließe.

Während unsere Nachbarländer seit etwa 15 Jahren in allen Bereichen der Gesellschaft entbürokratisieren, dezentralisieren, Machtkartelle trockenlegen und Eigenverantwortung stärken, wird bei uns immer noch fast jedes Problem mit mehr Bürokratie, mehr Gesetzen und weniger Freiheit beantwortet, so dass Jahr für Jahr der Druck von oben zunimmt. Die Bildung ist nur ein Beispiel unter vielen.

Man darf auch nicht mit dem Schreckgespenst ‚Parallelgesellschaft' die Meinungsfreiheit und den Pluralismus im Land abwürgen, auch nicht un Fragen der Bildung.

41. These:
Das staatliche Bildungsmonopol gefährdet die Demokratie.

Eines steht fest: „Totalitäre Staaten griffen und greifen auf die gesamte Erziehung zu und versuchen, auch die nichtschulische Erziehung zu beherrschen."[256]. Deutschland kann nicht daran interessiert sein, vom Ausland und von seinen Bürgern so wahrgenommen zu werden.

Es ist keine Frage, dass Eltern in Deutschland schwer mit dem Staat in Konflikt geraten, wenn sie das Erziehungsrecht wirklich für sich reklamieren. Sicher gibt ihnen das Grundgesetz das Recht auf eigene Schulen, aber immer nur unter direkter Führung des Staates. Auch wenn das Grundgesetz den Eltern das Erziehungsrecht und die Erziehungspflicht zugesteht, steht dem die staatliche Schulerziehung entgegen. Das Bundesverfassungsgericht hat 1972 im berühmten Förderstufenurteil entschieden, dass nach der Verfassung das Erziehungsrecht der Eltern und des Staates als gleichrangig an

---

[256] Wolfgang Rüfner. „Erziehung erfordert Einsatz: Elterliches und staatliches Erziehungsrecht im Lichte des Subsidiaritätsprinzips". S. 31-38 in: Arbeitskreis katholischer Schulen (Hg.). Schule als Erziehungsgemeinschaft. Aschendorff: Münster, 2003.

zusehen seien[257], wobei im konkreten Urteil dann aber de facto die Entscheidung des Staates Vorrang vor der der Eltern hatte.[258]

Man wäre durchaus dankbar, wenn das Elternrecht und das staatliche Schulrecht tatsächlich gleichrangig wären.[259] Tatsächlich ist das staatliche Schulrecht massiv strafbewehrt, das Elternrecht dagegen ein zahnloser Tiger. Denn heute stehen die Eltern ohne jede Gegenwehr dem allmächtigen Staat gegenüber. Denn alle stehen in Staatsdiensten, die Ministerien, die Schulbehörden, die Gutachter der staatlichen Fakultäten, die Staatsanwälte und die Richter (wobei bei letzteren in Schulfragen vor allem einige Amtsrichter und die Bundesverfassungsrichter rühmliche Ausnahmen darstellen). Die Rechtsansprüche der Eltern dagegen bestehen oft nur in der Theorie.

Demgegenüber ist mit dem Ethiker Helmut Thielicke festzuhalten: „Der Staat hat seinen Erziehungsauftrag von demjenigen der Eltern abzuleiten und darum seine Grenze gegenüber der elterlichen Zustimmung zu respektieren."[260]. Er warnt grundsätzlich davor, dass die Demokratie zu einer diktatorischen Ideologie wird, die die Bildungsrechte der Eltern verneint: „(1743) Dieses Gefälle drückt sich im ersten Stadium so aus, daß aus der Demokratie selbst so etwas wie eine Ersatzreligion gemacht wird. Und man versteht, daß diese demokratische Ideologie dann die Neigung besitzen muß, sich gerade im Erziehungsbereich auszuwirken und hier paradoxerweise auf ein staatliches Erziehungsmonopol zu drängen, um bei der nachfolgenden Generation demokratische Einstellungen zu erzeugen, zu sichern und organisch wachsen zu lassen. (1744) Es wäre nun, wie uns scheint, ein gefährlicher Irrtum, wollte man dieser Feststellung eines Gefälles mit dem statistischen Hinweis begegnen, dass in den heutigen Demokratien 'nachweislich' ein solches Erziehungsmonopol nicht in Anspruch genommen werde, sondern daß sich hier allenthalben Freizügigkeit und Offenheit gegenüber den nichtstaatlichen Erziehungsträgern aufzeigen ließen. Die Vielfalt der Lebensäußerungen, wie sie einer Demokratie von Haus aus eignen,

---

[257] Vgl. Hermann Avenarius. Schulrechtskunde. Luchterhand: Frankfurt, 1986[6]. S. 303.

[258] Zum Verhältnis von Eltern und Staat in Bezug auf die Erziehung im Grundgesetz und nach dem deutschen Recht vgl. Ekkehart Stein, Monika Roell. Handbuch des Schulrechts. Verlag Die Libelle: Bottighofen (CH), 1992[2]. (Heymann: Köln, 1988[1]. S. 21-22+47-49; Hermann Avenarius. Schulrechtskunde. a. a. O. S. 19-23+302-304; Albrecht Mors. Die Entwicklung der Schulpflicht in Deutschland. Dissertation (Dr. iur.): Tübingen, 1986. S. 262.

[259] Vgl. zur Kritik der Urteile des Bundesverfassungsgerichtes zur Elternbeteiligung Peter Kraft. „Elternbeteiligung in der Schule und im Unterricht". Schulmanagement 15 (1984) 4: 12-18 und Fritz Ossenbühl. Elternrecht in Familie und Schule. a. a. O. S. 23-32.

[260] Helmut Thielicke. Theologische Ethik. 2. Bd. 2. Teil: Ethik des Politischen. J.C.B. Mohr: Tübingen, 1958[1]. S. 343.

machen es in der Tat nicht leicht, solche Formen eines durchgängigen Trends zu beobachten. Die Statistik enthält aber für solche Letztdiagnosen gefährliche Fehlerquellen. (1745) Zuverlässiger für eine Analyse der wirklichen Situation ist jedenfalls die grundsätzliche Feststellung, daß die Demokratie prinzipiell mit der Vorstellung eines mündigen Menschentums arbeitet und daß sie darum im Zeitalter eines weithin entmündigten Menschentums, nämlich im Umkreis der Massengesellschaft, tiefgehenden Friktionen ausgesetzt sein muß. Die ideologische Tyrannis ist ihre ständige immanente Bedrohung. Und da diese Tyrannis sich wesensmäßig in besonderem Grade auf pädagogischem Gebiet auswirkt, so wird auch innerhalb der Demokratie der Erziehungsbereich von jenem Trend besonders bedroht sein."[261].

42. These:

So wie es einen Wirtschaftssozialismus *gibt, der sich Wohlstand und Gerechtigkeit davon verspricht, jede wirtschaftliche Konkurrenz zu beseitigen und die gesamte Wirtschaft völlig unter staatliche Kontrolle zu bringen, so gibt es auch einen* Bildungssozialismus, *der jede Konkurrenz in der Bildung ausschalten und die gesamte Bildung unter die Kontrolle des Staates bringen will.*

Die DDR war ebenso von diesem Bildungssozialismus bestimmt wie die Hitlerdiktatur und jede andere Diktatur in der Geschichte. Gerade aufgrund der Erfahrungen der Vergangenheit in Deutschland wurde das Recht auf Privatschulen im Grundgesetz der Bundesrepublik Deutschland und in fast allen Länderverfassungen festgeschrieben und sollte daher auch genutzt werden.Es ist übrigens im Falle russlanddeutscher Eltern, die ihre Kinder zu Hause unterrichten wollen, zu berücksichtigen, dass sie meist aus Familien und Gemeinden stammen, die unter der kommunistischen Schuldiktatur schwer gelitten haben und bereit waren, zum Schutz ihrer Kinder viele Leiden auf sich zu nehmen. Wenn unser Staat nun mit ähnlichen Maßnahmen gegen diese religiösen Minderheiten vorgeht, mag das für ihn einfach nach Recht und Gesetz sein, der Eindruck bei den Betroffenen ist jedoch ein ganz anderer. Hier wäre Verständnis für eine Minderheit, einfühlsame Gespräche, Einschalten von Vermittlern und demokratische Kompromissbereitschaft angesagter, als markige Sprüche, dass der Staat sich nicht klein kriegen lasse.

---

[261] Ebd. S. 323-324.

Dr. mult. Thomas Schirrmacher (geb. 1960) studierte Theologie in der Schweiz und den Niederlanden, Vergleichende Religionswissenschaft, Völkerkunde und Soziologie in Bonn und Kulturanthropologie in den USA. Er promovierte in Theologie (1985), in Kulturanthropologie (1989) und in Ethik (1996) und erhielt 1997 eine Ehrenpromotion für seine Verdienste um alternative Curriculumsentwicklung. Er ist Rektor des Martin Bucer Seminars, einer theologischen Hochschule für Berufstätige mit Studienzentren in Bonn, Hamburg, Berlin, Zürich, Innsbruck, Prag, Zlin und Istanbul und Direktor des Instituts für Lebens- und Familienwissenschaften in Bonn. Er hatte und hat zahlreiche Lehrstühle und Lehraufträge in den USA, Südafrika und Indien inne, derzeit etwa für Ethik am Whitefield Theological Seminary (USA) und für Internationale Entwicklung an der William Carey University (Bangalore, Indien). Er ist ausserdem Geschäftsführer des Arbeitskreises für Religionsfreiheit der Deutschen und der Österreichischen Evangelischen Allianz und Mitglied der Kommission für Religionsfreiheit der Weltweiten Evangelischen Allianz. Er ist Verfasser und Herausgeber von 74 Büchern, darunter eine sechsbändige „Ethik" und Studien zur Hochschule im 3. Reich. Er ist mit der Islamwissenschaftlerin Dr. Christine Schirrmacher verheiratet und Vater eines Sohnes (13) und einer Tochter (10). Die Biografie Schirrmachers findet sich in International Who's Who in Distance Education, Who's Who in the World, Dictionary of International Biography, International Who is Who of Professionals, Who is Who in der Bundesrepublik Deutschland, 2000 Outstanding People of the 21st Century, 2000 Outstanding Intellectuals of the 21st Century, Kürschners Deutscher Sachbuch-Kalender u. a. Der Beitrag wurde vom Autor für vorliegende Publikation eigens geschrieben.

Nachwort:
Warum eine offene Gesellschaft öffentliche Bildung braucht

Volker Ladenthin

1. Die Schule in der Familie

In vorindustriellen Gesellschaften gab es kein flächendeckendes Schulsystem. Das notwendige Wissen wurde in der Familie erworben. Das Einüben geschah im Ausüben. Die mittelalterliche Handwerkerausbildung in Europa, bei der der Sohn den Beruf des Vaters übernimmt oder die Gesellen im Haus des Meisters wohnen oder die bäuerliche Ausbildung, bei der die Söhne den Hof des Vaters übernehmen sind die typische Form dieses „Bildungssystems".

Noch bis ins 19. Jahrhundert hinein gibt es diese Formen der häuslichen Bildung, sei es durch Hofmeister oder Instrukteure oder durch Hauslehrer. Bei dieser Form der Unterweisung und Erziehung ist zwar schon eine Differenz zwischen familialem Aufwachsen, Unterweisen und Erziehen einerseits und systematischer Schulung durch einen der Familie nicht angehörigen, eigens ausgebildeten und honoriertem Fachmann andererseits zu bemerken. Aber noch bleiben die Kinder im häuslich-familialen Umfeld.

Die Notwendigkeit der Unterrichtung und Erziehung im Elternhaus wurde oft damit begründet, dass Eltern es wünschen selbst an der Erziehung ihrer Kinder teilnehmen zu können. Als Vorteil für die Kinder gilt gemeinhin, dass diese dann nicht der ambivalenten Schulpraxis ausgesetzt sind. So würden die Kinder vor den negativ wirkenden Einflüssen der Gesellschaft bewahrt, weil sie in der Familie eben vor dieser geschützt und zugleich behutsam und durch das Familienethos gefestigt auf diese spätere Wirklichkeit vorbereitet werden. Hinzu kommt, dass das Lernen im Elternhaus dem jeweiligen Alter der Kinder feiner anzupassen sei, die häusliche „Beschulung" also dem einzelnen Kind gemäß ist.

Verabsolutiert man diese Art der Erziehung zum Modell gesellschaftlicher Bildung überhaupt, dann ist allerdings nicht mehr sicher gestellt, dass die nachwachsende Generation das für das augenblickliche gesellschaftliche Leben notwendige Wissen und Können auch erwerben. Die grundlegende Pluralität moderner Gesellschaften kann nicht mehr durch ein allein eine

Perspektive verabsolutierendes Bildungsmodell angemessen thematisiert werden. Hinzu kommen die sozialen Probleme: Was auf der einen Seite Schutz vor den Einflüssen des Alltags bedeutete, ist auf der anderen Seite Mangel an Erfahrung. Das Kind, das nur im elterlichen Haushalt und nur unter dem Gesetz von Anerkennung und Unterstützung aufgewachsen ist, wird nicht fähig, sich in einer Welt von Zweckbeziehungen zurechtzufinden. Die Sitten und Gebräuche einer einzigen Familie reichen nicht aus, ein Kind auf das Leben in der Gesellschaft vorzubereiten.

Damit beinhaltet alle häusliche Erziehung zwei Probleme, die sie nicht überwinden kann: Die einzelne Familie kann weder die Menge und Mannigfaltigkeit des Wissens noch die Pluralität der Perspektiven auf die Welt repräsentieren; um dieses Problem zu lösen bedarf es nicht der *Repräsentation* des Wissens durch eine Familie, sondern der *Präsentation* des Wissens durch eine das ganze darstellende Institution.

2. Was ist die fundierende Idee der Schule oder: Die Schule als begrenzter Ort des exemplarischen Lernens

Ein Blick in die Geschichte legt dar: Je stärker sich die Gesellschaft modern ausdifferenziert und postmodern parzelliert, desto mehr muss nun der Einzelne selbst das entscheiden, was die soziale Ordnung, die Sitten und Institutionen ihm zuvor vorgeschrieben haben. Um diese neuen Aufgaben überhaupt erfüllen zu können, muss der Einzelne befähigt und darin bestärkt werden, diese postmodernen Parzellen der Lebenswelt zu sichten, zu ordnen und zu bewerten. Je mehr unterschiedliche Kulturen und Subkulturen Tür an Tür leben, desto mehr muss der Einzelne befähigt und bestärkt werden, die Kultur seiner Persönlichkeit aus eigener Vernunft gültig zu bestimmen und zu leben. Die Befähigung, etwas zu tun, nicht weil es alle tun oder weil es erwartet wird, sondern weil es richtig und wichtig ist diese Fähigkeit, die Parzellierung zu ordnen und zu bewerten nannte man in der deutschen Sprachtradition „Bildung".

Bildung kompensiert also den Verlust der noch bis in dieses Jahrhundert gegebenen gesellschaftlichen Autoritäten und Sitten. Der Verfall des sozialen Stützkorsetts des Menschen wird durch die Herausbildung einer starken personalen Struktur – also Identität und Individualität – kompensiert. So kann – trotz Parzellierung und Unübersichtlichkeit – das eigene Handeln selbst bestimmt werden und das Leben verantwortungsvoll gelingen.

Die Befähigung zur Ordnung und Bewertung sollte in allen pädagogischen Prozessen stattfinden. Diese Befähigung findet aber systematisch *in der Schule* statt. Die Schule hat sich als flächendeckende Institution genau in dem historischen Augenblick durchgesetzt, als deutlich wurde, dass die Lebenswelt allein die Menschen nicht mehr befähigt, sich in eben dieser Lebenswelt zurecht zu finden.

Die Schule fand nun im gleichzeitig aber unabhängig von ihr entstandenen Begriff der Bildung die ihr komplementäre Leitidee. Schule macht nur Sinn, wenn sie bildet. Und Bildung gelingt unter systematischer Perspektive am besten in der Schule.

Die Schule gewährleistet Bildung durch zwei Eigenheiten: 1. Indem sie einen Lernplan entwirft, der nicht Wissensfragmente gesellschaftlicher Parzellen aneinanderreiht, sondern der so angelegt ist, dass er in das *Ganze der Welt* einführt. Die Schule stellt Welt exemplarisch dar.

Das Ganze der Welt liegt in der Vernunft, sie zu denken. Da in der Moderne die Welt immer methodisch konstruierte Welt ist, kommt ein zweiter Aspekt hinzu: In der Schule wird Wissen ausschließlich als ein Wissen thematisiert, das auf methodische Weise von jedem Einzelnen immer wieder neu gedacht werden muss. Methode ist also die 2. Eigenheit der Schule.

Die Schule wird gebraucht, *weil* man in ihr etwas lernen kann, was man außerhalb von Schule nicht so schnell, nicht so gut oder gar nicht lernen kann: Bildung.

3. Zum öffentlichen Schulsystem

Seit der Aufklärung gibt es zwei Axiome zur Organisation der öffentlichen Bildung, denen gegenüber sich nur autoritäre Gesellschaften nicht verpflichtet fühlen.

Alle Bildung ist auf das Individuum bezogen, auf seine Befähigung zur verantwortlichen Selbstbestimmung. Die allgemeine Bildung ist ja gerade das Instrument, das die Herausbildung selbstverantwortlicher Individualität garantieren soll. Da jeder Mensch anders ist, lernt auch jeder Mensch anders – – und anderes. Von daher ist Differenzierung ja Individualisierung eine unverzichtbare Aufgabe jeglichen modernen Schulsystems. Nicht eine Schule für alle, sondern eine Schule für jeden muss es geben. Schule muss auf den Einzelnen passen. Da wir aber nicht einzeln unterrichten können, muss man kollektive Lösungen finden – die nie ganz ideal sein werden.

Zweitens lehrt uns die Wissenschaftstheorie, dass es im Bereich der Wissenschaft keine absoluten oder endgültigen Aussagen gibt. Niemand besitzt die ganze Wahrheit – also darf auch niemand so handeln, als besäße er die ganze Wahrheit. Gleichwohl müssen sich alle beteiligten Gruppen darüber einig sein, an der gleichen Frage zu arbeiten und ihre Lösungsvorschläge unter den Anspruch von Wahrheit zu stellen. Wissenschaftliche Aussagen sind nicht absolut, aber auch nicht beliebig. Die auf Gültigkeit bestehende Argumentation macht die Eigenart modernen Wissens aus. Man kann dies schlicht Bildsamkeit nennen: Die Fähigkeit, immer dazuzulernen.

4. Öffentliche Bildung

In den Verfassungen aller Bundesländer finden wir Formulierungen, die der des Artikel 8 der Verfassung des Landes Nordrhein-Westfalen entspricht. Er besagt, dass „die staatliche Gemeinschaft Sorge zu tragen (hat), dass das Schulwesen den kulturellen und sozialen Bedürfnissen des Landes entspricht." Und in Artikel 10 heißt es: „Für die Aufnahme in eine Schule sind Anlage und Neigung des Kindes maßgebend, nicht die wirtschaftliche Lage und die gesellschaftliche Stellung der Eltern". Dass die Gestaltung der Schule als Aufgabe des Staates und nicht mehr Zufall ist (oder als Aufgabe philanthropischer Stiftungen, nicht als Aufgabe sich um den Mitgliedernachwuchs sorgender Parteien angesehen wird, nicht mehr von der Finanzkraft der Eltern, dem Missionierungsauftrag von Religionsgemeinschaften, nicht von der Beschäftigungssituation der Wirtschaft,) dass die Gestaltung des Schulsystems und der einzelnen Schulen vielmehr als Aufgabe des Staates angesehen wird, hat im deutschsprachigen Gebiet eine etwa 250jährige Tradition und mehrfach guten Sinn.

4.1 Zukunftssicherung durch Bildungsplanung

Erstens hat so der Staat die Möglichkeit, die Existenz der Gemeinschaft in die Zukunft durch eine möglichst gute Bildung ökonomisch, organisatorisch und inhaltlich zu sichern. Er kann so als langlebige Institution langfristig die Basis der modernen Industriegesellschaft planen.

4.2 Interessenausgleich statt Interessenmonopol

Zweitens vermag ein staatlich organisiertes Bildungssystem für den Ausgleich von Interessen zu sorgen. Philanthropen, Parteien, Eltern, Religionsgemeinschaften, Wirtschaftsverbände, Hochschulen, schichten- oder gruppenspezifische Interessen, öffentliche und veröffentlichte Meinung sind durchweg damit beschäftigt, ihre speziellen und sicherlich allesamt wohlmeinenden Vorstellungen über Schule zu verbreiten. Aber alle wollen etwas anderes:

Die Unternehmerverbände fordern, was die Gewerkschaften verhindern wollen. Eltern verlangen, wozu einzelne Religionsgemeinschaften keinesfalls bereit sind ... oder umgekehrt.

Der Staat hat nun die Aufgabe, dafür zu sorgen, dass diese Partikularinteressen nicht unmittelbar in die Schulstunden hineinregieren, sondern pädagogisch abgefedert, d.h. sinnvoll vermittelt werden.

Es geht in der allgemeinbildenden Schule ja nicht um die Rekrutierung des Nachwuchses für die eine oder die andere Interessengruppe im Staat. Es geht vielmehr in der allgemeinbildenden Schule um Bildung. Es geht in ihr allein darum die nachwachsende Generation dazu zu befähigen, künftig selbst entscheiden zu können, wie und wo man seine Interessen am besten vertreten sieht oder vertreten will.

Die Schule sollte nicht durch gesellschaftliche Interessen rot, grün, schwarz, blau oder gelb eingefärbt werden, sondern sie sollte ein Malkasten sein, in dem man die Farben und den Umgang mit ihnen kennen lernt, damit man sich sein eigenes Bild von der Welt machen kann.

5. Bildung für alle

Bildung ist für alle. Und sie muss allen gleich angeboten werden. Niemand darf benachteiligt und aus dem allgemeinen Bildungsangebot ausgegrenzt werden, etwa weil er in einer abgeschiedenen Region auf dem Land oder an einem sozialen Brennpunkt in der Großstadt oder sonstwo lebt. Niemand darf benachteiligt und aus dem in der Gemeinschaft üblichen Bildungsangebot ausgegrenzt werden, weil seine Eltern arm sind. Niemand darf um Bildung betrogen werden, weil Eltern z.B. ihr Kind in eine bestimmte Richtung drängen wollen – es also in Unbildung belassen wollen.

Diese drei Forderungen kann man in dem Satz zusammenfassen, dass der Staat für ein Bildungssystem sorgen muss, in dem alle das Ganze auf sinvolle Weise lernen können. Um dieses Ziel zu gewährleisten, muss der Staat verhindern, dass Gruppeninteresse die allgemeine Bildung aller durch die spezielle Bevorzugung einzelner gefährdet.

***

Wenn man es zusammenfasst, sieht sich der Bildungsplaner in der modernen Gesellschaft zwei gegenläufigen Prinzipien gegenüber:

1. Das Schulsystem muss allgemein sein, um vorsorglich und zukunftsoffen, gemeinnützig und gerecht zu sein.

2. Das Schulsystem muss hochdifferenziert und plural sein, um dem Einzelnen gerecht zu werden und Verabsolutierungen von Teilwahrheiten zu vermeiden.

Das Schulsystem darf nicht allein qualifizierend, es muss bildend sein, d.h. sich durch eine besondere, nämlich pädagogische Qualität von Unterricht und Erziehung ausweisen.

Ausgewählte Bibliographie zur Theorie, Geschichte und Praxis des Häuslichen Unterrichts

1. Hofmeister, Hauslehrer, Gouvernante, Kindermädchen

Anonymus: Der Adlige Hofmeister, oder wahrhaftige und deutliche Vorstellung, was ein adliger Hofmeister vor Eigenschaften an sich haben soll. Entworfen von einem Liebhaber adliger Geschicklichkeit, Frankfurt 1693

Anonymus: Kluge Hofmeisterin des galanten Frauenzimmers, Leipzig 1711

Anonymus: Klagen eines Vaters über die Hofmeister. Die Parallele zu der Geschichte eines Hofmeisters von J. S. v. W. , Wien 1781

Becher, Jutta: Kindermädchen als Bezugsperson für Kinder in bürgerlichen Familien des Zweiten Deutschen Kaiserreiches (1871-1918), Europäische Hochschulschriften, Reihe 11: Pädagogik, Nr. 529, Frankfurt am Main 1993

Bock, Friedrich Samuel: Lehrbuch der Erziehungskunst zum Gebrauch für christliche Eltern und zukünftiger Jugendlehrer, Königsberg und Leipzig, 1780

Bohse, E. August: Der getreue Hofmeister adliger und bürgerlicher Jugend, oder aufrichtige Anleitung, wie sowohl ein Junge von Adel als anderer soll rechtschaffen auferzogen werden, Leipzig 1706

Büschig, Anton Friedrich: Unterricht für Informatoren und Hofmeister, Hamburg 1775 (2. Auflage)

Crome, F. A. : Ueber Erziehung durch den Hauslehrer in: J. H. Campe (Hg.), Allgemeine Revision des gesammten Schul- und Erziehungswesens von einer Gesellschaft praktischer Erzieher, 10. Teil, Braunschweig 1788

Enzensberger, Hans Magnus: Politische Brosamen, 2. Auflage, Frankfurt am Main, 1983

Fertig, Ludwig: Der Hofmeister. Ein Beitrag zur Geschichte des Lehrerstandes und der bürgerlichen Intelligenz, Stuttgart 1979

Fleury, Claudius: Der kluge und wohlanführende Hofmeister, Augsburg 1756

Gerbracht, Heinrich: Das Problem der Hauslehrerpädagogik von der Reformation bis Herbart, Köln 1928

Hensel, Johann Daniel: System der weiblichen Erziehung, besonders für den mittleren und höheren Stand, Halle 1787

Heydenreich, Karl Heinrich: Der Privaterzieher in Familien. Entwurf eines Instituts zur Bildung künftiger Hofmeister, 2 Bände, Leipzig 1800 – 1801

Jacobs, Wilhelm G.: Johann Gottlieb Fichte. In Sebstzeugnissen und Bilddokumenten, Reinbek 1984

Keilhacker, Johannes: Des kuriosen Hofmeisters geographisch-, historischer-, und politischer Wissenschaften, 2 Bände, Leipzig o. J.

Müller Karl: Schädlichkeit der Hauserziehung für Erzieher, Zögling und Staat, Stendal 1783

Niemeyer, August Hermann: Grundsätze der Erziehung und des Unterrichts für Eltern, Hauslehrer und Schulmänner, Halle 1819 (7. Auflage)

Rambachs, Jakob Johann: Wohlunterwiesener Informator, oder deutlicher Unterricht von der Information und Erziehung der Kinder, Züllichenau 1742 (2. Auflage)

Sailers, J.M.: Hundert Nummern für Erzieher in Familien, Köln 1798

Schmeizel, Martin: Rechtschaffener Lehr- und Hofmeister, oder vernünftige Anweisung, wie ein Privatinformator die ihm anvertraute Jugend glücklich unterrichten sollte, Jena 1722

Stoll, Franz Xaver: Gedanken über die Bildung des Adels durch Hofmeister, München 1788

Uden, F.K.: Ueber die Erziehung der Töchter des Mittelstandes, Stendal 1783

Vischer, M.: „Der wohlinformierte Informator, in einem auf gesunde Vernunft und lange Erfahrung gegründeten Vorschlag", Hamburg 1799

2. Homeschooling

Ballmann, Ray E.: The How and Why of Homeschooling, Westchester 1988

Brabant, Christine: L'éducation à domicile au Québec: les raisons du choix des parents et des principales caractéristiques, sociodémographiques des familles, Kanada 2004 (Masterarbeit Université de Sherbrooke, http://erta.educ.usherbrooke.ca/documents/MemoireBrabant.pdf)

Büttner, Rita: Homeschool. Zu Hause lernen als Alternative in: this is america. Lifestyle, Job, Reisen in den USA, Ausgabe Winter 2000

Edel, Jan: Nur Schule? Mut zu neuen Bildungswegen, Nürnberg 2005

Harris, Gregg: The Christian Homeschool, Brentwood 1988

Heimrath, Johannes: Tilmann geht nicht zur Schule. Eine erfolgreiche Schulverweigerung, Wolfrathshausen 1991

Klicka, Christopher J.: The Right Choise: The Incredible Failure of Public Education and the Rising Hope of Homeschooling, An Academic, Historical, Practical and Legal Persdpectives, Gresham, 1999

Leuffen, Renata: Natürlich ohne Schule leben, Bonn 1993

Manson, Charlotte M.: The Original Homeschool Series, 6 Bände, Wheaton, 1989

Mayer, Thomas/ Schirrmacher, Thomas (Hg.): Wenn Kinder zu Hause zur Schule gehen, Nürnberg 2004

Mohsennia, Stefanie: Schulfrei. Lernen ohne Grenzen, Königslutter 2004

Petrie, Amanda J.: Home Education and the Local Education Authorithy, Liverpool 1992 (Dissertation Liverpool-University)

Pflüger, Georg: Lernen als Lebensstil, Wetzlar 2004

Pousset, Raimund: Schafft die Schulpflicht ab. Warum unser Schulsystem Bildung verhindert, Frankfurt am Main 2000

Preußker, Anke: Die ‚Homeschooling'-Bewegung in den Vereinigten Staaten von Amerika vor dem Hintergrunde der Privatisierungsdebatte im Bildungswesen, Leipzig 2000 (Magisterarbeit Universität Leipzig)

Pustal, Ruth: Homeschooling/ Hausunterricht – ein internationaler Vergleich innerhalb Europas, Ludwigsburg 2003 (Hausarbeit zur Ersten Staatsprüfung Pädagogische Hochschule Ludwigsburg)

Redondo, Ana Maria: Defensa de la constitución y ensenanza básica obligatoria. Integración educativa intercultural y ‚homeschoolin, Valencia, 2003

Rothermel, Paula: Home-Education. Aims, Practices and Rationales, Durnham 2002 (Dissertation University of Durnham)

Shaeffer Macaulay/ Susan: For the Childrens Sake. Foundaitions of of Education for Home and School, Westchaster, 1984

Shakelford, Luanne/ White, Susan: A Survivor's Guide of Homeschooling", Westchester 1988

Steentjes, Gabriele: Homeschooling in den USA. Darstellung eines alternativen Weges der Beschulung am Beispiel von 19 Familien, Hamburg 1998 (Diplomarbeit Universität Hamburg)

Stevens, Mitchell L.: Kingdom of Children. Culture and Controversy in the Homeschooling Movement, Princeton 2001

Thomas, Alan: Educating Children at Home, London 1998

Webb, Julie: Home-based Education/ Some Aspects of ist Practice and Consequences, Milton Keynes 1988 (Dissertation Open University Milton Keynes)

Werle, Sonja: John Holts Einfluß auf die Homeschooling-Bewegung, Selbstverlag, 2003

3. Nachhilfe

Kowalczyk, Walter/ Ottich, Klaus: Nachhilfe? Wo sie hilft. Was zu beachten ist, Berlin 2002

Kramer, Wolfgang/ Werner, Dirk: Familiäre Nachhilfe und bezahlter Nachhilfeunterricht, Beiträge zur Gesellschafts- und Bildungspolitik, Köln 1998

Haas, Ludwig: Hält bezahlter Nachhilfeunterricht, was er verspricht? Eine Evaluationsstudie", in: Zeitschrift für Pädagogische Psychologie, 15 (1), 2001

Institut für Jugendforschung: Nachhilfe, München 2000

Institut für Jugendforschung: Mit Nachhilfe kommt man weiter, München 2003

Rudolph, Magritta: Nachhilfe – gekaufte Bildung? Empirische Untersuchung zur Kritik außerschulischer Lernbegleitung. Eine Erhebung bei Eltern, LehrerInnen und Nachhilfeinstitute, Bad Heilbrunn, 2002

Schneider, Thorsten: Nachhilfe als Strategie zur Verwirklichung von Bildungszielen. Eine empirische Untersuchung mit Daten des Soziooekonomischen Pabels (SOEP), Berlin 2004

4. Verhältnis Familie, Schule und Staat

Heinemann, Manfred (Hg.): Erziehung und Schule im Dritten Reich, Band 1: Kindergarten, Schule, Jugend, Berufserziehung, Stuttgart 1980

Krug, Wilhelm Traugott: Der Staat und die Schule oder Politik und Pädagogik in ihrem gegenseitigen Verhältnisse zur Begründung einer Staatspädagogik, Leipzig 1810

Ruhkopf, Friedrich Ernst: Geschichte des Schul- und Erziehungswesens in Deutschland von der Einführung des Christentums bis auf die neueste Zeit, 1. Teil, Bremen 1794

Schirrmacher, Thomas: Ethik, 3. Band: Gottes Ordnungen. Erziehung, Wirtschaft, Kirche, Staat, Hamburg/ Nürnberg 2001

Schirrmacher, Thomas: Erziehung, Bildung, Schule, Nürnberg 2002

Rönne, Ludwig von: Das Unterrichtswesen des Preußischen Staates, 1. Band, Berlin 1855

Steinbach, Gotthilf Samuel: Vorschläge zu einer allgemeinen Schulverbesserung, in sofern sie nicht Sache der Kirche, sondern des Staates ist, Züllichau 1789

Walther, Friedrich Ludwig: Ueber die Erziehung, sofern sie ein Gegenstand der Politik ist, Hof 1787

SYSTEMATISCHE PÄDAGOGIK

herausgegeben von
Ines M. Breinbauer – Lutz Koch
Volker Ladenthin – Jürgen Rekus

Band 1
Koch, Lutz
Pädagogik und Rhetorik
2005. 284 S. – 155 x 225 mm.
Kartoniert
€ 38,00
ISBN 3-89913-334-X

Band 2
Ladenthin, Volker
Ethik und Bildung
Erziehender Unterricht als
Aufgabe der Schule
2001. 124 S. – 155 x 225 mm.
Kartoniert
€ 21,00
ISBN 3-935556-96-9

Band 3
Reitemeyer, Ursula
**Bildung und Arbeit zwischen
Aufklärung und nachmetaphysischer
Moderne**
2001. 165 S. – 155 x 225 mm.
Kartoniert
€ 24,00
ISBN 3-935556-78-0

Band 4
Koch, Lutz
Kants ethische Didaktik
2003. 441 S. – 155 x 225 mm.
Kartoniert
€ 49,00
ISBN 3-89913-272-6

Band 5
Schott, Thomas
Kritik der Erlebnispädagogik
2003. 319 S. – 155 x 225 mm.
Kartoniert
€ 38,00
ISBN 3-89913-272-6

Band 6
Koch, Lutz – Schönherr, Christian (Hrsg.)
Kant – Pädagogik und Politik
2005. 145 S. – 155 x 225 mm.
Kartoniert
€ 22,00
ISBN 3-89913-437-0

Band 7
Kellner, Thomas Hubertus
**Das Gymnasium aus der
bildungstheoretischen Perspektive
des Humanismus**
Historische Stationen im
systematischen Überblick, gegenwärtige Entwicklungstendenzen,
Anregungen zu einer kritisch-
konstruktiven Neuformulierung
2005. 502 S. – 155 x 225 mm.
Kartoniert
€ 58,00
ISBN 3-89913-455-9

Band 8
Fischer, Ralph – Ladenthin, Volker (Hrsg)
**Homeschooling – Tradition und
Perspektive**
2006. 294 S. – 155 x 225 mm.
Kartoniert
€ 38,00
ISBN 3-89913-482-6

ERGON VERLAG · WÜRZBURG